传媒与文化书系

媒介化时代数字资本主义理论批判研究

杨馨 ◎ 著

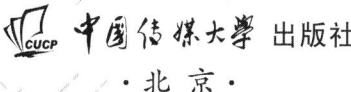
中国传媒大学出版社
·北京·

序
传播政治经济学的媒介维度

在我的博士生中,杨馨既不是第一个入门的,也不是第一个毕业的,然而却是第一个将博士论文付梓出版的,这确实让我惊叹于她的专注、热情和速度。

从2011年下半年开始,杨馨逐渐步入新闻传播理论的大门,她的成长恰好与我当时对西方传播理论史各流派的着迷同步,彼时我刚完成《传播学科的奠定:1922~1949》的书写,逐渐将目光投向了美国传播学之外更具理论性的其他传播学术系谱,尤其是传播政治经济学。因此,在我的建议下,杨馨将传播政治经济学当作本科毕业论文的研究对象,并一直关注、研究至今。

在此后的研究中,杨馨也意识到了北美传播政治经济学的学科面向中隐含的问题——它把传播问题当作传统政治经济学的注脚和应用领域,将传播视为既有社会权力的组成部分,而没有看到下沉为基础设施的媒介已经重构了社会的权力。莫斯可用"商品化、空间化、结构化"三个维度来划定传播政治经济学的内涵,其中完全没有传播元素,这种结构化的学科思路恰恰终结了传播政治经济学在传播领域的理论合法性。"表面上看,传播政治经济学在讨论传播过程中的权力问题,但它与社会其他进程中的权力问题并没有本质的区别。甚至可以说,传播政治经济学的经典范式基本就没有触及媒介和传播的问题,是一种典型的没有'传播'的传播政治经济学。"[①]因此,讨论媒介对权力问题的扰动就是当下社会政治经济学批判的题中之义,或者说,政治经济学的批判需要迎来媒介转向或传播转向,该转向需要关注当代无处不在的媒介技术所型构的生产、时间、空间。于是,既要关切,又须批判,这就是杨馨在关注传播政治

---

① 胡翼青,谌知翼.超越传统,回归媒介:论传播政治经济学的三种新路径[J].湖南师大社会科学学报,2020(6):66-74.

经济学的过程中必须面对的张力。

所以,当杨馨选择"数字资本主义"作为切入点来讨论传播政治经济学时,我觉得她真正找到了解放传播政治经济学理论张力的路径。在许多学者看来,丹·席勒提出"数字资本主义"的概念完全是小题大做,他们并不认为"数字资本主义"是资本主义发展的新阶段。数字资本主义也好,信息资本主义也好,都只是金融资本主义的一部分,"数字"和"信息"都是为金融资本更好地运作而服务的。诚然,在金融资本主义的世界里,资本的运作本就是社会权力运作的核心,而且其运作的逻辑与数字息息相关,资本本身常常以数据流的方式存在与运动。但是,这种观点只看到了问题的表象。

在《资本主义与精神分裂(卷2):千高原》(*Capitalisme et Schizophrénie 2. Mille Plateaux*)一书中,吉尔·路易·雷内·德勒兹(Gilles Louis René Deleuze)和菲利克斯·加塔利(Félix Guattari)是这样形容世间万物的:"其中存在着衔接或节段性之线,层,界域性,然而还存在着逃逸线、解域和去层化的运动。"①当今社会不但分工越来越细致,它也在不停地创生具有解域能力的力量,这些力量通过破域和去层的运动将不同的场域接合在一起。解域的力量可以分为三种类型:第一种是可以换算的力量,第二种力量能构成不同场域共同的技术座架,第三种则是既可换算又可作为技术座架的那些力量,比如时间和空间,前者基于数字,后者则基于技术基础设施。货币自其诞生开始,便是人类最强大的解域力量之一,在金融资本主义时代,它的换算意义持续增加,作为物质性基础设施的意义则不断削弱,因此,金融资本主义就其本质而言是一种数字资本主义,而且只是数字资本主义的一个表征性阶段。

席勒在其所处的时代并未能真切地洞察这一本质,而在当下一切都变得数字化以后,数字成了这个社会的核心资源,社会的一切运作都不得不围绕数据来展开。社会资本运作的核心力量——流量经济自不必提,在当下炙手可热的生成性人工智能也是如此。以ChatGPT为例,其生命意义完全在于数据,数据不仅表征了其运算所需的知识,亦是它存在的前提,如果没有可计算的存在形式,语言大模型根本就不可能存在,而人工智能掌握的数据越多,它的"智力水平"就越高。因此,数字的逻辑而非金融的逻辑才是当下资本主义的核心逻辑,当下的一切似乎都可以通过数字来换算。

金融资本主义的假象源自当代资本主义研究者过于执着那些"可见"的研究对象,货币也好,资本也好,金融资本也好,其本质都是人类数字化进程的产物,没有数字的逻辑,货币和资本就没有意义。在《技术图像的宇宙》(*Ins Universum der technischen*

---

① 德勒兹,加塔利.资本主义与精神分裂(卷2):千高原[M].姜宇辉,译.上海:上海人民出版社,2023:2.

Bilder)中,威廉·弗卢塞尔(Vilém Flusser)诗意地描述道:"在我们生活的这个世界,客体与主体的分离发生在约两百万年前东非的某个地方。而约四万年前,在欧洲西南部的一个小山洞里,主体性进一步回到其客观性中,以此观览自身所处的客观环境。但在这次回归中,事物不再真实可感,纤毫毕现,因为人们的手不再触及它们。它们只能被看到,也仅仅是表象。"①人类文明早期的岩壁画是一种意义的编码,但该编码显然有着两种截然不同的意义:其一是艺术性的共享;其二是功能性的计算。因此,数字、可计算和可换算自文明伊始就是货币的底层逻辑,也是货币成为货币的前提。没有数字,何来金融资本主义?何来资本主义?只有直面数字的规律,传播政治经济学才能成为一个鲜活而深刻的研究领域。

若不能意识到社会权力背后的解域性力量,传播政治经济学就只是结构性的,而不是过程性的。这种乏味的理论到最后总是得出相似的结论:"任何市场经济国家的传播政策都一定是资本与国家权力之间的合谋;任何非完全意义的市场经济国家的传播政策一定是资本作恶,政府背黑锅。到最后,这种研究就不再是理论发现,而是政治站队或表态,表明研究者是愤怒的左派知识分子——理论退场的地方,剩下的只会是彻底的意识形态。"②要摆脱传统传播政治经济学的陈词滥调,就得以数字这一强大的解域力量为抓手来展开传播政治经济学的研究,因此,我才认为杨馨聚焦于数字资本主义就是抓住了传播政治经济学问题的关键。

三年前答辩时,杨馨博士论文的关注点仍然侧重于数字资本主义的理论史,这并不是最有创见的研究取向。而在三年后,我欣喜地看到,在本书文稿大刀阔斧的修改过程中,理论视角的变化悄然发生,这意味着作者的学科意识变得更加清晰,学术思想也变得更加成熟。当杨馨从媒介入射角的认识论视角入手去再造数字资本主义理论的时候,她开始超越丹·席勒对数字资本主义的现象描述,真正关注到资本主义社会中的那些解域力量。互联网和5G通信所构成的媒介基础设施是我们当今社会的技术座架,它为人类社会带来了第三种强大的解域力量,这种力量对社会场域的解域方式不同于资本和数字,却又与之息息相关,三者紧密地缠绕在一起,形成了数字资本主义发展最新阶段的核心动力。在媒介基础设施的接合下,人类进入了一个深度数字化的时代,数据构成了自我、心灵与社会,而数字化则构成了人类的生态和环境。聚焦于媒介就意味着传播政治经济学的新生:"对媒介的再发现,意味着从没有'传播'元素

---

① 弗卢塞尔.技术图像的宇宙[M].李一君,译.上海:复旦大学出版社,2021:6.
② 胡翼青,杨馨.解构神话:传播政治经济学学科合法性问题辨析[J].南昌大学学报(人文社会科学版),2016(4):81-89.

的传播政治经济学走向真正具有传播视角的传播政治经济学。"①

不过,杨馨从媒介入射角展开的研究还远远不够,在这个数字资本主义发展的新阶段,社会结构变得越来越难以把握,社会事件的发生与运行更是如分子布朗运动一般无序,包括杨馨在内的传播政治经济学者面临着严峻的挑战,他们已经很难再用经典的传播政治经济学去把握这样一个变动的社会世界。从本书目前的内容来看,杨馨似乎还需要更进一步,探讨更多问题,才能使"数字资本主义"的内涵显得更加丰富和具有时代性,例如,"数字"和"可计算"是什么关系,构成数据的十进制计算和构成媒介技术空间的二进制计算又是什么关系;媒介、资本和数字化这三种纠缠在一起的解域力量有何异同,彼此之间又有什么关系,等等。然而,正是这些亟待解决的问题为传播政治经济学重新插上了理论想象力的翅膀,使其在新的时代仍旧具有解释力与生命力。

胡翼青于镇江宝华

2023 年 12 月 18 日

---

① 胡翼青,谌知翼.超越传统,回归媒介:论传播政治经济学的三种新路径[J].湖南师大社会科学学报,2020(6):66-74.

目 录

绪 论 / 1

第一章 "数字资本主义"理论的渊源与发展 / 20
第一节 北美的渊源——"数字资本主义"理论的形成 / 22
第二节 欧洲的传统——"数字资本主义"的发展与奠基 / 46
第三节 西欧诸国与第三世界国家的研究——数字资本主义的"他山之石" / 61
第四节 传播政治经济学与"数字资本主义"的未来 / 70

第二章 数字资本主义理论的概念、范畴、话语形态 / 73
第一节 相关概念的辨析 / 75
第二节 数字资本主义的三种话语 / 88

第三章 数字资本主义理论的新进展 / 116
第一节 "劳动"(labor)概念之新解 / 119
第二节 "技术"(technology)的批判 / 133
第三节 "主体性"(subjectivity)的挑战与反思 / 140
第四节 "空间"(space/spatial)的重构与再造 / 148
第五节 中国的数字资本主义相关研究 / 155
第六节 资本逻辑与媒介逻辑的互相建构 / 160

第四章 作为经济基础的媒介与"数字资本主义2.0" / 170

第一节 "自动化危机"——马克思主义媒介观的阐释困境 / 174

第二节 实践的媒介化——"数字元媒介"的诞生 / 199

第三节 作为经济基础的数字资本主义2.0如何实现？ / 245

第五章 "媒介世"的人——"数字资本主义2.0"的生存之道 / 267

第一节 数字资本主义2.0的四重维度 / 272

第二节 数字资本主义2.0的存在论、认识论与方法论 / 277

第三节 当代中国面对"数字资本主义2.0"的挑战与机遇 / 280

参考文献 / 283

绪　论

"数字资本主义"(Digital Capitalism)的概念来自丹·席勒(Dan Schiller)的同名著作,其副标题为"Networking the Global Market System"(全球市场系统的网络化),在该著作中,丹·席勒以一种否定的方式列举、描述了自己将要批判的对象——资本主义如何将新兴的互联网技术裹挟进自身的发展历程中;发达资本主义国家的电信政策如何"为虎作伥";网络技术怎样被运用于营销、广告、商品服务等领域;网络技术带来的"知识经济"模式如何冲击传统高等教育制度,等等。数字资本主义的范畴来源于其特征,即私有化、市场化、全球化、垄断化等要素。

这种定义的不确定性带来了激烈的争鸣——到底什么是"数字资本主义"?当《福布斯》(Forbes)的专栏作者为数字技术改变了金融衍生商品的资本流动、财务管理、风险管控而欢欣鼓舞时,他们谈论的"数字资本主义"并不是传播政治经济学者批判的那种"数字资本主义";而在批判学者的眼中,"数字资本主义"究竟是一种积累方式,还是一种生产方式?它是资本主义发展的新阶段,抑或只是一种纯粹的意识形态——这些问题始终伴随着激烈的争议,迟迟无法形成定论。

但社会变迁并不会因为理论的混沌、争议而停滞,丹·席勒同时代的马克思主义者鲜少承认"数字资本主义时代"的到来,丹·席勒本人认为所谓数字资本主义、"信息资本主义"只是国际地缘政治的一部分;文森特·莫斯可(Vincent Moscow)则更为坚决地将批判的矛头对准了"数字化崇拜"。但此时,"数字资本主义"的时代尚未真正到来,席勒批判的"信息社会"仍未脱离金融资本主义的范畴,信息传播技术(ICT)的发展使得资金的流动更加顺畅,也使得各国的新自由主义政策如虎添翼,跨国经营、跨国网络飞速发展,媒介被集成在互联网上,最终,大学教育、文化行业也渐渐商业化,汇入了资本主义的潮流之中。丹·席勒提出了一个富有预见性的概念,但这一系列的变化并未改变资本主义的性质,此时,资本主义的发展仍旧以"投资"为核心动力,数字技术所做的无非是为投资扫清障碍。但在当代,数字技术的发展带来了前所未有的变化,在很多领域,媒介的影响变得越来越基础,渐渐地,它成了"经济基础",甚至是人类生存的奠基性结构。媒介变成一种组织性的力量,重构了经济中的各产业部门、各生产环节,使得经济循环系统围绕着媒介展开。笔者将这样的社会发展阶段称为"数字资本主义2.0",它并非一个断裂性的阶段,却有着明确的"门槛",我们可以在现实社会中观察到这样的变化,并将其总结为一系列规律——媒介成为一种"贯通性"的基础性结构,并迫使其他产业、经济部门向着媒介迁移,以数字技术为凭据,媒介渐渐渗入日常生活中的每一个领域,将与之相关的一切事物乃至人都变成了"媒介",而媒介自身成为"主体"。或者说,在这一阶段,主体与客体之间的区分已不再重要。

不过,"数字资本主义2.0"降临的过程并非一蹴而就,它不是一个突生的概念,也绝不是"从概念到概念""从理论到理论"的形而上思辨,而是来自我们面对的客观现实、来自资本主义在当代"媒介化"的发展。与此同时,它与资本主义在先前的所有发展阶段都是连贯的,包括商业资本主义、工业资本主义、金融资本主义及其各个"分支"阶段;数字资本主义2.0与媒介的发展史也是连续的,从最初的报刊,到广播、电视的普及,再到互联网的发明、智能手机的问世。但这种连续性被遮蔽了,政治经济学的理论家们很少关注"媒介"本身,或只是将组织性的"传媒"视作调节性机构;同样,主流传播研究在2015年之前也很少关注政治经济学问题,在新自由主义与"新闻专业主义"的双重意识形态之下,媒介与政治经济学之间的关系彻底被切断,而传播政治经济学也面临着一个难题——在"传播政治经济学"(Political Economy of Communication)之中,我们看不到"传播"的身影,当政治经济学者将"传媒"视作一个经济单元,认为它与其他公司、企业无异时,"媒介"的本真性就被遮蔽起来了。因此,尽管传播政治经济学者一再努力,想将自己的研究旨趣引入主流的政治经济学、资本主义批判研究之中,却始终收效甚微,传播政治经济学仍旧只是部分左翼传播学者的"自娱自乐"。

因此,笔者提倡"回归媒介的视角",重新梳理"数字资本主义"现有的一切相关理论,在其中找寻"媒介"的线索。媒介本身是一个"锚",在政治、经济、社会、文化、技术的汪洋大海中,为本研究确定方向与路径。在梳理过程中,笔者发现了媒介在人类社会中不断"下沉"的过程,从而发现了媒介技术的维度日益显现的重要性,因此,笔者将媒介在政治经济学中的历史与它在技术哲学中的历史相观照,最终窥见媒介正在逐渐成为当代社会的"技术座架",这是一种存在论的奠基,它将与媒介相关的一切,甚至是政治经济结构都整合到了媒介的逻辑之中。因此,"数字资本主义2.0"不仅是一种政治经济学批判理论,也是一种媒介技术哲学意义上的存在论建构,它标示着一个"新时代"的到来——数字资本主义2.0的时代正是"媒介化生存"的时代。

在对"数字资本主义"相关理论进行梳理的过程中,笔者发现相关研究也体现出微妙的张力:一方面,国内外此类研究呈现"万马奔腾"的势头;另一方面,概念没有得到有效的澄清,理论根基的混乱导致人们对"数字资本主义"的解读和批判越发混乱。在丹·席勒之后,各种被冠以"数字资本主义"之名的理论层出不穷,为了明确研究的对象,我们必须从头检视这些纷繁复杂的理论,厘清其背后的理论立场及其所代表的"知识型"与本体论、认识论。笔者在此处试着将"数字资本主义"划分为三种不同的话语形态——发展的话语、批判的话语以及技术的话语。划分的依据是"数字资本主义"的性质是什么,以及数字资本主义发展的动力是什么。

而在进入21世纪之后,关于"数字资本主义"的研究围绕着劳动(labour)、空间(space)、主体性(subjectivity)等议题有了长足的发展,而将它们串联起来的则是技术(technology)。这一系列纷繁芜杂的研究,或多或少都有着相同的批判立场、价值取向与道德关切。但与此同时,它们也面临着相似的缺陷与问题。首先,从历史维度来看,尽管关于"数字资本主义"的讨论如火如荼,但在笔者看来,在许多学者那里,这一概念就像"后工业社会""信息资本主义""后福特主义"等概念一样,并没有彻底脱离"金融资本主义"这一历史分期。"金融资本"来自保尔·拉法格(Paul Lafargue),他在1903年发表的文章《美国托拉斯及其经济、社会和政治意义》中提到,工业资本不断扩张的过程中,各产业部门的资本产生了集中化,银行资本便随之集中,在产业资本与银行资本互相渗透的过程中,金融资本诞生了。真正使这个概念为大众所熟知的学者是鲁道夫·希法亭(Rudolf Hilferding),他回溯了第一次世界大战前德国托拉斯与各大银行的关系,以及它们与垄断的关系,并由此提出,"信用"(credit)的发展将资本家的资本、非生产阶级的储蓄都吸纳起来,交由产业资本支配,但这些资本的所有权属于银行。希法亭将这种由银行支配、由产业资本家使用的资本称作"金融资本",与之相应的是很多学者认为,在金融资本诞生、在主要的资本主义国家形成支配之后,资本主义社会进入了一个新的阶段——金融资本主义阶段。在许多批判传播学者与传播政治经济学者那里,电子、信息技术、媒介与传播系统扮演的角色不外乎调控资本的流向,调节生产资料的配置,引导流通、分配、消费的循环,等等。信息的广泛扩散与流动使得资本主义体制下的生产与投资摆脱了"盲目性",变得更加精确、理性、高效,在这些学者看来,"传播"系统在人类社会中仍然只是一个文化部门,因此,他们更倾向于将注意力放在这一文化部门内部的权力结构、剥削现象、劳资关系,以及这一部门是如何嵌入当代社会,又是如何通过"调整"的方式对社会发挥影响上。

其次,从存在论(ontology)的角度来看,现阶段关于"数字资本主义"的研究并未给予"技术"的奠基性足够的重视。理性主义的既有立场使得学者们抱着对"技术决定论"的厌恶与恐惧来审视数字技术,这并不能够给予技术客观公正的评价。事实上,当代社会中的技术已经成为人类生存方式的"座架",其本质是一种"解蔽"(das Entberben),作为一种命运贯穿了所有人类的生存,并潜在地支配着人类,但无蔽的状态只在我们不断追问其本真之时,才会短暂地向我们敞开。换言之,无蔽状态并非人所能支配的,反倒是人被促逼入订造(Bestellen)之中,一味地追求订造之中被解蔽的事物,将这些被解蔽者当作尺度,从而误解了"无蔽领域",将其视为一种因果关系,或一种工具性的规定。而在当下,我们不断强调"要控制技术",正是因为技术已经出现了"失控"的风险,技术越是逐渐脱离了人类的控制,人类对它的控制意愿就越是强烈而迫切。此时,我们无法再以工具论的视角来观察技术,将其视作媒介中微不足道的一部分。若仍坚持理性主义的存在论(本体论)的支配,将"传播"视为一种调节性的文化机构,坚持认为人类的理性仍然能够勾勒理想社会的蓝图,通过理性之反思,能够解构资本主义体系下的"神话",揭开"数字化崇拜"或是"技术乌托邦"的神秘面纱,将"技术"还原到"社会"的维度上去,那么,理性主义的危机、政治经济学批判的危机便无法弥合——我们的批判无法颠覆作为整体的资本主义社会结构,也无法穷尽地批判资本主义社会中所有文化与生活方式的面向,同时,我们又在竭力地回避着"技术"这个房间里的大象,不愿意承认它的奠基性,也不肯承认传播系统正在逐渐下沉为人类社会中的经济基础——那么,我们为什么需要一门"传播"政治经济学(Political Economy of "Communication")呢?

再次,从认识论(epistemology)的角度来看,理性主义的认识论危机依旧悬而未决。马克思主义者在认识论上仍然属于典型的理性主义者,相信人类社会发展演进的阶段性与规律性,也相信人类可以改变世界,通过斗争的方式获得人类整体的解放与进步,其"批判"的研究方法正是基于人类理性与智识之上的"反思",坚信理性仍然是认识的根基所在,而当代社会的典型特征却是流动性与不确定性,甚至是混沌性,这就导致理性主义的认识论立场在当代社会的存在方式面前捉襟见肘,理论建构与现实状态之间出现了巨大的落差。在关于"数字资本主义"的研究中,概念的混沌性就是这种认识论危机的表征——我们似乎已经无法用确切的概念来把握当代资本主义发展的形态与特征。正因如此,一批传播与媒介研究领域的学者已经开始尝试摒弃建构"概念"的框架,而尝试以其他方式来理解媒介,例如:雷吉斯·德布雷(Régis Debré)尝试以"概念丛"的方式来建构"媒介学"(Médiology)的谱系;弗里德里希·基特勒(Friedrich A. Kittler)借米歇尔·福柯(Michel Foucault)的"知识型"描述了三种"原型机器"——留声机、电影、打字机,认为这三种媒介使得声学、光学、书写三者互相分离,并使控制成为可能,此后几乎一切的媒体,都可以被看作这三种原型机器的延伸,或者在这三种媒体中找到原型;鲍里斯·格罗伊斯(Boris Groys)提出了"媒介现象学"的方法,他将隐藏在符号与媒介技术手段深处的历史、自然、物质、理性、渴望、事物的进程、偶然、主体等要素称为"亚媒介空间",它不能被直观,只能被揣测,而人与亚媒介空间的揣测关系是一种偏执的关系,人们明里暗里希望着隐藏的亚媒介空间能够暴露、公开出来,亚媒介空间自愿或被迫的真诚性就是媒介表面观察者所期待的那个真诚性。此处涉及的并非符号的真相,而是媒介的真相①,是媒介符号所掩饰、所缺失的东西。这种揣测并不等同于后结构主义意义上的"解构",因为当人们尝试消解亚媒介空间深处的"主体性"时,反而使主体以一种更加隐秘、更加"解放性的"、令人欣喜的信息来隐匿自身;"揣测"也不同于"臆测",媒介的揣测并非"主观"的,而是现象学意义上的"客观"的,它有着自身的真理标准——媒介本体论的真理并不是科学描述的真理,而是被强迫的或自愿承认的真理,是内在流露的,也是在一个瞬间敞露真诚性的真理②。

在不那么形而上的层面,施蒂格·夏瓦(Stig Hjarvard)、尼克·库尔德利(Nick Couldry)等学者尝试跳出传播研究的固有框架,以"媒介化"(Mediatization)的概念开拓新的研究路径与理论范式。他们将"媒介化"视为当代社会中持续发生的结构性转型与制度化实践,或是将媒介视为"制度",即一套规则与资源配置的体系,由此解释制度与结构如何在媒介逻辑中实现再生产;或是将媒介视为"元资本",从"场域"与"实践"的角度来理解媒介如何"现实地"建构社会其他场域的存在与运作。尽管这些理论的路径最终都难逃结构功能主义的窠臼,但仍然为我们研究"数字资本主义"提

---

① 格罗伊斯.揣测与媒介:媒介现象学[M].张芸,译.南京:南京大学出版社,2014:11.
② 格罗伊斯.揣测与媒介:媒介现象学[M].张芸,译.南京:南京大学出版社,2014:32.

供了一种重要的视角——媒介已经"下沉"为人类社会的技术座架,这种"下沉"不仅发生在技术层面,也发生在政治经济学层面;它不仅是一种调节性的文化机构,甚至不仅是一种生产性的传播机构,而已经成为一种文化性、传播性的生产机构。除此之外,在存在论的意义上,媒介已经成为我们"在世之在"的生存性奠基,因此,理性主义的认识论难以洞察媒介的本真,而只能理解媒介的"内容"。为此,我们呼唤一种不同于丹·席勒意义上的"新数字资本主义",也可称为"数字资本主义 2.0"、"数据资本主义"(Datamation Capitalism)。"数字资本主义 2.0"必须基于认识论的转向,它不仅需要批判与反思,更需要非理性主义的直观与领会。

最后,从方法论(methodology)的角度来看,当前"数字资本主义"的相关研究普遍存在着理论建构与经验现实之间严重脱节的问题:"数字资本主义"的理论建构挪用了大量"后现代""后结构"的"后-"(Post-)理论,而对人类社会经验现象的分析是基于现代性的、理性主义的逻辑;另一方面,尽管理论家们将"传播"拔高到了当代资本主义发展"枢纽"的地位,大量的经验研究仍将传播视为从属性的、第二性的"文化部门",这些"文化部门"中的政治经济学批判并未彰显传播的意义。传播究竟意味着什么?传播等于信息吗?传播等于数字技术、信息技术吗?传播等于传媒市场吗?传播等于媒介政策与制度吗?如果我们对此持反对的态度,那么,传播与数字、信息技术、市场、政策的关系究竟是什么?此外,理论家们已经注意到了数字资本主义全球化、空间化、在地化(localization)的特征与趋势,但在经验研究中,仍有相当数量的文献将"传播政治经济学"等同于"西方传播政治经济学",将"数字资本主义"简化为"欧美发达国家的城市资本主义研究",这种带有西方中心主义与城市中心主义色彩的理论预设与价值取向干扰了理论本身的解释力,使得理论建构沦为资本主义体制内部的自说自话。在这种情况下,数字资本主义的理论不可避免地与现实发生了脱节,许多理论都只是"从理论到理论""从概念到概念"的演绎推理,但事实上,传播政治经济学是一门有着强烈现实关切的学派,丹·席勒将"数字资本主义"概念建构在对资本主义社会的坚实批判之上,莫斯可也强调传播政治经济学的道德关切与现实关切,克里斯蒂安·福克斯(Christian Fuchs)尝试的一系列理论探索也是以批判现实、改变现实为目的的。而如今,数字资本主义理论的"应用"却显得较为机械和生硬,所谓理论的"创新"只是将一种经典理论原封不动地"移植"到新的领域之中,进而创造出诸如"殡葬资本主义"之类令人啼笑皆非的概念。以上种种问题,都有待进一步研究的澄清。

由此,研究的问题便浮出了水面——为什么偏偏是"数字"资本主义?资本主义的发展经历了哪些阶段,如今又处于什么样的周期?若以"媒介"为研究的轴心来把握资本主义发展的脉搏,我们又能观察到怎样的变迁?而要回答这些问题,我们就不能只将"数字"(digital)视为一个普通的、修饰性的"前缀",而要考虑它在理论体系中所处的核心地位。与此同时,我们必须将视线投向"数字资本主义"所处的传播政治经济学理论谱系,甚至是整个资本主义的历史,透视"数字资本主义"在其中究竟是一个怎样的阶段。

"资本主义"是一种过于复杂的概念,它可能包含着经济领域的生产模式、积累方式、市场逻辑,政治与社会领域的制度、法律体系、社会结构、生活方式,文化与意识领域的文化类型、知识结构、意识形态、观念体系。通常我们认为,资本主义是在16世纪走上历史舞台的,它既是一个在空间上具有扩张性的"结构",也是一个在时间上具有动态性的"过程",因此,许多学者都试图为其划分阶段①:一种方式是依据资本主义的经济基础——生产力水平进行划分,16至18世纪为手工生产和工场手工业时期,18世纪末到20世纪50年代为机器生产和大工业时期,20世纪60年代至今则是所谓"后工业时期";另一种划分方式是依据经济发展所依赖的技术手段来"断代":18世纪70年代到19世纪70年代是"蒸汽时代",19世纪70年代末到20世纪40年代是"电气时代",二战后到20世纪70年代是"电子时代",80年代至今则是"信息时代";还有一种划分方式,其依据是经济关系,即1640—1871年为自由竞争资本主义时期,1872—1945年为私人垄断资本主义时期,1946—1974年为国家垄断资本主义时期,1976至今为国际垄断资本主义时期。

另一种划分方式则更接近"历史断代",即将资本主义视为一种整体性的历史时期,据此来为其划分阶段——16世纪到18世纪下半叶,封建生产方式瓦解,资本主义出现萌芽;18世纪下半叶到19世纪下半叶,产业革命确立了一个"特殊资本主义生产时期";19世纪末20世纪初至今,资本主义逐渐走向没落。这种划分方式还有许多种称呼:资本主义的早期、中期、晚期;或曰原始阶段、古典阶段、现代阶段;或是萌芽阶段、成长阶段、发展阶段、没落阶段;或称初级阶段、中级阶段、高级阶段。②

尽管划分的方式不同,名称千差万别,但我们仍能从这些"分期"中总结出资本主义演变的几个重要"节点":16世纪,"资本主义"逐渐登上历史舞台;18世纪下半叶起,"工业革命"极大地推动了资本主义的发展,各国的资产阶级纷纷行动起来,为自

---

① 陶文昭.信息时代资本主义研究[M].北京:人民出版社,2009:231.
② 陶文昭.信息时代资本主义研究[M].北京:人民出版社,2009:232.

己争取政治权力与政治话语权;19世纪也是资本主义的扩张、蔓延期,在西欧、北美各国取得支配地位后,资本主义的经济增长方式从竞争走向了垄断,"经济危机"开始频繁涌现于资本主义社会之中;几乎是同一时期,许多国家通过资产阶级政治革命确立了资本主义政治制度,并逐渐迈入了"帝国主义化"的进程。各个老牌资本主义国家之间的竞争滋生了许多"副产品",包括沙文主义、殖民主义、帝国主义、军国主义、法西斯主义……与此同时,各种反抗资本主义的工人运动、工人阶级革命、民族解放运动接连涌现,也使得资本主义倾向于使用越来越极端的方式自我维持。两次世界大战是资本主义的发展被推向极致之后的恶果,为资本主义敲响了一记警钟,战后的资本主义迈向了自我调整、自我改善、自我维持的阶段,更加积极地吸纳各种新科技、新的社会控制手段,使自身能够快速应对来自内部与外部的挑战。

事实上,整部资本主义的研究史,或者说资本主义批评史,都是一部后视镜式的历史,"密涅瓦的猫头鹰只在黄昏时起飞",只有资本主义在某个阶段的发展已经达到相对"成熟"、稳定的状态时,针对这一阶段的研究才会相继涌现。尽管亚当·斯密(Adam Smith)在《国富论》(*An Inquiry into the Nature and Causes of the Wealth of Nations*)中已经注意到,个人追求自身物质利益的努力会对社会整体产生经济与社会层面的影响[①],但直到18—19世纪,人们才开始频繁地使用"资本主义"一词来称呼那个逐渐在人类社会生活中不断膨胀的庞然巨物。"古典政治经济学"在亚当·斯密、托马斯·马尔萨斯(Thomas Malthus)那里完成了奠基,在大卫·李嘉图(David Ricardo)与约翰·斯图亚特·穆勒(John Stuart Mill)的著作中正式形成了体系,时至今日,无论是支持资本主义还是反对资本主义的观点,都与这些理论有着密切的联系。在此基础上,马克思对古典政治经济学及其支持的资本主义进行了激烈的抨击——资本家的利润不是"挣来的",而是靠着对剩余价值的剥削,靠着资本家对工人阶级的"活劳动"的榨取,以肮脏而血腥的方式积累起来的;人们对财富的追求也不会"自动地"导向一个富裕、自由、平等的社会,而是导向了一个充斥着剥削、压迫、统治与异化的不平等社会。这一时期,除了政治经济学批判之外,也有学者试图从生活方式、思想文化的层面来探讨资本主义的起源,例如,维尔纳·桑巴特(Werner Sombart)认为是商人阶层逐利、享乐的思想倾向导致了资本主义作为一种经济结构与制度登上了历史舞台,而马克斯·韦伯(Max Weber)则针锋相对地指出,"引起"资本主义的并非享乐主义,而是自律、节俭、将经商所得利润投入再生产、以图建立上帝的"人间天国"的新教伦理与

---

① 利皮特.资本主义[M].刘小雪,王玉主,等译.张蕴岭,总校.北京:中国社会科学出版社,2012:1-2.

"天职观"(calling)。

19世纪后半叶,伴随着阶级斗争、民族国家间的斗争愈演愈烈,从西欧与北美向世界其他角落延伸,人们开始注意到名为"帝国主义"的怪物。最早对"帝国主义"进行分析的学者是约翰·阿特金森·霍布森(John Atkinson Hobson),他认为,英国的高失业水平是由总人口购买力不足导致的,而购买力不足则是收入不平等的后果,这种不平等使得资本家必须吸纳国外的巨额投资,以维持国民经济的相对回升,由此,对帝国主义的渴望被点燃了,但社会的不平等、工人阶级的低收入与高失业率并没有改善,由此,帝国主义成为"越害怕,就越渴望"的恶性循环。他的这一观点为列宁、罗莎·卢森堡(Rosa Luxemburg)的帝国主义观点奠定了基础。① 此时,绝大多数历史学家仍然反对"帝国主义是资本主义的产物"这一观点,例如,约瑟夫·熊彼特(Joseph Schumpeter)就指出,帝国主义与资本主义存在着本质的对立,资本主义是组织经济生活的理性体系,而帝国主义是由无限制的有力扩张状态导致的无意倾向。②

除了经济学争论之外,一些社会、历史学家也尝试着从"制度"的层面来界定"资本主义"。例如,历史学家费尔南·布罗代尔(Fernand Braudel)认为,资本主义是一种上层建筑,它由少数拥有选择权力的资本家构成。③ 此处的"上层建筑"不同于马克思意义上的"上层建筑",而是一种结构性的、居高临下的东西④。在布罗代尔看来,资本主义不同于市场经济(交换),而是一种独占性和欺骗性的交换⑤,同时,它也是一种社会制度、政治制度和文明⑥。资本主义的发展和成功需要具备一些特殊的社会条件,例如,比较稳定的社会秩序,国家的中立、宽容或软弱。⑦ 海尔布隆纳则"将资本主义的本质视为对行为进行规范和塑造的各种制度和关系,将资本主义的逻辑视为由其内核产生和引导的结构变迁模式"⑧。他的观点正是布罗代尔观点的延伸——社会制度成功地塑造了某种行为模式,也成功地导向了某种社会形态的"逻辑"。

这样的争论被两次世界大战打断了,在道格拉斯·多德(Douglas Dowd)看来,战争意味着资本主义、工业主义、国家主义、帝国主义之间的动态影响的彻底崩盘⑨。战

---

① 多德.资本主义经济学批评史[M].熊婴,陶李,译.南京:江苏人民出版社,2008:105.
② 多德.资本主义经济学批评史[M].熊婴,陶李,译.南京:江苏人民出版社,2008:106.
③ 布罗代尔.资本主义论丛[M].顾良,张慧君,译.北京:中央编译出版社,1997:48.
④ 布罗代尔.资本主义论丛[M].顾良,张慧君,译.北京:中央编译出版社,1997:59-60.
⑤ 布罗代尔.资本主义论丛[M].顾良,张慧君,译.北京:中央编译出版社,1997:93.
⑥ 布罗代尔.资本主义论丛[M].顾良,张慧君,译.北京:中央编译出版社,1997:94.
⑦ 布罗代尔.资本主义论丛[M].顾良,张慧君,译.北京:中央编译出版社,1997:99.
⑧ 海尔布隆纳.资本主义的本质与逻辑[M].马林梅,译.东方出版社,2013:7.
⑨ 多德.资本主义经济学批评史[M].熊婴,陶李,译.南京:江苏人民出版社,2008:110.

后,资本主义面临着来自"内部"的挑战——约翰·凯恩斯(John Keynes)、弗里德里希·哈耶克(Friedrich Hayek)、卡尔·波兰尼(Karl Polanyi)围绕着"国家调控还是自由竞争"展开了激烈的争论。20世纪60年代起,风起云涌的各种民权运动、社会运动,同样冲击了资本主义社会结构与资产阶级的统治合法性,"资本主义"的概念似乎已经不足以描述当下的社会现实,而学者们也找不到一个类似于"帝国主义"的概念来描述资本主义在当代的发展。人们开始为资本主义加上各种各样的前置描述定语,除了金融资本主义之外,还有"赌场"资本主义(casino capitalism)、"信息"资本主义,甚至是"后"资本主义(post-capitalism)。这些纷繁复杂的概念使人不禁发问:资本主义是否仍然"活着"?它能否找到一种"替代性路径"?除了阶级斗争和革命,有没有一种温和渐进的方式"超越资本主义"?

主流的政治经济学者、资本主义研究者仍然试图在马克思主义的框架内分析当代资本主义的发展。这些学者一致认为,资本主义在当代正面临着严重的"危机"——经济发展停滞、泡沫经济、金融危机以及由此而来的不平等现象与全球秩序重构。例如,多德认为,1945年之后的资本主义具有六大特征:(1)巨型企业;(2)政府;(3)消费主义;(4)全球化;(5)军工企业(the military-industrial complex);(6)媒体的作用。[1] 而在进入20世纪70年代后,资本主义逐渐走向了一种"新体系"——巨型商业组织的"失控","超级政府"效率低下,无节制的扩张最终拖垮了经济增长速度,前所未有的债务膨胀暴露了当前经济体的脆弱性,资本主义以消费主义自我补救的方案也于事无补。[2]

莱斯特·瑟罗(Lester Thurow)正是在这样的情形下谈论"资本主义的未来"——共产主义在全球范围内走向"终结",使得资本主义缺乏"对手",其意识形态逐渐进入保守阶段;而人工智能时代来临后,世界经济逐渐动态化,"不存在长时期没有技术变化从而竞争可使工资和回报率平均化的阶段,也不可能出现所有的经济活动都同样有利可图,做什么都无关紧要(的情形)"[3]。而伴随着人口增长与流动、老龄化等问题,各个老牌资本主义国家内,保守主义故态复萌,财政赤字也越来越大;在国际舞台上,经济的全球化助长了殖民主义的泛滥,区域性贸易集团与全球性金融体系之间的冲突使得资本主义急切呼唤一个新的全球性贸易体系,却又受到民族主义的干涉和阻挠;

---

[1] 多德.资本主义经济学批评史[M].熊婴,陶李,译.南京:江苏人民出版社,2008:224.
[2] 多德.资本主义经济学批评史[M].熊婴,陶李,译.南京:江苏人民出版社,2008:262.
[3] 瑟罗.资本主义的未来:当今各种经济力量如何塑造未来世界[M].周晓钟,译.北京:中国社会科学出版社,1998:71.

与此同时,世界的多极化格局也使资本主义无法保持团结状态,瑟罗这样描述道:

> 今天没有哪种威胁、哪种意识形态和哪位领袖能强大到足以把现存的世界体系维系到一起。最后的结果是:共产主义的终结,关贸总协定-布雷顿森林体制的终结,一个经济均衡的世界,一个国家生存未受威胁便无人能让自己的部队作出牺牲的世界,一个缺乏主张团结的意识形态、个人不受限制的民主制和资本主义的世界,一个没有团结纽带、没有全球政治领袖的世界。①

资本主义带来的一系列的负面效应让瑟罗意识到,在权力分配理念上,民主制与资本主义存在着极大的差异,资本主义社会建立的政治制度必然能够将经济财富转化为政治权力,若是从资本扩张与财富占有的逻辑来看,与资本主义最匹配的政治制度应当是奴隶制。② 在当下,资本主义在几百年间建立的平衡被打破了,当代社会"人力资本不能被占有、人力资本投资时间远远长于资本主义制度所能允许的限度、人工智能产业发展必需的知识投资有赖于特定的社会环境,这种社会环境对于以个人利益为出发点的资本主义体制来说是完全陌生的"③。这就是瑟罗对"资本主义的未来"的判断与预期,依照他的逻辑,这种不平衡性必然会使资本主义逐渐走向崩溃和瓦解。

总的来看,这些学者并未抛弃希法亭"金融资本主义论"的框架,他们仍然将"金融化"视为资本主义自19世纪一直存续至今的一种发展趋势。类似的观点还包括:海曼·明斯基(Hyman Minsky)认为金融风险并不仅仅是由个人决策带来的,当代社会中,资产私有化的情况愈发复杂,长期的繁荣不能阻止金融结构从"对冲性融资"走向"投机性融资",最终演变为"庞氏融资"的趋势。也就是说,金融结构内在的不稳定性终将危害实体经济④;洛仁·戈尔纳德(Lauren Gornard)也相信,资本主义在当代最主要的发展趋势就是金融化,一方面以提高劳动生产率的方式来降低商品价格,包括劳动力商品的价格——它们被认为是全部价值的来源;另一方面,资本主义动员起资产阶级、中央银行,甚至是资本主义国家,竭力保护现有阶段的资本主义价值,直至下

---

① 瑟罗.资本主义的未来:当今各种经济力量如何塑造未来世界[M].周晓钟,译.北京:中国社会科学出版社,1998:156.
② 瑟罗.资本主义的未来:当今各种经济力量如何塑造未来世界[M].周晓钟,译.北京:中国社会科学出版社,1998:246.
③ 瑟罗.资本主义的未来:当今各种经济力量如何塑造未来世界[M].周晓钟,译.北京:中国社会科学出版社,1998:276.
④ 《国外理论动态》编辑部.当代资本主义经济新变化与结构性危机[M].北京:中央编译出版社,2015:442.

一次危机的来临①。在他看来,1914年之后,资本主义的生产方式就走向了衰退,其中最为严重的就是生产性劳动工人群体的衰减。作为生产制度的资本主义必定需要由价值规律来进行调节,但在1914年后,资本主义为自身建立的动态平衡就始终处在危机之中——生产衰退、大量失业、旧资本消失等困境迫使资本只能"螺旋式后退"以求自保,但这种"自我保护"是以人类社会的牺牲为代价的。②戈尔纳德将这种"衰退式发展"称为资本主义的"空转":信贷成为经济增长的发动机,代价则是社会的衰退,其中尤以社会再生产在全世界范围内的"缩水"为甚,甚至导向了一种非-再生产(non-reproduction)。戈尔纳德言辞激烈地指出,所谓"证券化金融"已经变成了当代最大规模的庞氏骗局。

与此同时,在那些相信当代的资本主义发展已经进入了一个"新的阶段"的学者之间也爆发了激烈的争论。其中,最为著名的论断莫过于弗朗西斯·福山(Francis Fukuyama)所提出的"历史的终结",这一论调遭到了佩里·安德森(Perry Anderson)、大卫·哈维(David Harvey)等人的激烈抨击。但与此同时,也有一批左翼学者和"折衷主义者"相信"资本主义新阶段"正在逸出旧有的政治经济框架,例如杰奥瓦尼·阿瑞基(Giovanni Arrighi)、萨米尔·阿明(Samir Amin)等人试图以一种温和的方式描述"全球资本主义"的新进展,伊什特万·梅扎罗斯(István Meszaros)也相信资本主义的发展已经进入了被他称作"后资本主义"或是"后革命"的新阶段。在这一时期,尽管一批"全球性操纵者"仍坚持以其霸权来追求政治领域的资本人格化,以期实现更美妙的"全球化",但全球性、自我维护的"超国家资本"与民族国家之间的矛盾与对立仍旧不可调和,"先进的"资本生产实践对人类生存的环境造成了灾难性的冲击,使得社会新陈代谢再生产"最基本的"条件走向了崩溃。一系列民权运动、女权运动反映出资本主义制度的脆弱与无能,人们无法继续以"传统方式"讨论不平等问题,包括虚伪的"法律的让步""机会平等"的话术,等等。此外,长期失业这一弊端也在严重地损害着资本主义社会的机体,哪怕在最"先进的"资本主义国家中,恶劣的失业状况也对宣称实现了"自由社会的充分就业"的后第二次世界大战条文(the post-Second World article)发出了无情的嘲弄。③

在探讨、争鸣的过程中,尽管有些不情不愿,人们还是意识到了"技术"在调节资

---

① 《国外理论动态》编辑部.当代资本主义经济新变化与结构性危机[M].北京:中央编译出版社,2015:93.
② 《国外理论动态》编辑部.当代资本主义经济新变化与结构性危机[M].北京:中央编译出版社,2015:226-260.
③ 梅扎罗斯.超越资本(上)[M].郑一明,译.北京:中国人民大学出版社,2013:11.

本主义社会生产,中介政治、经济、社会生活中所发挥的作用。尤其是在计算机、互联网等技术兴起并渗入社会生活的方方面面之后,无论是为"数字化"高唱赞歌的比尔·盖茨(Bill Gates)与尼古拉斯·尼葛洛庞蒂(Nicholas Negroponte),还是温和、审慎地拥抱"信息社会""后工业社会"的曼纽尔·卡斯特尔(Manuel Castells)、贝尔,都相信以计算机、互联网为代表的数字技术已经让资本主义的发展进入了一个全新阶段,甚至成为当今资本主义发展的"轴心"和驱动力。这样的时代可以被称为"信息资本主义""认知资本主义""后工业主义""后福特主义",等等。这一系列概念似乎指向同一个对象,又仿佛存在着微妙的差异,它们引起了另一部分学者的警觉,在他们看来,为技术摇旗呐喊是一种带有技术决定论色彩的乌托邦倾向,为了对付这个过于强大的杠杆,他们不得不搬出别的杠杆——经济基础、制度、社会结构——来进行"纠偏",而本书论及的"数字资本主义"理论最初正是这样一种"纠偏"的理论——"数字资本主义"的重心不在于"数字",而在于"资本主义",换言之,数字技术在促进资本主义高速发展的同时,也将剥削、压迫、不平等、贫富差距、南北差距等问题推向了极端。

不过,在进入21世纪之后,事情发生了微妙的变化——"数字化"的浪潮并未退去,媒介化的"后浪"又滚滚而来。人们必须直面媒介化社会的冲击,当路边卖水果的小贩开始使用二维码收款时,当"猪脸识别"成为养殖新技术时,当农民在抖音、快手等流媒体短视频平台销售农产品时,"带货"不再是网红主播的专属,许多传统媒体、出版行业,甚至是政务部门纷纷涉足其中,KOL(Key Opinion Leader,指消费领域中的"关键意见领袖")经济如火如荼的发展带来的不仅仅是电子商务的繁荣,还带来了MCN(Multi-Channel Network,即网红经济的"多渠道网络"运作模式)行业野蛮发展的乱象。"媒介"已经深深植入了人们的日常生活中,甚至逐渐下沉为经济基础。正是与"媒介化"(Mediatization)过程的结合,使得"数字资本主义"不再是一个虚幻的命题,甚至被赋予了新的意义——数字技术与新媒介真正地成为资本主义发展的轴心与动力,甚至成为社会结构中的一环,成为整个资本主义经济循环中的"元资本",为资本积累引入了新的价值尺度与运作逻辑。围绕媒介,新的生产方式被组织起来,并逐渐蔓延到社会的每一个角落;新的生产关系也渐渐形成,打破了"工作场所"的空间限制,也模糊了"工作"与"闲暇"的时间界限;新的社会关系也应运而生,人们的日常生活逐渐向媒介迁移,且媒介已经不仅仅是一种"生活方式",而演变为了一种"存在方式"。

因此,笔者相信,"数字资本主义"已经成为资本主义发展的新阶段。它不同于丹·席勒批判的"为虎作伥"的互联网技术,"数字化"(digitalization)乃至"数据化"

(datamation)在"媒介化"的催化下已经成为资本主义发展的"元动力"。若从这一角度回溯整个资本主义的历史,就会发现它实际上是一段媒介不断"浮现"的历史,媒介从一种附属性的文化机构(工业资本主义阶段),发展为一种调节性的文化机构(金融资本主义阶段),再演变为一种生产性的传播机构(丹·席勒所批判的"数字资本主义"阶段),最终成为一种文化性、传播性的生产机构(当下的新"数字资本主义阶段")。而本研究正是要从媒介技术哲学、媒介化理论与传播政治经济学的"交叉视野"入手,回溯"数字资本主义"的思想史,描摹出"媒介"在其中逐渐浮现的过程,从而建构一种新的数字资本主义理论,以此来描摹资本主义当代发展的新特征、新趋势、新问题,拓展当代资本主义研究的视野,并尝试于混沌之中把握"数字资本主义"的时代脉搏。

在丹·席勒看来,"信息技术投资,尤其是网络应用,成为工业与金融巨额资本重组的枢纽"①,信息技术与互联网的介入改写了资本主义在当代发展的历史,因此,它可以被视为数字资本主义发展的重要驱动力。但也有许多学者认为,并不存在什么"新时代",我们所处的时代,无论是称为"数字资本主义"也好,"信息社会"也好,"后工业社会"或"后福特主义"也好,与之前的社会阶段并没有什么本质区别,换言之,"数字"只是一个时髦的前缀,所谓"数字资本主义"与此前的各个阶段之间的连续性大于断裂性,甚至这种"断裂性"只是一种神话,一种被创造出来的、夸大其词的话语。但是,当代数字技术的发展已经远远超出了人们的预期,呈现新的变化趋势——它开始越来越深地渗入人们的日常生活当中,对社会生活、文化,甚至政治、经济、社会结构都产生了支配性的后果。因此,如果我们仍旧抱着经典传播政治经济学的观点,将数字技术、媒介当作"次要的"东西,便无法理解它在当代资本主义社会中占据的关键性、枢纽性地位,也无法超越结构功能主义的桎梏,实现理论的超越。

因此,本研究采取了历史的视角,回溯了传播政治经济学发展的历史、学术脉络与谱系,并将其追溯到整个资本主义发展的历史中,试图找出"数字"在其中的定位,了解自资本主义发展以来,"传播"与"媒介"在资本主义的经济循环中扮演着什么样的角色。在马克思主义的批判传统中,"资本主义"是作为一个整体而存在的,它的积累方式、生产方式、社会关系、意识形态,都应该被视为一个整体性的批判对象,而非理论的"孤岛"。因此,我们的研究还必须包含对整个资本主义发展史的批判性考察,包括资本的逻辑在不同时代如何自我实现、自我保存,而在资本主义的"整体"中,"传播"

① 席勒.数字资本主义[M].杨立平,译.南昌:江西人民出版社,2001:24.

与"媒介"如何将自己置于其中,如何与资本主义经济、政治、社会、文化、技术体系相互影响、相互渗透、相互促进,甚至反客为主,从一个高度依附于其他经济、社会部门的机构,转变为社会经济发展的枢纽。

本书除绪论之外,还包含五个章节,由小至大、由表及里,详细梳理了经典传播政治经济学的整个框架脉络,并由此梳理数字资本主义的概念、定义,将它与诸多"相似"概念进行辨析,分析其属于何种话语,以及这些话语代表的理论立场、产生的语境与政治、经济、社会、文化背景。同时,本书梳理了当下"数字资本主义"理论的新进展,它在若干领域中新的研究取向、路径、理论、方法,折射出数字技术尤其是媒介技术的深刻影响。由此,笔者回到技术哲学的理论框架,来探讨工具性技术观所带来的弊端,经典政治经济学"社会决定"的框架严重限制了人们在技术领域的想象力,也彻底遮蔽了媒介技术的"本真"。只有面向媒介本身展开追问,才能破除工具性的桎梏,跳出结构功能主义的框架,认识到"媒介化"的现实,并确定数字资本主义2.0时代中数字元媒介的奠基性——数字媒介技术已经下沉为整个社会的奠基性构成,以及人类的存在论基础,而非单纯的"调节机构""文化机构"。由此,笔者提出"数字资本主义2.0"的概念,对其进行了更加详细的界定,剖析它与原有的"数字资本主义"理论之间的连续性与断裂性,为它找到了理论的坐标。但笔者同时也表明了对数字资本主义2.0的扩张性的担忧,它凭借着媒介逻辑无孔不入、无远弗届的扩张性渗透到世界的每一个角落,许多非资本主义的国家和地区也受到波及。因此,我们在未来面临的挑战是双重的:一方面,我们必须对资本主义在当代的"媒介化"发展进行更加彻底的反思,寻找真正的"超越资本主义"之道;另一方面,我们要超越纷繁复杂的"符号"与"信息",面向媒介本身,直面人类在当代的媒介化生存,不断追问自身的存在,只有这样,我们才能在媒介化的"沉沦"中保持清醒,有机会一窥"数字元媒介"逻辑之下隐蔽的角落。

本书站在知识社会学的理论立场上,运用话语分析的方法,对现有的关于数字资本主义的理论文本、经验资料进行分析,梳理其理论源流、脉络,并检视它与社会现实之间的关系,尤其是这些理论话语与特定时代的政治、经济、技术实践之间的关系。

"话语分析"的研究方法于1952年被泽利格·萨贝台·哈里斯(Zellig Sabbettai Harris)提出后,最早被运用于语言学领域,以语言的形式为分析对象,尤其注重对大于句子的语言单位的分析[①];二战结束之后,话语分析吸纳了艾弗拉姆·乔姆斯基(Avram Chomsky)的"转换生成学派"、米哈伊尔·巴赫金(Michael Bakhtin)的对话理

---

① 刘立华.传播学研究的话语分析视野[J].国际新闻界,2011(2):31-36.

论以及部分来自福柯、皮埃尔·布尔迪厄(Pierre Bourdieu)的社会学理论,"话语"的外延被极大地拓展了,话语研究的范式也延伸到了话语特征、话语的理解(产生)、话语的消费(流转)①,并开始关注语言与社会文化情境的联结,尤其是二者之间的辩证现实关系以及社会意义的实现过程,包括语言中存在的结构特征,以及语言的流转所折射出的社会等级差异、权力关系。这一研究取向的代表人物是何塞-梵-迪克(José van Dijck),话语分析的侧重点在于话语与"社会语境"(social context)之间的辩证关系,后者并不是孤立的,前者亦非事物与意义之间的"透明"的媒介。话语所体现的是它所处的社会结构与社会关系,同时也是对社会语境的再阐释、再建构。20世纪60年代之后,汉斯-格奥尔格·伽达默尔(Hans-Georg Gadamer)、保罗·利科(Paul Ricoeur)的阐释学被引入话语分析,"批判现实主义"成为话语分析的新流派,它把"对文本的理解与阐释当作研究的中心,将世界看作寓于语言的意义世界"②,这一流派一方面强调"非话语成分"对话语的制约,另一方面强调话语对社会现实的建构性,只是这种"建构"受制于现实物质世界内在的可能性。这也就意味着,尽管物质实践被赋予了本体论的位置,但它只是包容而非决定了话语实践,因此,批判现实主义结合了建构主义与现实主义的观点,即意义是在互动中产生的,但话语本身同样是具有建构性的。

本研究关注的是"数字资本主义"的理论与话语和当代资本主义发展的历程如何相互建构,即不仅理论的生成受到了特殊时期"语境化"的影响,在理论生成之后,它也会受到"去语境化"的解读,在丹·席勒提出"数字资本主义"的理论时,他面对的社会环境是刚刚进入Web 2.0的时代,广告仍然被认为是媒体最主要的收入,而媒介对社会生活其他领域的建构还没有显露出来。但随着社会的变化、理论自身的进展,一方面,理论逐渐形成了自身的逻辑;另一方面,它会被来自不同理论背景的学者挪用,形成一系列去语境化的解读,用来描述与丹·席勒所处的时代截然不同的社会现实,甚至用以预测资本主义未来发展趋势。丹·席勒本人并没有预见到数字技术高度发展的今天,包括人工智能、自动化、移动支付等一系列技术对社会生产力、生产关系、生产、分配、消费的循环的影响,以及在此基础上形成的新的工业形态与经济增长模式,但我们仍然可以通过考察理论的变迁,来洞察时代的变化、社会的变革,并理解理论生成、变迁的深层逻辑。

这一"深层逻辑"指的就是理论话语生成的社会语境及其中包含的权力关系,而

---

① 刘立华.传播学研究的话语分析视野[J].国际新闻界,2011(2):31-36.
② 刘立华.传播学研究的话语分析视野[J].国际新闻界,2011(2):31-36.

要理解这些,就必须借助知识社会学的研究视角与方法。知识社会学作为探讨知识与社会的关系的特殊学科,被认为是社会科学领域的"元理论"(Meta-theory)[①]。知识社会学的理论范畴比较复杂,马克斯·舍勒(Max Scheler)、阿尔弗雷德·许茨(Alfred Schutz)、卡尔·曼海姆(Karl Mannheim)、符号互动论、现象学的观点都对其产生了影响,它本身包含着社会实在与社会建构两个向度,默顿试图将其建构为一种结构功能主义的行动纲领,而彼得·路德维希·伯格(Peter Ludwig Berger)、托马斯·卢克曼(Thomas Luckmann)、哈罗德·加芬克尔(Harold Garfinkel)这批学者则强调,社会现实建立在人们的日常知识的基础之上,都是"日常知识"外在化、客观化的结果。但无论是哪一种路径,知识社会学都要依托其他学科来对自身进行说明,且"知识"这一逻辑范畴与"社会"这一非逻辑范畴之间应当怎样联结,在不同历史时期有着不同的答案。同时,知识社会学的发展始终伴随着逻辑上的困境,很容易陷入"相对主义的自我驳斥"中,因此,不少学者强调,知识社会学必须坚持"反身性"(reflexivity),协调好社会情境的相对性和真理的超验性。[②]

而本研究采用的"知识社会学"方法论主要来自布尔迪厄的知识社会学进路(approach),他借鉴了现象学的方法论,使用"场域"(field)概念来重新构造、描述"社会"。相对于"社会结构",场域是动态的、生成性的,本身就包含着建构性,因此,场域不仅描述了差异,更要描述差异与区隔的生成过程。[③] 布尔迪厄将知识视为一种"内在性结构",它是一种"生成图式"(generative schema),亦可被称为"建构性结构"(constructive),因此它具备与社会相联结的能力与条件,也能与作为外在结构的场域互相转化,从而赋予了场域被"内化"的可能性。这样一来,场域能够借助知识、思维等内在结构来复制自身,成为"物化的分类系统",相应地,内在结构亦是由外在的场域形塑而成,只不过这种形塑并非一次性的,结构也不是恒定的、不变的,结构生成是一个持续不断的动态过程,社会世界就是"生成图式客观化"的结果。[④] 因此,心智结构成了一种"储存器",将内化的社会结构"存放"在人的意识层面,使之能够构成实践的出发点,这样一来,社会性的力量就能够对个体的思维发挥作用,干预主观认知的建构过程,从而通过个体的实践来干预社会、场域的再生产。

此处布尔迪厄所论述的"知识",指的是一种人们在日常生活实践中积累、形成的

---

① 赵超,赵万里.知识社会学中的范式转换及其动力机制研究[J].人文杂志,2015(6):113-121.
② 赵超,赵万里.知识社会学中的范式转换及其动力机制研究[J].人文杂志,2015(6):113-121.
③ 赵万里,赵超.生成图式与反思理性:解析布尔迪厄的知识社会学理论[J].社会.2012(2):33-50.
④ 赵万里,赵超.生成图式与反思理性:解析布尔迪厄的知识社会学理论[J].社会.2012(2):33-50.

"实践知识",它是一种反语言的、模糊的产物。在笔者看来,这种实践性的知识构成了连接理论知识与个体思维、实践之间的桥梁,其"生成图式"将社会环境与理论自身勾连起来,伴随着外部性的社会场域的变迁,理论也在不断发生着结构性变化。在当代社会生活中,媒介正伴随数字技术的不断发展,渐渐延伸出无所不包、控制一切的逻辑,它试图将触及的所有事物变成媒介,就连人也不例外。媒介的逻辑(Logic of Media)正在社会中不断下沉,从知识获取、娱乐、文化消费等领域出发,渐渐触及人的思想与认知领域,进而向社会生活的其他领域渗透,包括社会结构、制度,甚至延伸到经济实体中。因此,我们能够把握到的"数字资本主义"是一种动态的、复杂的理论,它包含许多庞杂的分支,甚至涉及不同的理论立场、方法实践。若从媒介的逻辑来考虑,我们便可将数字资本主义视为一种不断生成的理论,它不断塑造着人们脑海中的观念结构与认知模式,也塑造着社会生产实践、资本主义的经济循环。当媒介彻底下沉为当代社会的技术座架之后,我们的社会便进入了一个由数字元媒介主导的数字资本主义2.0时代,理论的蜕变随之而来。"数字资本主义2.0"既是一个时代,也是一种理论,前者孕育了后者,而后者则是对前者的批判性阐释。

与此同时,本研究还涉及诸多形而上的思辨,尤其是关于"数字资本主义2.0"的存在论基础、技术哲学批判,包括对"元媒介"(meta-media)的本质直观,但总的来说,本研究仍旧将旨趣归于经验现实,目的是批判现实社会中"数字资本主义2.0"对整个经济系统、社会结构的宰制,对普遍无产阶级化的劳工的剥削,而非单纯的理论建构。因此,本研究采用的研究方法在主体部分仍然是知识社会学立场的话语分析。

2012年之后,国内关于"数字资本主义"的研究出现了井喷式爆发,数量之多、趋势之强烈令人感慨"万马奔腾"①。但总的来说,"数字资本主义"相关研究仍集中于理论的引介与评述,紧扣现实的经验研究稍显不足。与此同时,"数字资本主义"的理论仍然没有得到有效澄清,在这样混乱的基础上进行理论探索,人们对"数字资本主义"的解读和批判就越发混乱,甚至出现了部分学者将"数字资本主义"等同于席勒所批判的"新经济"的情形。而在国外,"数字资本主义"相关研究同样存在着概念混乱、范式不明的问题。尽管直接以"数字资本主义"为标题或主题的论文、著作数量并不多,但与之相关的研究领域仍在不断拓展,相近的研究范畴中也涌现了不少重要的研究成果。一些学者将"数字资本主义"视为资本主义发展的一个全新阶段,一些学者则认为它是资本主义在当代社会中的一种变体,还有一些学者将其视为"后工业主

---

① 出自赵月枝在2019年第二届大夏传播学术论坛暨批判传播学年会上的发言。

义""后福特主义""认知资本主义""工业4.0"的同义词。尽管概念不甚清晰,相关研究却仍如火如荼地开展着。值得一提的是,在席勒的《数字资本主义》出版之后,相关研究直到2010年前后才出现了第一次集中的"爆发";而在2015年之后,文章的发表量持续走高,我们不难看出,该领域的研究与信息技术的发展、经济危机的频发关系密切,甚至关系到近年来保守主义势力在全球范围内的"回潮"。此中的缘由远比现阶段学者预期的复杂得多,因此,重新梳理"数字资本主义"的概念、理论谱系仍是一项迫切且重要的任务。

"数字资本主义"这一概念以及相关理论中蕴含的混沌性既是困境,也是一个机遇——它意味着彻底审视数字资本主义的理论范式、结构,并梳理其内在的理论逻辑,借此理解时代的变迁、资本主义在当代所处的历史境况,以及理论自身实现超越的可能性。

在以往的研究中,"数字资本主义"的定义、内涵、外延是散落在各种理论的脉络、谱系之中的,一直缺乏一条"线",或是一张"网",将这些概念串联起来,因此,数字资本主义的理论才会显得既混沌又矛盾。而事实上,问题的关键并不在于资本主义的定义是否发生了变化,而在于"数字"的定义:它是一个修饰性的概念,还是这一理论的核心?这一定义变化的线索就在于,"媒介"这一串联起资本主义发展史的要素的"下沉"——它如何从一种调节性的机构,渐渐变为生产性的文化机构,最终下沉为一种文化性的生产机构。而本书要做的,就是找到这条线索,将它清晰地描摹出来,不仅是功能层面的描述,而是存在论层面上的洞察和本质直观,最终将马克思主义与现象学的技术哲学进行结合,提出一种新的理论,能够在科技、社会飞速变迁,各种理论愈发混沌的今天,从根本上理解资本主义的未来,理解它即将实现的存在论奠基,以及它借助媒介这一经济基础,对生产关系与社会结构进行的重构。

此外,本研究还创新性地提出了"数字资本主义2.0"的概念,它不仅仅是现有的"数字资本主义"理论的延伸,而是在传播政治经济学的基础之上,将之提升到了存在主义的层面上,实现马克思主义与现象学的结合,从存在论的层面上来讨论数字技术,尤其是数字媒介如何渐渐成为人类生活的存在性奠基和人类社会中的经济基础。这一略显大胆的结论是基于对"数字资本主义"理论本身的辨析提出的,在此基础上,笔者提醒诸位读者警惕数字资本主义在全球的扩张,尤其是它在中国文化领域中的逐渐渗透、浮现。数字资本主义2.0并不是不可战胜的支配性命运,而是人类必须面对的存在性奠基,只有明确了数字资本主义2.0的本质,并设法切断媒介逻辑与资本逻辑互相纠缠的锁链,人类才能触及"解蔽"的真实。

第一章
"数字资本主义"理论的渊源与发展

正如前文所述,"数字资本主义"这一概念指涉的对象十分驳杂,它似乎可以被替换为许多概念——"信息社会""后工业社会""信息资本主义""认知资本主义""数字化时代",甚至是"后资本主义""后现代",等等。纷繁复杂的概念表象之下是理论的混沌性,而这种混沌性正是来自其理论渊源、谱系的复杂性。恩斯特·卡西尔(Ernst Cassirer)在《人文科学的逻辑》(Zur Loikder Kulturwissenschafteng Fünf Studien)中提到,不止自然科学,人文学科亦有其"概念的逻辑性格"。卡西尔是这样描述概念的逻辑性格的:

> 每一门独特的人文科学都能创制出一套特定的形式概念和风格概念,并能使用这些概念作系统性的全面观察,和把这一科学所要处理的现象加以分类和区别。这些形式概念既不是"法规性的",又不纯然是"描绘性的"。之所以不是"法规的",是因为它们并不在于要树立一些众多特殊现象得以演绎得以生成的普遍法则。然而另一方面,它们亦不能被化约于历史观察的层面。[①]

也就是说,人文科学的普遍性并非来自数理逻辑,而是一种"理论普遍性",来自独特的、有解释力的概念系统。而"数字资本主义"理论在当下存在的问题恰恰就是,这一概念并非"独特的",它并没有自己一以贯之的"逻辑性格",反而有着强烈的混沌性,它更像是一个"概念丛"(concepts cluster),以某一线索集成了诸多相近的概念,它们或许曾有着某种亲缘性,但彼此之间的内涵、外延的边界并不明确,

---

① 卡西尔.人文科学的逻辑[M].关子尹,译.上海:上海译文出版社,2013:83.

需要进一步梳理。

丹·席勒提出"数字资本主义"这一概念时,批判的矛头指向了各种带有新自由主义意识形态倾向的"数字乐观主义",包括尼克洛庞蒂提出的"数字化生存"、比尔·盖茨鼓吹的"无摩擦的资本主义",最主要的批判对象则是曼纽尔·卡斯特尔的"信息资本主义"。但在许多资本主义的辩护者那里,"数字资本主义"这一概念也可以被用来描述一种资本主义发展的新阶段——在数字技术的驱动下,资本主义正在"克服"它的弊端,在提高生产效率的同时让分配更加合理,也在社会层面不断缩小贫富差距,让社会整体上朝着更加民主、平等、公正的方向发展……围绕着同一个概念,竟建立起了两套南辕北辙的理论体系,甚至在批判的理论话语之下,不同时期的理论家也有着截然不同的立场倾向,可见"数字资本主义"这一理论根基之薄弱。

事实上,当我们删繁就简、追根溯源地来考察"数字资本主义"理论的源流,就能发现这种"混沌性"的由来——从广义上讲,"数字资本主义"理论是西方马克思主义谱系中逸出的"斜枝",处于传播政治经济学的坐标中。但在理论建构的过程中,它吸纳了"信息社会"等数字化理论,也受惠于后结构主义、后现代主义理论,还从各种源流的批判思想中汲取了智识养分。但在总体上,"数字资本主义"最主要的理论源泉仍然是传播政治经济学,甚至可以说,"数字资本主义"本身就是传播政治经济学的重要构成部分。这不仅因为传播政治经济学对新技术有着一贯的批判传统,还因为该理论的提出者丹·席勒是传播政治经济学派内的重要成员,也是该学派承前启后的"节点人物"。因此,要厘清数字资本主义理论的谱系,就必须回溯整个传播政治经济学的历史。

传播政治经济学是一门很年轻的学科,若从公认的"奠基人"达拉斯·斯迈兹(Dallas Smythe)的代表性论文《传播:西方马克思主义的盲点》(*Communications: Blindspot on Western Marxism*)算起,它的历史只有短短四十年。若是从学科建制的角度来看,传播政治经济学的"学术共同体"的形成是以1979年在伊利诺伊大学香槟分校(University of Illinois at Urbana-Champaign)召开的学术会议为标志的。1996年,莫斯可的著作《传播政治经济学》(*The Political Economy of Communication*),宣告了传播政治经济学作为一个学派正式形成。在这本书中,莫斯可将政治经济学定义为"关于社会生活中控制(control)与存在(survival)的研究"[①],而传播则是"意义的社会交换",

---

① 莫斯可.传播政治经济学[M].胡春阳,黄红宇,姚建华,译.上海:上海译文出版社,2013:3.

同时也是"组成某种关系的意义的社会生产"①。他以"商品化"(commodification)、"空间化"(spatialization)、"结构化"(structuration)这三个维度搭建起了传播政治经济学的总体性理论框架②,倡导一种唯实、包容、建构、批判的认识论与一种过程性、关系性的实在论③。

如此宏大的理论框架正是为了将各种纷繁复杂的理论纳入一个界限明确的谱系之中,使这个学术共同体保持其合法性与稳定性,能够抵御来自主流的、"右翼的"传播学派的冲击。在这一原则的驱动下,莫斯可为传播政治经济学增添了许多"源流",除了马克思主义政治经济学的批判传统之外,还包括制度经济学的传统、西方马克思主义与文化研究的传统、伊曼纽尔·沃勒斯坦(Immanuel Wallerstein)的世界体系理论(World-system Theory)、拉丁美洲学派的依附理论(Dependency Theory)、意大利马克思主义自治学派(Autonomous Marxism)的传统、女性主义与民权运动的传统,等等。这一系列理论建构的努力使得传播政治经济学的理论体系看似无所不包,但也酝酿着新的理论危机——在传播政治经济学派的内部,认识论争议从未停止过,理论的共识似乎已经成了一种奢侈品。对于本研究而言,最实际、最迫切的问题就是"数字资本主义究竟是什么",但正因传播政治经济学理论基础的复杂性,这个问题始终未能形成一致的答案。

我们由此大致理解了"数字资本主义"理论的混沌性从何而来,不过,要展开进一步的研究,仍须仔细回溯传播政治经济学的整个理论谱系,理解数字资本主义理论的学术渊源、发展历程,以及它在传播政治经济学谱系中所处的位置,由此,数字资本主义理论的"混沌之谜"才能解开。

第一节 北美的渊源——"数字资本主义"理论的形成

一、传播政治经济学的发端时期——斯迈兹与席勒

让我们先将视线投回20世纪70年代,回顾被视为传播政治经济学奠基人"双

---

① 莫斯可.传播政治经济学[M].胡春阳,黄红宇,姚建华,译.上海:上海译文出版社,2013:8.
② 莫斯可.传播政治经济学[M].胡春阳,黄红宇,姚建华,译.上海:上海译文出版社,2013:162-163.
③ 莫斯可.传播政治经济学[M].胡春阳,黄红宇,姚建华,译.上海:上海译文出版社,2013:163-164.

璧"的达拉斯·斯迈兹与赫伯特·席勒(Herbert Schiller)。20 世纪 70 年代对于北美,尤其是美国来说,是一个特殊的时期。一方面,麦卡锡主义余威尚在;另一方面,新左派运动方兴未艾。此时,在整个西方思想界,新自由主义与新保守主义交相涌现,"福利国家"与"科学管理"的思想也渐渐萌芽。因此,我们可以说 70 年代是美国各种社会思潮激烈交锋的时期,这对于学术界来说是福也是祸——各种迥异的学术思想汇入了美国社会科学的洪流中,极大地拓展了知识的边界与理论的范畴。但相应地,政治立场之争也在向学术领域渗透,使得一大批左翼学者只能戴着镣铐起舞,在逼仄的空间中进行社会批判。

1947 年,威尔伯·施拉姆(Wilbur Schram)在伊利诺伊大学创立了传播研究所,开启了美国传播学的建制化之路。第二年,他向从事经济学研究的达拉斯·斯迈兹伸出了橄榄枝,聘请他前来任教。施拉姆的野心是为传播学这一"十字路口"引入经济学的研究视野与分析方法,只是,斯迈兹并不是一个符合"主流"的新自由主义经济学家,他在加州大学伯克利分校(University of California, Berkeley)接受了经济学的训练,接触了索斯坦·凡伯伦(Thorstein Veblen)的制度经济学思想,也接触了一部分马克思主义政治经济学观点。1937 年,斯迈兹获得博士学位,在美国中央统计局(Central Statistical Board)做问卷调查,一年后进入劳工部工作,接触到媒介与电信行业中工人的劳动实践、工会斗争。第二次世界大战爆发后,他回到中央统计局标准处担任首席经济学家,专门从事与劳工问题相关的分析研究。1943 年,斯迈兹进入联邦通信委员会(FCC)工作,此时,联邦通信委员会面对电信产业技术工人的罢工和抗议束手无策,希望斯迈兹作为首席经济学家协助追踪电信行业的劳动关系、劳资纠纷,并为费用率听证会提供参考意见。

早在学生时代,斯迈兹就以观察、访谈的方法展开了一系列经验研究,研究对象遍及罢工的码头工人、赤贫的移民农业工人、西班牙内战中的反法西斯主义者,制度经济学的熏陶与这段实践经历共同塑造了斯迈兹行动主义的立场。进入劳工部后,他又结识了一大批激进的工会成员,注意到他们如何与公司、工会管理层斗争,如何争取通信行业巨头美国电话电报公司(AT&T)与西联公司(Western Union)工人的支持,也注意到传媒、通信行业中劳动过程的变化,包括新技术如何使劳动变得机械化、如何侵蚀熟练工人的"手艺"技能。而在联邦通信委员会的工作让斯迈兹意识到,商业利益正不断地争取政府组织与政策的支持,来争夺和控制广播、电视等媒介。渐渐地,斯迈兹的学术立场不断"向左转",这也为他与施拉姆在学术与政治层面的双重冲突埋下了伏笔。

进入伊利诺伊大学传播研究所后,斯迈兹结识了查尔斯·奥斯古德(Charles Osgood)、乔治·格伯纳(George Gerbner)等传播学者,以及短期访问的西奥多·阿多诺(Theodor Adorno)、与他志同道合的赫伯特·席勒。"冷战"开始后,麦卡锡主义席卷整个美国,学术界自然也无法幸免。在斯迈兹因曾参与声援西班牙的反法西斯斗争而成为美国众议院非美活动委员会(House Un-American Activities Committee)密切关注的"政治敏感人物"时[1],施拉姆却自告奋勇地成为美国政府反共主义的急先锋;在斯迈兹遭到众议院非美活动委员会的举报和秘密调查后,施拉姆先是扣押了举报材料,却在有利于斯迈兹的调查结果出炉后,仍将这些材料放入斯迈兹的个人档案中[2],令斯迈兹极为愤怒、不满。在斯迈兹看来,此举无异于事实上将他逐出了学术圈,在伊利诺伊大学工作的那些年,斯迈兹几乎无法获得学术项目资助,只有美国教育广播工作者联合会给予他部分拨款,让他能完成前期调研、参加1950—1951年联邦通信委员会电视政策听证会。[3] 尽管处境艰难,斯迈兹仍坚持在伊利诺伊大学开设了一门名为"传播经济学"的课程,向学生讲授政治经济学,他关于电子媒介、公共广播的批判性研究也是在这一时期开始的。1951年,在瓦瑟学院(Vassar College)消费者联盟学会的一次会议上,斯迈兹第一次发表了关于"受众商品"的演讲,这一观点不久后成为斯迈兹最著名、最具代表性的理论,也成为传播政治经济学领域"奠基性"的理论。

在1963年,斯迈兹彻底心灰意冷,举荐赫伯特·席勒接替自己的教职后就离开了伊利诺伊大学,回到家乡加拿大萨斯喀彻温省的里贾纳大学(University of Regina)[4]任教。在里贾纳大学,斯迈兹结识了重要的学术伙伴比尔·李凡特(Bill Livant),与他一同构建、完善了"受众商品论"。1974年,斯迈兹离开里贾纳大学,转入西蒙菲莎大学(Simon Fraser University)任教,认识了制度经济学家威廉·梅洛迪(William Melody)。1969年,斯迈兹参加了联合国教科文组织在蒙特利尔举办的国际会议,在会议发言中,他首次使用"依附"与"被依附"的概念来描述全球新闻传播秩序中存在的不平等关系。这一时期,他对"不结盟运动"产生了浓厚的兴趣,积极投身世界传播新秩序的实践,一边继续从事关于受众商品论的研究,一边关注垄断资本主义条件下美国对加拿大经济与传媒的控制和支配。1977年,斯迈兹发表了著名的《传播:西方马克思主

---

[1] 郭镇之.传播政治经济学理论泰斗达拉斯·斯麦兹[J].国际新闻界,2001(3):58-63.
[2] 斯迈思.依附之路:传播、资本主义、意识和加拿大[M].吴畅畅,张颖,译.北京:北京大学出版社,2022:2.
[3] 斯迈思.依附之路:传播、资本主义、意识和加拿大[M].吴畅畅,张颖,译.北京:北京大学出版社,2022:2.
[4] University of Regina 又译为"女王大学","Regina"有女王之意。

义的盲点》(以下简称《盲点》),引起了西方马克思主义批判学者(尤其是英国文化研究者、批判传播学者)的激烈讨论。1981年,《依附之路:传播、资本主义、意识和加拿大》(*Dependency Road: Communication, Capitalism, Consciousness, and Canada*,以下简称《依附之路》)正式出版,在这部著作中,斯迈兹运用他擅长的制度经济学分析,将加拿大的传播发展史书写为一部依附的历史,不仅重新梳理了受众商品论,还运用"意识工业"这一更宏观的概念来统摄其理论,建构一种反殖民主义、反帝国主义的实践性传播理论。

"受众商品论"是斯迈兹最著名的理论,在他看来,受众观看电视节目的过程实际上是在为媒体"劳动",媒体将受众的劳动力收集起来、出售给广告商,广告商通过剥削受众劳动的剩余价值,将受众纳入资本主义的经济循环进程中。① 媒体内容的"免费午餐"只是一种"诱饵",吸引、驱使着受众为广告商劳动——通过各种收视率统计手段,广告商能够组织起数量庞大的受众,创造出消费意识,这一过程的实质就是受众为资本主义的经济循环执行了营销功能。同时,受众也是那些广告营销内容的目标消费者,他们自己劳动,向自己推销商品。正是在这一意义上,斯迈兹认为受众受到了双重剥削:其受众身份本身就是一种商品,它被斯迈兹称作"受众力"(audience power)②——受众力可以被生产、被销售、被购买、被消费③,也能被广告、公关及各种文化产品"科学地"管理④,媒体卖给广告主的、广告商购买来扩大市场规模的,都是这种"受众力",即受众在收视过程中进行的创造性工作。⑤ 与此同时,受众也需要对自己的劳动力进行再生产⑥,这就意味着他们需要消费,需要从广告中"学习"品牌知识,在广告商提供的若干品牌中进行"选择"和"决策"⑦,也就是说,这些附属于垄断资本主义的劳动者极其依赖广告,意识工业生产出了完美的"消费者"⑧,将他们卖给了广告商。马克思提出的"三重异化"同样发生在受众身上——异化于他们工作时间的劳动成果、异化于一般性的商品、异化于他们自身产生的劳动力。

---

① 史麦塞.传播:西方马克思主义的盲点[M]//冯建三.传媒公共性与市场.上海:华东师范大学出版社,2015:39.
② 斯迈思.依附之路:传播、资本主义、意识和加拿大[M].吴畅畅,张颖,译.北京:北京大学出版社,2022:26.
③ 斯迈思.依附之路:传播、资本主义、意识和加拿大[M].吴畅畅,张颖,译.北京:北京大学出版社,2022:26.
④ 赵月枝,丁远哲.读《依附之路》,谈中国道路:一部马克思主义传播学经典的问题意识与当代价值[J].青年记者,2022(6上):47-54.
⑤ 斯迈思.依附之路:传播、资本主义、意识和加拿大[M].吴畅畅,张颖,译.北京:北京大学出版社,2022:26-27.
⑥ 斯迈思.依附之路:传播、资本主义、意识和加拿大[M].吴畅畅,张颖,译.北京:北京大学出版社,2022:40.
⑦ 斯迈思.依附之路:传播、资本主义、意识和加拿大[M].吴畅畅,张颖,译.北京:北京大学出版社,2022:41-42.
⑧ 斯迈思.依附之路:传播、资本主义、意识和加拿大[M].吴畅畅,张颖,译.北京:北京大学出版社,2022:42.

斯迈兹这一论断的前提是保罗·巴兰（Paul Barran）与保罗·斯威齐（Paul Sweezy）提出的"垄断资本主义"观点，即进入垄断资本主义阶段后，普通人每天除了睡眠以外的时间都在为资本主义经济循环而劳动，这种劳动既包括"用来生产一般意义之下的商品"的劳动，也包括"用来生产和繁衍劳动力"的劳动，①前者体现为资本主义社会中的薪资劳动，而后者则是在职业之外的劳动，斯迈兹所谓"受众劳动"就包含在其中。这种"劳动"的本质是一种"脑力劳动"，或者说是一种"非物质劳动"（immaterial labor）。换言之，斯迈兹的"受众商品论"亦是当代如火如荼的数字劳动研究的先驱与雏形，斯迈兹笔下的受众进入网络时代后，发展为互联网、移动智能设备、各种应用（Applications，以下简称App）的"用户"，"受众力"转变为"流量"，"二次售卖"模式演变为流量经济，用户在互联网上留下的一切痕迹都能成为流量的来源，为资本主义体系源源不断地创造剩余价值。

不过，如果斯迈兹继续援引巴兰与斯威齐的观点，就必然面临这样的困境——巴兰与斯威齐并不承认这种"劳动"的生产性，相反，他们认为在垄断资本主义时期，美国社会中非生产性部门逐渐压倒了生产性部门正是资本主义周期性危机的来源。但斯迈兹提出，巴兰与斯威齐忽视了非物质劳动的生产性，原因在于垄断资本主义时期，资本主义已经发生了两个巨大的转变，其一是劳动者的时间已经脱离他们自身的控制，工作时间与闲暇时间的界限早已变得模糊；其二，资本主义体系为人们的"闲暇时间"施加了大量的压力，这些时间几乎已经完全被无休止的广告占据。在斯迈兹眼中，在垄断资本主义的条件下，这些广告也属于资本主义生产环节的一部分。这种"劳动的本质"正是当代西方马克思主义研究的"盲点"（blind spot），在马克思的时代（包括马克思主义研究的早期），资本主义尚未进入"垄断"的阶段，广告尚未成为一种资本主义控制市场的手段；同时，人们通常意识不到自己的劳动被"卖"给了广告商，"我们既然没有得到薪资，我们也就没有把这部分的劳动时间售出"②。

"受众商品论"的意义不仅在于"第一次"在传播研究中运用了马克思主义政治经济学的观点，也在于斯迈兹注意到了"劳动过程"，即将受众的收视行为看作一种"劳动"，让传播研究找到了政治经济学的接合点。在笔者看来，后者的重要性要高于前者，它为"我们为什么需要一门传播政治经济学"提供了答案。不过，斯迈兹的"受众

---

① 史麦塞.传播：西方马克思主义的盲点[M]//冯建三.传媒公共性与市场.上海：华东师范大学出版社，2015：41.

② 史麦塞.传播：西方马克思主义的盲点[M]//冯建三.传媒公共性与市场.上海：华东师范大学出版社，2015：26.

商品论"在当时以及后世都招致了大量的批评,例如,布莱特·卡拉韦(Brett Caraway)认为,首先,"受众商品论"忽略了经济循环中出售劳动力的并不是受众自己,而是媒介所有者,但无论媒介所有者与广告商之间如何竞价,媒体都无法真正测量受众,广告商也无法监视、控制受众的劳动,受众因此彻底地远离了交换的过程;其次,斯迈兹的"免费午餐"一说并不成立,在市场化的媒介体制下,受众接入媒介的前提就是预先为媒介内容付费;最后,斯迈兹没有区分不变资本与可变资本,受众也并非整齐划一地为资本家从事生产性劳动,同时再生产他们自己的劳动力。在卡拉韦看来,媒介资本家能做的只是创造环境、稳定受众,将版面、时段"出租"给产业资本家,后者按照受众的规模、质量来支付租金(rent),这笔钱来自"未来销售"可能实现的剩余价值,因此,剩余价值只来自生产过程,绝不可能来自受众的关注、购买环节。① 而斯迈兹本人对此的回应是,受众本身并不是同质化的②,但或然性与大多数法则转移了广告商投资的风险,更何况传媒行业中存在着大量的收视率调查机构和市场研究机构,可以通过科学的手段进行抽样调查、评估受众规模,将人口统计与消费心理研究推及所有受众,媒体和广告商可以基于这些数据和过往经验对受众商品进行分类、分级。③ 换言之,单独的媒体、企业确实无法监视、掌控全国受众,但"意识工业"是一个复杂的社会体系,它已经深深地嵌入加拿大的政治-经济体系中,个体无法与高效、"科学"且无孔不入的意识工业相抗衡,自然也无法实现"微观层面的抵抗"。

另一种观点是,受众的收视行为,包括其他的"用户生产内容",并没有直接产生剩余价值,对这些用户生产的数据进行加工的过程才创造了剩余价值,如果不对这些海量数据进行筛选、加工、处理,这些芜杂的信息并不能直接为资本主义经济循环产生剩余价值。因此,真正被剥削的并不是完成收视行为的受众,亦非产生海量数据的互联网用户,而是对这些"收视时间"与注意力进行分包处理的媒体劳工,以及对互联网大数据进行筛选加工的程序员、数据工程师。④ 布莱斯·尼克松(Brice Nixon)则指出,无论是斯迈兹,还是同时期的李凡特与苏特·加哈利(Sut Jhally),在为"受众劳动"辩护时,都没有处理好这样一个问题——传播如何能成为一种资本?尼克松认为,广告将受众与资本主义经济循环联系在一起,实际上已经构成了一种"传播资本"

---

① 周人杰.西方传播政治经济学的最新进展[J].政治经济学评论,2015(5):179-196.
② 斯迈思.依附之路:传播、资本主义、意识和加拿大[M].吴畅畅,张颖,译.北京:北京大学出版社,2022:27.
③ 斯迈思.依附之路:传播、资本主义、意识和加拿大[M].吴畅畅,张颖,译.北京:北京大学出版社,2022:28-29.
④ 夏玉凡.传播政治经济学视域中的数字劳动理论:以福克斯劳动观为中心的批判性探讨[J].南京大学学报(哲学·人文科学·社会科学),2018(5):37-47.

抑或"媒介资本",而广告商为受众的注意力向媒体支付的费用也不同于传统意义上的"工业资本",而更像一种"地租"(rent)——工业资本向媒介资本支付"租金",从而使媒介资本能够从工业资本的循环中获取剩余价值。通过这种支付"租金"的方式,媒介被卷入了资本循环体系中,其本身也在逐渐资本化,正是这种"资本化"的过程将受众的收视行为转变为"劳动",为资本主义的经济循环生产了剩余价值。①

在《依附之路》中,斯迈兹又往前迈了一步,不是孤立地批判某个具体的媒体、广告商,而是将批判的矛头指向了"意识工业"。在斯迈兹看来,一战结束后,广告与大众传播逐渐展露出科学控制市场的能力,此时,经典的"经济基础-上层建筑"之间的界限逐渐变得模糊——"意识工业几乎购买了全部人口,并让其以受众的身份协助垄断资本主义制度的商品输出,进行需求管理。……上层建筑(就 19 世纪而言)果决地加入了生产行列。"②"就经济基础与上层建筑之间传统的对立关系而言,大众媒体既属于上层建筑领域,又不可或缺地投身于经济基础的生产这一最后环节。"③所谓意识工业,并不拘泥于某种媒体机构或产业结构,而是一整套复杂的政治经济体系,它"通过连锁的商业组织,与具有更广泛的信息生产和交换基础的寡头市场相联系"④,同时服务于大众媒体的信息生产(自然也从中受益)。受众之所以愿意牺牲为数不多的"自由时间"心甘情愿地为媒体与广告商无偿劳动,正是因为意识工业直接作用于个体的意识层面,服务于意识形态的规范化与社会秩序的维系。因此,斯迈兹的"意识工业"理论反倒与他批判的路易·阿尔都塞(Louis Althusser)的观点不谋而合⑤,如果说阿尔都塞是在"经济基础"与"上层建筑"之间塞进了一个"结构",使之作为桥梁沟通二者,阐释意识、观念如何作用于社会实体,斯迈兹则在强调传播媒介的经济属性,以媒介为界面打通了"经济基础"与"上层建筑"之间的壁垒。相比于阿尔都塞的"意识形态国家机器"理论和法兰克福学派的"文化工业"理论,斯迈兹的"意识工业"理论要更加直观。⑥

在斯迈兹看来,加拿大作为"个案"最能揭示意识工业的运行机制,加拿大的受众几乎已经完全被美国的意识工业俘虏了,而这一过程的实质是加拿大整个国家附庸于美国的垄断资本。美、加两国在地理上彼此接壤,同为英、法等国殖民地的历史又令两

---

① 姚建华.数字劳工:产消合一者和玩工[M].北京:商务印书馆,2019:39-78.
② 斯迈思.依附之路:传播、资本主义、意识和加拿大[M].吴畅畅,张颖,译.北京:北京大学出版社,2022:51.
③ 斯迈思.依附之路:传播、资本主义、意识和加拿大[M].吴畅畅,张颖,译.北京:北京大学出版社,2022:293.
④ 斯迈思.依附之路:传播、资本主义、意识和加拿大[M].吴畅畅,张颖,译.北京:北京大学出版社,2022:5.
⑤ 斯迈思.依附之路:传播、资本主义、意识和加拿大[M].吴畅畅,张颖,译.北京:北京大学出版社,2022:7.
⑥ 斯迈思.依附之路:传播、资本主义、意识和加拿大[M].吴畅畅,张颖,译.北京:北京大学出版社,2022:7.

国拥有相似的种族、语言、文化,这让加拿大的统治阶层对美国的垄断资本几乎毫无防备,对美国的意识工业全盘接受,为其大开绿灯。在市场层面,加拿大最主要的两家电话公司——比尔电话公司、不列颠哥伦比亚省电话公司都是美国跨国电信巨头的分公司①;加拿大的所有杂志都依赖两家美国公司提供经营、销售服务②;美国好莱坞电影巨头彻底垄断了加拿大市场的制作、发行、放映,这些企业在美国本土已经受到了反托拉斯法的监管,在加拿大却从未受到任何政策干涉。③ 在政策层面,加拿大与美国在一战之后结成了密切的军事合作关系,二战期间,美、加两国签署了确保军事采购一体化的《奥格登斯堡协议》(Ogdensburg Agreement)和《海德公园协议》(Hyde Park Agreement),到1969年,美国军事工业联合体已经在加拿大拥有500多家公司。④ 因此,加拿大亦步亦趋地追随美国的通信政策,其国内的电信基础设施几乎全部由美国企业建设、提供,在国际电信联盟和教科文组织的会议上,加拿大也是美国文化帝国主义政策最重要的支持者。⑤

用斯迈兹的话来说,加拿大是世界上"最发达的"依附性国家和最富裕的"欠发达"国家⑥,换言之,加拿大从未实现过民族自治。斯迈兹认为,要实现民族自治,至少需要保障军事独立、建立"文化防御阵线"。⑦ 遗憾的是,加拿大在这两个领域都无法实现自主,加拿大建国本就是17—18世纪西欧资产阶级发展重商主义的结果⑧,19世纪中叶,加拿大脱离了英国殖民统治,却没有摆脱美国的重商主义、帝国主义"光辉"的普照。一方面,加拿大的关税政策对美国跨国公司极为"友好",吸引了大量美国企业来加投资;另一方面,美国垄断资本同化加拿大经济的过程与其对第三世界国家展开的文化帝国主义攻势性质相同⑨,它导向的结果是加拿大的商人与美国资本家共享一套意识形态,包括个人主义、私有财产至上、脱胎于英国普通法的商业交易法则,等等,意识形态的趋同性让加拿大统治阶层在文化上屈服于美国,自愿成为美国后殖民主义的"买办",以谋求短期利益。

---

① 斯迈思.依附之路:传播、资本主义、意识和加拿大[M].吴畅畅,张颖,译.北京:北京大学出版社,2022:149.
② 斯迈思.依附之路:传播、资本主义、意识和加拿大[M].吴畅畅,张颖,译.北京:北京大学出版社,2022:116.
③ 斯迈思.依附之路:传播、资本主义、意识和加拿大[M].吴畅畅,张颖,译.北京:北京大学出版社,2022:138-139.
④ 斯迈思.依附之路:传播、资本主义、意识和加拿大[M].吴畅畅,张颖,译.北京:北京大学出版社,2022:4.
⑤ 斯迈思.依附之路:传播、资本主义、意识和加拿大[M].吴畅畅,张颖,译.北京:北京大学出版社,2022:164-165.
⑥ 斯迈思.依附之路:传播、资本主义、意识和加拿大[M].吴畅畅,张颖,译.北京:北京大学出版社,2022:4.
⑦ 斯迈思.依附之路:传播、资本主义、意识和加拿大[M].吴畅畅,张颖,译.北京:北京大学出版社,2022:4.
⑧ 斯迈思.依附之路:传播、资本主义、意识和加拿大[M].吴畅畅,张颖,译.北京:北京大学出版社,2022:4.
⑨ 斯迈思.依附之路:传播、资本主义、意识和加拿大[M].吴畅畅,张颖,译.北京:北京大学出版社,2022:4.

在美国意识工业的控制下,加拿大的传播领域,包括电信、报刊、图书、广播、电影、电视等行业都是美国"单向信息流动"的接受者,都在"为美国打工"。① 尽管加拿大的部分区域(如魁北克法语区)、群体(如家庭、教会、教育机构、医疗机构和军队等"机构性滞后"领域)中仍然存在着对抗性力量,但依旧无法与强大的意识工业抗衡。② 同样地,私有化运营的电信基础设施也放大了公共服务与私有利益之间的矛盾,例如:加拿大广播公司必须把商业价值作为节目编排优先考虑的目标,引进能带来"更好的"经济效益的美国节目③;20世纪60年代,有线电视开始在加拿大普及,但占据垄断地位的电信行业担心自身利益受损,拒绝有线电视使用电话导管与电线杆,使得有线电视运营成本激增,也让加拿大无法在技术更迭的过程中建设更加完善的公共电视电话网络。④ 在书中,斯迈兹言辞激烈而又无奈地强调,加拿大政府、统治阶级不遗余力地迁就美国的垄断资本与商业组织,帮助美国意识工业源源不断地生产驯服的受众,这样的传媒政策彻底撕裂了加拿大社会,抹杀了传媒的公共性,至此,加拿大英语区的文化已经和美国太平洋沿岸诸州的文化没有任何区别。⑤

在斯迈兹的理论体系中,"意识工业"与加拿大的依附史是密不可分的,他的理论框架受惠于伊曼纽尔·沃勒斯坦的世界体系理论,换言之,斯迈兹眼中的依附体系就是资产阶级在过去400年间基于国际劳动分工差异形成的中心-边缘结构,而以大众传媒为代表的意识工业在这一体系的建构过程中设定了"议程",向人们定义了何谓"发展",何谓"现代化"——对于广大的第三世界国家来说,仿佛只有沿袭"美式"道路、按照美国设定的发展路径才能实现现代化,享受科技进步带来的成果。在斯迈兹看来,"议程设置"(agenda setting)不仅仅设定了人们对于某一具体事件的认知和观点,更是在不断声明、重申人们所处的社会制度议程,以此"大规模生产、整合并发展的意识工业"。

从《依附之路》出版开始,全球化、跨国媒介集团的并购重组、跨文化传播背后的经济渗透与地缘政治、"文化帝国主义"成为传播政治经济学中经久不衰的议题。但斯迈兹作为"行动主义者"的身份一直受到忽视,他曾经游历世界各地,关注萨尔瓦多·阿连德(Salvatore Allende)的人民阵线政府(Popular Unity)的改革,以及中国、日

---

① 斯迈思.依附之路:传播、资本主义、意识和加拿大[M].吴畅畅,张颖,译.北京:北京大学出版社,2022:5.
② 斯迈思.依附之路:传播、资本主义、意识和加拿大[M].吴畅畅,张颖,译.北京:北京大学出版社,2022:131.
③ 斯迈思.依附之路:传播、资本主义、意识和加拿大[M].吴畅畅,张颖,译.北京:北京大学出版社,2022:184-185.
④ 斯迈思.依附之路:传播、资本主义、意识和加拿大[M].吴畅畅,张颖,译.北京:北京大学出版社,2022:154.
⑤ 斯迈思.依附之路:传播、资本主义、意识和加拿大[M].吴畅畅,张颖,译.北京:北京大学出版社,2022:5.

本、东欧各国的媒介实践。他曾经两度访问中国,第一次是在1971年12月5日到1972年1月5日,时间恰恰在新中国恢复联合国合法席位(1971年10月25日)与尼克松访华(1972年2月)之间。① 在这一个月里,他先后走访了广州、上海、南京、北京、武汉等城市的宣传、广电、电信、出版、邮政、电子工业等部门,与相关学者和干部展开座谈。1979年5月,斯迈兹再度访华,此时中国已经步入改革开放的新阶段,他便顺势对中国新出现的跨国商业广告、劳务输出和旅游业开发等现象进行了调研与思考,以国际共产主义运动同志的身份撰写了《自行车之后是什么?——技术的政治与意识形态属性》(After Bicycle, What?)②一文,思考中国发展社会主义文化与传播政策、探索独立自主的革命与建设道路的历程。在经历了扎实的实地调研之后,斯迈兹相信"中国道路"是一种超越资本主义的替代性实践③,对比几乎已经沦为美国附庸的加拿大文化、传播领域,中国能够挣脱冷战的意识形态牢笼与西方长达二十多年的封锁,探索出一条独立自主的发展道路,是一个具有重要借鉴意义的个案,尤其是在"文化甄别"的领域,"中国的情况可以帮助我们分析'技术'与消费品的政治问题"。④

在传播政治经济学派中,斯迈兹的地位不言而喻。在莫斯可看来,斯迈兹影响了"全世界四代政治经济学学者"⑤,包括他在伊利诺伊大学的学生托马斯·古拜克(Thomas Guback),在西蒙菲莎大学的学生与同事曼殊纳特·彭达库(Manjunath Pendakur)、威廉·莱斯(William Leiss)、加哈利、罗宾·曼塞尔(Robin Mansell)等,此外还有"双璧"中的另一位、接替他伊利诺伊大学教职的赫伯特·席勒。赫伯特·席勒比斯迈兹年轻许多,他于1919年11月5日出生于纽约,成长的过程恰逢"大萧条",这段艰辛的经历为他的历史思考埋下伏笔,让他有了开始反思阶级分化、两次世界大战、冷战时期的反共思潮、新殖民主义与文化帝国主义的契机。⑥ 他曾于二战期间参军,并在战后为驻德美国军政府工作。战后,赫伯特·席勒进入纽约大学(New York University)从事经济学研究,在那里做了十年会议讲师,直到1960年,他才获得博士学

---

① 赵月枝,丁远哲.读《依附之路》,谈中国道路:一部马克思主义传播学经典的问题意识与当代价值[J].青年记者,2022(6上):47-54.
② 副标题为译者王洪喆所加。参见:斯迈思.自行车之后是什么?——技术的政治与意识形态属性[J].王洪喆,译.开放时代,2014(4):94-107.
③ 赵月枝,丁远哲.读《依附之路》,谈中国道路:一部马克思主义传播学经典的问题意识与当代价值[J].青年记者,2022(6上):47-54.
④ 赵月枝,丁远哲.读《依附之路》,谈中国道路:一部马克思主义传播学经典的问题意识与当代价值[J].青年记者,2022(6上):47-54.
⑤ 莫斯可.传播政治经济学[M].胡春阳,黄红宇,姚建华,译.上海:上海译文出版社,2013:109.
⑥ 迈克斯韦尔.信息资本主义时代的批判宣言:赫伯特·席勒思想评传[M].张志华,译.上海:华东师范大学出版社,2015:13.

位,那时,他的研究方向仍是"战后救济的政治经济学"。此后,席勒作为访问学者来到伊利诺伊大学经济和商业研究局(Bureau of Economic and Business Research),并将研究方向渐渐转向了作为"自然资源"的广播频率的分配与占有,他的研究引起了伊利诺伊大学传播研究所的注意,他也因此结识了当时尚在传播研究所内的斯迈兹。在斯迈兹返回加拿大后,他接替了斯迈兹的教职,开始了政治经济学领域的研究与教学。

  与斯迈兹一样,席勒在伊利诺伊大学过得并不愉快,他的著作《大众传播与美帝国》(Mass Communication and America Empire)没有出版社愿意出版,是由一名印刷者"按原始的手工方法制作的"。① 这本著作与他反对越战的态度使席勒遭到伊利诺伊大学"保守派"的排挤,1970年,席勒离开伊利诺伊大学,前往加利福尼亚大学圣地亚哥分校(University of California,San Diego,UCSD)任教。在圣地亚哥,他仍然处在尴尬的边缘地位,不但工资多年未涨,也很难申请到学术经费,更与商业性的研究赞助无缘。但赫伯特·席勒并非孤军奋战,他不仅深受左翼学生的爱戴,此时的UCSD还有一批与他志同道合的学者——赫伯特·马尔库塞(Herbert Marcuse)、卡洛斯·布兰科(Carlos Blanco)、威尔·赖特(Will Wright)、弗雷德里克·詹姆逊(Fredric Jameson)、莱恩哈特·列陶(Reinhard Lettau)、简·弗朗戈(Jean Franco),此外,斯坦利·阿罗诺维茨(Stanley Aronowitz)、特里·伊格尔顿(Terry Eagleton)等学者也到UCSD访问过。② 这些学者共同构成了一个"进步教师团体",也成为UCSD校园生活的一大"特色"。20世纪60年代末,在学生们的争取下,UCSD校内成立了一个"另类"(alternative)学院,该学院中就包含传播专业。该学院的正式名称是"第三学院"(Third College),但在刚果革命与墨西哥革命发生后,学生更喜欢称它为"卢蒙巴-萨帕塔学院"(Lumumba-Zapata College)——灵感源自刚果独立运动领袖帕特里斯·卢蒙巴(Patrice Lumumba)与墨西哥革命领袖埃米利亚诺·萨帕塔(Emiliano Zapata)——期望将它建设为一个"自下而上"管理的机构,尽管这种期许并未真正实现过,但该学院的激进人文主义(radical-humanism)风格还是对赫伯特·席勒产生了深刻的影响,在UCSD,他坚持完成了一系列批判性著作,包括《思想管理者》(The Mind Managers)、《传播与文化支配》(Communication and Cultural Domination)、《谁知道》(Who Knows)、《信息和危机经济》(Information and Crisis Economy)、《文化,公司》(Culture,Inc.)、《信息不平等》(Information Inequality);除此之外,他还与卡勒·诺登斯特伦(Kaarle Nordenstreng)、

---

① 郭镇之.席勒:传播政治经济学的批判领袖[J].国际新闻界,2002(1):65-69.
② 迈克斯韦尔.信息资本主义时代的批判宣言:赫伯特·席勒思想评传[M].张志华,译.上海:华东师范大学出版社,2015:12.

威廉·普雷斯顿(William Preston)、爱德华·赫尔曼(Edward Herman)、哈米德·莫拉那(Hamid Mowlana)、格伯纳等人合著了相当数量的著作与论文集,在北美批判传播学研究的历史上留下了浓墨重彩的一笔。

赫伯特·席勒最关心的议题是"资源分配",即"信息-传播"资源的分配如何历史性地有助于信息富人与信息穷人之间的分化,也就是说,"潜藏于媒体讯息和传播技术的生产、分配与消费的结构之下的阶级体系"。① 在他看来,信息技术本质上巩固和扩展了资本主义关系,因此,他格外重视对经济所有制形式的分析、对"制度"的关注、对历史的追溯,以及新的信息技术被"谁"所控制。媒介政策的市场化与商品化趋势使得信息传播技术支持了资本主义的积累,伴随着信息分层而来的阶级分化进一步加剧了剥削。他始终怀抱着一种"规范性假定",即媒体与传播技术的应用应当以全世界人民的更大利益为准绳②,不过,席勒对这一目标并未抱有一种功能主义的期待,它是一个可以追求的目标,却并不是一个"令社会受益(socially productive)的体系得以实现的硬性规定"③。他始终激烈地批判那些商业、政府和军事官僚机构应用传播技术伤及民主传播过程的现象,并用"军事-工业-传播复合体"(Military-industrial-communication Complex)的概念来描述这一复杂的进程。他关注企业如何与军事、传播等官僚机构"合谋",美国的权力体现于工业、军事、文化中,成为"世界上最强大的力量",在美国向全世界扩张权力的过程中,传播已经成了决定性的因素。

在德怀特·戴维·艾森豪威尔(Dwight David Eisenhower)总统在告别演说中使用的"军事-工业复合体"(Military-industrial Complex)概念后,"复合体"这一灵活的概念便被用于描述各种在侵略性的外交、军事行动中获利的利益集团,由此衍生出"工业-电子业"联合体、"传播联合体"等概念——"复合体"的概念范畴极为宽泛,可以包含行政部门内的军事机构、工商业、国会、学术和科学团体,其前缀组合取决于学者想要论述的主体,它可以是某个单一的联合体,也可以是某个更大的联合体的组成部分,但无一例外地,"联合体"是现实存在的实体,即一种"官僚式的庞然大物"(a bureaucratic colos-

---

① 迈克斯韦尔.信息资本主义时代的批判宣言:赫伯特·席勒思想评传[M].张志华,译.上海:华东师范大学出版社,2015:17.
② 迈克斯韦尔.信息资本主义时代的批判宣言:赫伯特·席勒思想评传[M].张志华,译.上海:华东师范大学出版社,2015:22.
③ 迈克斯韦尔.信息资本主义时代的批判宣言:赫伯特·席勒思想评传[M].张志华,译.上海:华东师范大学出版社,2015:22.

sus)。① 席勒使用"体系"概念描述的是一种业已形成的、联结牢固的政治经济关系，体系本身就包含着稳固的官僚体制，当然也就包括了席勒所述的这种官僚式的联合体，哪怕其中的行动者已经发生了变化，体系却仍然会在相当长的一段时间内保持着稳固不变的结构、作用、动机。因此，在较短的一定时期内，"联合体"可以体现出特定的权力结构在当时的特征；而"体系"则反映了这一结构在更长时间内的变化。"军事-工业-传播复合体"正是为资本主义政治经济结构这一体系效力的，它"从一开始就与业已形成的美国的政治-经济结构是不可分离的，是仍在扩张其全球影响的巨大帝国体系中的一个节点"②，它是帝国体系在创建过程中有意锻造的武器。因此，该联合体内部的一系列决策看似只是某一企业、某一文化机构的自主选择，实则是在资本逻辑的支配下发生的"连锁反应"。而"联合体"之下的各方势力盘根错节、互相依赖，最终将这种商业模式扩张到全球范围内，使之服务于美国的后殖民政策以及全球霸权。

最终，在1981年出版的《谁知道》和1984年出版的《信息和经济危机》中，赫伯特·席勒论及劳动与剥削的问题。赫伯特·席勒关心"信息私有化"的问题，发达工业国家对"信息时代"的狂喜与鼓吹是一个信号，揭示了国与国之间，不同国家的资产阶级之间为争夺在新信息经济中的主导地位而导致的一系列结构性变化，包括跨国企业秩序的重组、新国际劳动分工的出现、经济停滞的危机，等等。赫伯特·席勒对这些问题的分析仍是"信息资源分配"问题的延伸，毕竟"军事-工业-传播复合体"必然导致对信息的圈占，而所谓"国际经济与信息新秩序"，实际上是美国与部分西欧国家围绕着信息与经济发展、国际霸权之间的较量——这些国家的统治集团将新信息技术企业与新近信息化的旧产业部门提升至全球经济中的战略地位，欧洲的领导者们希望将美国的商业体系从霸主的地位上赶走，并在新的国际秩序中占据更有优势的立足点；美国则以更加巨额的研发开支、不断增加对高技术武器的需求、向第三世界国家与社会主义国家开战等手段来维护自己的霸权。③ 在此基础上形成的新的国际劳动分工按地区进行划分，并以"轴辐式网络"（hub-and-spoke networks）的不断拓展与交迭连接起全球的劳动力，并构造经济新秩序中的资产流动（信息资源、资本、劳动生产力、

---

① 迈克斯韦尔.信息资本主义时代的批判宣言：赫伯特·席勒思想评传[M].张志华，译.上海：华东师范大学出版社，2015：52.
② 迈克斯韦尔.信息资本主义时代的批判宣言：赫伯特·席勒思想评传[M].张志华，译.上海：华东师范大学出版社，2015：53.
③ 迈克斯韦尔.信息资本主义时代的批判宣言：赫伯特·席勒思想评传[M].张志华，译.上海：华东师范大学出版社，2015：119.

战略信息等)方向。① 这一系列变革中,受益者便是跨国企业,它让殖民体系在一定程度上复苏了。美国经济体的离心作用使得大多数民族国家的地位不断降低,被排挤到了全球劳动分工体系中非常弱势的地位。因此,所谓"信息的自由流动",归根到底只是美国霸权的一个新维度,而并不是什么"全球社会福利"。

事实上,赫伯特·席勒对"信息的自由流动"的批判可以被视为"数字资本主义"理论的前身。与斯迈兹一样,赫伯特·席勒影响了世界范围内的一大批学者,包括一大批发展中国家的学者。赫伯特·席勒在国际媒介与传播研究协会任职期间,他的行动主义立场与学术活动影响了一大批持批判立场的传播学者,让他们意识到批判学者必须形成一个学术共同体来"抱团取暖",支持彼此的研究活动。1979年在伊利诺伊大学香槟分校召开的会议给了他们一个重要的契机,在古拜克的召集之下,珍妮特·瓦斯科(Janet Wasko)、艾琳·米汉(Eileen Meehan)、詹妮弗·斯莱克(Jennifer Slack)、弗雷德·菲杰斯(Fred Fejes)、彭达库、奥斯卡·甘地(Oscar Gandy)、卡洛琳·马尔文(Carolyn Marvin)、蒂莫西·海特(Timothy Haight)等一大批学者云集伊利诺伊,"传播政治经济学"正式的奠基人莫斯可自然也参与了。② 这些批判学者的研究方向遍及电影研究、受众研究、技术史与技术批判、种族、性别、帝国主义研究、传播社会学、社会运动与传媒政策研究。会议之后,一部分与会者组成了"民主传播联合会"(Union of Democratic Communication, UDC),出版了一份名为《民主传播》(*Democratic Communiqué*)的期刊;1957年,一个名叫"国际媒介与传播研究协会"(International Association for Media and Communication Research, IAMCR)③的全球性学术团体成立,它设立了"纪念斯迈兹、席勒和霍尔的基金",来资助青年学者、女性学者、少数族裔学者、来自欠发达地区和第三世界国家的学者,鼓励他们采取批判的研究立场和路径,开始传播政治经济学的相关研究成果。它与 UDC 一起逐渐成为传播政治经济学者的"大本营",将一批游离于"主流"之外的"边缘学者"团结起来,渐渐形成了一个松散的学术共同体。

2000年,赫伯特·席勒去世了,莫斯可为其撰写了一篇纪念性的文章,哀叹北美左翼知识界对传播研究缺乏兴趣,也惋惜"传播政治经济学"成了传播研究的"盲点",正如时下马克思主义媒介研究对政治经济学批判的忽视那样。传播学界被行为主义、

---

① 迈克斯韦尔.信息资本主义时代的批判宣言:赫伯特·席勒思想评传[M].张志华,译.上海:华东师范大学出版社,2015:119.
② 莫斯可.传播政治经济学[M].胡春阳,黄红宇,姚建华,译.上海:上海译文出版社,2013:113-114.
③ 原名"国际大众传播研究学会"(International Association for Mass Communication Research)。

功能主义、实证主义的研究路径统治着，批判学者则被挤到了边缘。他的同侪、挚友艾琳·米汉也大声疾呼，传播学研究领域的话语权仍然掌握在"主流学派"的控制之下，批判学者如同"牛虻"（gadfly）般不讨人喜欢，甚至遭到驱赶。为此，传播政治经济学派与文化研究者应该抛下成见，合力对抗"右翼"的主流传播学研究。① 此时，"传播政治经济学"这一学派已粗见雏形，而数字资本主义理论也已酝酿完毕、呼之欲出。

赫伯特·席勒的绝大多数"学术遗产"被他的儿子——"数字资本主义"理论的提出者丹·席勒继承了。丹·席勒站在了父亲的肩膀上，在父亲的理论基础上继续谈论整个计算机工业、互联网、媒体行业的垄断化、非公有化、跨国化、"解除管制"的趋势，而这些趋势所代表的正是资本主义通过垄断、与权力同构等手段进行扩张，从而扩大其资本积累的过程——这就是丹·席勒所说的"数字资本主义"。

事实上，丹·席勒的"数字资本主义"理论作为一种否定性、批判性的理论，它将批判的矛头清晰地指向了由卡斯特尔等人提出的"信息资本主义"（Informational Capitalism）理论。后者源于卡斯特尔"网络社会"与"信息主义"两种理论的融合，在卡斯特尔看来，"信息资本主义"本身不仅是在被动地接受信息化，还已演变成"利用信息化来为自己谋取新的利益的主动实体"②，它拥有信息化的"先发优势"，并借助这一信息技术"制高点"，日益加深业已存在的信息鸿沟，通过知识垄断、技术独占等途径对"信息弱国"进行经济剥削、信息侵犯，进而在政治上称霸全球。而在丹·席勒看来，"信息资本主义"实际上是国际地缘政治的一部分，所谓"主动实体"，实际上就是资本主义将新兴的互联网技术裹挟进自身的发展历程中。对于丹·席勒来说，重要的并不是"技术"本身，而是技术与社会的互动，尤其是欧美各国的信息技术政策。在美国，《1996 年电信法》（Telecommunications Act 1996）以"反垄断"为名义偏袒新兴竞争者，降低了美国电信行业的准入门槛③，极大地刺激了互联网行业的发展；在欧洲，英国在 1984 年撒切尔执政时期对国家电信运营商进行了私有化改造④，紧接着，"非公有化"的浪潮在 20 世纪 80 年代席卷西欧各国。这一系列的政策改革造成了两个后果：其一是行业内的整合与垄断，其二是信息的跨国流动，以及随之而来的"开放市场"。

伴随着 80 年代新自由主义电信改革措施的开展，越来越多欧美国家被迫或半自

---

① MEEHAN E R. Between political economy and cultural studies: towards a refinement of American critical communication research[J]. Journal of communication inquiry, 1986: 86-94.
② 肖峰, 张坤晶. 从信息资本主义到信息帝国主义[J]. 理论视野, 2014(7): 19-21.
③ 席勒. 数字资本主义[M]. 杨立平, 译. 南昌：江西人民出版社, 2001: 43.
④ 席勒. 数字资本主义[M]. 杨立平, 译. 南昌：江西人民出版社, 2001: 59.

愿地开放了电信市场。1997年,世界贸易组织被迫同意开放约70个国家的基础电信市场①,为跨国电信企业提供一个"和谐"的多边运营框架。② 1998年,在美国的持续努力之下,世界贸易组织同意至少一年内不会对通过因特网以电子方式发送的产品(尽管不是在网上预订、跨国运输的实物商品)征收关税。③ 随后,这些开放市场的国家"抛弃了旧的公共服务福利主义伦理,而坚持新的市场逻辑"④,整个跨国电信市场只能依靠虚无缥缈的"市场纪律"来约束,而与此同时,美国仍然策划着更加"开放"的国际电信市场。在丹·席勒看来,这种"解除管制"的潮流并非技术发展的必然,而是一种持续不断的政治选择,必须将它与"应得的权利文化"区隔开来。⑤ "对美国来说,信息时代外交政策的核心目标必须是赢得世界信息流通战的胜利,就像大英帝国当年控制海上大权一样占领信息频道。"⑥

在有利的政策、市场条件的驱动下,整个计算机工业都向着互联网聚集,同样的进程也发生在通信、电子商务、广告营销等行业中。起初,互联网被当作了"媒体途径",但很快,媒体从业者便发现媒体的发展全然被网络所绑架,媒体几乎是被"驱赶"到与互联网整合的路径上的。广告行业也趁机介入,它有能力调整并改变它所降服的媒体的社会职能,从而影响这些媒体的组织、内容、与观众的关系。⑦ 作者已经意识到了,这并非一个道德问题,而是一个总体性的系统问题,当广告商承担了媒体大部分的成本时,它们就会逐步控制这一媒体的日常自我意识,对媒体与观众的关系施加某些决定性的压力和限制。⑧ "知识经济"也是丹·席勒批判的对象,它是教育界受到互联网技术冲击与互联网企业渗透的标志,一方面,"公司培训"成了"影子教育"⑨;另一方面,高校开始围绕着研究资金、总体收入以及生源展开竞争⑩,与各企业结成"战略联盟",企业可以为高校提供价格昂贵的研究设备,而高校则参与企业的"知识生产"。高校不仅忙于以营利为目的扩大产业规模,也在内部实施重组,科研氛围发生了变化,学术独立及开放式学术交流受到质疑,教育重组以"降低成本""提高生产率"为目

---

① 席勒.数字资本主义[M].杨立平,译.南昌:江西人民出版社,2001:63-64.
② 席勒.数字资本主义[M].杨立平,译.南昌:江西人民出版社,2001:64.
③ 席勒.数字资本主义[M].杨立平,译.南昌:江西人民出版社,2001:101.
④ 席勒.数字资本主义[M].杨立平,译.南昌:江西人民出版社,2001:75.
⑤ 席勒.数字资本主义[M].杨立平,译.南昌:江西人民出版社,2001:99.
⑥ 席勒.数字资本主义[M].杨立平,译.南昌:江西人民出版社,2001:108.
⑦ 席勒.数字资本主义[M].杨立平,译.南昌:江西人民出版社,2001:169.
⑧ 席勒.数字资本主义[M].杨立平,译.南昌:江西人民出版社,2001:169.
⑨ 席勒.数字资本主义[M].杨立平,译.南昌:江西人民出版社,2001:209.
⑩ 席勒.数字资本主义[M].杨立平,译.南昌:江西人民出版社,2001:219.

的①,学生接受教育的鸿沟也在不断扩大——这种鸿沟既包括一国之内不同阶层学生的"接入鸿沟",也包括全球范围内第三世界国家普遍的"智囊流失"现象。

丹·席勒的一个核心论点就是权力、资本、技术之间的耦合与同构,美国电信政策对"竞争"的鼓励最终导向了行业竞争的无序化与垄断,美国互联网企业的跨国发展使得开放的网络系统陷于"美国框架"之下,这一趋势的形成与美国当时谋求全球政治、经济、文化的领导权的趋势密不可分。在这场摧枯拉朽的信息技术革命中,互联网扮演了一个领导者的角色,但这场革命并不是"自主的",也非纯粹的经济行为,而需要政治的干预——在冷战结束、柏林墙倒塌之后,整个国际秩序都有待重组,美国希望能在新一轮的国际竞争中建立起自己的领导地位来,而信息技术、互联网就在美国的新一轮扩张中扮演了先锋官的角色,席勒将其称为"跨国电信中的新自由主义工程"。跨国资本的重组也导致了劳动的重组,"网络化生产"的链条重组导致大量的劳动过程和工种突破了以往的限制,跨国网络生产因此对全球劳动市场、世界劳动分工施加了深远的影响。

丹·席勒的著作正式宣告了"数字资本主义"理论问世,不过,正如前文所说,他的数字资本主义理论是一种"否定性"的理论,是为了批判某种意识形态而提出的。因此,我们还需要回溯其批判对象,即在社会科学史上留下了浓墨重彩的一笔的信息社会理论。只有厘清了信息社会理论的谱系、理论立场和研究取向、路径,才能弄明白数字资本主义为什么会在这样的历史时期、社会背景、理论语境下诞生,为什么具有上述种种特征与批判性,以及为什么会在后期演变、分化为不同的路径、取向、范式,甚至是流派。

二、数字资本主义理论的催化剂——"信息社会"理论的影响

我们可以说,"数字资本主义"理论正是丹·席勒之父赫伯特·席勒"军事-工业-传播复合体"的一种延伸,"复合体"作为一种现实存在的"实体"、一种业已形成且关系牢固的政治经济关系,本身包含着非常稳固的官僚制度,而丹·席勒将"互联网技术"这一维度引入其中,极大地拓展了"传播"的边界。同时,丹·席勒也深受斯迈兹的影响,十分重视传播中的"劳动过程",不仅包括互联网、电信、传媒行业中的劳动分

---

① 席勒.数字资本主义[M].杨立平,译.南昌:江西人民出版社,2001:223-225.

工、薪资制度、劳工运动、工会斗争等,他也将"传播"过程本身视为劳动。此外,我们必须提到"数字资本主义"另一个"领域外的源流"、丹·席勒批判的对象——从贝尔与卡斯特尔传承而来的"后工业社会"(post-industrial society),或者叫"信息社会"理论。

在贝尔看来,"后工业社会这个概念,是有关西方社会社会结构变化的一种社会预测"①,简单来说,它包括五个方面:(1)在经济领域,后工业社会的主导性经济模式由产品生产经济转向了服务性经济;(2)在职业构成方面,专业与技术人员阶级渐渐占据了主导地位;(3)理论知识成为后工业社会的"中轴",成为社会革新与制定政策的源泉;(4)后工业社会以控制技术的发展为未来的方向;(5)制定决策依赖于创造新的"智能技术",并以此为决策的指导方向。② 贝尔使用"后"(post-)这个前缀,是想要表达"生活于间隙时期"的感觉③,西方社会正处在剧烈的历史变革之中,但即将迎来的"新的"社会形式是什么,贝尔自己也不敢断言。但在他看来,这个"间隙时期"已经与过去18—19世纪的资本主义形态产生了断裂,无法像过去一样,"达到经济制度与特性结构的统一"。④ 在贝尔那里,"后工业"并非一个业已形成的、固定的社会形态的称呼,而是在描述、预测一种社会发展的趋势。但不论如何,"后工业社会"与"工业社会"之间存在着根本性的差别,"工业社会是围绕生产和机器这个轴心并为了制造商品而组织起来的……工业社会在生活节奏和工作组织方面就是现代西方社会社会结构的特定含义"。⑤ 但到了"后工业社会",这样的"轴心"已经转变为理论知识,或者说"信息"。

在贝尔之后,卡斯特尔提出了新的概念"网络社会"(network society)。在其代表作《网络社会的崛起》(*The Rise of Network Society*)中,卡斯特尔将微电子、计算机、通信与网络技术,广播、电视、光电技术,包括纳米、生物技术等一系列"高新科技"的发展视作"信息技术革命"的标志,它带来的变革深刻地影响了当代资本主义的政治、经

---

① 贝尔.后工业社会的来临:对社会预测的一项探索[M].高铦,王宏周,魏章玲,译.高铦,校.北京:商务印书馆,1984:14.
② 贝尔.后工业社会的来临:对社会预测的一项探索[M].高铦,王宏周,魏章玲,译.高铦,校.北京:商务印书馆,1984:20.
③ 贝尔.后工业社会的来临:对社会预测的一项探索[M].高铦,王宏周,魏章玲,译.高铦,校.北京:商务印书馆,1984:47.
④ 贝尔.后工业社会的来临:对社会预测的一项探索[M].高铦,王宏周,魏章玲,译.高铦,校.北京:商务印书馆,1984:47.
⑤ 贝尔.后工业社会的来临:对社会预测的一项探索[M].高铦,王宏周,魏章玲,译.高铦,校.北京:商务印书馆,1984:2.

济、社会、文化生活,甚至影响了资本主义的宏观制度。他将这样的变革称作"网络化",并称:"网络化逻辑的扩散实质地改变了生产、经验、权力与文化过程中的操作与结果",因此"网络建构了我们的社会新形态",而这种社会形态就是"信息资本主义"。① 卡斯特尔还提出了另一个重要的概念——"信息主义"(informationalism),它意味着"知识活动"已经成为生产力的主要源泉,这既是一种"新经济"(new economy),也是一种"新社会"(new society);不过,卡斯特尔也强调了"资本主义"的掠夺本性,借助网络的力量,这种掠夺性拥有了充分的弹性和全球性影响,它的扩张性较之从前有过之而无不及,甚至成为一种主导性的力量。②

在左翼的批评家眼中,"信息社会"理论是蕴含着某种意识形态的期待的。正因为"post-"这一前缀的特殊性,要理解"后工业社会",就必须以"工业社会"为前提。在贝尔看来,"工业社会"与"资本主义社会"之间不能简单粗暴地画上等号,前者超出了资本主义社会的范畴,可以在不同国家的历史中找到它的踪迹,甚至在社会制度截然对立的国家、社会中都包含着"工业社会"的要素。贝尔构建"信息社会/后工业社会"的前提与基础并不是政治制度与经济模式,也不是生产关系和所有制形式,而是技术——这便是贝尔的"中轴原理"方法论。在切断了"工业社会"与"资本主义社会"的纽带之后,"后工业社会"的意识形态诉求便昭然若揭:拒斥传统马克思主义的尝试,为美国社会"新阶级"辩护,为理性主义辩护。③ 贝尔的支持者们大多站在自由主义或是社会民主主义的立场上,认同当代西方资本主义制度与秩序,他们所鼓吹的"新阶级"实际上是知识精英、技术专家、经理阶层,他们相信,在这个"主导阶层"的不懈努力之下④,阶级矛盾可以通过技术进步、社会福利与"科学管理"来化解,现代社会的所有问题可以在技术理性的控制中得到解决。

在卡斯特尔那里,"网络社会"与"信息资本主义"是一种具有断裂性的根本性变革,它意味着一种社会重构,而变革的根源在于信息(尤其是网络)成了生产力的来源。对于丹·席勒的批判,卡斯特尔本人自始至终没有进行回应,他似乎并不认为席勒的批判会对自己的理论构成冲击,或者说,他相信自己的理论与丹·席勒的观点之间并没有根本性的分歧。在他主编的《网络社会:跨文化的视角》(*The Network Society: A Cross-cultural Perspective*)一书中,史蒂夫·伍尔加(Steve Woolgar)提到席勒等人

---

① 肖峰,张坤晶.从信息资本主义到信息帝国主义[J].理论视野,2014(7):19-21.
② 韦伯斯特.信息社会理论[M].曹晋,梁静,李哲,译.北京:北京大学出版社,2011:127.
③ 周嘉昕.后工业社会何以可能?——贝尔"社会预测探索"的再探索[J].天津社会科学,2012(3):20-24.
④ 事实上,他们自己就是这个阶层的代言人。

对"数字资本主义"的批判并不能跟上时代的发展,它仍是一种基于工业资本主义社会的理论建构,忽视了近几十年来社会的一系列新变化,包括互联网与信息传播技术为社会带来的根本性变革。① 这种观点颇能代表信息社会理论家们对"数字资本主义"理论的态度——他们并不认为两种理论之间存在根本的对立,因为他们坚信自己掌握着当代资本主义社会发展的"真理"与必然趋势,马克思主义的批判与他们的理论只是"一个硬币的两面"——社会的发展必须要承受代价,这些代价是可以通过改良的手段来抵消的,但迈向信息社会是一条"别无选择"的道路,来自马克思主义这个"幽灵"的批判并不能阻碍其发展。

事实上,丹·席勒本人的观点也经历了一个转向的过程。早期,他坚定地认为信息资本主义仍是资本主义,资本主义的剥削本质并没有改变,人们对"新经济""后资本主义"的鼓吹实质上是一种迷思(myth)。但随着信息技术的发展、全球政治经济的重构,丹·席勒的关注点渐渐转向了信息的地缘政治,此时,他渐渐承认,"数字资本主义"的兴起是一种结构性转变,它意味着政治经济的焦点从经济的再分配转移到了"如何争取新兴产业的失调利润"。② 不过,他仍然坚信,这一"结构性转变"中的不平等与破坏性并未减少——在经济大衰退期间,数字信息技术改变了全球资本主义运转的方式,对全球的政治、经济产生了深刻影响,但剥削、商品化与不平等并没有在这一过程中减弱,反而愈演愈烈③,席勒将这一过程称为"数字化衰退"(digital depression),与莫斯可所批判的"数字化崇拜"(digital sublime)相映成趣。

三、传播政治经济学派的奠基与数字资本主义理论的拓展

尼克·戴尔-威瑟福德(Nick Dyer-Witheford)是"数字资本主义"理论进展中的一个重要人物,也是一个极易被国内研究者忽视的人物,但他在"数字资本主义"理论的谱系中扮演着重要的、承前启后的角色。他将批判的起点置于马克思主义理论在当代的发展,强调绝不能忽视高新技术产业中存在的阶级性与斗争性。他的研究取向还包括对高技术资本主义文化进行马克思主义、后现代分析;后现代语境中的阶级斗争的概念;后资本主义公共福利中电脑与信息技术扮演的角色;马克思的"一般智力"概念在高技术资本主义与"知识经济"中发挥的作用,等等。

---

① 卡斯特.网络社会[M].周凯,译.北京:社会科学文献出版社,2009:139-140.
② 席勒.信息传播业的地缘政治经济学[J].翟秀凤,刘烨,王琪,等编译.国际新闻界,2016,38(12):16-35.
③ 席勒.信息传播业的地缘政治经济学[J].翟秀凤,刘烨,王琪,等编译.国际新闻界,2016,38(12):16-35.

1996年,戴尔-威瑟福德完成了他的博士论文《一般智力的争夺:高科技资本主义中抗争的周期与循环》(The Contest for General Intellect: Cycles and Circuits of Struggle in High-Technology Capitalism),他将意大利自治学派的"一般智力"概念引入了传播政治经济学的研究中,将新的信息技术(尤其是传播技术)纳入马克思主义的批判范畴中。他相信信息传播技术仍是受到资本主义支配的要素,且深深地根植于劳动-资本斗争的周期与循环之中。与许多自治主义学派的学者一样,他认为应该辩证地看待劳动与资本之间的关系,由此来审视诸如计算机、电信、基因工程等高科技领域中的劳资关系,以及它们与生产、消费、社会与生态的再生产、赛博空间循环等领域的关系。也是在这一篇论文中,戴尔-威瑟福德检视了马克思主义与所谓"后现代"理论关于高科技资本主义的争论,包括布尔迪厄、卡拉韦、吉尔·路易·勒内·德勒兹(Gilles Louis René Deleuze)等人的观点,包括他们关于替代性路径的设想,对"赛博格"(cyborg)的批判,他们对"后革命"(post-revolutionary)、后马克思主义社会的威权主义运用的批判,对总体性(totalizing)逻辑的反思,等等。戴尔-威瑟福德并没有彻底否定这些观点,而是试着以一种包容的态度吸纳这些理论中的多元主义、微观政治,希望实现求同存异。不过,他仍然坚持,"信息革命"并没有为马克思所描述的"资本"与"劳动"带来实质性的变化。[1]

1999年,戴尔-威瑟福德的著作《赛博-马克思:高科技资本主义斗争的周期与循环》(Cyber-Marx: Cycles and Circuits of Struggle in High-Technology Capitalism)正式出版,这部著作在其博士论文的基础上进一步拓展了迈克尔·哈特(Michael Hardt)、安东尼奥·奈格里(Antonio Negri)等人的自治主义思想,来剖析"后现代"时期资本主义发展的动力。此时,戴尔-威瑟福德将其对"后现代"的理解表述得更加直接、清晰——到了后现代时期,资本主义的发展已经不仅仅依赖直接的工厂剥削,而是将一系列社会场所和活动持续不断地整合为新的剥削空间,包括自动化工厂、虚拟教室、生物技术实验室等,甚至全球赛博空间网络也是剥削发生的场所。在信息科学技术的条件之下,劳资对立出现了新的形式,但阶级冲突仍然存在于当下的社会之中。他将当代资本主义面临的冲突与转型比作一种"基因突变",认为这种冲突中仍然蕴藏着革命的潜能,此时,他已经准备好了超越自治主义,将"信息社会"的起源追溯到劳动与资本的冲突对立中去。

---

[1] DYER-WITHEFORD N. The contest for general intellect: cycles and circuits of struggle in high-technology capitalism[D]. Vancouver: Simon Fraser University, 1996.

戴尔-威瑟福德的理论贡献还包括对斯迈兹受众商品论的扩展,在他看来,到了资本主义发展的"最高阶段",资本主义的控制将不仅仅体现在商品的生产与消费之中,也不仅仅出现在工厂和厂房里,而是扩展到了整个社会①——这便是自治学派的马里奥·托伦蒂(Mario Tronti)等学者提出的"社会工厂"(social factory)理论。这样一来,"受众劳动"的理论范畴便极大地拓展了,受众发挥的不仅仅是营销职能,而是像李凡特所说的那样,非睡眠时间内都在工作。另外,戴尔-威瑟福德也强调,当广告商能够使用受众行为的全部信息来精准定位消费者、向他们推送广告信息时,受众的收视行为就与马克思所描述的自动工厂中的"看守人"无异②,因为这种即时的"市场反馈"对于受众来说无异于全方位的监控,且无须依赖专门的"市场调研者",而是由各种电子设备代为执行。除此之外,他还论及网络无产阶级的产生、社会阶级结构重组等议题。事实上,他是"生产性劳动"(productive labour)这一概念真正的奠基人,正是基于他的理论,福克斯才能"站在巨人的肩膀上",完成一系列理论建构。尽管戴尔-威瑟福德在国内的知名度并不高,但他的影响和贡献足以比肩许多传播政治经济学领域的"奠基者",他与同侪马克·安德烈耶维奇(Mark Andrejevic)、埃兰·费希尔(Eran Fisher)、卡拉韦等影响了后世的许多学者,在数字资本主义理论的建构中扮演着承上启下的重要角色。

在研究的后期,戴尔-威瑟福德转向了人们在晚近资本主义社会中的生存境况,他提出了"类存在的复苏"(species-being resurgent)的概念,从本体论的层面来讨论主体性力量,即人们如何与资本主义的危机与破坏性产生共鸣。③ 戴尔-威瑟福德重提"类本质"④,在一定程度上已经非常接近生命政治的研究领域了。马克思认为,人的"类本质"恰恰没有预设人的本质,因为这是一个历史性的概念,只有在历史中,尤其是在社会生产的历史中,人的类本质才能够得到体现。而在戴尔-威瑟福德看来,类本质就意味着潜在性(virtuality)、社会协作性、普遍性,以及有意识的自我活动,更重要的是,人可以在社会劳动的过程中通过社会交往、集体协作,使自己的主体性不断地

---

① DYER-WITHEFORD N. Digital labour,species being and the global worker[J]. Ephemera,2010,10(2):484-503.
② DYER-WITHEFORD N. Cyber-marx:cycles and circuits of struggle in high-technology capitalism[M]. Urbana:University of Illinois Press,1999.
③ BRATICH J. The digital touch:Craft-work as immaterial labour and ontological accumulation[J]. Ephemera,2010,10(3/4):303-318.
④ DYER-WITHEFORD N. 1844/2004/2044:the return of species-being[J]. Historical materialism,2004,12(4):3-25.

越过自己,与他人实现更加顺畅、方便的交流与通约,因此,类本质也可以被视作一种"跨个体"(transindividual)性质,这便是普遍性的由来。戴尔-威瑟福德也强调,这种"跨"并不局限于人与人的关系,人与智能机器之间的协作也可以被称作"跨个体",他援引了哈特、奈格里提出的"机器式主体"(Machinic Subject),将其视作待实现的、作为潜在性的主体。① 这一去中心化的观念已经非常接近布鲁诺·拉图尔(Bruno Latour)所说的"非人行动者"概念,甚至与汉娜·阿伦特(Hannah Arendt)、吉奥乔·阿甘本(Giorgio Agamben)等人的生命政治研究也有所呼应,对于笔者来说尤其具有启示意义。

经过一代学者的不懈努力,丹·席勒的同时代人莫斯可搭建起传播政治经济学的理论框架与学术建制,使其以一个"学派"的身份登上了传播学理论的舞台。在莫斯可通过"商品化-空间化-结构化"这三个关键词,搭建起了传播政治经济学的总体性理论框架之后,对资本主义积累循环的批判,对数字化的反思,关于劳动、劳工的研究便被拆分开来,前者被置于"商品化""空间化"的范畴内,后两者则被置于"结构化"的议题之中。而关于"数字化",莫斯可并不认为它对于资本主义经济社会结构来说是一种本质性的改变,而是一种神话,是发达资本主义国家意识形态的一个变体——这便是"数字化崇拜"的本质。

时至今日,莫斯可仍旧认为在"云计算"(cloud computing)中蕴含着神话式的隐喻与意识形态意味,云计算并不是轻盈的、洁净的、独立于现实社会的,而是与基础设施、实体经济有着千丝万缕的联系。各种网络基础设施、平台、实体工业的劳工才是支撑"云计算"的根本性力量,新的信息传播技术只有立足于人类社会的现实进程中,才能发挥其效用。换言之,在这一时期,以莫斯可为代表的"主流"传播政治经济学者并未重视数字资本主义的理论与议题,或者说,莫斯可将"数字资本主义"这一理论简单粗暴地整合进"商品化-空间化-结构化"的框架之中——信息先是被视为一种商品,被以交换价值来衡量;随后,资产阶级发现了信息作为生产资料的商业价值,并对其加以组织、运用,信息就成了组织工具、生产工具,被用以维系资本循环、积累的过程,以及资本主义的再生产。与此同时,信息技术无远弗届的传播能力极大地推动了资本在全球范围内的扩张,使其能以更快的速度、更高的效率征服全球各地的市场,实现所谓"全球化"。接下来,数字信息的不平等分配、占有在全球范围内造就了恶劣的后

---

① DYER-WITHEFORD N. 1844/2004/2044:the return of species-being[J]. Historical materialism,2004,12(4):3-25.

果——不断扩大的贫富差距、阶级鸿沟进一步巩固了资本主义既有的社会结构,也为资本主义世界体系埋下了危机的种子。

在理论建设的后期,丹·席勒也进行了新的尝试,在他看来,自约翰·杜威(John Dewey)以降的美国传播理论史书写都忽视了"劳动"这一过程,在传播研究中,"物质劳动"与"精神生产"也被割裂了。如果弹性积累体制的转变、劳资对抗的形式、生产过程和组织形态变迁所带来的理论与劳动之间的鸿沟不能被弥合,那么,经典的马克思主义理论既无法解决当代的消费主义、娱乐现象带来的新问题,也无法解决"后福特制"下新的生产关系、劳资关系、社会关系等问题,"盲点"依旧存在,传播政治经济学研究的合法性依旧悬而未决。在其著作《传播理论史:回归劳动》(*Theorizing Communication: A History*)中,丹·席勒试图构建一个新的"劳动"概念,去弥合"劳心"与"劳力"之间的裂痕,即将"体力劳动/脑力劳动""物质劳动/非物质劳动"全部纳入统一的"劳动"概念范畴之中。不过,席勒的尝试未能获得他预期的效果,他将劳动视为"个体的自我活动",这一定义存在着一个致命的问题:"自我活动"的边界是什么?在他没有明确地界定其内涵和外延的情况下,几乎所有有意识的人类活动都可以纳入劳动的范畴,这样一来,理论便被推到了一种极端而混乱的情况下:似乎人类只要醒着就在劳动,就在受到剥削。事实上,席勒的尝试到最后也未能实现:即使弥合了体力劳动与脑力劳动之间的界限,仍然不能回答"传播是不是一种劳动"的问题,也无法以劳动为主轴重新书写传播的历史。

这样一来,由"斯迈兹—赫伯特·席勒—丹·席勒"传承而来的批判传播学研究仍然面临着一系列的质疑:传播是一种劳动吗?它能够生产剩余价值吗?如果传播只是一种"上层建筑"或是"意识形态",那么,我们又怎么能用马克思主义政治经济学的观点来解释传播呢?"数字资本主义"的理论落脚点又在哪里呢?与丹·席勒同时期的学者们,包括理查德·迈克斯韦尔(Richard Maxwell)、罗伯特·麦克切斯尼(Robert McChesney)等都在积极推进着"数字资本主义"理论的建构,麦克切斯尼还试着将传播政治经济学的研究引入主流的资本主义批判领域。但在这一时期,传播政治经济学者普遍认为数字技术并没有改变资本主义的本质,而只是助长了资本的剥削、对工人的监控,加快了资本循环的节奏。真正的改变发生在进入21世纪之后——来自欧洲的理论源流汇入传播政治经济学的河床之后,"数字资本主义"才真正成为传播政治经济学的核心议题。

第二节　欧洲的传统——"数字资本主义"的发展与奠基

作为一门有着强烈的现实关切的学问,传播政治经济学的发展必然要受到各国政治、社会、文化环境的影响。在有着悠久的工人运动传统与左翼批判传统的英国,哪怕在保守主义氛围最浓厚的 20 世纪 70 年代,政治经济学批判的传统也未断绝。让我们重新将视线投回"盲点辩论"中,1973 年,格拉厄姆·默多克(Graham Murdock)与彼得·戈尔丁(Peter Golding)在《社会主义文摘》(*Socialist Register*)上发表了一篇名为《呼唤大众传播的政治经济学》(*For a Political Economy of Mass Communications*)的文章,随后便招来了达拉斯·斯迈兹的严厉批评,在斯迈兹看来,大众媒介生产中的"意识形态"批判传统已经脱离了历史唯物主义的立场,而沦为了一种彻头彻尾的观念论。1978 年,默多克予以反击,将斯迈兹的理论斥为"庸俗的经济决定论"。在他看来,大众传播的领域是经济基础与上层建筑的交汇点,因此,分析大众传媒需要的是一个兼容并包、能够涵盖两个领域的分析框架。他指出,斯迈兹的论述中存在着三个重要的遗漏。

首先,斯迈兹忽略了当代资本主义形构中"国家"的重要地位,包括当代发达资本主义国家中资本与国家"双元并立"的关系,以及马克思主义的"内部进展"——左翼政权、社会主义国家的兴起与发展。

其次,斯迈兹忽视了媒介内容本身的"相对独立性"。大众传播媒介作为一种文化性的机构,并不以广告作为自己全部的收入来源,整个大众传播体系虽然已经被纳入经济的基础结构中,但它仍是上层建筑的一环,因此,大众传播体系扮演着双重角色,复制并再生产了资本主义的生产关系。大众传播体系对于经济循环圈来说是一种至关重要的补充,它让资本主义的生产关系能够立足其上而运作;同时,它也传播了统治阶级的意识形态,使资本主义的生产关系建立起正当性——第二种功能绝不能化约为第一种功能。

最后,斯迈兹忽略了大众传播体系内部存在的抗争——包括使用权的争夺、国营化与私有化的浪潮之间的竞争、分散控制权与地方化、媒介内部控制权的争夺、公共化与受众参与等问题。在默多克看来,学界没有以系统化的经济论述来分析大众传播现象的著作,并不意味着西方马克思主义的传统中缺乏经济方面的论述。而西方马克思主义者中,也始终存在着立身于群众,积极投身政治活动的学者,如安东尼奥·葛兰西(Antonio Gramsci)、贝尔托特·布莱希特(Bertolt Brecht)等①。

因此,默多克提倡返回历史之中,考察"经济基础"与"意识形态"之辩的历史语境。两次世界大战之间,革命的失败与法西斯主义的肆虐使得马克思主义的关切点转向了"社会何以能够凝聚,支配关系何以形成",包括法西斯主义的强制性机器、传播事业与文化在建构被统治阶级的同意的过程中发挥的作用等。这些学者就包括了葛兰西、阿多诺、马克斯·霍克海默(Max Horkheimer),他们相信,法西斯主义的盛行是资本主义无序发展的必然后果,而意识形态批判就是对抗资本主义的一环。

这一场争论绝不仅仅是"北美与欧洲的传播政治经济学者"的范式与方法论之争,而是与整个欧洲的左翼学术传统、批判传统有关。自1848年革命以降,马克思主义在欧洲扩散开来,批判的传统伴随着革命的火种,在欧洲的思想与学术传统中留下了深厚的积淀。尤其是英国,不仅有着深厚的工人运动与阶级斗争的传统,也一直延续着马克思主义学术研究的"文脉"。二战结束后,"新左派运动"从英国发源,在《明理者》(*The New Reasoner*,又译《新理性者》)、《大学与左派评论》(*Universities and Left Review*)、《新左派评论》(*New Left Review*)等马克思主义学术杂志的帮助下,迅速席卷了整个欧洲,甚至向大洋彼岸的美国蔓延。在这场社会运动与学术论争中,"新左派"与"老左派"分道扬镳,一批气质独特的学者从中分化出来,他们既不赞成苏联式的计划经济、文化管制,也不赞成撒切尔主义的私有化政策以及对工人阶级的分化、压制策略;既不赞成文化研究学派走向生活方式、意识形态、大众文化的"新修正主义"研究路径,也不赞成达拉斯·斯迈兹"机械地"运用马克思主义政治经济学解释文化现象的路径。这一批学者就是莫斯可所说的"欧洲传播政治经济学者"。

一、格拉斯哥媒体研究小组与莱斯特学派的影响

莫斯可将欧洲传播政治经济学的源流追溯到莱斯特大学(University of Leicester)的詹姆斯·哈洛伦(James Halloran),却忽视了格拉斯哥大学媒体研究小组(Glasgow University Media Group)的影响。20世纪70年代,格雷格·费洛(Greg Philo)与约翰·埃尔德里奇(John Eldridge)领导的一批青年学者依托格拉斯哥大学(University of

---

① MURDOCK G. Blindspots about Western Marxism:a reply to Dallas Smythe[J]. Canadian journal of political and social theory,1978,2(2):109-119.

Glasgow)社会学系闯进了英国传媒学界的视野,展开了一系列关于新闻生产、新闻客观性、媒介体制、媒介功能的研究。他们的研究领域包括政府、媒介与公众之间的关系,媒介的商业化与公共性之间的张力,媒介内部的工会组织与权力结构的研究,以及媒介对于社会边缘群体的塑造等。他们的代表作包括1976年出版的《坏新闻》(*Bad News*)、1980年出版的《更多的坏新闻》(*More Bad News*)、1982年出版的《真正的坏新闻》(*Really Bad News*)——即著名的"坏新闻三部曲",还包括1986年出版的《新闻:战争与和平》(*War & Peace News*)、1990年出版的《眼见为实》(*Seeing and Believing*)、1998年出版的《大众传媒的巡回》(*The Circuit of Mass Communication*),国内读者比较熟悉的是1992年出版的《获取信息:新闻、真相和权力》(*Getting the Message: News Truth and Power*),它在2004年被翻译、引进了国内。

格拉斯哥大学媒体研究小组的成员们回归欧洲社会学研究的传统,将新闻视为一种社会的构造,并在此基础上反思媒介的功能与其"客观性"宣言。"新闻并不代表真相,新闻是一种构造的真实,是一种事实的外表。新闻作为一种叙述的文本,同时也是一种话语建构的产物,也承担着文化载体、价值共享、规范塑造的角色。"①格拉斯哥大学媒体研究小组采用话语分析的路径,深入新闻语言的结构以及电视新闻的制作过程,其研究对象包括BBC在1982年的"福兰克岛(Falkland Islands)事件"中报道方式与报道立场的调整、北爱尔兰政府部门对媒体报道方式的操纵与控制,1984年煤矿工人罢工事件中政府操纵媒体发布虚假、歪曲的信息,进而瓦解罢工运动等事件,以此向人们展示了新闻并非真相或客观中立之物,而是真相的一部分,而且是经过权力与利益协商斗争之后生产出来的"部分真相"。② 也就是说,"媒体的许多新闻是以媒体的文化标准制造出来的"③,媒体文化以某种阐释式主题(explanatory frame)或推论性框架(inferential framework)④来组织新闻的内容,即使是BBC这样"公营的、代表英国媒体的客观、中立性的传统媒体"也不例外——与工党政策一致的"报道惯例"中浸透了记者的"习惯性偏见",因为官方信源对于记者来说拥有优先地位,这种"文化习惯"和惯例若是不加区分地全部被置于"客观公正"的旗帜下,显然会将新闻扭转为一种"修辞"。

因此,许多人认为,格拉斯哥大学媒体研究小组的研究路径与成果是对"霍尔模式"的超越,是对意识形态的"再发现"。根据斯图亚特·霍尔(Stuart Hall)的观点,媒

---

① 董雪飞.权力·意识形态·启蒙:格拉斯哥媒介研究小组的批判理论述评[J].新闻界,2008(3):17-19.
② 埃尔德里奇.获取信息:新闻真相和权力[M].张威,译.北京:新华出版社,2004:89-127.
③ 石义彬.批判视野下的西方传播思想[M].北京:商务印书馆,2014:472.
④ 石义彬.批判视野下的西方传播思想[M].北京:商务印书馆,2014:467.

介作为一种表意工具,不仅塑造着社会的价值规范与认同,也代表着社会主导阶级的利益与立场①,他将阿尔都塞的结构主义研究取向引入了文化研究领域,以"编码-解码"模式来解释媒体与受众的关系。而在格拉斯哥大学媒体研究小组的学者眼中,"霍尔模式"侧重于受众如何建构意义、应对政治经济权力"灌输"给自己的意识形态,而忽略了权力的宰制,忽视了"谁拥有这个社会,谁控制这个世界"的问题。事实上,"受众"本身置身于特定的社会关系之中,其"解码"过程无论如何也不可能脱离社会文化语境,而在当代资本主义社会中,人类生存最主要的语境就是资本主义意识形态,而且"意识形态已经不是某种既有社会结构或秩序的后续反映了,它伴随着建构社会结构和秩序的全过程,并在此过程中始终是有所作为的"②。

除了意识形态问题,格拉斯哥大学媒体研究小组也关注传媒的公共性问题。在政治权力的控制之外,媒体作为一种现代企业,同样有着追逐利益而动的本性,在市场的刺激之下,西欧的公共媒体制度实际上已经濒临瓦解,私有化的进程不可阻挡,"媒体的公共责任"也成了一个需要被重新追问的问题——自由的市场并没有带来"意见的自由市场",反而使媒体丧失了承担公共责任的能力,消费文化的盛行使得文化趋于同质化,文化产品日渐丰富的同时,其内核却愈发贫乏。在格拉斯哥大学媒体研究小组的学者看来,媒介仍应扮演教育者和启蒙者的角色,因为它关系到社会的现代性与进步和人的解放,公众也应该保持一种普遍怀疑的精神,对媒介的阶级属性、意识形态的灌输始终保持警惕。

人文关怀是贯穿于格拉斯哥大学媒体研究小组所有研究中的重要元素,尤其体现在他们对"边缘人"的研究中。在1996年出版的《媒体与精神疾病》(*Media and Mental Illness*)一书中,格拉斯哥大学媒体研究小组的学者对涉及"精神疾病"这一议题的新闻报道、电视节目、肥皂剧展开了内容分析。他们发现,媒体的语言通过标题、图像、遣词造句等形式为媒体内容涉及的主角、人物对象贴上"精神病"的标签,从而潜在地影响了受众的认知和整个社会的态度。在1998年出版的《大众传媒的巡回》中,他们分析了英国媒体对艾滋病患者、病毒携带者的报道,尤其是这些报道对"传统道德"的捍卫,以及它们对"道德恐惧"的鼓吹与强化。在这些千篇一律的报告中,艾滋病被描述成"杀人的瘟疫",艾滋病患者是"非正常人",艾滋病毒携带者则被描述成"牺牲者",或是缺乏责任感、对社会充满威胁的"恶棍"。③ 报道不断强化"正常人"的"无辜"印

---

① 董雪飞.权力·意识形态·启蒙:格拉斯哥媒介研究小组的批判理论述评[J].新闻界,2008(3):17-19.
② 董雪飞.权力·意识形态·启蒙:格拉斯哥媒介研究小组的批判理论述评[J].新闻界,2008(3):17-19.
③ 埃尔德里奇.获取信息:新闻真相和权力[M].张威,译.北京:新华出版社,2004:268-320.

象,来暗示感染者、病毒携带者是"有罪的",他们毁掉了平静的家庭生活,威胁了社会的稳定与其他人的安全,这样一来,同性恋者、非法药品使用者就被推到了公众与社会的对立面上,被排除出家庭和"每个人"的概念中。而在2004年的《性虐待报道》(Reporting Sexual Abuse)一书中,他们在对媒体的报道内容进行文本分析的同时,也对记者与受众进行焦点小组访谈,呈现了大众媒体如何重构社会现实,如何影响受众的认知,如何介入社会变革。

也正是在这一系列关于"边缘人"的研究中,格拉斯哥大学媒体研究小组提出了一种被称为"新闻游戏"的研究方法。他们按照受众所属的社会群体,将受众分成不同小组,为他们每个人提供一套特定报道主题之下的图片,要求他们以记者的身份撰写一段与之相关的"新闻"。通过这种方式,格拉斯哥大学媒体研究小组的学者能够检验人们是否接受或排斥了媒体提供的"事实",检验他们如何复制了媒体提供给他们的"语言"和"观点",分析他们如何受其所处的社会文化影响。[①] 例如,在"理解艾滋病"这一研究项目中,詹妮·凯特金格(Jenney Kitziger)向不同组别的受众提供了来自关于艾滋病的电视新闻、纪录片中的静态照片,例如街头熙熙攘攘的人群、男人躺在病床上的模样、抱着孩子的妇女等,受众被要求根据图片撰写与艾滋病相关的新闻报道。研究发现,受众的"事实""理论"是由媒体提供的,人们不仅复制着媒体提供的"事实",也复制着媒体呈现的语言。[②] 同时,凯特金格也发现,受众并非不加选择地接受媒体提供给他们的全部信息,而是经受着文化、社会、政治背景的"调节",作为有限度的积极参与者,受众"选择"了反映现实的不同版本,在不同的思想框架中进行选择与转换,将自己的经验、政治取向和价值观植入其中。相比于受众的"主动性",格拉斯哥大学媒体研究小组的学者更关注媒体信息在"进入"受众的过程中发生了什么,媒体权力又是如何精确地在每一个受众身上建构自身。

如果说格拉斯哥大学媒体研究小组仍然是一个明确的学术共同体建制,那么,所谓"莱斯特学派"便是一个更加松散的学术共同体,该"学派"的成员甚至并不承认存在着一个"莱斯特学派",而更愿意以"批判的媒介社会学者"身份自居。不过,这批学者确实分享着近似的研究取向与路径——他们都反对片面强调意识形态独立性的"新修正主义",更强调媒介产品的生产过程与机构,即经济基础对这一媒介产品生产的制约,包括生产过程中的权力控制与阶级问题。

---

① KITZIGER J. Understanding AIDS[M]//ELDRIDGE J. Getting the massage:new truth and power. London:Routledge,1992:253-270.
② 董雪飞.权力·意识形态·启蒙:格拉斯哥媒介研究小组的批判理论述评[J].新闻界,2008(3):17-19.

1946年3月,格雷厄姆·默多克于伦敦郊外新埃尔特姆的一个印刷工人家庭中降生。他成长于战后,目睹了满目疮痍的英国如何渐渐"复苏"。1964年,默多克从文法学校毕业,进入伦敦大学(University of London)的伦敦经济学院攻读社会学专业,此后又渐渐转向了艺术社会学,正因如此,他拒绝了伦敦经济学院的讲师职位,前往苏塞克斯大学(University of Sussex)求学。1968年,默多克再次放弃了留在苏塞克斯大学继续从事研究的机会,前往莱斯特大学任教,此时的莱斯特大学拥有英国唯一一家专攻大众传媒社会调查的研究机构——大众传媒中心。在这里,默多克度过了22年时光,莱斯特大学也成了默多克最主要的学术阵地,直到1990年,他离开莱斯特大学,转投拉夫堡大学(Loughborough University)社会科学系,并在那里建立了传媒研究中心。默多克是一位兴趣广泛、精力旺盛、涉猎甚广的学者,研究的领域不仅包括大众传媒、广告、商业电视的批判,也包括文学、艺术研究;他不仅关注阶级冲突、社会风险、恐怖主义、生态保护等社会议题,对计算机与网络、纳米技术、克隆技术、生物工程技术等"高新技术领域"也有所研究。他与许多政治经济学的同侪一样,是一位行动主义者,就读大学期间就曾参与抗议伦敦大学与罗得西亚(Rhodesia)白人政体之间的联系的罢课运动,工作后,他也一直关心越南战争、海湾战争的反战活动,关心国内工人阶级的游行、示威活动。他的代表作包括《研究传播:媒介与文化分析方法》(*Researching Communications: A Practical Guide to Methods in Media and Cultural Analysis*)、《媒介的政治经济学》(*The Political Economy of the Media*)等。

彼得·戈尔丁是默多克在莱斯特大学、拉夫堡大学最重要的同事及研究伙伴,自1973年发表第一篇关于政治经济学的论文开始,他便从事传播与文化领域的研究,直至今日。事实上,"批判的传播政治经济学"(Critical Political Economy of Communication,简称CPEC)的主要原则就是由他与默多克撰文提出的,包括:整体性的观念,即马克思主义始终关注的经济组织与政治、社会、文化生活之间的"互动",在传播研究中则体现为"文化工业"中的所有权问题、文化产品的生产过程,也包括传播资源的不平等分配,以及背后隐含的物质资源的不平等分配,这种不平等限制了媒介的可获得性接入权,也干预了公共表态的范围与内容;历史的观念,即媒介发展的动态性,包括它与企业的经济权力、国家和政府进行的干预、整个传媒领域的商品化过程之间的关系;作为资本主义企业的媒介与"公共性"之间的关系;对公正、平等、公共利益等道德问题的关注。我们可以发现,文森特·莫斯可提出的传播政治经济学应具备整体性、历史性、批判性的观点,在很大程度上受到默多克与戈尔丁的影响。而与北美的传播政治经济学者不同的是,默多克等人始终强调媒介的"公共性",反对"效率至上"的资本主义意识形态,呼吁以公共干预来限制市场体制造成的扭曲与不平等。在他们看来,现代传播的历史不只是一部经济史,也是一部政治史,它昭示着大众传播对公民权的完整实现起着何等重要的作用。

尼古拉斯·加汉姆(Nicholas Garnham)也是默多克重要的合作伙伴,他就职于威斯敏斯特大学(University of Westminster),但因为与默多克等人频繁合作,也被认为是莱斯特学派的一员。他出生于1937年,在1950—1955年间在温彻斯特大学(Winchester College)主修英国历史,深受英国社会主义历史学家理查德·亨利·托尼①的影响。加汉姆曾在1956—1958年间加入英国皇家海军,退役后又曾短暂地赴巴黎索邦大学(Sorbonne Université)求学,同年便转到剑桥大学(Cambridge University),主修英国文学,并于1962—1970年间担任英国广播公司(BBC)的导演和电影编辑。从BBC离职后,他选择在中央伦敦理工学院(Polytechnic of Central London)教授电影制作与电影理论,1975年,他在该校设立了第一个媒介研究学位授予点,并开设了一门艺术学课程,随后成为该校新建的传播研究系的系主任。1973—1977年间,他曾任英国电影协会(BFI)的主管,随后展开了一系列关于媒介与社会、文化的研究。

"莱斯特学派"的代表人物还包括詹姆斯·哈洛伦和詹姆斯·卡伦(James Curran),他们继承与延伸了法兰克福学派的"文化工业"理论,并将阿多诺在《启蒙辩证法:哲学断片》(*Dialektik Der Aufklärung*)中提出的抽象的、总体性的概念拓展得更加具体。在默多克等人看来,传媒机构的商业化过程意味着它已经彻底从一种公共性服务部门转变成了营利性经济组织,大众传播业也是文化工业的组成部分,它是资本主义社会的一个生产机构,融入了商品的生产、分配和消费的循环中。换言之,大众传播业必然受到资本主义生产方式的制约,用加汉姆的话来说,"传播业所能使用的资源量一般由经济剩余量所决定",受制于(但不仅仅受制于)一国经济发展水平。同时,制约着西欧各国传媒业发展的还包括公共传播政策,其影响主要产生在两个方面:一是传播产业的市场、劳动力、所有权;二是公众的消费与市场反馈。

不过,加汉姆等学者仍然强调文化工业的特殊性,即"媒介生产的产品的符号形式的非物质本质及其使用价值"——首先,媒介的生产是一种"原型生产",媒介产品一经产出便可以重复使用,它的再生产几乎没有成本可言,因此,媒介产品的"再生

---

① 理查德·亨利·托尼(Richard Henry Tawney,1880—1962),英国著名经济学家、历史学家、社会批评家、教育家,代表作为《宗教与资本主义的兴起》(*Religion and the Rise of the Capitalism*),该书可视作对马克斯·韦伯关于新教伦理促进资本主义发展之著名命题的回应、批评和补充。

产"往往指的是面向消费者分配的产品的生产。在当代传媒行业中,"原型"的生产成本极高,它不仅包括报纸杂志编辑、电影电视制作成本,也包括新闻机构运行的人力成本,但与之相对地,传媒业增加额外消费者的边际成本极低,它可以毫无阻碍地将受众(消费者)最大化。其次,媒介产品的生产有着极强的时效性,同一消费者对同一产品(信息)的重复购买几乎不会发生,因此,传媒业的消费需求是相对稳定的、可预测的。再次,与其他消费品不同,媒介产品不能通过提高产品质量、降低价格的手段来实现竞争,想要增强自身在行业内的竞争力,媒体只能扩大产品的范围、增加产品的多样性。最后,媒介产品一经产出,就会成为一种"公共货物"(public goods),在默多克等人看来,媒介生产的最主要的产品是流动的信息,它具有公开性而非稀缺性,在市场经济的条件下,媒体要营利,通常是通过版权、广告、设置消费障碍(付费订阅)的方式。因此,加汉姆对文化工业的批判实际就是对私有化与垄断的批判,即批判"物的逻辑"而非道德规定支配了公共性的信息工具。

为此,加汉姆使用"中间需求"(intermediate demand)与"最终需求"(final demand)这一对概念重新阐释了斯迈兹的"受众商品论"。前者指的是生产系统本身所使用的产品和服务,如机器、原材料、人力成本(例如对员工的培训)、广告营销投入,它们关系到企业的投资、经营、组织结构等一系列因素;后者则是直接面向消费者销售的商品与服务,由消费者的可支配收入决定。在加汉姆看来,许多研究者只注意到了前者对大众传播业的影响,但大众传播业发展的驱动力实际上来自生产系统本身的需求,它最主要的体现就是广告。不过,广告的需求与消费者对媒介产品和服务的需求之间没有直接的联系,与之挂钩的是公司的营利性。这也就意味着,在资本主义市场经济环境下,广告的影响力完全来自大众传播业作为资本主义链条中的生产环节对于利润的需求。

广告业的繁荣是欧洲公共媒体私有化、"解除管制"过程的产物,私有化带来了大众传播成本的降低(尤其是广告成本的降低),也带来了学者们对广告操纵媒体内容,进而威胁公共利益、妨碍社会民主的担忧。私有化的浪潮来势汹汹——1976年,意大利最高法院作出了一项特殊的判决,承认私营广播的合法地位,对其开放了合法经营权;1988年,西班牙议会通过了相关的立法,允许国内开设私营电视台;20世纪80年代末,葡萄牙的私营电台也借由新通过的广播电视法走向了合法化;1985年,法国开放了对商业电视的管制,大量私营的商业电视节目如雨后春笋般涌现;1990年,英国新的广播法正式通过,广播市场允许私营电台加入这场"自由竞争"。在这一场新自由主义与新保守主义的浪潮之中,莱斯特学派的成员们将研究的焦点转向了传媒公共性批判。市场化使得信息成为商品,受众对信息的使用也成了消费,这种"消费"取决于人们的购买力(可支配收入)。物质的不平等就会导致人们购买、使用商品和服务的不平等,这就意味着,公民权的普遍性遭到了破坏,"政治权利成为市场变迁和不均等结构的受害者"。[①] 这种商业化趋势直接造成了公共领域的变质、堕落,例如:回避或是娱乐化地处理重要社会问题,淡化其严肃性,使得公众在公共生活中缺乏必要信息,或是对信息的理解出现偏差。

在默多克与戈尔丁看来,传播对于公民有效地、完整地行使公民权的重要意义体现在以下三个方面:(1)通过接受、分析并使用信息,人们能够了解并有效行使他们在公共领域的权利;(2)要有效地行使公共权利,人们也需要通过媒介获取各种领域的信息,并对其加以解释和讨论,最终通过媒介来发表自己的见解、批评和反对意见;(3)在完善地认识自身、形成观点之后,人们需要通过媒介来发声,表达他们的愿望,并对"表达"本身进行改善。为此,默多克与戈尔丁呼吁,媒介首先要保证所有人都能够平等地使用它,并为所有人提供多元的、完整的信息与服务,为他们完善参与、反馈的途径与机制。莱斯特学派的阶级分析也是基于这种"公共性期待",在他们看来,传播领域中存在的"阶级问题"最直观地体现为不同群体对传播资源的生产和分配的占有与使用上的不同。在私有制的媒介体制之下,媒介所有权控制在资本家手中,他们能借此实现对整个传播业的控制权的再生产,通过媒介产品,资产阶级向受众灌输一种僵化的意识形态,潜移默化地影响受众的阶级意识、阶级行为和阶级文化,从而巩固现有的阶级结构、社会秩序。与文化研究学者相比,他们更强调"生产"与"控制",而非"消费"与"接受"。同时,他们也强调大众传媒的意识形态功能,即"作为权力的运用的意义生产"。

对于新的媒介技术,默多克、戈尔丁与丹·席勒、莫斯可不谋而合。戈尔丁曾在访谈中指出,只要社会生活中的不平等仍然存在,那么对于互联网的接入与使用权同样是不平等且高度集中的。"不平等"是一个基础性问题,在更深的层次上塑造着我们的社会。戈尔丁对"信息社会"缺乏兴趣,更不用说"数字资本主义",在他看来,互联网技术并没有给人们的社会生活带来本质的变化,社会个体之间、个体与国家、市场、经济以及政治制度之间的互动关系也未发生任何根本性的变化。技术带来的改变是"快捷"和"高效",它极大地拓展了人类认知领域,但没有改变不平等的本质。眼下,

---

① 郝雨.传媒市场化对受众的威胁:从西方传播政治经济学中得到的一些启示[J].新闻记者.2004(10):9-10.

互联网技术正在不断成为权力或资本收集数据的平台和营销工具,数字鸿沟不减反增,信息消费却逐渐变得与生活必需品的消费一样重要。快速发展的新技术实际上扩大了信息消费领域的贫富差距,而推动这一进程的决定性力量是对信息拥有垄断能力的大公司,尤其是一些大型跨国传媒企业,它们有能力脱离一国的监管,甚至可以反过来干涉国家的传播政策、财务支出,乃至社会制度。

由此可见,英国的"传播政治经济学者"有着迥异于北美学者的研究旨趣与路径,尽管北美的学者率先标榜自己为"政治经济学者",但他们的研究路径更接近一种"批判的社会学研究";相反,自称"批判的媒介社会学者"的英国学者在学术传统上更接近马克思主义政治经济学,并为"传播政治经济学"贡献了新闻知识生产、阶级分析与劳动分析、传媒公共性分析、意识形态批判的源流。对于数字资本主义理论而言,格拉斯哥大学媒体研究小组与"莱斯特学派"的研究最重要的贡献便是将媒介视为一种生产机构,这一"生产"的观念包含着三个层面:其一是意识形态的生产,这是西方马克思主义传统下的一个经典议题,以法兰克福学派的"文化工业"理论为代表;其二是媒介对商品的生产、交换、分配、消费的介入与影响,当时的英国传媒业正经历着私有化、商业化的过程,广告收入成为商业媒体最主要的收入来源,也深刻地渗透了人们日常生活中的方方面面,广告业不仅影响着普通人的消费过程,也调节着商品流通、生产过程、资源调配;其三则是一种隐含的生产,即英国的左翼传播学者并未言明、而在若干年后由大卫·哈维提出的空间生产,而且是结构性的社会空间的生产——媒介使用不平等的背后是物质条件与社会地位的不平等,而物质的不平等反过来决定了商业、服务使用的不平等,这其中自然也包含着媒介接入权的不平等。在这一循环中,不平等的社会空间被源源不断地生产出来,破坏了公民权的普遍性,这也导致了公共领域的破坏与民主的衰落。

不过,尽管默多克将传媒业当作了社会中的生产机构,但在他看来,"媒介"的含义仍然更倾向于社会机构、组织,而非媒介技术本身;他提到的生产性侧重于信息的公共性与意识形态支配关系的再生产,而非经济循环中的生产过程,因此,媒介这一"生产性机构"仍旧是调节性、第二性的,并未展现出参与、建构实体经济生产的潜能。但欧洲研究传统的引入仍旧对数字资本主义理论建构意义重大,在笔者看来,尽管欧洲的学者不喜欢"传播政治经济学"这个称呼,但他们的研究取向与真正意义上的"政治经济学"更加接近,他们对媒介"双重属性"的强调有效地补充了北美传播政治经济学者在媒介生产性领域的疏忽,在一定程度上为"数字资本主义"理论注入了活力。

二、福克斯带来的改变——"生产性劳动"概念的正式形成

提到数字资本主义理论,国内的研究者最熟悉的除了该理论的提出者丹·席勒,恐怕就是福克斯和他编纂的论文集《马克思归来》(*Marx Is Back*)了。福克斯是一位非常高产的学者,以至于国内许多人将他视为数字资本主义理论的集大成者,而忽略了他与戴尔-威瑟福德之间的承续关系。如果说是戴尔-威瑟福德将自治学派的"一般智力"等观点引入了传播政治经济学研究的范畴之中,那么,福克斯的贡献就在于,他对马克思"生产性劳动"的重新阐释让这个蒙尘已久的概念在一段时间内几乎成了数字资本主义的标志性理论,《马克思归来》也成了传播政治经济学领域内必读的"名著"。在《马克思归来》中,福克斯等学者提出,对马克思主义的解读必须与当代的信息资本主义、数字资本主义联系在一起,必须被当代的资本主义结构、当代的政治议题所中介——包括媒介、传播、互联网这些重要的议题。福克斯声称自己不是在马克思主义的视野中谈论传播与媒介,而是在媒介的视域中讨论资本主义的未来。在他看来,信息、传播、媒体在当代的马克思主义研究中仍然是一个"盲点",除非"主流的当代资本主义研究不再认为传播是上层建筑的、第二性的",言下之意是要将信息、传播等要素确立为当代资本主义发展的基本性要素。面对着资本主义发展的数字化趋势,福克斯强调回归马克思本人对技术的分析,他关注的研究议题不仅有数字时代的劳动、剩余价值、剥削、异化、阶级问题,还包括互联网的辩证法、"数字化"潮流下的商品化、全球化、阶级斗争与意识形态,以及数字公共资源、公共领域、数字媒体与共产主义等议题。

"生产性劳动"概念为"数字资本主义"理论解决了一个基础性的问题——"数字资本主义"如何能跻身传播政治经济学与当代资本主义的理论丛之中?这一问题背后更深层的追问是:"传播"政治经济学如何能成为一门政治经济学,而不仅仅是批判的社会研究?如果说莫斯可拓宽了"政治经济学"的边界,将"政治经济"理解为"控制与存在"的话,那么福克斯的解决方案更为直击要害——将传播行为还原为"劳动"。

这样的尝试在传播政治经济学的领域中并不新鲜,它可以直接追溯至达拉斯·斯迈兹的"受众劳动",丹·席勒自己也尝试过建构一个统一的"劳动"框架,将"劳力"(体力劳动)与"劳心"(脑力劳动)都置于其中,以此弥合二者之间的鸿沟,以"劳动"的视角重新书写传播的历史。不过,当时学术界仍然倾向于将传播机构视为社会中的

"非生产性部门",无论它们创造的是新闻、互联网信息、娱乐节目还是广告,在主流的马克思主义学者与资本主义批判者眼中,这些"非生产性部门"的过度膨胀将会压垮资本主义的整个经济体系,造成新的经济与社会危机,包括热钱空转、通货膨胀、泡沫经济,等等。而福克斯在汲取了意大利自治学派关于"非物质劳动"的一系列研究成果,吸纳了李凡特、加哈利、戴尔-威瑟福德等人的观点之后,引入了"生产性劳动"来搭建一个统一的、整合性的理论框架。

在此基础上,福克斯先是将"知识"界定为一种阶级性的劳动①,随后,他回顾了塞萨尔·博拉尼奥(César Bolaño)和埃洛伊·比埃拉(Eloy Vieira)关于"互联网政治经济学"的一系列论文②,将斯迈兹的"受众商品论"拓展为"用户生成数据(user generated data)商品论"。在互联网的技术条件下,资本对受众的剥削已经不局限于收视行为,而是精准地延伸到了用户的每一个具体而微的线上行为。不同于传统的、广告导向的大众媒介无法精准识别、控制受众,社交媒体能够对用户线上行为进行实时的监控和算法分析。③因此,"精准营销"不仅能将受众的意义生产商品化,用户生产的数据、用户生成内容(user-generated content,UGC)蕴含的使用价值也成了剩余价值的来源。前文所述卡拉韦等人对"受众商品论"无法直接控制受众收视行为的批判就失去了意义。谷歌(Google)与脸书(Facebook)都能将用户线上行为生成的数据商品化,出售给广告主,这种"数据商品"共享着马克思所描述的作为"一般资本"(capital-in-general)的一切商品的特征,也具有一切信息商品、一切基于精准广告的资本积累模式的商品的特征。④ 因此,福克斯坚定地认为,我们既不能说马克思的批判已经"过时了",也不能纠结于"谁是生产者、谁是非生产者"的"苏联问题"⑤,他也不赞成博拉尼奥和比埃拉的观点——"生产性的劳动者"并不是社交媒体的用户,而是那些为社交网络平台工作的"生产性雇员、工程师、研究者、算法师建构了'受众商品'"⑥,在他看来,这种观点无异于只有"工资劳动者"才被剥削了。

---

① FUCHS C. Class,knowledge and new media[J]. Media,culture & society,2010,32(1):141-150.
② FUCHS C. Against divisiveness:digital workers of the world unite! A rejoinder to César Bolaño and Eloy Vieira[J]. Television & new media,2015,16(1):62-71.
③ FUCHS C. Against theoretical Thatcherism:a reply to Nicholas Garnham[J]. Media,culture & society,2016,38(2):301-311.
④ FUCHS C. Against theoretical Thatcherism:a reply to Nicholas Garnham[J]. Media,culture & society,2016,38(2):301-311.
⑤ FUCHS C. Against divisiveness:digital workers of the world unite! A rejoinder to César Bolaño and Eloy Vieira[J]. Television & new media,2015,16(1):62-71.
⑥ FUCHS C. Against divisiveness:digital workers of the world unite! A rejoinder to César Bolaño and Eloy Vieira[J]. Television & new media,2015,16(1):62-71.

因此,福克斯提议用"生产性劳动"的概念来统摄传播领域中的各种劳动,为了给这一概念谋求合法性,他回到了马克思那里,梳理了马克思对"生产性劳动"的界定。"生产性劳动"区别于"非生产性劳动"的地方在于,它是:(1)任何创造了满足人类需求的物质的或符号的使用价值的人类活动;(2)直接对资本积累所需的剩余价值和商品生产有所贡献的人类活动;(3)对剩余价值与资本有所贡献的一切人类集合(collective of human beings)的工作。① 在福克斯看来,这三种定义都有助于我们厘清"数字劳动"的内涵,即所有为资本循环创造了剩余价值的行为,都可以被视作"生产性劳动"。"生产性劳动"是福克斯的核心概念,在他看来,只有薪资雇佣制下的劳动者才是"生产性劳动者"的观点无疑是狭隘的,当代数字资本主义的剥削是无孔不入的,除了博拉尼奥等人提到的领取工资的工程师、算法师之外,还包括非洲的奴隶矿工、各电子设备生产厂的硬件装配者、软件工程师、低收入的"数字自由职业者"(digital freelancers)、回收处理电子垃圾(e-waste)的工人,等等。福克斯质问道,在当今的全球资本主义体系下,我们要如何区分这些劳动者谁是生产性的、谁是非生产性的?谁更具有生产性?在他看来,"生产性劳动"的概念不仅是一个理论命题,还是一个政治命题,马克思提出这一概念是为了界定谁有权力和力量发起一场推翻资产阶级的革命②,而在互联网、社交媒体的条件下,最具有反抗的可能性与力量的恰恰不是工程师与算法师,而是网络平台的普通用户。若是过度纠结于"生产性"与"非生产性"的区分,我们就会陷入一种分离主义(divisionism)的误区,反而助长了"阶级敌人"的资产阶级意识形态宣言——这一部分劳动者并未受到剥削,而是进行了一种"公平的交换"。

福克斯的研究始终与当代信息技术、互联网、社交媒体的发展密切相关。他会使用数学上的案例展示脸书"众包"价值生产的重要性③,也在"生产性劳动"中引入了劳动与再生产性劳动率的有机混合的概念,并尝试使用统计数据来计算政治、经济、文化等诸多层面中工资劳动(wage-labour)、奴隶劳动(slave-labour)、再生产性劳动(reproductive labour)、用户无酬的数字劳动(users' unpaid digital labour)各占多大比例。④ 在他

---

① FUCHS C. Against divisiveness:digital workers of the world unite! A rejoinder to César Bolaño and Eloy Vieira[J]. Television & new media,2015,16(1):62-71.

② FUCHS C. Against divisiveness:digital workers of the world unite! A rejoinder to César Bolaño and Eloy Vieira[J]. Television & new media,2015,16(1):62-71.

③ FUCHS C. Against divisiveness:digital workers of the world unite! A rejoinder to César Bolaño and Eloy Vieira[J]. Television & new media,2015,16(1):62-71.

④ FUCHS C. Capitalism,patriarchy,slavery,and racism in the age of digital capitalism and digital labour[J]. Critical sociology,2018,44(4-5):677-702.

看来,无酬劳动不等于非生产性劳动,包括"再生产性劳动"和"数字家务劳动"都参与了资本主义生产/积累循环,构成了资本主义积累的一部分。他的观点受到了戴维·勒迪格(David Roediger)、安杰拉·戴维斯(Angela Davis)、罗莎·卢森堡、凯莉·亚拉特(Kylie Jarrat)、邱林川、艾琳·米汉、卡特·威尔逊(Carter Wilson)、奥黛丽·斯梅德利(Audrey Smedley)等传播政治经济学者的影响,也深受一批马克思主义女性主义学者的启发——正是女性主义者将家务劳动定义为"无酬劳动"的分析冲击了"只有薪资劳动才是劳动"的固有观念,为福克斯等人提供了拓展性的分析框架。

此外,福克斯也梳理了"信息资本主义"理论的定位,在他看来,信息资本主义与金融资本主义之间难以区分,因为信息经济本身就是高度金融化的,且信息技术本身也是金融化的驱动力。在当下,计算机已然成为一种普遍化的机器,深深地嵌入人们的日常生活之中,进而影响了社会的发展、文化的变革,这样一来,现代生活中工作时间与闲暇时间、家庭与工作场合(work space)、消费与生产、生产性劳动与非生产性劳动、公共与私人领域①之间的界线被数字化的浪潮击碎了,上述种种都被裹挟到了互联网与信息技术的洪流之中。福克斯回顾了信息社会理论的类型学(typology),认为现有的"信息社会"理论构成了一个从激进的断裂性理论到渐近的、连续性的理论的"光谱",其中,突生的跨国信息资本主义是一种转变的扬弃,而并不是激进的变化。信息资本主义只是当今社会中共存的多种资本主义形态的复合体中的一种形态②,当下资本主义的发展已经出现了新的增长模式,包括基于智力所有权(intellectual property)和版权(copyright)的增长模式,内容接入权的商品化,生产、分配、消费技术的商品化,受众与广告的商品化,媒介对内容的重组和再使用,用户与生产数据的商品化。正如大卫·哈维所说,包括计算机在内的信息与传播技术,确实在加速商品在时间-空间中的循环进程中扮演着关键性的角色。③

福克斯倡导的"回到马克思"指的是用马克思主义的辩证法观点对当代资本主义技术进行分析。马克思的理论系统本身就包含着对他那个时代的"新媒介"(如电报)的分析,对传播在资本的组织、积累、全球化的进程中发挥的重要作用的分析,对资本主义社会中出版自由及其局限的分析,"一般智力"概念对突生的信息经济与社会的

---

① FUCHS C. From digital positivism and administrative big data analytics towards critical digital and social media research![J]. European journal of communication,2017,32(1):37-49.
② FUCHS C. Capitalism or information society? The fundamental question of the present structure of society[J]. European journal of social theory,2012.16(4):413-434.
③ FUCHS C. From digital positivism and administrative big data analytics towards critical digital and social media research![J]. European journal of communication,2017,32(1):37-49.

分析,甚至还有马克思本人积极的新闻实践,以及基于实践发展出来的尖锐批判与辩证法。而我们今天依旧可以运用马克思主义的辩证法来理解互联网时代的新与旧、机遇与风险、连续与断裂、行动与结构、生产与消费、公共与私人、劳动与游戏、闲暇时间与劳动时间、公共货物与商品之间的复杂关系。① 他呼吁一种"数字礼物经济"(digital gift economy),并期待着基于这种经济模式建立"互联网共产主义"②;同时,他也呼吁人们警惕社交媒体成为新的"技术拜物教"(fetishism of technology)——社交媒体正渐渐从当代社会变革与冲突中潜在的资本主义对抗中离散出来③,要理解当代的资本主义,它的冲突和社交媒体的角色就需要更加辩证、批判的分析。

在笔者看来,福克斯不仅是传播政治经济学与"数字资本主义"理论迈入21世纪的"里程碑式"人物,更是传播政治经济学研究承前启后的"时代缩影"。正是在福克斯的时代,数字资本主义研究成为传播政治经济学的主流领域与范式,2009年,在西安大略大学(University of Western Ontario)召开了题为"数字劳动:劳工、作者、公民"(*Digital Labour:Workers,Authors,Citizens*)的学术会议,几代传播政治经济学者齐聚一堂,讨论的议题包括:文化产业的数字化;"产消者"[producing/consuming "prosumer" (or "produser")]的诞生,以及随之而来的"我们应如何定义工作场所、我们如何定位自我(作为政治单元的公民、富有创造力的艺术家)"的问题;作为"知识工厂"(knowledge factory)的大学;数字媒体中非组织化的劳动者的出现,以及相伴而生的"国家对媒体的管制政策、智力财产问题以及集体交涉、组织使用数字媒体与公众进行沟通"等一系列问题;布雷顿森林体系解体之后"超资本主义"(hyper-capitalism)不断扩张的掠夺性;从工业福特主义到"生物资本主义"(bio-capitalism)中的劳动价值论变化;"无酬"劳动如何使专业文化生产条件的政治重要性变得边缘化;后福特主义时代仍然存在的"原始积累"与剥削;"知识经济"的意识形态如何服务于国家发展策略;斯迈兹的"受众商品论"如何延伸到移动互联时代的人际互动中;数字行业中的劳工抵抗、劳工运动、群体抗争;数字出版、图书馆管理、新自由主义的版权立法等。④ 这次会议出版了一本论文集《蜉蝣》(*Ephemera*),在数字资本主义领域中,它同样是一部具有划时代意义的作品。

---

① FUCHS C. Marx's capital in the information age[J]. Capital & class,2017,41(1):51-67.
② FUCHS C. Marx's capital in the information age[J]. Capital & class,2017,41(1):51-67.
③ FUCHS C. The political economy of privacy on Facebook[J]. Television & new media,2012,13(2):139-159.
④ BURSTON J,DYER-WITHEFORD N,HEARN A. Digital labour: workers, authors, citizens[J]. Ephemera,2010,10(3/4):214-221.

随着 2008 年经济危机的爆发,马克思主义重新在西方发达资本主义国家"流行"起来,左翼批判学者再度获得了发声的渠道,并积极地尝试拓展理论研究的阵地。随后,福克斯与莫斯可通过在线期刊《3C:传播、资本主义与批判》(*Triple C: Communication, Capitalism and Critique*)面向全球范围征稿,重新探讨了"商品化"(commodification)与"数字异化"(digital alienation)这两个议题。2012 年,这一次征集的稿件被编纂为特刊《马克思归来》,这部特刊吸纳了大量青年学者的论文,他们不仅聚焦于"商品化"这一传播政治经济学经典议题,还将它与数字资本主义时代下网络结构的剥削关系结合起来,以此探究数字化与商品化之间的关系。"数字异化"这一议题则与数字时代的劳工命运联系在一起,涉及数字用户的抗争行为、知识劳工的阶级斗争,也包括"酷"文化、消费主义、新自由主义、环境保护、全球风险、民权运动、女权主义等分支议题。作者们将这些议题与经典的受众研究、意识形态分析框架相结合,并试图提出"替代性媒介"(alternative media)、"社会主义媒介"与"全球范围内的信息工人阶级联合起来"等解决方案。《马克思归来》被引入中国之后,迅速引起国内学者的重视,正因如此,福克斯被许多国内学者视为"数字资本主义"理论的集大成者,收获了崇高的学术地位与赞誉,《马克思归来》也被赋予了重要的"里程碑"地位,它与《蜉蝣》一同搭建了"数字劳动"的基本理论框架,并构建了一个边界松散的学术共同体。在此之后,"劳动"议题被置于传播政治经济学研究的核心位置,"数字资本主义"理论不仅进入了传播政治经济学研究的核心领域,还成为未来理论建构的重要趋势与方向。

第三节 西欧诸国与第三世界国家的研究
——数字资本主义的"他山之石"

在英美的左翼研究传统之外,当代的数字资本主义理论从西欧诸国汲取了大量的养分,除了莫斯可提到的荷兰学者诺登斯特伦之外,意大利的自治主义传统和法国后结构主义、后现代主义研究传统皆对数字资本主义理论有所贡献。福克斯依赖的生产性劳动概念就在很大程度上受到了意大利自治学派提出的"非物质劳动"(immaterial labor)、"一般智力"(general intellect)概念的影响,与此同时,福柯、米歇尔·德·塞托(Michel de Certeau)、让·鲍德里亚(Jean Baudrillard)的研究传统也被引入了传播政治经济学与数字资本主义的批判之中,极大地拓展了数字资本主义研究的边界。在这之中,阿芒·马特拉就是一个承前启后的关键人物,他并未直接地提出数字资本主义理论,但他从事的关于文化帝国主义、世界体系的研究却对数字资本主义的研究产生了深远的影响。

一、意大利自治学派的贡献

直到21世纪初,意大利自治学派的理论才渐渐被引入了传播政治经济学的畛域,原因在于面对着技术条件的日益变化与"右翼"学说的冲击,传播政治经济学迫切地需要寻找新的批判工具,拓展理论的边界。自治学派的诸多概念与观点为传播政治经济学,尤其是数字资本主义理论建构提供了一条"捷径"——"非物质劳动""无酬劳动"等概念的引入让传播政治经济学者能够以"生产性劳动"的统一框架来论述传播行为,并将整个通信传播行业中各个层面、各种类型的"行动"(acts)都纳入这一框架中。在此基础上,数字资本主义理论在马克思主义的谱系中确立了其理论的合法性,"数字劳动"(digital labor)也由此成为传播政治经济学目前最为重要的研究领域、研究旨趣之一。从学派建制的角度来看,它既为传播政治经济学拓宽了理论的边界,又扩充了学术共同体的范畴。

"无酬劳动"(unpaid labor/free labor)的概念来自蒂齐亚纳·泰拉诺瓦(Tiziana Terranova),她用这一概念来阐释资本主义经济体系与父权制结盟、对女性的家务劳动进行剥削的现象,随后,她将"无酬劳动"的概念延伸到了数字经济(digital economy)、互联网等领域,将它视作一种"晚期资本主义社会普遍存在的劳动特征"。她将"数字经济"与"社会工厂"概念联系在一起,运用"非物质劳动"的概念来解读数字经济。在她看来,传统的劳动观念无异于在"劳动"与"工资劳动"之间画了等号,在互联网与数字经济环境下,存在着大量被忽视的无酬劳动,而从事无酬劳动的不只是知识阶级,也包括架设网站、修改(Mode)软件包、在MUDs和MOOs上建构虚拟空间的"数字劳工"。[①] 这些"非物质"的生产在后现代的语境下常常被视作创造"意义"(或缺乏意义)的活动,而非"劳动",互联网上存在的商品形式与现实社会需求之间的关系被割裂了,"礼物经济"这种虚幻的概念掩盖了商品化的实质,构造了一种"超现实"(hyperreality)形式。但商品的缺席并不意味着物质的缺席,在互联网、新媒体的语境

---

① 姚建华.数字劳工:产消合一者和玩工[M].北京:商务印书馆,2019:9-38.

下,"商品"不仅仅是一种终端的产品,而是一个"过程",是一种"自愿付出的、无酬的、享受的和被剥削的"无酬劳动生产文化。持续的、创造性的、不可忽视的劳动构成了数字经济市场价值的基础。① 劳动的"隐形化"恰恰意味着商品形式的膨胀消解了所有的意义,互联网有能力抽取持续更新的工作中的价值,造成了一种极端的劳动张力。

在泰拉诺瓦看来,无酬劳动已经成为晚期资本主义文化经济的结构性特征和"数字劳动"的基础。她对无酬劳动的最终定义是:"当人们对文化知识进行消费时,其行为转化为超越生产力的行为,而当这种行为愉悦地被利用,同时往往不知羞耻地被剥削。"在她看来,"在数字经济劳动中的'召唤用户'参与不是一个不争的社会和经济现实的经验描述,而是一种政治选择"。② 在她看来,互联网正在使那些"隐形"的劳动显像化、透明化,因为维持互联网的运作需要投入大量的劳动,除了雇佣劳动外,还需要大量的无酬劳动,即互联网活跃用户的生成性行动。不过,泰拉诺瓦也强调,并非所有无酬劳动都受到了剥削,在一些虚拟社区中,用户已经被告知了他们的劳动并不会得到任何报酬,网民互相分享的信息也不涉及商业利益。但从整个资本主义经济循环来看,这些"看不见的"、未获得任何报酬的劳动支撑着"数字经济"的循环,并源源不断地生产着剩余价值,实现着当代资本主义的价值增殖。

事实上,"无酬劳动"并不是一个"全新"的概念,在卡琳·法斯特(Karin Fast)等人眼中,奴隶、护理人员、学徒、勘探者、信息爱好者、志愿者和替罪羊都属于"无酬劳工"的类型范畴。③ 法斯特将无酬劳动的概念引入了媒介批判的领域。在她看来,媒介行业有着高昂的生产成本,但消费者的使用偏好是不可预期的(尽管媒体行业已经形成了一整套"受众调查"的机构与方法),这样一来,媒介的生产就成了一种"高风险行业",媒介的所有者便倾向于使用"无酬劳工"来降低生产成本、分散企业风险,以此来追求利益的最大化。也就是说,在商业化、私有化的传媒行业中,同样存在着将剩余价值最大化的内在驱动力,媒介的从业者正是在这种内驱力的压迫之下一步步沦为"无酬劳工"的。

"非物质劳动"的概念来自毛里奇奥·拉扎拉托(Maurizio Lazzarato),他将非物质劳动定义为"生产商品的信息内容和文化内容"的劳动,它与物质劳动一样都是生产性的,不仅生产了经济价值,也在生产着人的主体性。之后,意大利自治学派的哈特与

---

① 姚建华.数字劳工:产消合一者和玩工[M].北京:商务印书馆,2019:9-38.
② 周延云,闫秀荣.数字劳动和卡尔·马克思:数字化时代国外马克思劳动价值论研究[M].北京:中国社会科学出版社,2016:75.
③ 姚建华,徐婧.数字时代传播政治经济的新现象与新理论[J].全球传媒学刊,2017(3):30-43.

奈格里将这一概念拓展为我们今天所熟知的含义,即非物质劳动可以包含一切符号或情感劳动。"这种非物质劳动产生思想、标志、规范、篇章、语言、符号、形象及其他此类产品。"①此概念的提出意味着资本主义的生产清除了"反对性因素"的阻力,渗透到了我们"非特质的"生活之中。不过,非物质劳动仍然是物质性的,同样需要人类的身体和大脑的参与,"非物质"只是用于描述它的产品。也就是说,"非物质劳动"概念要解决的是非物质产品的价值来源问题,它不能与此后提出的"数字劳动"概念完全画上等号。但哈特与奈格里也强调了非物质劳动是一种"生命政治的劳动",它生产的不仅是产品,也包括人际关系和社会生活本身。"在其中,经济的、政治的、文化的生活不断增长地相互重叠,相互投资。"②

在"非物质劳动"概念的基础上,哈特、奈格里又提出了情感劳动(affective labor)。在哈特与奈格里看来,非物质劳动包含三类内容:(1)工业生产的信息化,包括因为传播技术的介入而发生的服务性、信息性转型;(2)分析性、符号性的劳动,因此也是创造性、知识性的劳动;(3)与情感有关的人类接触与身体模式上的劳动。因此,情感劳动的实质就是非物质劳动中最重要、最主要的构成部分。情感劳动意味着"涉及情感的生产与控制",其产品是无形的"一种轻松、友好、满意、激情的感觉,甚至是一种联系感和归属感"③,这一概念描述的是非物质劳动内在的情感本质与"制约因素"(binding element),其生产的最终形式为社会网络、组织形式和生命权利,以及集体的主体性(collective subjectivities)、社会性(sociality),甚至是社会本身④。也就是说,情感劳动并非一种强制性的、异化的劳动,而是"劳动者在情感劳动的实践中不断地肯定自己,发挥自己的才智,以喜爱和激情作为驱动力,构建社群网络,获得极度自洽的认同感。在此过程中,劳动实践是一种主体性生产,在劳动过程中不断地获得自己的本质力量的确证"⑤。

无论是"无酬劳动""非物质劳动",还是其中包含的"情感劳动",它们都是基于马克思在《1857—1858 年经济学手稿》(*Economic Manuscript from 1857 to 1858*)中的"一般智力"(general intellect)概念提出的,马克思的原话是"固定资本的发展表明,一般社会知识,已经在多么大的程度上变成了直接的生产力,从而社会生活过程的条件

---

① 罗岗.帝国、都市与现代性[M].南京:江苏人民出版社,2006:31-32.
② 哈特,奈格里.帝国:全球化的政治秩序[M].杨建国,范一亭,译.南京:江苏人民出版社,2008:2.
③ 刘芳儒.情感劳动(Affective labor)的理论来源及国外研究进展[J].新闻界,2019(12):117-129.
④ 林颖,吴鼎铭.网民情感的吸纳与劳动化:论互联网产业中"情感劳动"的形成与剥削[J].现代传播(中国传媒大学学报),2017(6):21-25.
⑤ 刘芳儒.情感劳动(Affective labor)的理论来源及国外研究进展[J].新闻界,2019(12):117-129.

在多么大的程度上受到一般智力的控制并按照这种智力得到改造"①,而自治学派的学者们将一般智力视作一种"赘余的力量"②,一种从工人的非物质劳动中额外衍生出来的"额外的剩余物"③,这种"剩余力量"最终也将会像抽象的"一般劳动"一样,凌驾于个体之上,成为一种支配性的抽象力量。与"一般智力"相关的概念除了"非物质劳动""情感劳动",还包括"认知资本主义""后福特制资本主义",这两个概念描述的是当代资本主义发展至一个依赖科学技术或弹性积累来发展的时代。"认知资本主义"(cognitive capitalism)的生产方式基础正是"一般智力",同时它也受到了"总体性非物质关系"④的支配,蓝江援引保罗·维尔诺(Paul Virno)的观点,这样描述道:

> 马克思的一般智力——作为一种主要的生产力——完全对立于固定资本,例如它是机器体系的对象化的"科技力量"。马克思忽略了一般智力本身是一种活劳动。对后福特制生产的分析迫使我们对此进行批评,像菲亚特(FIAT)工厂采用的所谓的"第二代自动化劳动"和程序操作上的彻底革新,说明了知识和生产之间的关系是人们之间的语言合作的关系,而不是机器体系中所耗费的关系。在后福特制之下,概念和逻辑扮演着十分重要的角色,不能被视为固定资本,因为它们与多元的活生生的主体不可分割。一般智力包含了正式和非正式的知识、想象、伦理趋势、精神和"语言游戏"。思想和话语在当代劳动中就起着生产性"机器"的作用,不需要采用机械化身体或电子精神等东西。⑤

也就是说,如果我们确实已经迈进了"后福特制"时代的话,"一般智力"的价值已经远高于物质产品的价值,它成了资本进行实质吸纳(real subsumption)的工具,而资本主义"新时代"的阶级斗争、劳资抗争也将在一般智力的维度上展开。

不过,在哈特与奈格里的期待中,"非物质劳动"有着打破资产阶级的监控、发展出一种自发的"初级共产主义"的可能性。一方面,它模糊了生产与生活的界线,改变了劳动的类型,新的劳动关系应运而生,正如奈格里所说,"今天的无形资本超过了有

---

① 马克思,恩格斯.马克思恩格斯文集(第八卷)[M].中共中央马克思恩格斯列宁斯大林著作编译局,编译.北京:人民出版社,2009:197-198.
② 蓝江.从物化到数字化:数字资本主义时代的异化理论[J].社会科学,2018(11):105-114.
③ 维尔诺将这种"一般智力"描述为一种公共资源,正是通过它的"还原",那些不确定的薪资劳动被抽象为"额外剩余物"。
④ 蓝江.从物化到数字化:数字资本主义时代的异化理论[J].社会科学,2018(11):105-114.
⑤ 蓝江.数字异化与一般数据:数字资本主义批判序曲[J].山东社会科学,2017(8):5-13.

形资本在全球资本存在中的比重。固定资本现在看起来是在身体之内,印在他们身上,也服从于他们——当我们考虑诸如研究和软件开发等活动时,情况更为如此"①;另一方面,它极大地发掘了劳动价值中蕴含的公共性,当信息的垄断被打破、被消解之后,劳动的解放便成为可能——福克斯的"礼物经济"与"网络共产主义"观点明显受到了哈特等人的影响。但讽刺的是,我们今天观察到的情况恰恰相反,资本正朝着许多"非物质"的领域迅速扩张、殖民,"认知资本主义"与"一般智力"的理论在当今的资本主义发展条件下显得格外尴尬,同样有待理论与批判工具的拓展与更新。

二、承前启后的阿芒·马特拉

如果说戴尔-威瑟福德、福克斯等人是意大利自治学派进入传播政治经济学领域的"引路人",那么阿芒·马特拉(Armand Mattelart)就是后结构主义登陆传播政治经济学的"领航员"。1936 年,马特拉出生于比利时,从教会学校毕业后,他参加了英国的一个僧俗团体,短短一年后他便返回了比利时,进入了天主教鲁汶大学(Université Catholique de Louvain),攻读法律与政治,尔后又转入巴黎索邦大学,进入阿尔弗雷德·索维(Alfred Sauvy)创建的人口研究所,学习人口学。毕业之后,马特拉被任命为梵蒂冈人口政策专家,1962 年,他被派往智利首都圣地亚哥,在当地的天主教大学担任传播社会学教授。在智利,他被雇为社会党总统萨尔瓦多·阿连德的国际事务顾问,也结识了一批"进步联盟"的学者,例如查尔斯·赖特(Charles Wright)。在此过程中,马特拉渐渐对美国为实现智利现代化而输入的"扩散理论"和"说服策略"产生了质疑,也在从事人种志研究的过程中意识到了媒体对智利农村发展的影响,由此,他开始对美国的功能主义传播学进行反思。

1967 年,智利爆发了学生运动,马特拉在此时正式转向了传播研究,使用罗兰·巴特(Roland Barthe)的结构主义符号学进行媒介内容分析。随着大量的美国文化产品涌入拉美国家,马特拉也开始采用话语分析与政治经济学相结合的方法进行传播国际化的研究,如 1971 年与阿里尔·多尔夫曼(Ariel Dorfman)合著的《如何阅读唐老鸭:迪士尼卡通的帝国意识形态》(*How We Roasted Donald Duck:Disney's Agent of Imperialism*),美国对此书下达的禁令反让它成为 20 世纪 70 年代风靡拉丁美洲、印数过百

---

① 奈格里.固定资本的占有:一个隐喻? 黄璐,译.[C]//第四届当代资本主义研究暨纪念《资本论》第一卷出版 150 周年国际学术研讨会会议论文集.南京:南京大学出版社,2017:151.

万册的畅销书。1973年,智利爆发政变,阿连德政府被推翻,马特拉遭皮诺切特(Augusto José Ramón Pinochet Ugarte)军政府驱逐出境,只得返回法国。此后,他邂逅了法国电影大师克利斯·马克(Chris Marker)、雅克林·梅皮耶(Jacqueline Meppiel)等人,和他们一起导演了一部关于智利政治与社会变革的电影《螺旋》(la Spirale)。1975—1997年间,他相继任教于巴黎第七大学(Université Paris Diderot)、雷恩第二大学(Université Rennes 2-Haute Bretagne),教授传播理论;1997—2004年,他转入巴黎第八大学(Université Paris VIII)任信息传播学教授。在法国教学期间,他受到福柯、德塞托、布罗代尔等人的思想影响,从单纯的文化帝国主义批判转向了世界传播、传播历史与文化多元性研究,最终形成了自己的思想体系。2002年,马特拉筹建了法国媒介观察研究所(Observatoire français des médias)并担任所长一职,他的代表作还包括1974年出版的《大众媒介、意识形态和革命运动:智利1970—1973》(Mass Media, Ideologies, and the Revolutionary Movement: Chile 1970—1973)、1976年出版的《跨国公司与文化控制:帝国主义的意识形态装置》(Multinational Corporations and the Control of Culture: The Ideological Apparatuses of Imperialism,于1979年译为英文版)、1979年与塞思·西格尔劳布(Seth Siegelaub)合编的《传播与阶级斗争》(Communication and Class Struggle,1984年再版)、1986年出版的《思考媒介》(Penser les Médias)、1992年出版的《世界传播与文化霸权》(la Communication-monde)、1994年出版的《传播的起源》、1995年与其妻米歇尔·马特拉(Michèle Mattelart)合著的《传播学简史》(Histoire des Théories de la Communication)、1996出版年的《传播的世界化》(la Mondialisation de la Communication)、2005年出版的《文化多元性与世界化》(Diversité culturelle et mondialisation)、2007年出版的《监视的全球化:国家安全主义秩序的起源》(The Globalization of Surveillance: The Origin of the Securitarian Order),等等。

在返回法国之前,马特拉的思想可以用"文化帝国主义"来概括。在智利,他亲自见证了美国迪士尼文化对智利的入侵,但阿连德的"人民阵线"政府并未屈服于美国的文化入侵,而是致力于发展本国的文化,为儿童提供替代性的文化消费品,但这一"文化上的积极回应"的政策随着阿连德政府被政变推翻而终结。马特拉发现了拉美国家在美国支配的世界秩序中的尴尬地位:一方面,美国为了维持其在拉美的支配地位,一直通过"技术支援"和跨国公司渗透其自身的意识形态,其鼓吹的"现代化"和"发展"的实质是要将拉丁美洲纳入以美国为中心的世界体系中。当时,施拉姆的《大众传播媒介与社会发展》(Mass Media and National Development)、埃弗雷特·M. 罗杰斯(Everett M. Rogers)的《创新的扩散》(Diffusion of Innovations)、《农民的现代化:传播的影响》(Modernization among Peasants:The Impact of Communication)等著作已经被美国和联合国确立为"指导性读物",同时,美国成立了"拉丁美洲新闻高级研究中心",使拉美的传播学在名为"美国功能主义"的土壤中生根发芽。另一方面,抵抗性的力量始终存在,拉美的批判社会学家提出了与"发展传播学"针锋相对的"依附理论",批判不平等的国际秩序。在马特拉看来,来自美国的发展意识形态创造了一个只从它自身出发的理想的社会模型,夷平了不同的社会现实、文化语境,也湮灭了第三世界国家自己的历史。在这场"现代化运动"之中,媒介占据着中心位置——在官方话语体系中,媒介是"帮助偷渡边境的人",作用是帮助传统的个体迈入"进步"之河;而在马特拉眼里,美国输出的信息传播技术并非通向民主的途径,而是剥削的同谋,因为新型的文化传播本身也蕴藏着新的权力结构,最终将导致自由理性的丧失和民主国家概念的消亡。

  返回法国后,马特拉的思想变得更加复杂。此时,恰逢法国五月风暴结束,西方马克思主义思想日渐式微,左派锋芒消退,学术界的焦点由反资本主义、反帝国主义转向了新自由主义。在管制放松、私有化、经济自由主义的浪潮中,带有拉美红色印记的马特拉在法国处境艰难,不得不压下他的阶级分析热情,调整了自己的学术立场与倾向。他从法国年鉴学派的理论中汲取了灵感,在费尔南·布罗代尔的"经济世界"思想的影响下,马特拉提出了同样有着等级体系的"传播世界"概念,他将布罗代尔的"中心-边缘格局"概念引入了传播学领域,认为媒介和文化辐射也有中心和边缘地区之分,以此来对跨国资本进行批判——跨国资本如何构造出一张跨国信息传播网络,并按照生产、分配、消费的资本主义循环来分割世界,进而破坏了国家主权。在信息传播技术的催化下,"世界经济"格局将整个世界划分为中心地带、中间过渡地带、边缘地带,在此基础上形成了世界性的分工。在该体系下,边缘地带只能服从中心地带的需要,这不仅是一种不平等的商品交换网络,还是一种不平等的传播交换网络。① 因此,马特拉提倡以"世界化"(Mondialisation)来取代"全球化"(Globalisation)的概念,在他看来,"全球化"这个概念中蕴含着"传播意识形态",其本质是商业自由、整合经济的西方新自由主义意识形态;而"世界化"则是拉丁语系语言中一个地理纬度意义上的概念,它承认等级体系与差异性的存在。在这对概念的建构中,我们可以窥见德-塞托的文化多元主义思想的影响——英语中"Global"中蕴含着 Holistic(整体的)含义,有

---

① 马特拉.世界传播与文化霸权:思想与战略的历史[M].陈卫星,译.北京:中央编译出版社,2001:11.

着综合一致性与系统一致性的意味。即一种单数文化的"有机结构"①,而另类的"世界化"中蕴含着在地化、斗争性的可能。

马特拉与北美、英国的同行们一样,始终对"技术乐观主义"尤为警惕,并将其斥为一种类似于"新千年主义"的"赎罪想象"。在他看来,将传播与民主联系在一起的观点实际上是服务于当代资本主义工业生产的,大众媒介体系的建立也是工业化的需求,一个证据是1933年的罗斯福新政呼唤"传播技术的援助",其目的是解决美国的国家危机。战后,传播意识形态的发展呈现两种自相矛盾的局面:一方面,西方发达资本主义将传播的权力塑造为"基本的人权",鼓吹信息的自由流动;另一方面,冷战格局下,出于"国家安全"这个"不容置疑"的理由,信息审查成为理所当然。马特拉以一个非盎格鲁-撒克逊(non Anglo-Saxon)学者的身份挑战了美国式的传播学主流话语,揭露其权力争夺的实质,甚至犀利地指出"国际传播"的实质也是一种"战斗话语"。20世纪60年代之后,欧美各国对"进步"话语的争夺实质上也与殖民主义、全球扩张密切相关。在"进步"的知识谱系中,"技术"是一个过度热情的推销员,它将自己编入了资本流动所织就的全球化网络之中,又将自身的发展与推广包装成了"期望增长的革命",描摹了一幅科学主义的神话图景,将资本主义的意识形态推销给普通人,让人们相信西方工业大国所经历的经济繁荣将在扩张式增长的运转状态下持续下去。

对于传播政治经济学而言,马特拉这个"边缘"学者为后结构主义、后现代思想提供了一个登陆点,正如贝尔纳·米耶热(Bernard Miège)所说的那样,《思考媒介》转向了一种思考媒介的"新范式"(nouveaux paradigmes),即福柯、德-塞托意义上的微观研究,将主体重建(la réhabilitation du sujet)、集体记忆、市民社会的建构、宏观主体国家(macro-sujet état)与地方性的张力等问题都纳入一套理论的系谱之中。遗憾的是,马特拉与传播政治经济学的"主流"学者之间缺少对话,但他对传播学历史的重新书写仍然影响着一大批左翼传播学者,他们寻求理论的突破,反抗"主流"传播学理论的辉格史式书写,传播政治经济学也在这一过程中不断拓展边界。对于数字资本主义理论而言,马特拉对"全球化"的反思、对多元文化的提倡、拓宽理论边界的尝试都成为理论的源泉。因为马特拉与拉丁美洲关系密切,他也为新旧大陆之间、发达国家与第三世界国家之间、曾经的殖民地与宗主国之间架起了理论沟通的桥梁,其后的几十年间,拉丁美洲成为传播政治经济学研究的"重镇",拉丁美洲学者也为数字资本主义贡献

---

① 马特拉.传播的世界化[M].朱振明,译.陈卫星,审译.北京:中国传媒大学出版社,2007:106.

了大量理论，正是这些"边缘"理论为数字资本主义理论注入了活力，在一定程度上使其免于沦为发达资本主义国家部分学者的"自说自话"。遗憾的是，笔者本次研究未能涉及许多拉丁语系论文、著作，也错过了许多法语、德语、俄语文献，这方面的缺憾还有待后续的研究补充。

第四节　传播政治经济学与"数字资本主义"的未来

短暂地梳理了"数字资本主义"理论在传播政治经济学内外发展历程之后，我们可以看到，"数字资本主义"处于一个复杂的理论谱系之中，它有着诸多的理论源头，除了经典马克思主义政治经济学的批判传统、西方马克思主义的意识形态与"文化工业"批判传统之外，它在"传播政治经济学"的内部汲取了"受众商品论""军事-工业-传播复合体"与英国左翼学派的权力结构与知识生产、阶级分析、工会与劳工分析的传统。而在学派外部，"信息社会"理论同样被左翼学者广泛接受，并对"数字资本主义"理论建构发挥着不可磨灭的影响。此外，"自治主义"对于劳动的新解读、法国后结构主义、后现代思想也在潜移默化中影响了传播政治经济学的理论创新。

但与此同时，传播政治经济学并不是一个边界清晰、结构完整的学术共同体，它本身复杂的理论构成与松散的学科边界将数字资本主义理论摆在了一个理论的交叉路口，它的"逻辑性格"是模糊的，甚至包含着自相矛盾的部分——尤其是异化与解放、进步与衰退之间的悖论，其矛盾之激烈已经很难用"辩证法"一言蔽之。数字资本主义理论不仅继承了传播政治经济学的混沌性，也继承了传播政治经济学派的媒介观，即左翼的传播学者如何看待媒介——截至数字资本主义理论问世，左翼传播学者始终将"媒介"视为工具性的，无论是将媒介视作社会控制的手段，还是视为"生产性"的社会结构，本质上都是视媒介为一种工具与手段，新的媒介技术或是催生了新的产业模式，或是推动了资本主义的全球扩张，或是强化了对工人阶级的监督与控制、使剥削无孔不入地渗透社会生活的方方面面……对于这一批学者来说，媒介技术与数字技术一样，都是资本主义发展的助推器，其中或许包含着抗争与解放的潜能，但这一辩证法早已在资本循环中不断被磨蚀，最终走向了媒介技术全面商品化、进而巩固了资本主义现有结构的后果。

事实上，这样的观念仍然没有超出西方马克思主义经典的媒介观，若从更宏观的角度来看,所谓"数字资本主义",大致上仍然没有超出希法亭提出的"金融资本主义"的范畴,金融资本仍旧是资本主义发展最核心的动力与源泉,而媒介技术只是一种外部性的因素,是某个发挥了重要作用、但并非核心因素的"变量"。不过,媒介技术的发展还是不可避免地带来了改变的契机,计算机、互联网、信息传播技术、人工智能等技术形式的介入促使左翼的传播理论家们开始向着更广阔的空间展开理论探索。进入20世纪90年代之后,传播政治经济学与文化研究这一对"宿敌"开始走向和解与对话。莫斯可在撰写《传播政治经济学》这一奠基性著作时,向欧洲的批判学者们抛出了橄榄枝,在他看来,传播政治经济学与文化研究的研究者们应当抛弃成见,实现理论的互补。莫斯可声称,文化研究学者对实证主义的批判,对性别、种族、民族等身份认同问题的关注都对传播政治经济学有着重要的启发意义,而文化研究路径中存在的强调个体性和话语的片面性,也可以借由传播政治经济学研究对权力、制度、历史、社会关系等议题的关注来弥补。这一观点得到了文化研究新一代代表人物劳伦斯·格罗斯伯格(Lawrence Grossberg)的认可,戴维·莫利(David Morley)也顺势提倡一种唯物主义的、非媒介中心主义的研究范式,他与莱斯特学派的詹姆斯·卡伦展开合作,共同出版了文集《媒介与文化理论》(*Media and Culture Theory*)。

在卡伦与莫利眼中,当代左翼传播研究在文化产业、制度领域仍存在着显著的短板,文化研究对权力与身份认同、权力的媒介"几何学"、文化价值与美学等领域的关注不应与政治经济学领域的批判分离、脱节;在实践层面,政治权力对新媒介技术疏于管制,在国际、国家、地方层次的共同体领域中实施放任政策,这与文化传播产业中由技术推动的全方位整合的潮流并不相适应。因此,他们提倡将文化研究的经典议题全部置于更加广阔的政治、经济、社会、文化语境之中,以此来打通现代性批判与各种"后"(post-)理论之间的关系,而这种理论转型的新语境就是全球化、媒介技术发展。

两个学派之间争论的焦点——西方马克思主义研究的"盲点"究竟是什么,实际上代表着两种完全不同的认识论与知识观:政治经济学者更接近经典马克思主义的立场,仍然坚持着一种现代主义的真理观与价值观,他们提倡一种"温和的决定论",既警惕苏联式的机械决定论,也不赞同文化、意识形态、上层建筑拥有自主性的观点,他们的研究取向强调经验与事实,坚持道德哲学的判断与实践,强调历史性与总体性,总的来说是一种现实主义建构性批判理论;而文化研究学派深受20世纪60—70年代哲学、社会科学领域"语言学转向"的影响,又经历了后结构主义、后现代思潮的洗礼,并逐渐开始尝试着冲破理性中心主义的限制,解构"真理"本身,将之视为一种语言活动、符号活动的产物,甚至认为连"主体性"都来自话语的建构。因此,他们对微观政治、个体自由、身份认同、抵抗性实践的关注远胜于对"社会整体""公共性""制度公正"等议题的关注。而在进入21世纪后,当今社会中"数字化"乃至"媒介化"的现实使两种认识论、知识观都面临着一场革命,它们无法在坚持原有知识立场的前提下"独善其身",在这样的前提下,"数字资本主义"理论也面临着巨大的动荡与变革。

一个显而易见的证据是,莫斯可在研究后期也开始尝试"神话"的研究路径与方法,舍弃纯粹的结构观点,而转向社会是主体和客体相互建构的学术立场,关注政治经济权力关系的维度之外的文化与神话(意识形态)维度。在《数字化崇拜:迷思、权力与赛博空间》(*Digital Sublime: Myth, Power, and Cyberspace*)中,莫斯可将"信息社会"视为一种神话与意识形态的塑造,在这一"神话"之中,互联网与赛博空间被构造为一种消解了政治-经济关系的全新社会模式,将神话转译为一种去政治化的修辞,归入了后政治的范畴。但莫斯可坚信,若以一种"前政治的"视角去考察神话,那么,对神话的批判就能够为新的政治行动创造机遇——既然神话能够"去政治化",那么,它也能提供一种"修复"政治、深化对政治的理解的可能性。在莫斯可的影响下,一批学者已经开始试着跳出既有的理论框架与学科区隔,以一种更开放的视野审视传播与媒介。

此外,数字资本主义理论中的混沌性还与当代哲学、社会科学认识论的"碎片化"相关。这种认识论的动荡正是来自当代资本主义所面临的复杂环境——经济发展屡屡陷于停滞,金融危机频繁发生,政治走向民粹主义与保守主义混杂的状态,"共识"难以达成,也没有哪种统一的意识形态能够对整个社会发挥凝聚力。与此同时,社会生活正在全面加速,"私人领域"与公共领域之间的界限日益模糊,与"私人生活政治化"相伴的,是"公共生活娱乐化"和严肃性与价值理性的不断瓦解。人与人的"交往"似乎变得更容易了,能够跨越时间与空间的限制,却也变得更加困难——空间的"虚"与"实"变得难以分辨,社会思潮也渐渐走向撕裂,社会心理无法像以往一样,形成以地理、疆域、民族国家为单位的"整体"。文化在变得更加多元的同时,也更缺乏包容性,观念、态度的撕裂与争论无处不在,"交往理性"似乎越来越难以形成……"数字资本主义"理论的混沌性正是基于这样的社会现实生成的。事实上,混沌并不意味着杂乱无章,而是一种变化多端、充满了各种话语斗争、充满各种可能性的局面。混沌也并不意味着没有任何规律可循,如果我们认真回溯"数字资本主义"理论的各种话语形态,为其找到明确的理论定位,那么,我们就能够把握数字资本主义理论的整体脉络、发展历程,以及它在未来的走向。

第二章
数字资本主义理论的概念、范畴、话语形态

由于传播政治经济学理论源流本身具有的复杂性,"数字资本主义"并非一个有着严格边界与坚实内核的概念,而类似于一个"概念丛"(cluster of concepts),是一个许多理论源流汇集、交错的"十字路口"。围绕着这样一个边界宽泛、外延广阔的概念,不同的理论、研究路径与取向逐渐生成、涌现,笔者将其称为不同的"话语形态",即,人们如何言说"数字资本主义"这一理论,它们各自代表着怎样的理论立场,又与其所处的社会外部环境有着怎样的联系。

林肯·达尔伯格(Lincoln Dahlberg)就曾基于话语理论,将资本主义本身视为一种"话语系统",其中包含着一种秩序化的实践,关系到一系列意义空缺的特权要素,包括资本本身。在福柯那里,"话语"(discourse)就是人们言说某一对象的方式,其中渗透了权力之网对于知识、真理、主体的支配与控制。理论也是一种话语,它所呈现的是某一学者、某一学术共同体、某种权力结构如何言说知识,如何规定何为"真理",如何将知识组织起来、通过建制化的"教育"或其他潜移默化的方式传递给他人。而在知识之中,不仅存在着某种结构,也同样存在着结构的存续、维持、断裂。而在达尔伯格之前,欧内斯托·拉克劳(Ernesto Laclau)、贾森·格里诺斯(Jason Glynos)[①]等人已经意识到了这样的话语建构了一种共享的认同,它以"接合"(articulation)的方式与其他异质化的要素相联系,带来了一种超越时间、空间,并具有排他性的话语——它排除了大量的话语可能性,同时也排除了使这些话语得以可能的条件。不过,在达尔伯格看来,资本主义这种排他性的话语并非在总体上始终有效,而是始终面临着意义匮乏、不

---

① 二者均为英国"埃塞克斯学派"(the Essex School)政治学家,围绕"后马克思主义"议题开展民粹主义政治学研究。

完整和失败的风险。他提倡建立一种对抗新自由主义去政治化话语的批判话语,并对经济进行总体性的批判。对于资本主义批判分析来说,话语系统的概念化意味着资本主义系统的政治经济学批判能够从等级秩序建基的角度来实现其理论化,这一建构维持着特定的意识形态,倾向于危机和风险,同时也是竞争性的。这种话语概念化包含着资本主义的运作方式、动态结构,也包括其因果关系,而在社会逻辑下展开的话语分析能够建立起一种批判的政治经济学,对已有的批判理论进行"补充"(supplement)。[①]

因此,达尔伯格提倡建立一种总体性的观点,若以话语的角度来理解资本主义,我们就能明白媒介实践与组织是如何被接合进资本关系的链条之中的,这意味着,人们可以将传播媒介视为资本——不管它是营利导向的、公共服务导向的还是社区导向的,我们都可以聚焦于商品生产的过程,不管它们是将商品出售给消费者,还是将用户个人信息打包整合,卖给广告商。在这一过程中,媒介内容与实践生产联系在一起,扩展了资本关系,这样的媒介化实践不仅仅发生在商业报道和广告中,也发生在新闻、真人秀、生活方式推销等媒介实践中,不光涉及核心的资本问题,也触及了能源短缺、水源污染等一系列内置于资本关系中的当代危机。从"话语系统"的角度出发,我们也能够理解互联网在20世纪90年代中期接入资本主义系统时是如何被调整进私有化的轨道中的,这种接合性的资本主义又是如何被改变的,互联网如何鼓励了资本循环率的增长、商品化的扩张、对日常生活中每一个新领域的剥削。[②]

正是达尔伯格给了笔者启发——整个资本主义构成了一个话语系统,那与之相关的数字资本主义理论又何尝不是这一系统之下的各具特色的话语?在笔者看来,数字资本主义的各种话语之中存在着亲缘结构,但也隐含着迥异的,甚至是互相矛盾的逻辑。这些不同的观点涉及不同的"知识型"(epitome),通常情况下,知识型被认为是一种类似于世界观的东西,能将存在于特定时空维度中的各种具体知识联结起来,形成一个更大的观与思想的"集群",从而与科学史中的其他知识区分开来。同时,知识型也将相通的标准与假设强加于它所包含的每一种具体知识之上,塑造了某种普遍的理性与人们无法摆脱的无意识思维结构,以此决定着思想和科学的深层秩序和构成规则。即使是在科学史和思想史研究这种关乎知识生产的领域中,受过专门训练且具有丰富学识的研究者也无法剔除脑海中无意识结构的影响。而在知识的层面,知识型限

---

① DAHLBERG L. Capitalism as a discursive system? Interrogating discourse theory's contribution to critical political economy[J]. Critical discourse studies, 2014, 11(3):257-271.
② DAHLBERG L. Capitalism as a discursive system? Interrogating discourse theory's contribution to critical political economy[J]. Critical discourse studies, 2014, 11(3):257-271.

定了各种认识对象被定义与感知的方式,使"词"与"物"的关系受到界定话语边界的无意识规则的支配。

话语与知识型的角度更有利于我们理解"数字资本主义"理论与其他社会元素之间的关系,理解它们是如何产生、如何建构、如何形成,又如何与其所处的社会联系在一起。数字资本主义的各种理论实际上代表了不同的话语,它们分别属于不同的知识型,背后隐含着不同意识形态、权力、立场之间的斗争与博弈——从这一视角出发,我们才能理解为什么围绕着"数字资本主义"这一概念诞生了许多南辕北辙、互相矛盾的理论;也能够理解为什么持不同立场、价值倾向的理论家都在争夺这一概念,希望在该领域有所建树。

而在分析工作的开端,我们需要厘清"数字资本主义"理论与相似概念之间的关系与区别,以及它所包含的几种理论话语。

第一节 相关概念的辨析

面对着纷繁复杂、略显混乱的"数字资本主义"相关概念,我们需要先划分概念的维度,即确立辨析的标准。只看概念本身的话,狭义的"数字资本主义"来自传播政治经济学者丹·席勒——"在扩张性市场逻辑的影响下,因特网正在带动政治经济向所谓的数字资本主义转变。"[①]这是一个极具批判性的概念,矛头直指尼葛洛庞蒂、比尔·盖茨等人提出的"新经济""无摩擦的资本主义"等概念,强调数字和网络时代的资本主义形态的实质是围绕信息和传播技术在全球范围内形成的新的剥夺式积累过程,以及与之相匹配的数字化迷思。

而我们如今更倾向于谈论广义的"数字资本主义",它被认为是资本主义发展的一个新阶段,在当代资本主义的研究中几乎随处可见,而这一"新阶段"的名称可以被替换为"后工业社会""信息社会""数字时代""后资本主义""后福特主义",等等。这些概念在不同的语境中被不同的学者使用着,如果我们将这些概念置于其理论语境中进行考察,就会发现它们之间存在着巨大的区别,彼此代表的研究范式、指涉的理论主体、隐含的价值判断都不尽相同。这种混沌性源自其指涉的"同一"对象——"资本主义社会发展新阶段"的划分标准非常混沌、暧昧。因此,除了"广义-狭义"这一粗疏的

---

① 席勒.数字资本主义[M].杨立平,译.南昌:江西人民出版社,2001:4.

划分标准之外,我们还需要引入其他维度,来对这一系列的概念进行既分析、又综合的考量。

我们首先要对"数字""资本"等概念进行界定。"资本"是一个对于马克思主义研究、当代资本主义研究来说至关重要的概念,它是如此重要、如此为人所熟知,"人尽皆知"得仿佛我们不需要再对它进行详细的界定。在古典经济学家眼中,资本就是价值的凝结、劳动的积累,以货币为它的具体表现形式。货币产生于商品交换的过程之中,只有在特定的条件下才能转化为资本——一是必须有发达的商品流通条件,二是劳动力商品已经产生。马克思则将资本定义为能带来剩余价值的价值,即"一种社会生产关系,是资本主义的生产关系……不仅包括生活资料、劳动工具和原料,不仅包括物质产品,并且还包括交换价值。资本所包括的一切产品都是商品"①。资本体现为"物"(主要体现为货币),但它同时也是一种关系,包括资本主义条件下的生产关系、交换关系、社会关系,以货币为代表的生产要素只有被纳入资本主义社会关系之中,它才成为"资本"。也就是说,社会关系是资本的实质,而货币等生产要素只是其物质载体。这样一来,资本就作为"普照的光",对社会生活的其他领域发挥着作用。在白刚看来,资本主义社会发展的主轴正是"资本逻辑",这一逻辑在马克思那里被描述为"商品拜物教"——资本逻辑的全面扩张最终将人的关系异化为了"商品",使人成为物化、商品化的人,从而使资本主义社会走向了全面异化。②

在这一基础上,我们可以把资本概括为"体现一定生产关系的历史范畴",资本追求无限增殖的本质决定了它必须打破一切限制,无论是自然的、地域的限制,还是民族的、精神的限制。因此,"资本"本身就拥有向"上层建筑"领域扩张的能力——除了意识形态、社会结构之外,文化、信息、传播等领域也能成为资本逻辑开疆拓土的空间。因此,资本的逻辑对于"数字资本主义"研究才显得至关重要。

但在资本主义社会发展进入晚期阶段之后,"资本"一词渐渐被赋予了新的含义,我们可以用它来描述一种权力,它以物化的形式凝聚、累积下来,并能与马克思主义经典意义上的经济资本互相转换。它也可以指代一种使人获得"好处"的力量,这种"好处"不仅包括经济利益,也包括社会地位、文化优势与符号利益,因此,人们也会围绕这种利益展开竞争。布尔迪厄提出了"文化资本"与"社会资本"的概念,在满足一定条件时,二者都可以转化为经济资本,而人们之所以追逐文化资本,正是因为它有着为

---

① 马克思,恩格斯.马克思恩格斯选集(第1卷)[M].北京:人民出版社,1995:363.
② 白刚.回到《资本论》:21世纪的政治经济学批判[M].北京:人民出版社,2018:61-62.

人们带来符号利益、并将之转化为物质利益的能力,这是一种"超常价值"。布尔迪厄并没有严格地界定文化资本的定义,只是划分了它的三种形式:(1)文化资本的"具体状态",即一种精神和身体的持久性情的形式;(2)文化资本的"客观状态",以文化商品的形式出现;(3)文化资本的"体制状态",表现为一种"客观化"的形式,以此为文化资本提供保护。

与经典的"资本"定义相比,布尔迪厄意义上的资本更适用于社会学研究,只不过,布尔迪厄的定义抽象化程度极高,而操作化程度较低,并不适用于具体的经验研究,因此,后继的学者试着将其操作化为受教育的资历、文化趣味和能力、消费方式等一系列要素。例如,科尔曼认为,只有满足人类的需求和欲望的文化符号才能被称为"文化资本",他的阐释路径是关系性的,即强调文化与劳动、资本、物质资源之间的关系;戴维·思罗斯比(David Throsby)则更接近经济学的主流视角,将文化资本理解为财富与文化价值的积累。对于本研究来说,"文化资本"并非主题,但其理论建构的逻辑能给我们一些启示——我们将资本视为"体现一定生产关系的历史范畴",它必然体现为一种排他性的逻辑,并凭此逻辑去占有自然资源与社会资源,从而实现自身的扩张和利益的最大化。因此,资本中必定蕴含着人与人之间不平等的社会关系,体现着资源的不平等分配,当这种不平等关系延伸到文化的领域时,"文化资本"便诞生了。它与经济资本一样,能够生产剩余价值,并最大限度地实现交换价值,维持社会的再生产,使现有的秩序合法化、自然化。①

这种诉诸权力的资本观描述的是一种本质不平等的微观权力,布尔迪厄真正关注的是如何揭示竞争中处于有利或不利地位背后隐藏的、非经济领域内资源分配的不平等现象,以及价值的等级秩序等问题。②"文化能力"也好,"文化产品"也好,都要比"资本的逻辑"本身要更加具体,也更加模糊。但也正是这种模糊性赋予了"文化资本"非常灵活的特征,让它可以被普遍地运用于文化研究、意识形态批判、媒介研究等领域,成为布尔迪厄所期望的揭穿资产阶级意识形态虚伪性的重要批判工具。因此,在部分"数字资本主义"的研究中,许多学者也会从"优势性"的角度来理解"资本",将其视为资本主义发展的积极动力,或认为"数字资本主义"的发展可以成为文化资本的一部分,甚至成为"软实力"的一部分。这种观点中无疑存在着对布尔迪厄的误读,但它也折射出了一种难以回避的趋势——随着数字化的技术逻辑日益席卷人类社

---

① 陈燕谷.文化资本[J].读书,1995(6):134-135.
② 朱伟珏.超越社会决定论:布迪厄"文化资本"概念再考[J].南京社会科学,2006(3):87-96.

会生活,"数字化"本身也在成为一种"资本",这种资本已经超越了马克思主义的资本概念,而具有某种开放的隐喻性质,与之密切相关的是行动者的主体性、所谓"符号资本"的生产与再生产,"符号支配"与惯习等布尔迪厄的实践性概念。它所涉及的主体不再是"劳动者",而是"行动者","文化资本"只是行动者个人的所有物,但在某些社会场域中,包括社会整体中,拥有同一形态资本的成员们会乐于维持与其资本密切相关的"场域",从而构成一个利益一致的共同体,因此,文化资本的"隐蔽"功能也可以通过提升"场域"的地位来获得一种绝对的价值,从而成为一种行动者维护并进行资本再生产的手段。① 也就是说,此处的资本概念的灵活性与动态性是高度依赖于"场域"概念的。这一点在数字资本主义概念中体现为许多传播政治经济学者倾向于拓展劳动的概念,甚至是从"自我活动"的角度来理解劳动,另一批学者则将数字技术、媒介、传播理解为"文化资本"的同义词。在数字资本主义理论的发展与变迁中,随着媒介渐渐成为一种基础性的社会结构力量,它也渐渐成为社会中重要的场域,甚至是提供决定性权力的"元资本"。

"数字"是一个比"资本"更加复杂的概念,在技术领域中,它原本指的是与"模拟信号"相对的"数字信号"技术,即一种建立在"0"和"1"基础之上的存储、运算、传输技术。而在我们谈论"数字化"或"数字技术"时,我们所说的"数字"是与计算机、互联网联系在一起的。对于技术乐观主义者来说,数字正是未来人类社会发展的趋势和关键性力量。尼葛洛庞蒂在《数字化生存》(*Being Digital*)中提出,"计算不再只和计算机有关,它关系到我们的生存"②,伴随着计算机技术的蓬勃发展,人类迎来了一种全新的交往模式,甚至是生存方式。在他所歌颂的"数字化时代"中,"比特"代替了"原子",物质的存在转向了"虚拟空间"与"虚拟现实"。他像一位先知一样鼓吹着:

> 大众传媒将被重新定义为发送和接收个人化信息和娱乐的系统……地球这个数字化的行星在人们的感觉中,会变得仿佛只有针尖般大小。我们经由电脑网络相连时,民族国家的许多价值观将会改变,让位于大大小小的电子社区的价值观。我们将拥有数字化的邻居,在这一交往环境中,物理空间变得无关紧要,而时间所扮演的角色也会迥然不同。③

比起尼葛洛庞蒂,与数字资本主义理论关系更为密切的是贝尔、卡斯特尔对人类

---

① 朱伟珏.超越社会决定论:布迪厄"文化资本"概念再考[J].南京社会科学,2006(3):87-96.
② 尼葛洛庞蒂.数字化生存[M].胡泳,范海燕,译.海口:海南出版社,1997:272.
③ 尼葛洛庞蒂.数字化生存[M].胡泳,范海燕,译.海口:海南出版社,1997:15-16.

社会"新阶段"的描述和预测,"后工业社会"也好,"网络社会"也好,这些概念的共性在于相信计算机、互联网等新技术已经成为社会发展的核心动力。不过,正是这些学者满怀期待的预言使得"数字"这一概念不可避免地染上了意识形态的色彩,他们相信数字技术的进步与推广能够解决资本主义社会中的若干问题,最终实现社会改良的目的,这就意味着,资本主义社会无须经过斗争与革命就可以达成"进步"的目的,这种略带乌托邦性质的期待隐含着维护资本主义统治合法性的意识形态,因为它彻底地否定了阶级斗争的必要性。同时,这种技术乐观主义也很容易陷入一种新的"技术拜物教"之中,导致劳动的降格与人的异化——人彻底地臣服于技术的支配,而劳动者变成了可被技术工具取代的"螺丝钉",这在马克思主义者看来是无法容忍的堕落。因此,"数字资本主义"正是为了批判这种"新阶段"而提出的,与尼葛洛庞蒂相对的是,丹·席勒等学者更关心这种数字技术如何介入资本主义的发展之中,并与资本的逻辑相互裹挟、相互奠基,建立了一种新有资本积累方式或生产方式。

事实上,正是"数字""资本"等概念广阔的外延,导致"数字资本主义"理论与"后工业社会""信息社会""后资本主义""后福特主义""数字时代"等概念纠缠在一起,难以区分。因此,本文划分了四个维度——数字资本主义是一种"宏大叙事"还是中端理论?它是一种规范性理论还是批判性理论?它是连续性理论还是断裂性理论?它是语境性理论还是普适性理论?从这四个维度出发,笔者将"数字资本"主义的理论与其他诸多理论进行了区分,在下一章节对"数字资本主义"的内部构成进行梳理,并划分出不同的话语形态与理论路径。

一、宏观叙事抑或中观范式

"资本主义"本身是一个内涵复杂、外延广阔的概念,它包含着经济发展规律、生产力与生产关系、政治制度、社会结构、文化模式、生活方式等方方面面,对资本主义的研究与批判毫无疑问是一种总体性、概括性、抽象性的理论建构,我们可以将其称为一种"宏大叙事"。但步入当代,越来越多学者尝试为"资本主义"加上描述性的前缀,由此产生的一连串概念指向的其实是一种"中观"的范式。它们指向的不是整个人类社会,甚至不是整个经济形态,而是一种特殊的经济发展模式,是整个市场经济的一个环节、一种变体。一部分学者就是这样来理解"数字资本主义"的,与数字资本主义相关的"传播资本主义""平台资本主义""大数据资本主义"等概念也是个中典型。

"传播资本主义"(communicative capitalism)是由乔迪·迪恩(Jodi Dean)提出的概念,旨在揭示当代媒体、新自由主义与民主政治之间的复杂多维的互动。迪恩认为,由网络支撑的晚期资本主义呈现"去政治化"的趋势,强调接入、容纳、讨论和参与的民主化传播成为新的资本积累的手段,民主成了服务于资本扩张的幻象。这是一个关系向度的概念,更侧重于当代资本主义社会中的政治与制度维度,即对新自由主义、民主政治制度的批判。"数字资本主义"尽管也涉及政治议题,但其批判对象更为宏观与抽象,指向的是整个资本主义循环体系。

平台资本主义(platform capitalism)这一概念来自亚历克斯·威廉姆斯(Alex Williams)和尼克·斯尔尼塞克(Nick Srnicek)两位学者,最早见于斯尔尼塞克在2016年出版的《平台资本主义》(Platform Capitalism)一书中,而在此前,二人已经成为左翼"加速主义"(Accelerationism)的代表人物。所谓"加速主义",指的是对资本主义机器本身的加速。在资产阶级看来,"加速"(accelerate)意味着加快了资本周转的速度,最终他们获取利润的速度也随之加快。而在斯尔尼塞克看来,"认为左派政治要反对技术社会的加速运动,至少从某种程度上来说,这种评价绝对是一种误解。事实上,如果政治上的左派要想拥有未来的话,他们就必须最大限度地拥抱这个被压迫者的加速主义的发展趋势"①。也就是说,只有进一步推动生产力的发展、最大限度将生产力的潜能释放出来,才能够尽快加速资本主义的瓦解,使无产阶级真正拥有未来②,这正是左翼"加速主义"的真正内涵。而平台资本主义正是加速主义政治经济学批判与数字资本主义分析结合的产物,斯尔尼塞克认为,当代资本主义预示着"一个逐渐自动化和计算化的未来"③,对于加速主义来说,计算的基础设施与数据至关重要,因此,数据平台成了各个公司和企业竞相争夺、挖掘、提炼数据的"矿井"。在斯尔尼塞克看来,平台就是"数字化"意义上的基础设施,包括我们日常使用的一切界面与应用,它能将各种用户(包括个体用户、生产商、供应商、物流、媒体,甚至人工智能和装有传感器的设备等)都纳入巨大的数字界面中,转化为统一的数字化模式,从中提取作为原材料的数据,经过数据挖掘云计算,转化为具有价值的数据。④ 斯尔尼塞克提到了广告平台、

---

① MACKEY R, AVANESSIAN A. Accelerate: the accelerationist readers [M]. Windsor Quarry: Urbanomic Media Ltd., 2014.
② 董金平. 加速主义与数字平台:斯尔尼塞克的平台资本主义批判[J]. 上海大学学报(社会科学版),2018(6): 55-65.
③ MALIK S, COX C. Realism materialism art [M]. Hudson: Sternberg Press, 2015: 308.
④ 董金平. 加速主义与数字平台:斯尔尼塞克的平台资本主义批判[J]. 上海大学学报(社会科学版),2018(6): 55-65.

云平台、工业平台、共享平台、精益平台[精益生产(lean production)是丰田公司总裁丰田英二在福特制阶段提出的一种工业思想,其特征是无库存、低消耗、有效配置资源]。这些平台依靠数据、节点、用户而运作,将所有人都变成了依附于平台的无产阶级,即斯尔尼塞克所说的无产阶级的"流动化"(mobilization)——无产阶级日益分散化,难以形成一股有力的抗争力量。这种略带悲观的论调似乎与"加速"的期待背道而驰。

"大数据资本主义"(big data capitalism)意味着对海量数据的分析、处理与解读在社会生产和生活中起着决定性作用的资本主义形态。在该阶段,数据变现(data monetization)是资本积累的主要方式,而数据本身也逐渐成为社会生产关系变革的决定因素。它与"平台资本主义"一样,更加关注信息内容的整合、筛选与加工。在部分当代马克思主义研究者看来,受众的注意力本身不生产剩余价值,也就不构成"劳动",真正的生产性劳动并非来自互联网用户行为,而是来自互联网背后从事管理、搜集、清洗、挖掘和分析数据商品的生产者。他们一方面对数据进行规范、搜集、清洗和分析,另一方面编写算法程序、设计机器来帮助互联网企业进行数据产品的生产,以这种方式向互联网企业出售自己的劳动力。① 从这一角度来看,平台资本主义和大数据资本主义的批判目标似乎更接近"资本主义"的实质——对剩余价值的剥削。

必须要说明的是,这一系列的"资本主义"概念谈论的已不再是资本主义本身,而是资本主义自我实现的一种手段——民主政治也好,计算基础设施也好,数据变现也好,都是资本主义赖以实现其扩张的手段,它们只是资本主义的某一侧面,或是其组成要件,远远称不上"资本主义发展新阶段"。另一个类似的概念是"后福特主义"。"后福特主义"(Post-Fordism)是相对于"福特主义"(Fordism)而提出的一个概念,后者源自福特汽车公司发明的标准化流水线生产模式,它常被批判学者们概括为大规模的工厂与投资、死板的机械化生产线、僵化重复的劳动过程,以及所谓"科学化管理"②;而狭义的"后福特主义"概念源自丰田主义(Toyotismus),指的是日本丰田汽车公司对福特主义的改良型应用,这种生产模式在20世纪80年代被引入西欧,被欧洲企业家、学者称作"Postfordismus"。广义的后福特主义始于20世纪80—90年代,它包括"弹性专业化""精益生产""弹性企业""灵活积累""系统集成"等一系列组织生产的方式,它也可以用来描述一种企业管理模式,即弱化泰勒制下严格的分工模式,给予生产人

---

① 夏玉凡.传播政治经济学视域中的数字劳动理论:以福克斯劳动观为中心的批判性探讨[J].南京大学学报(哲学·人文科学·社会科学),2018(5):37-47.
② 陶东风.福特主义与后福特主义(Fordism/Post-Fordism)[J].国外社会科学,1998(1):88.

员(尤其是技术人员)一定的自主控制权,以便随时对生产过程进行调整——也就是所谓"弹性雇佣""扁平管理"。这一时期,公司的经营策略从生产导向转向了销售导向、市场导向,因此,除了生产过程之外,公司还要重视营销、客户关系管理,缩短产品生产、流通、消费的周期,使用计算机、互联网等信息传播技术来协调生产、调配资源、调节市场,以快速适应消费者的需要。在部分研究者眼中,"后福特主义"意味着一种生产关系的变革,它与"数字资本主义"是相互包含的,甚至可以互相替换的概念。[①]

那么,"数字资本主义"是一种中观的理论范式吗?在席勒那里,他关注的是数字技术,尤其是互联网技术对于资本主义发展的影响,同时也关心资本主义如何将新兴的互联网技术裹挟进自身的发展历程中。但如果我们仔细剖析他的论述,就会发现,"数字技术对资本主义发展的影响"为表,"资本逻辑对数字技术的席卷"为里,对于席勒而言,重要的不是"信息技术为资本主义社会增添了新的社会子系统/经济部门",而是资本的逻辑如何吞噬了技术的逻辑,并与之相结合,将整个资本主义社会"推"进了一个新的阶段。也就是说,"数字资本主义"不同于其他一切给资本主义"加前缀"的概念,而是一种指向整个资本主义体系的宏观叙事。

二、规范性抑或批判性理论

"规范性-批判性"的理论脱胎于"传统理论与批判理论"的二元划分,亦是传播学领域一种著名的理论谱系"基模"(schema)。在笔者看来,"规范性理论"包含着对社会"应当如何"的描述,它本身是一种肯定性理论;"批判性理论"则是一种否定性理论,在当代的学术语境中,批判性理论通常与马克思主义联系在一起,指涉的是一种左翼的批判学说,包含着对社会结构、权力、不平等关系的反思,且有着强烈的"改变世界"的现实关切。

丹·席勒在对"数字资本主义"进行论述时有着强烈的批判指向,他反对尼葛洛庞蒂、比尔·盖茨等人提出的"新经济""无摩擦的资本主义"等概念,将其斥为一种"神话"。他并不认为"数字资本主义"这一新阶段的出现是必然的、合情合理的,而始终怀抱着警惕、否定的态度。而与之相对的"工业4.0""新经济""无疆界资本主义""无摩擦资本主义""没有资本家的资本主义"等概念都属于规范性理论,是席勒及其同仁批判的对象。

[①] FISHER E. Media and new capitalism in the digital age[M]. New York, NY: Palgrave Macmillan, 2010.

"新经济"一词最早出自《时代周刊》(Time)1983年的一篇封面文章,指的是经济从倚赖重工业向以技术为基础的转型,在《商业周刊》(Business Week)的主编斯蒂芬·谢泼德(Stephen Shepard)看来,新经济意味着"实际GDP大幅度增长,公司运营利润上升,失业率低,通货膨胀率低,进出口之和占GDP的比例上升,GDP增长中高科技的贡献度比重上升"[①]。通常情况下,学者们会将20世纪90年代初到2001年互联网经济泡沫破裂之前的时期称作"新经济",在这一时期,美国经济快速增长,呈现低失业和低通胀并存的繁荣特征,而经济繁荣的原因被归结为信息传播技术与互联网的蓬勃发展,这一时期诞生的大量的互联网公司被视为经济发展的"技术基础"。因此,狭义的新经济就是以信息为基础的经济,也有学者称其为"数字经济"或"知识经济"。

工业4.0的概念来自德国工业-科学研究联盟(Industry-Science Research Alliance,FU),它提出于2011年1月,短短两年后就风靡德国社会,成为举国推行的发展战略。在FU看来,工业4.0意味着"第四次工业革命",它以网络-物理系统(Cyber-Physical System)为基础,目的在于使制造业朝着智能化的方向变革。工业4.0包括智能工厂、智能生产、智能物流三大主题,控制模式由中央集中式转变为智能分散式,并以个性化、数字化、高度灵活的生产模式为变革的目标。这意味着传统经济结构中的行业界限将会渐渐模糊,直至被取消,新的经济结构、产业形态、合作模式势在必行。

无论是"新经济"还是"工业4.0",它们要么由行业主导,要么以国家为主要推动力,都是对社会发展蓝图的规划,是对社会"应当如何"的描述,都属于规范性理论。"无摩擦资本主义"等概念来自比尔·盖茨等资本家,对人类社会发展的未来无比乐观的展望是出于维护自身利益的立场,他们鼓吹的"更加和谐、更少冲突"的阶段中隐含着富有新自由主义色彩的资产阶级价值观与意识形态,并没有超越资本主义的框架。

"后资本主义"是一个更加复杂的概念。它同样诞生于20世纪中后期,依据马克思"资本主义将会摧毁自身"的观点,它相信资本主义将被内部产生发展的新的形式所取代。资本主义发展的动力也孕育了矛盾的力量,由此诞生的新经济力量能够导向社会革新,促成"后资本主义"社会的产生。[②] 一些学者将"后资本主义"的观点追溯到罗莎·卢森堡,但卢森堡并没有正式使用"后资本主义"这个概念,她强调的是"社会主义化"的艰难过程不可能通过自上而下的政策实现,而是应当变更整个经济关系

---

① 李晓华."新经济"与产业的颠覆性变革[J].财经问题研究,2018(3):3-13.
② 莱恩.新自由主义、市场社会主义与后资本主义[J].黄斐,译.国外社会科学,2017(3):23-27.

与所有制结构。① 最早在学术著作中提到"后资本主义"的是美国"冲突学派"社会学家拉尔夫·古斯塔夫·达伦多夫(Ralf Gustav Dahrendorf),他将"后资本主义"视作一个类似"后工业社会"的概念,以此讨论当代社会中的阶级冲突问题。此后,彼得·斐迪南·德鲁克(Peter Ferdinand Drucker)正式将"后资本主义"的概念发扬光大②,因此,德鲁克也被称为"后资本主义理论之父"③和"后资本主义社会的先知"④。

德鲁克认为资本主义在20世纪80—90年代已经走向终结,进入了"后资本主义"社会的阶段,社会中最重要的经济资源已不再是资本、自然资源或劳动力,而是"知识"⑤,人们创造财富的方式也转向了知识工作。劳动关系也发生了剧变,由知识工作者组成的"受雇者"已经成为社会的主要阶层,他们本身也是生产的领导者和组织者,自己拥有生产资料和生产工具。资本积累的形式也转向了"退休基金",退休基金的受益者(企业员工)才是这些资本真正的所有者。社会和政治组织也朝着扁平化、平等化的方向发展,甚至在未来可能出现"无主权国家",跨国组织将取代民族国家,成为未来最主要的政体。

在大卫·莱恩(David Lane)看来,"后资本主义"学者还包括俄国学者亚历山大·布兹加林(Aleksandr Buzgalin)和安德烈·科尔加诺夫(Andrey Kolganov),他们强调"社会责任",即企业不计利润的发展将成为后资本主义的发展动力。此外,广义的"后资本主义"代表人物还包括保罗·梅森(Paul Mason)、杰里米·里夫金(Jeremy Rifkin)、曼纽尔·卡斯特尔与理查德·佛罗里达(Richard Florida)等人⑥,与之相关的概念还包括"第三次浪潮"、"第三次工业革命"、"创造性领域"(creatosphere)、"创造性阶级"(creative class),等等。另一种代表性观点来自英国学者安东尼·克罗斯兰(Charles Crosland),他对战后英国"丰裕社会"展开了反思,认为战后的英国已然进入了"后资本主义"的阶段,随之而来的一系列新变化是经典马克思主义无法解释的。在他看来,传统的资本主义属于"工业社会",在这样的社会体制下,资本的所有权与控制权都掌握在资本家手中,而资本家的决策是基于自由市场形成的;而在"后资本主义"时期,经济社会权力的基础不再是个人财产权,而是"股权"⑦,"有产者"的大部

---

① 胡第斯.罗莎·卢森堡的后资本主义社会概念[J].学术月刊,2006(8):9-10.
② 德鲁克.后资本主义社会[M].傅振焜,译.北京:东方出版社,2009.
③ 李惠斌.后资本主义[M].北京:中央编译出版社,2007.
④ 梅森.新经济的逻辑:个人、企业和国家如何应对未来[M].熊海虹,译.北京:中信出版社,2017.
⑤ 德鲁克.后资本主义社会[M].傅振焜,译.北京:东方出版社,2009.
⑥ 莱恩.新自由主义、市场社会主义与后资本主义[J].黄斐,译.国外社会科学,2017(3):23-27.
⑦ 钟丽丽,蒋锐.克罗斯兰的"后资本主义"论[J].当代世界社会主义问题,2017(2):83-93.

分权力也随之转移到职业经理人这一阶层和群体手中。国家的权力极大地增强了,甚至已经成了社会发展的主导性力量,随之而来的是社会公共服务水平的提升,英国社会已经逐渐进入"福利国家"状态,这就让社会的就业水平得到大幅度提升,大规模失业已不可能。社会成员的收入与生活水平也提高了许多,"中产阶级"成为社会的中坚力量,在专业技术、职业领域发挥着重要作用。而在意识形态层面,国家责任与安全取代了新自由主义,成为主导性的社会思潮。

"后资本主义"理论的矛盾性正在于,它脱胎于马克思主义,却从一种批判理论蜕变为规范性理论。而作为规范性理论的后资本主义概念中同样存在着严重的混乱——在德鲁克那里,后资本主义就是"信息社会"的另一个称呼;在克罗斯兰那里,后资本主义就是福利国家社会。它们代表着两种不同的研究范式,却也有着一个共同的理论落脚点——我们的社会已经超越"工业社会",步入了新的历史时期,而这一时期便是贝尔所说的"后工业社会"。

三、连续性抑或断裂性理论

丹尼尔·贝尔(Daniel Bell)提出"后工业社会"(Post-industrial Society)的概念时,是从产业的角度来定义的,即服务业取代了工业所占据的主导地位,让社会整体进入了新的发展阶段。"后-"(post-)这一前缀意味着它是一个十分晚近的阶段,后工业社会可能正处在生成的过程中,它具有不确定性,即使显现出了某些迹象,也远未定型。因此,我们在今天还不知道它是什么样子,也就无法根据它的基本特征去为它命名,只能在与工业社会的比较中把它暂且称作后工业社会。[①] 后工业社会的概念之所以出现在20世纪60—70年代,是因为此时西方资本主义社会正面临着生产相对过剩、增长停滞的危机,而"后工业"的预言也是一种"未来学",即对社会发展前景的展望。贝尔本人也意识到,尽管他一再强调工业社会不等于资本主义社会,但历经一百多年工业化的发展之后,工业社会的结构早已深深嵌入资本主义社会、经济生活之中,这也是"后工业社会"概念饱受质疑的原因,许多人认为"劳动力市场变化本身并不标志着一种向后工业时代或在某种意义上的后福特主义的质变"[②],在我们所处的时代,工业社会的基本框架仍未被突破,"后工业社会"并不是一个新的时代,而只是工业社

---

① 张康之,周军.考察"后工业社会"概念的多种理解[J].理论探讨,2013(5):135-139.
② 张康之,周军.考察"后工业社会"概念的多种理解[J].理论探讨,2013(5):135-139.

会在某些方面的延伸。

显然,"后工业社会"不能被简单地断定为"连续性"或是"断裂性"的理论,一方面,贝尔相信我们的社会已经发展到了一个全新的阶段,在这一时期,服务业的增加使得整个社会朝着信息化的方向发展,除了产业结构的变化之外,"知识阶层"正在逐渐成为社会的主导性力量,权力的来源将逐渐向科学和技术转移。而所谓知识阶层,正是由许多训练有素的科学和技术工作者构成的。另一方面,我们也必须意识到,所有以"后-"为前缀的概念描述的并不是一个确切的对象,而是一个相对的时段,是以"后-"之后的概念来界定的。也就是说,"后工业社会"的概念并不能与"工业社会"截然切割,对这一理论而言,连续与断裂是一个辩证的问题,就像贝尔自己预言的那样,后工业社会还远远不是人类社会发展的终点,而只是一个"过渡阶段",经由后工业社会,我们即将迈向一个完全未知的全新未来。

另一个与数字资本主义关系密切、难以分割的概念是"信息资本主义"(Informational Capitalism),它是曼纽尔·卡斯特尔在"网络社会"与"信息主义"这两个概念的基础上提出的,卡斯特尔强调的是资本主义利用信息技术为自己带来"先发优势",人为地制造、扩大信息鸿沟,对其他国家进行侵犯与剥削,以实现自己称霸全球的野心。"信息资本主义"中蕴含的剥削性和掠夺本质已无须赘述,此概念的重要性在于它是丹·席勒"数字资本主义"理论的批判对象。丹·席勒认为"信息资本主义"的本质是国际地缘政治的一部分,而非"资本主义发展的新阶段"。但在传播政治经济学以及左翼传媒批判的领域中,这两个概念始终纠缠在一起,甚至连丹·席勒本人都无法将他们截然区分开——丹·席勒也强调"信息化的资本主义"的矛盾性,一方面,在信息商业化的背景下,它带来了社会财富、资源配置的极度不合理,也破坏了信息的公共服务原则;另一方面,它也蕴含着"创造性毁灭"的动力。不过,当传播政治经济学者使用"信息资本主义"这一概念时,指称的对象是以信息科技为驱动力的资本主义发展形态,并未受限于丹·席勒的批判性定义。相关的议题还包括:互联网在全球资本主义积累、再生产过程中发挥的作用;跨国公司如何通过技术重组实行垄断;围绕新技术形成的全球性、区域性不平等;信息技术产业中的劳工生存境况,等等。也就是说,"信息资本主义"本身也是广义的"数字资本主义"的组成部分,这一点笔者将在下文"数字资本主义的三种话语"部分详细论述。

尽管这两种理论都存在着连续性与断裂性之间的辩证关系,但一些学者将"数字资本主义"等同于"后工业社会""信息社会""信息资本主义"时,就已经将这一意上的"数字资本主义"视为一个断裂性的时期,即,它与此前的资本主义发展阶段有着本质区别,是一个全新的历史阶段,而这种观点显然与丹·席勒的基本立场相悖——数字资本主义仍然是资本主义,资本的逻辑吸收、征服了技术的逻辑,而非被技术逻辑所改写。"数字资本主义"本身具有的剥削属性并未改变,所造成的不平等也并未消泯于"数字乌托邦"中。在丹·席勒那里,数字资本主义显然是一种连续性的理论,只是随着当今社会的日益复杂化,理论本身也开始分化,再加上席勒定义的模糊性,许多人在一种截然不同、甚至完全相反的路径与范式中使用这一概念。本研究不仅要厘清这些概念,更要追根溯源,去理解这种分化发生的原因,即"数字资本主义何以可能"。

四、语境性抑或普适性理论

保罗·利科在建构话语理论时提出,必须要区分知识的"语境化"与"非语境化"解读,即,这种观点是特定的社会、历史时期的产物,还是一种具有普适性、可以运用于任何社会背景和历史时期的解释。"数字资本主义"原则上是一种语境化的理论,它产生于特定历史时期与特定社会语境,解释力只适用于当前,且随时有可能在新的历史时期被扬弃,被新的理论取代。它不同于"资本主义"这个宏大概念,后者作为一个人类社会中普遍存在的历史阶段,经受住了历史与现实的检验。但在"数字资本主义"理论后续的发展中,一些去语境化的解读陆续涌现,包括一些使用该理论对未来进行预测的学说,这些学者仍然认可数字资本主义是一种"阶段性"的理论,却将这种理论从特定的社会历史情境中抽离出来,使之成为一种乌托邦般的假想,这也是本研究对数字资本主义的不同理论话语进行研究与区分的原因——要理解什么是"数字资本主义",就得理解什么是资本主义,就得去追问资本的逻辑,以及它在当代发生了怎样的变化;要理解数字资本主义何以可能,就必须理解资本主义在当代何以可能,尤其是在数字化、媒介化的时代,数字资本主义只是资本主义的延伸,还是已经形成了自身的逻辑?要回答这些问题,就要回到历史中去,对所有的数字资本主义理论话语以及相关的概念进行语境化的解读,才能厘清理论的逻辑与社会结构的语境之间的辩证关系。

不过,数字资本主义这个芜杂的概念丛很难确立一个明晰的外延边界,尽管笔者已经提出了界定数字资本主义理论外延的四重维度,但在实际运用时,这些理论不可避免地存在着互相交叉、互相重叠的部分。例如,"信息社会"理论中的部分假定,尤其是关于服务业、知识阶层壮大的预测已经得到了现实的验证,而数字资本主义批判者也接受了这些观点;随着平台经济的迅猛发展,许多传播政治经济学者也逐渐开始关注、重视斯尔尼塞克的"加速主义"观点。因此,"相似概念"的辨析只能让我们大致确定数字资本主义理论外延的坐标,无法"精确定位"整个理论谱系,它的内涵也仍处在混沌之中,有待进一步梳理。

第二节 数字资本主义的三种话语

总的来说,现阶段纷繁复杂的"数字资本主义"相关研究既有相近、相似的研究旨趣、路径,又或多或少地存在着差别,正如"后工业社会""信息社会"等概念渐渐被左派学者们采纳、赋予新的内涵一样,"数字资本主义"也渐渐走入了各个流派、各种理论取向的学者的视野中,其概念边界被不断拓展,这一概念也随之被运用于不同的理论语境中。在梳理了现有的文献之后,笔者在此处试着将"数字资本主义"划分为三种不同的话语形态——发展的话语、批判的话语以及技术的话语。

让我们回到最初的问题:"数字资本主义"到底是什么?它究竟是不是资本主义发展的一个新阶段,以及,"数字技术"在其中是否扮演着关键性的、驱动性的角色?若它确实是一个"新阶段",数字资本主义何以区别于资本主义发展的其他阶段?当人类社会发展进入"数字资本主义"阶段后,它发生了怎样的变化?数字资本主义是人类社会朝向更高层次的"发展"吗?它会带来革命性的变化吗?它是一种新的资本主义积累方式,抑或已经改变了资本主义的生产方式?它与"技术"是一种怎样的关系?资本逻辑与技术逻辑谁决定了谁?

"数字资本主义"相关研究最显著的分歧就在于,一部分学者为"新时代"的到来而欢欣鼓舞,一部分学者则警惕"技术神话"中蕴含的意识形态陷阱,还有一部分学者彻底跳出了意识形态的论争,从技术哲学的视角审视人类"数字化"的未来。哪怕在批判学者的内部,分歧也依旧存在——"数字化"有没有从本质上改变资本主义的生产方式与生产关系?抑或只促进了资本积累、激化了剥削方式?或者说,它只是一种纯粹的意识形态?话语形态的划分与梳理有助于我们进一步澄清"数字资本主义"理论的谱系,但这种划分并不是泾渭分明的"分区",而是一种出于研究便利性考虑的权宜之计。三种话语之间存在着许多交叉区域,尤其是在理论建构的早期,许多学者的理论建构处在一种相对芜杂、混沌的状态下,很难被单独置于某一种话语、范式之下,包括丹·席勒本人关于"数字资本主义"的观点也经历了变迁。"数字资本主义"理论的历史并不长,但其所处的领域流派复杂、枝蔓丛生,许多观点都是高度历史性、语境性的,必须被置于特定的历史时期与社会背景下进行考察,否则就会失去阐释的焦点,沦为教条式的空洞口号。

一、发展的话语

"数字资本主义"理论作为发展的话语(discourse of development)使用时基本可以等同于"新经济",或是一种以信息技术、数字技术、互联网、社交网络为基本动力发展起来的经济与社会形态。此时,无论是丹·席勒在《数字资本主义》一书中所批判的"信息资本主义"概念,还是像尼葛洛庞蒂这样的"未来学家"和提出"无摩擦的资本主义"的比尔·盖茨的观点,都可以纳入这一范畴之中。发展话语中或隐或显地包含着赞美"技术"、维护资本主义经济与社会结构、维护资产阶级(尤其是作为资本主义社会经理人的"新阶层")统治合法性的意识形态倾向。例如,戴维·蒂科尔(David Ticoll)将数字资本主义定义为一系列卷入"新经济"的企业和技术的联盟,即生产者、分配者、消费者直接构成的"商业网络"(business web or b-web),三者在网络上直接为彼此生产价值,由此创造了丰富的数字资本。除了新商业模式(B2C、B2B、C2C)中的资本之外,数字资本的来源还包括网络人力资本(个人能力、智力、创造力等)和关系资本(有组织的品牌与消费者之间的双向关系)。① 拉古纳特·阿南特·玛舍尔卡(Raghunath Anant Mashelkar)认为工业资本主义已经让位于绿色资本主义和数字资本主义,信息技术的快速增长成为经济与社会发展新的驱动力,创造了公民之外的网民身份(netizen);"独立"的民族国家变得互相依赖,国家的边界变得抽象,"全球公民"成为一个高度卷入的概念——这一切变革都是由新的科学技术发展促成的,换言之,科学、技术、创新决定了国家的经济与政治力量。②

在数字资本主义的谱系中发展的话语既不常见,也非主流,却仍旧发挥着重要影响——它不仅是丹·席勒等学者的一个"靶子",也是一个始终飘浮在数字资本主义理论上空的"幽灵",左翼的批判学者竭尽全力想要彻底驱逐这个幽灵,但收效甚微。

---

① TICOLL D. Digital capitalism[J]. Tele.com,2000,5:5-6.
② MASHELKAR R A. Impact of science, technology and innovation on the economic and political power[J]. AI & Soc,2017,32:243-251.

发展的话语可以追溯至贝尔的"后工业社会"理论,他从经济产业结构、职业分布结构、"中轴原理"、社会在未来发展的方向、制定决策的依据五个方面来界定一种处于"间隙时期"的社会形态:服务性经济取代"产品生产性经济"成为社会中的支柱性产业;技术人员这一"新阶层"在社会中渐渐居于主导地位;理论知识成为社会的"中轴",并成为社会变革、决策制定的主要依据——社会未来发展的方向正是"技术控制"与"专家治国",而决策的目的是创造新的"智能技术"。①

"后"(post-)这个前缀意味着我们必须通过"工业社会"来理解"后工业社会",这让贝尔成功地切断了"工业社会"与"资本主义社会"之间的联系,工业社会包含着"十几个不同国家的经历,纵贯诸如美国和苏联这样一些对立社会的不同社会制度"②。根据贝尔的"中轴原理"的方法论基础,"如果我们把资本主义这个词限制在社会关系方面而把工业这个词限制在技术方面的话……在这个意义上说,可以有社会主义的后工业社会,也可以有资本主义的后工业社会,正如苏联和美国,虽然按照所有制的中轴来看两者是不同的,但是双方又同是工业社会"③。在贝尔那里,"后工业社会"的中轴并非生产关系、所有制形式、政治制度,而是"技术"。在周嘉昕看来,贝尔的后工业社会理论中隐藏着意识形态诉求,只要我们将《后工业社会的来临》(The Coming of Post-industrial Society)与贝尔的另外两本著作——《意识形态的终结:50年代政治观念衰微之考察》(End of Ideology: On the Exhaustion of Political Ideas in the Fifties)和《资本主义文化矛盾》(The Cultural Contradictions of Capitalism)对比阅读,就能发现问题所在:

> (后工业社会理论)服务于特定社会力量和利益的意识形态功能。它是这样一种意识形态,它提供并且证明了一种看待正在发生和即将发生的事件的特定方式,这种对于社会变迁的看法符合某些个人和团体的特定利益和预期。④

事实上,尽管学者们没有言明,但绝大多数"后工业"拥护者都有着非马克思主义、甚至是反马克思主义的立场,他们认同现有的社会秩序,坚定地为理性主义辩护,

---

① 贝尔.后工业社会的来临:对社会预测的一项探索[M].高铦,王宏周,魏章玲,译.高铦,校.北京:商务印书馆,1984:20.
② 贝尔.后工业社会的来临:对社会预测的一项探索[M].高铦,王宏周,魏章玲,译.高铦,校.北京:商务印书馆,1984:2.
③ 贝尔.后工业社会的来临:对社会预测的一项探索[M].高铦,王宏周,魏章玲,译.高铦,校.北京:商务印书馆,1984:131.
④ 周嘉昕.后工业社会何以可能?——贝尔"社会预测探索"的再探索[J].天津社会科学,2012(3):20-24.

认为现阶段社会中存在的所有问题与矛盾只是"发展的阵痛",与剥削无关,且这些矛盾都可以通过技术发展与"科学管理"来解决。贝尔声称自己"在经济领域是社会主义者,在政治上是自由主义者,而在文化方面是保守主义者"①,而"后工业社会"不同于"工业社会"的地方就在于,在它即将创造的"社会世界"之中,人们借由"文化"来与彼此、与世界建立联系。后工业社会中主导性的"服务行业"处理的就是人际关系,它的分类标准不再是阶级、等级,而是技术维度的科技、通信、传播、教育机构。这样一来,他便将"后工业社会"刻画成了一个"公共社会",构成社会的单位不再是个体,而是社会组织;决策的达成依赖的也不再是市场,而是公共组织。于是,后工业社会成了一种倾听并解决资本主义的一切文化矛盾的"新宗教"。

本研究之所以将数字资本主义的"发展话语"追溯到丹尼尔·贝尔,不仅因为他提出了"后工业社会"将渐渐取代"工业社会"的预测,也不仅因为"后工业社会"的概念已经被当代学者普遍采纳,更重要的是,贝尔的"后工业社会"采用了一种新的概念图式,取代了"旧有的决定论或还原论式的社会认识图式"②。贝尔是这样描述的:

> 后工业社会的概念并不是一幅完整的社会秩序的图画;它是描述和说明社会上社会结构(即经济、技术和等级制度)中轴变化的一种尝试。但是这种变化并不意味着"基础"和"上层建筑"之间具有特殊的命定论……③

换言之,后工业社会并不是与上层建筑相对的"下层结构",而是一种"社会尺度"。想要对后工业社会进行分析,就必须引入新的方法论,而贝尔采用的方法论就是"中轴原理"——中轴并不意味着因果关系或是决定论,而是"设法在概念性图式的范围内说明其他结构环绕在周围的那种组织结构,或者是在一切逻辑中作为首要逻辑的能动原理"④。贝尔将"社会主体"划分为社会结构、政体、文化三个部分,每一个部分都有着各自支配性的"中轴原理",后工业社会的变化可以从这三个维度分别考察(但它们是同时出现的)。1999 年,《后工业社会的来临》再版时,贝尔把这三个方面修订为技术-经济体制、政治秩序和文化,它们同样由各自的"中轴原理"支配着。

这种"反决定论"的方法论使得贝尔的"后工业社会"理论影响了尼葛洛庞蒂等一

---

① 贝尔.资本主义文化矛盾[M].赵一凡,蒲隆,任晓晋,译.北京:生活·读书·新知三联书店,1989:20-21.
② 周嘉昕.后工业社会何以可能?——贝尔"社会预测探索"的再探索[J].天津社会科学,2012(3):20-24.
③ 贝尔.后工业社会的来临:对社会预测的一项探索[M].高铦,王宏周,魏章玲,译.高铦,校.北京:商务印书馆,1984:137.
④ 贝尔.后工业社会的来临:对社会预测的一项探索[M].高铦,王宏周,魏章玲,译.高铦,校.北京:商务印书馆,1984:15.

批"未来学者",但必须说明的是,"后工业"的概念影响太广、使用的学者太多,渐渐失去了理论的焦点,变成了"后现代"的代名词。① 而这种偏差的种子早在贝尔本人的理论中就已经被种下了,他的理论"拼接"了太多的东西:他声称自己身上兼具经济上的社会主义、政治上的自由主义、文化上的保守主义,但这些理论立场实际上并不能兼容于一套理论体系之中。因此,在后续的发展中,"后工业社会"不可避免地陷入了困局,到了20世纪70—80年代,在西方各资本主义国家"新自由主义"浪潮的冲击之下,"后工业社会"理论中的意识形态诉求渐渐偏离了贝尔最初的期待。《后工业社会的来临》再版时,贝尔再次修订了"后工业社会的基本特征",将它从五个增加到了七个,除了"从制造业到服务业"的变化之外,后工业社会的职业结构也发生了变化,专业化、技术性工作超常增长,而熟练及半熟练工人的就业岗位却相对减少了;教育成为社会流动的基础,伴随着职业结构的专业化、技术化,企业家也被要求具备较高的教育背景;相对于财力资本,企业更加强调人力资本,并将技术人才视为重要的"资源";在技术领域中,智能技术异军突起,成为一种显著的潮流;通信系统成为后工业社会的基础设施;知识被认为是发明和创新之源。对比可见,贝尔删去了关于"社会主导阶级"与"社会革新"的内容,主动淡化了其中的意识形态色彩,使其更接近一种"未来学"的预测。因此,也有学者认为,阿尔文·托夫勒(Alvin Toffler)的著作《第三次浪潮》(The Third Wave)正是后工业社会理论的"通俗版本"。但此时,托夫勒的预测已经不具备方法论创新与意识形态承诺的能力,而只是一种单纯的"新时代"蓝图的勾勒。

由于贝尔这种非马克思主义、甚至是反马克思主义的立场,他的学说自然不会被持左翼立场的"数字资本主义"学者视为同类,加汉姆、戈尔丁等人就认为,当代经济衰退和生产力的变化掩盖了资本主义阶级关系的连续性存在,而"非连续性"的假说包含了一种赞美当代社会的意识形态,即隐瞒和否认在该社会中发生的生产力变化和进步是由剥削关系推动的。他们并不否认资本主义正在发生变化,只是强调这种生产力的变化不是革命,而是稳定了资产阶级的剥削制度。② 不过,部分左翼学者还是采纳了作为描述性概念的"后工业社会",他们观察到并认可了贝尔描述的重要经济部门由制造业向服务业转变、技术与智能技术的发展、教育在经济发展中的地位提升等客观现实,拒斥了发展话语中包含的乐观主义倾向。因此,发展话语仍是"数字资本主义"理论在传播政治经济学谱系之外的重要"对手",二者之间"亦敌亦友"的关系也

---

① 周嘉昕.后工业社会何以可能?——贝尔"社会预测探索"的再探索[J].天津社会科学,2012(3):20-24.
② GARNHAM N. Information society theory as ideology[M]//WEBSTER F. The information society reader. New York:Routledge,1998:178.

始终贯穿于数字资本主义的理论谱系之中。事实上,此后不少"后工业"理论家也会援引丹·席勒的观点,尽管不可避免地存在着一些曲解,但与早期"数字资本主义"理论彻底的边缘化相比,这样的对话、沟通也不失为一件好事。

二、批判的话语

作为批判的话语(Discourse of Critics)的"数字资本主义"理论便是这一研究领域中的"主流"研究取向,它能直接地代表传播政治经济学派对于"数字资本主义"的总体态度。事实上,任何社会理论的创建,本质上都是一种政治行为;研究者在分析社会制度如何运行,分析个人在特定的情况下如何做出选择时,都隐含着价值立场。① 批判的话语就是"数字资本主义"的主流研究范式,尽管丹·席勒本人是"数字资本主义"这一概念的提出者,但若我们将"数字资本主义"的理论看作一个整体,就会发现它是整个"传播政治经济学派"理论、观念的结晶。尽管传播政治经济学的"鼻祖"斯迈兹、丹·席勒的父亲赫伯特·席勒并未使用"数字资本主义"一词,却都已经论及了资本主义在当代进入的"新阶段"。无论是斯迈兹的"受众商品论",还是赫伯特·席勒的"军事-工业-传播复合体",这些理论对丹·席勒以及后世其他研究者产生的影响不可估量。因此,我们无法将"数字资本主义"从传播政治经济学的整体中"切割"出来,否则,它就将失去理论的解释力与批判力,退回"未来学"预测的窠臼中。

在丹·席勒那里,"数字资本主义"本就是一个批判的对象,在他之后,麦克切斯尼等学者将这一批判向前推进了一大步。在麦克切斯尼那里,批判的焦点转向了媒体政策与新技术之间的关系,他将"数字资本主义"定义为20世纪90年代之后的基于传播、通信、Web 2.0、社交媒体、用户生产内容发展起来的资本主义形式。他的研究兴趣包括资本主义与民主的关系;政府如何通过互联网、电信业、基础设施垄断权力并实行控制;互联网在垄断、人权、隐私、军事相关领域的责任;权力集中化背景下,知识界的网络使用者如何通过大量使用民主化、革命化修辞的方式演练一种新的权力模式;新闻业在发展中面临的市场与政府的双重压力,等等。麦克切斯尼并不抵触技术,他意识到互联网将会成为一种不会停滞、不可阻挡的力量,如同印刷术和火药的发明一样,将会永久地、不可避免地改变社会。② 麦克切斯尼批判的对象是"一种乐观主义

---

① 布洛克.后工业的可能性:经济学话语批判[M].王翼龙,译.北京:商务印书馆,2010:16.
② MCCHESNEY R. Digital disconnect: how capitalism is turning the internet against democracy[M]. New York, NY: New Press, 2014.

与放任主义的联合",即"自动化"与"共享资本主义"。

麦克切斯尼是将"数字资本主义"议题引入主流资本主义批判的重要人物,他更关注制度层面和政策层面,即互联网、数字技术、信息技术的介入,对现行的民主制度产生了怎样的影响,西方发达资本主义国家的通信政策如何与资本的逻辑联手对新闻业进行控制与渗透。正是受惠于麦克切斯尼的不懈努力,制度经济学派、左翼经济学者关于网络、通信领域放任政策的分析、对新自由主义政治制度作为技术发展"底色"的反思、对信息技术发展与政治权力扩张"同构"的批判渗入了传播政治经济学领域,提醒着逐渐偏向社会学路径的权力分析的同侪,政治经济学研究应当立足于社会生产、资本、流通、交换、分配和消费等经济活动、经济关系和经济规律,正视其中蕴含的社会关系(再生产、剥削、政治与经济制度、统治、劳资矛盾)。眼下,这些政治经济学研究的"基本功"却恰恰成了传播政治经济学领域的"短板",亦成了数字资本主义批判领域的软肋,这实在令人扼腕。

另一位在理论发展早期对"数字资本主义"的批判话语影响深远的人物是戴尔-威瑟福德,他将批判的起点置于马克思主义理论在当代的发展①,认为"信息革命"并没有为马克思所描述的"资本"与"劳动"带来实质性的变化。高技术创新也始终处于抗争的循环中,是围绕着资本的循环展开的进程。因此,信息技术导致的冲突在生产、消费、社会与生态再生产、赛博空间循环的环境中显得尤为重要。② 不同于麦克切斯尼将批判着眼于制度、政策等宏观结构,戴尔-威瑟福德在宏大的资本循环之中抓住了"劳动"这个衔接、沟通个体与结构的元素,且他关注的不是概念化的抽象劳动,而是活生生的劳动者在资本主义经济系统中具体的实践与抗争。因此,戴尔-威瑟福德亦是"数字劳动"研究中里程碑式的人物。

但是,数字资本主义的批判话语内部的构成同样很复杂,随着理论的发展与深入,种种争议也应运而生。一部分学者相信,资本主义的本质并未随着数字技术、互联网的介入而发生改变,只是它的剥削手段更加"发达"、丰富,对工人阶级的控制也更加无孔不入;而另一部分学者则认为,数字技术、互联网的介入已经使得资本主义最基本的生产方式、生产关系彻底发生变化,甚至动摇了马克思主义研究传统中"经济基础-上层建筑"的基本理论框架。还有一些学者更加激烈地认为,"数字资本主义"不过是

---

① DYER-WITHEFORD N. The contest for general intellect:cycles and circuits of struggle in high-technology capitalism[D]. Vancouver:Simon Fraser University,1996.
② DYER-WITHEFORD N. The contest for general intellect:cycles and circuits of struggle in high-technology capitalism[D]. Vancouver:Simon Fraser University,1996.

当代资本主义的一种意识形态宣称,与"后工业社会""第三次浪潮"一样,不过是为资本主义在当代剧烈变化的社会中谋求新的合法性来源的神话。因此,笔者据此将"数字资本主义"的批判话语划分为作为积累方式的数字资本主义、作为生产方式的数字资本主义、作为社会控制形态的数字资本主义三种类型。

(一)作为积累方式的数字资本主义

对于一部分学者而言,"数字"这一前缀描述的是资本主义积累方式(accumulating forms)的变化。资本主义仍然通过剥削剩余价值的方式来实现积累,这正是资本主义的本质,也正是"数字资本主义仍是资本主义"的原因。丹·席勒认为,数字资本主义意味着"我们正在经历着一个资本主义内部的相变。生产过程的形式和位置、资本投入的构成、利润最高的商品、升值和贬值的劳动类型、商业消费的形态、资本和国家的各自作用以及社会阶级的关系,所有这些自20世纪70年代以来都发生了巨大变化。但矛盾的是,与此同时,不论在社会范畴还是地理范畴,利益最大化这一长期的资本主义欲望、成本效益和劳动控制这些最基本的资本主义逻辑不仅持续发展而且得到了极大的延伸"①。

从这段描述中,我们可以看出席勒的基本理论立场——资本主义的基本逻辑并没有变化,只是借助技术手段"改进"了自己的积累方式,用更具效率的方式实现利益最大化。通过跨国经营、金融投资、兼并重组等手段,资本主义能够在最大限度上实现其扩张欲望;同时,它又通过雇用廉价的移民工人或将生产工厂转移到劳动力成本低廉的第三世界国家来削减生产成本,通过一系列数字化手段对工人实施更加精准、更加隐蔽的剥削和控制。

事实上,资本主义最主要的积累方式就是"剥削",而数字资本主义时代意味着剥削手段、方式的"发展"。在马克思那里,资本主义本就是一种资本积累的制度,而积累的过程就是资本家占据工人的劳动,工人不断消耗的劳动力都投入了不属于自己的生产过程中。换言之,资本主义生产就是"资本家对劳动力的消费,所以它不断地把雇佣劳动的产品不仅转化为商品,而且也转化为资本,转化为吮吸价值创造力的价值,转化为统治生产者的生产资料"②。在生产过程中,"机器"的使用极大地推动了资本的流通与积累;随着手工业生产劳动过渡到机器大工业的形式,劳动资料发生了质的

---

① 席勒.信息资本主义的兴起与扩张:网络与尼克松时代[M].翟秀凤,译.王维佳,校译.北京:北京大学出版社,2018:170.
② 马克思,恩格斯.马克思恩格斯全集(第49卷)[M].北京:人民出版社,1982:212.

变化①,而机器作为一种特殊的生产资料,它不属于工人的个体劳动,而是被卷入了资本的逻辑之中,与资本相适应,调节并中介着工人的劳动,将工人的活动转化为机器调节之下的"抽象活动"。"活劳动被对象化劳动占有……这种包含在资本概念中的占有,在以机器为基础的生产中……被确立为生产过程本身的性质。"②如果说在工业生产实现之前,活劳动被对象化劳动所占有只是一种"概念中的占有",它只发生在"实质劳动过程以外的交换过程中"③,那么在进入机器大生产时代之后,这种占有变为现实,从劳动过程之外进入劳动过程之中,正如马克思所描述的那样:

> 现今财富的基础是盗窃他人的劳动时间……一旦直接形式的劳动不再是财富的巨大来源,劳动时间就不再是……财富的尺度,因而交换价值也不再是使用价值的尺度……于是,以交换价值为基础的生产便会崩溃。④

也就是说,正是机器大工业这种与资本相适应的生产方式扮演了生产关系变革的催化剂:

> 一方面,发展为自动化过程的劳动资料的生产力要以自然力服从于社会智力为前提,另一方面,单个人的劳动在它的直接存在中已成为被扬弃的个别劳动,即成为社会劳动。⑤

因此,一部分学者认为,直接劳动的时间和数量已不再是财富创造的源泉,相反,财富来自机器的力量、科技的进步。在这一过程中,个体工人从劳动过程的主体变为劳动过程的"旁观者和监督者",科学、社会智力反倒通过"创造机器"的能力成为"劳动过程的真正主体"⑥。或者说,"社会个人"只能借助科学、机器的形态成为生产的真正主体。⑦

事实上,作为积累方式的数字资本主义这一话语形态想要探讨的正是"剥削"这一资本主义的根本积累方式。在传播政治经济学的理论萌芽之时,斯迈兹便相信资本主义的发展已经进入了"垄断时期","机器"的概念被更为抽象的"技术"所取代,不

---

① 翁寒冰.《1857~1858年经济学手稿》中"一般劳动"概念的四个层次[J].哲学动态,2016(10):26-32.
② 马克思,恩格斯.马克思恩格斯全集(第31卷)[M].北京:人民出版社,1998:91.
③ 翁寒冰.《1857~1858年经济学手稿》中"一般劳动"概念的四个层次[J].哲学动态,2016(10):26-32.
④ 马克思,恩格斯.马克思恩格斯全集(第31卷)[M].北京:人民出版社,1998:101.
⑤ 马克思,恩格斯.马克思恩格斯全集(第31卷)[M].北京:人民出版社,1998:105.
⑥ 翁寒冰.《1857~1858年经济学手稿》中"一般劳动"概念的四个层次[J].哲学动态,2016(10):26-32.
⑦ 翁寒冰.《1857~1858年经济学手稿》中"一般劳动"概念的四个层次[J].哲学动态,2016(10):26-32.

变的是,剥削仍旧是资本主义生产方式的重要组成部分。斯迈兹将视线投向了"西方马克思主义的盲点"——传播,在他著名的"受众商品论"中,受众的收视行为本身就是一个被剥削的过程,且是一种"双重剥削",受众为资本主义的经济循环执行了营销功能,却没有得到任何物质报酬,相反地,他们是那些商品的消费者,甚至连他们享受"免费的"媒体内容、享用商品的过程,都只是"用来生产和繁衍劳动力"的再生产(reproduction)行为。而赫伯特·席勒对传播产业所有制形式的分析、对"谁"控制新的信息技术的关注,都折射出他对资本主义积累方式的批判:传播技术与资本主义积累之间的"选择性亲和"是媒介政策市场化与商品化的产物,其后果则是信息分层、阶级分化,以及剥削的进一步加剧。"军事-工业-传播复合体"也是剥削性的,它本能地有着圈占、控制信息的性质,传播是美式资本主义向着全球扩张的决定性因素,也是为剥削性、控制性的政治-经济结构与资本逻辑张目的力量。资本主义扩张不可避免地带来了垄断、国际霸权、全球劳动分工重构、贫富两极分化、第三世界国家主权危机等一系列问题。

在丹·席勒正式提出"数字资本主义"理论之后,许多左翼学者,尤其是传播政治经济学同仁纷纷采用了这一理论,并在丹·席勒的基础上对理论进行了延伸与探索。不过,万变不离其宗的是,他们都将"数字资本主义"视为资本主义拓展其积累方式、剥削手段的途径,并批判"未来学者"的"技术乐观主义"倾向。例如,戴尔-威瑟福德吸纳、借鉴哈特、奈格里等人的自治主义思想的同时超越自治主义,将"信息社会"的起源追溯到劳动与资本的冲突对立之中。此外,菲利普·施塔布(Philipp Staab)认为,"数字资本主义"指的是"信息与传播技术(ICT)的扩张,以及它们在当代经济中的经济与意识形态逻辑"[①]。他认为数字化代表了一种经济转型的宏观策略,在私人需要日渐衰弱的前提下,资本主义通过强化消费,引入一种全面合理化的消费模式,为经济增加注入新的动力。在他看来,数字化正是资本主义继金融化与全球化之后的第三种发展策略。威廉·I. 罗宾逊(William I. Robinson)则认为,数字化与第四次工业革命推动了新一轮的全球资本重构,同时也让积累过剩等结构性问题不断激化,让经济危机更加频繁地发生。[②] 菲利普·卡兰齐斯-科普(Phillip Kalantzis-Cope)探讨了非物质劳动的所有权,以及信息私有化(information privatization)、非物质例外论(immaterial exceptionalism)、网络分配(network distribution)、生态去殖民化(ecological de-coloniza-

---

① STAAB P. The consumption dilemma of digital capitalism[J]. Transfer,2017,23(3):281-294.
② ROBINSONS W. The next economic crisis:digital capitalism and global police state[J]. Race & class,2018,60(1):77-92.

tion)等相关问题。他剖析了非物质劳动的本体论基础、规范预设、制度拓扑结构,将批判的矛头转向后工业社会的政治共同体——当我们讨论"谁的财产"时,我们面临的是一个政治共同体如何制度化并表达资本主义发展模式的问题。①

邱林川将批判的重点放在了劳工的生存境况上。他使用"i奴"(i-slave)这一概念来描述当代数字产业中的劳工,认为这些企业对工人阶级的剥削实质上与奴隶制无异。② 在他看来,资本主义发展的历史中,奴隶制的基因始终存在,现如今,当代资本主义语境中仍存在着奴隶制的"三角贸易"——被数字产业剥削的工人,即为"从事制造的劳工"(manufacturing labour)与这些数码产品用户的"玩工"(playbor),即"被制造的劳工"(manufactured labour)、用户生产内容(UGC)结合在一起,这两类i奴都在为资本积累贡献大量的社会必要劳动时间,也都付出了同样的代价——其社会性被削弱,成为"原子化"的个体。同时,邱林川也强调,劳工抵抗是世界体系发展过程之必要组成部分。③

福克斯也谈到了当代信息与传播技术(ICT)行业中存在的严苛剥削:刚果民主共和国(Republic of the Congo)的矿工工作条件极为恶劣;在ICT行业原始资本积累过程中,被高度剥削的流动工人正是曾经的失地农民;在ICT产品组装过程中,第三世界国家的装配工人始终暴露在有毒物质污染之下,等等。在他看来,资本主义不同发展阶段历史性的生产方式、生产组织方式并存于当今的ICT价值链中,一方面,资本主义对对雇佣劳动的剥削方式不断"推陈出新"——"新奴隶制"、新帝国主义的外包式生产方式、工作与休闲界限模糊的"谷歌贵族工人"式劳动④,还有以呼叫中心泰罗制为代表的低工资、高度不稳定的服务性工作,社交媒体的无偿劳动,等等;另一方面,工人阶级始终遭受着双倍无偿劳动的剥削。此外,福克斯强调,所谓"参与式互联网"的概念只是一个资本主义"市场化意识形态",它不涉及参与的所有权结构,却促动了生产剩余价值的无酬劳动,正是由于网络环境中的劳动实质上是无酬的,剥削的新形式便被高度扩张了。⑤

---

① KALANTZIS-COPE P. Whose property:intellectual property and the challenge of political community in a post-industrial age[D]. Manhattan:The New School University,2014.
② 邱林川.告别i奴:富士康、数字资本主义与网络劳工抵抗[J].社会,2014(4):119-137.
③ 邱林川.告别i奴:富士康、数字资本主义与网络劳工抵抗[J].社会,2014(4):119-137.
④ 周延云,闫秀荣.数字劳动和卡尔·马克思:数字化时代国外马克思劳动价值论研究[M].北京:中国社会科学出版社,2016:31.
⑤ 周延云,闫秀荣.数字劳动和卡尔·马克思:数字化时代国外马克思劳动价值论研究[M].北京:中国社会科学出版社,2016:73.

乔治·瑞泽尔(George Ritzer)和内森·于尔根松(Nathan Jurgenson)在意大利自治学派的"无酬劳动""非物质劳动"的基础上,将"产消合一者"(prosumer,或称"产消者")的概念引入传播政治经济学领域。顾名思义,"产消合一者"既是劳动过程中的生产者,又是消费者,产消合一的过程(prosumption)同时涵盖生产与消费,它是一个复杂的连续统,在资本主义发展的早期便已粗具雏形,例如:餐馆将卖剩的菜肴当作厨师的"工作餐",裁缝穿着自己缝制的"残次品"——这种"产消合一"为资本的早期积累贡献了价值来源,维持着资本主义的早期形式。而在当代,产消合一的形式变得更加复杂,斯迈兹笔下的"受众"就是一种产消者,其贡献的劳动被瑞泽尔等视为当代资本主义增长的核心。在当下,控制与剥削扮演着不同的角色,无酬劳动的作用日益提升,新的"丰裕"取代了"匮乏",标志着一种新的、产消合一的资本主义(prosumer capitalism)的可能性。① 在此基础上,施塔布才能讨论数字产消主义(Digital prosumerism),将消费者纳入生产系统中。② 施塔布认为,当代资本主义发展的困境在于消费的困境,但将消费合理化的策略实际上恶化了消费的结构性虚弱。要达成产消合一的消费实时平衡,资本主义就面临着一个新的问题——消费者的时间预算将如何计算?这种产消合一的系统将越来越多的无酬劳动卷入其中,企业只能通过将付费的劳工转化为消费者来实现这种平衡,付费劳工面临着职业降格,这反而进一步削弱了社会的私人需要。因此,个体化的策略完全失败,对传统分支进行拼贴、修补也收效甚微。在施塔布看来,数字资本主义与"产消主义"的焦点不在于生产,而在于消费与剥削,尤其是对"无酬劳动"的剥削。

除此之外,格雷厄姆·默多克指出,由谷歌等商业平台组织的互联网赠与"指向了一个更加宽泛的商品经济礼物关系的混合体",从而加剧了剥削。安德烈耶维奇谈到的"观看剥削的过程"③、甘地的"交易生成信息"(TGI)获取和出售的有害性、斯蒂芬·S. 科恩(Stephen S. Cohen)与加里·菲尔茨(Gary Fields)提出的"包含在 Web 2.0 网络内容生产中的劳动"④等,都属于"积累方式"话语之下的数字资本主义相关理论

---

① RITZER G,JURGENSON N. Production,consumption,prosumption:the nature of capitalism in the age of the digital 'prosumer'[J]. Journal of consumer culture,2010,10(1):13-36.
② STAAB P. The consumption dilemma of digital capitalism[J]. Transfer,2017,23(3):281-294.
③ ANDREJEVIC M. The kinder,gentler gaze of "big brother":reality TV in the era of digital capitalism[D]. Detroit:M. A. University of Michigan,1992;ANDREJEVIC M. Surveillance in the digital enclosure[J]. The communication review,2007,10(4):295-317.
④ Cohen S S,Fields G. Social capital and capital gains in Silicon Valley[J]. California management review,1999,41(2):108-129.

与分析。

(二)作为生产方式的数字资本主义

"生产方式"(productive forms)是一个宽泛的概念,它不仅包含着生产关系,还包括劳动者如何被组织起来、生产资料如何被选择运用、劳动者与工具的关系是怎样的。而在"数字资本主义"的相关研究领域中,这个问题可以被精练为——数字技术如何重新组织、建构、改变生产。早期的"数字资本主义"理论家并不认为当代资本主义的生产方式已经发生了改变,也不认为数字技术、传播媒介对生产方式的变革有什么影响。丹·席勒的"数字资本主义"理论正是在与曼纽尔·卡斯特尔的"辩论"中建立起来的——卡斯特尔继承了贝尔的研究传统,将"信息社会"的理论推向了"网络社会"(network society)。在他看来,"信息技术革命"所带来的"网络化"过程彻底重构了我们的社会形态,这种变化不仅仅发生在某一个领域,而是席卷整个社会的"结构性变化",甚至是一种"断裂性的根本性变革"。信息主义(informationalism)既是"新经济"(new economy),也是"新社会"(new society),而它的根本性质在于,知识活动对于整个社会、甚至对于知识本身,都成为一种"生产力"式的主要源泉。

尽管卡斯特尔强调了"资本主义"这一对象的掠夺本性,并声称这种掠夺本性并不会随着网络化的进程消泯,而是借助网络的力量,变得愈发有弹性、具有全球性影响,这使得资本主义的扩张性被极大地强化了,甚至成为当代资本主义社会中的主导性力量。但丹·席勒仍然激烈地反对这种"信息资本主义",在他看来,卡斯特尔对资本主义全球扩张性的描述隐含着一种"别无选择"的意识形态暗示,而事实是,信息主义的转型来自一种"持续不断的政治选择"。不过,卡斯特尔本人并不认为他与丹·席勒之间存在着根本性的分歧,在后期,席勒本人的观点也发生了转折,在写作《传播理论史:回归劳动》一书时,他还试图以"劳动"为统一框架重新书写传播的历史。只不过席勒的"劳动"概念指的是定义宽泛、边界灵活的"自我活动",他并未将劳动与生产关系的变化联系在一起。

尽管戴尔-威瑟福德将自治学派关于"劳动"的理论引入了传播政治经济学批判的畛域,他批判的焦点仍落在信息技术行业、传媒行业内的劳资关系、劳动者抗争上,换言之,他关心的是实践性而非概念性的劳动。直到福克斯提出将信息、传播等要素确立为当代资本主义发展的基本性要素,传播才被正式统合进"正产性劳动"的框架之中——换言之,福克斯相信数字技术通过改写"劳动"定义的方式改变了当代资本主义的生产方式。福克斯跳出了韦伯斯特所谓"连续性与断裂性"的框架,提倡运用马克思的辩证法来分析"互联网时代"的复杂性。因此,他采取了一种更加综合的立场,并未完全否定数字技术为当下资本主义带来的新积累模式,包括基于智力所有权和版权的增长模式,内容接入权的商品化,生产、分配、消费技术的商品化,受众与广告的商品化,媒介内容的重组和二次使用,用户与生产数据的商品化。不过,相较于"前辈"们,福克斯更强调媒介的"生产性",包括剥削、剩余价值、工人阶级、生产性劳动等概念,以及媒介对意识形态的再生产。① 他也注意到了生产力的动态性(信息生产力)和生产关系一旦建立之后的相对稳定性(资本剥削剩余价值这一生产关系的不变性)之间的辩证关系,也强调了生产力中人与物的结合离不开生产关系,特别是阶级关系的作用。福克斯谈到马克思对工作与劳动的区分,在当下的资本主义生产关系中,社交媒体用户是创造性、社会性和活跃的产消者,他们的"工作行为"创造了社会化的使用价值(内容、社会关系和合作),这种创造性本身就是一种特定的劳动形式,用户通过这种劳动形式将自身的活动再生产为具有一定使用价值的数据商品,但这些数据并不归用户所有。②

与此同时,福克斯也提到了下文即将梳理的"作为意识形态的数字资本主义",他提醒读者,技术与媒体革命极有可能"是一种纯粹的意识形态,是为了说服我们人类社会已经进入了一种替代性资本主义的信息社会"③。而福克斯为这种意识形态开出的药方是通过"数字共产主义"来化解互联网危机、消灭剥削关系,即将"数字劳动"还原为"数字工作",以此克服异化,替代资本逻辑的共性。他期待着一种"数字礼物经济"(digital gift economy)——其中没有商品化,没有交换价值,自然也不存在剩余价值的生产与剥削。

总的来说,福克斯的"生产性劳动"是一个总括性、包容性的概念——只要是能够生产剩余价值的社会活动,都可以被称作"劳动"。它比丹·席勒提出的"宽容性理论"更加宽容,以至于有些模糊、暧昧。他的观点显然受到了上一章提到的意大利自治学派"非物质劳动"概念的影响,事实上,在第二次世界大战结束之后,不少左翼学者已经意识到,如果不拓宽劳动的范畴,将脑力、智力层面的活动纳入其中,经典的马

---

① FUCHS C. Marx's capital in the information age[J]. Capital & class,2017,41(1):51-67.
② 周延云,闫秀荣.数字劳动和卡尔·马克思:数字化时代国外马克思劳动价值论研究[M].北京:中国社会科学出版社,2016:242-243.
③ FUCHS C. From digital positivism and administrative big data analytics towards critical digital and social media research![J]. European journal of communication,2017,32(1):37-49.

克思主义政治经济学路径将无法解释当代社会中的许多议题,尤其无法解释那些与新生的社会生产部门相关的议题。提出"非物质劳动"概念的哈特和奈格里认可了贝尔的"后工业社会"的概念,认为在"自然经济""商品经济"这两个历史阶段之后,人类社会将进入以信息生产和服务业为主导的"后工业经济"。但他们的观点比贝尔的更进一步,认为是生产对象被加工的构序方式决定着经济范式。① 这种"构序方式"就是生产方式的一种,举例来说,在"自然经济"时期,决定性的构序方式是自然原料开采和农业生产方式;而在"商品经济"时期,决定性的构序方式则是"超自然的工业生产方式"和耐用产品。不同经济范式的转化存在着一个递进的历史范畴,前者并未被后者所消灭,而是以一种新的方式居于新的模式之中。在他们看来,经济模式的转变从根本上改变了社会存在方式,特别是改变了人的关系的存在方式:

> 现代化和工业化的进程改造并重新定义了所有社会层面上的要素。在农业工业化后,农场逐渐变成工厂,随之而来的是所有工厂的纪律、技术、工资关系等等。农业就此被现代化成了工业。更普遍的是,社会自身缓缓地得到工业化,直到改变人的关系和人的本质的程度。社会成了工厂。②

因此,哈特与奈格里才会认为,"资本主义现代化"的进程已经濒临终结,西方社会正逐渐步入"后现代化"或"信息化"的时代,所谓信息化、后现代化,指的正是"从工业的统治到服务和信息的统治"③这一转变过程,它是生产方式的更替,自然也是经济基础的再建构。20世纪下半叶,工业劳动失去了它的霸权地位,取而代之的是"非物质劳动",以及在此基础上发展起来的"后现代经济"。哈特与奈格里是在服务业与信息化的维度上谈论"后现代"的,与让-弗朗索瓦·利奥塔(Jean-Francois Lyotard)关于后现代的解构观有着本质的区别。在他们看来,信息化的核心是知识、信息和情感的交流,它"摆脱了工业生产的凝固性,成为一种高度移动的信息化劳作和更加灵活的技能"。④ 这种信息化的趋势必然带来的过程就是"改造生产",他们将信息化所带来的生产方式变革称为"灵魂生产"(production of soul),指的是以信息和通信技术带来的自动控制的智能化生产取代工业机器的传统生产技术。"灵魂生产"不仅能够带来生产方式的变革,甚至能创造一种新的人类活动模式。拉扎拉托将信息化视为一种

---

① 张一兵.非物质劳动与创造性剩余价值:奈格里和哈特的《帝国》解读[J].国外理论动态,2017(7):35-48.
② 哈特,奈格里.帝国:全球化的政治秩序[M].杨建国,范一亭,译.南京:江苏人民出版社,2005:329.
③ 哈特,奈格里.帝国:全球化的政治秩序[M].杨建国,范一亭,译.南京:江苏人民出版社,2005:329.
④ 张一兵.非物质劳动与创造性剩余价值:奈格里和哈特的《帝国》解读[J].国外理论动态,2017(7):35-48.

"社会革命"——后工业企业和经济都将自己建立在对信息的操纵之上,信息化的过程通过改变生产过程来改变整个社会存在的基础,进而改变了社会关系,并在此基础上改变了人们的认知方式、生活方式。在哈特与奈格里看来,信息技术的"互动的和控制论的机器融入我们的身体、思想和眼球晶体,从而成了一种新的义肢,通过它们对我们的身体和思想本身进行了再定义。计算机空间的人类学实际上是对新的人类境况的一种认可"①。

而这一切变化都建立在"劳动力的质量和本质的变迁"的基础上,"非物质劳动"在哈特和奈格里那里意味着生产非物质商品的劳动,在拉扎拉托那里则意味着生产信息商品和文化内容的劳动,工业、第三产业之中,劳动过程都逐渐转向以信息为基础的劳动,以及与文化相关的劳动。"非物质劳动"中包含着"科学、知识、情感和交流的力量",它可以表现为信息化的过程、生产过程中的符号操作、经济循环中的情感互动,而在这种劳动过程中,语言作为重要的中介发挥着至关重要的作用。这样一来,创造价值的活动便不再局限于"生产"的领域,而是扩展到了持续的、纯粹的、非物质的创造过程中,而智力与情感的介入也使得"生产"的概念拓展为人的身心生活的生产与再生产。这样一来,不仅生产方式发生了本质性的重构,甚至连剩余价值理论的核心都受到了冲击,许多原本被排除在"生产劳动"之外的活动都在为社会源源不断地创造剩余价值,因此,哈特和奈格里宣称,生产与生活的关系被颠倒了,不再是"生产决定生活",而是"生活决定生产"。

在这一过程中,信息经济和服务业渐渐移动、聚合到了生产链条的顶端。尽管哈特与奈格里宣称非物质劳动在本质上仍然是物质的,且"非物质劳动只占全球劳动的一个很小部分,而且集中在地球上的支配性地区。我们的观点是非物质劳动就质的方面而言已成为霸权,并且决定了其他劳动方式和社会本身的发展趋势"②,但非物质劳动中蕴含的均质化、情感性、合作与互助性都促成了"超地域性网络化生产格局"的产生,信息传播技术的飞速发展也使得生产的脱域化(deterritorialization)成为可能。这样一来,生产便不再与地理空间直接挂钩,"规模化"也不再是工业生产的必然趋势,大规模生产的工厂被分散了,这种分散既是物理意义上的分散(体现为众包与离岸生产),也是抽象意义上的分散——生产过程中资本对劳动的控制趋于弹性化,资本流动不再受物理空间的限制,信息化推动了生产关系的变化,资本可以在任何有利可图

---

① 哈特,奈格里.帝国:全球化的政治秩序[M].杨建国,范一亭,译.南京:江苏人民出版社,2005:338.
② 奈格里,哈特.帝国与后社会主义政治[M]//许纪霖.帝国、都市与现代性.南京:江苏人民出版社,2006:31-32.

的地方找到廉价劳动力;与之相对,劳动者的地位愈发缺乏保障,因为从事非物质生产的廉价劳动力源源不断地涌入现有经济结构,进入网络化的国际劳动力市场。信息传播技术深深嵌入生产体系之中,为资本家提供了极大的便利,让他们能更加有效地对工人进行远距离监控,形成近似于福柯意义上的"虚拟环形监狱"(virtual panopticon)。同时,这种生产方式的变革也催生了一种激进的可能性——"数字化共产主义"的实现。

上一章也提到过,"非物质劳动"的理论是基于马克思在《1857—1858年经济学手稿》中的"一般智力"(general intellect)概念提出的,在许多学者眼中,哈特与奈格里对"一般智力"的运用有过度解读之嫌。但无论如何,"非物质劳动"的概念已经对传播政治经济学的研究产生了深远影响,福克斯等学者继承了自治学派的劳动观,继承了哈特与奈格里对"弹性雇佣""脱域生产"与全面监控的预测,也在一定程度上继承了自治学派的理论乐观主义。除了福克斯,安德烈亚斯·维特尔(Andreas Wittel)也认为"数字公共资源"已经破坏了商品化(commodification)进程,并在互联网的未来、资本主义的未来中造就了一种张力。这种"反商品化"的进程体现在"礼物经济"的过程中,而礼物的循环受到全球政策的支持、数字劳动的支持,这种经济模式的存在将改变全球基础收入模式。① 费希尔将"数字资本主义"视为"后福特主义"的同义词,认为在后福特主义时期,生产结构已经产生了颠覆性的变化,包括弹性工作、扁平化组织、为劳动者赋权、快速变化、消费者导向、自我循环的稳定。因此,"后福特主义"的阶段是与全球化、技术扩张、共产主义的失败联系在一起的。② 马克·波斯特(Mark Poster)在其著作《信息方式:后结构主义与社会语境》(The Mode of Information: Poststructuralism and Social Context)中提出,当代社会中"信息方式"的变化带来了社会权力结构的重组,"当电子媒介进入我们的日常交往时,其中语言的多变性带来了意义的去中心化、以及自我意识的消解"③。我们可以将他的"信息方式"当作"生产方式"的延伸。与之相关的研究还包括尤利安·屈克利希(Julian Kücklich)提出的"玩工"概念④,戴尔-威瑟福德对网络无产阶级的产生、社会阶级结构重组的研究⑤,在新的资本主义发展阶段下劳动的使用价值、交换价值、剩余价值等问题的研究,等等。

---

① WITTEL A. Counter-commodification: the economy of contribution in the digital commons[J]. Culture and organization, 2013, 19(4): 314-331.
② FISHER E. Media and new capitalism in the digital age[M]. New York, NY: Palgrave Macmillan, 2010.
③ 波斯特. 信息方式[M]. 范静晔, 译. 北京:商务印书馆, 2014.
④ 姚建华. 数字劳工:产消合一者和玩工[M]. 北京:商务印书馆, 2019.
⑤ DYER-WITHEFORD N. Cyber-proletariat: global labour in the digital vortex[M]. London: Pluto Press, 2015.

(三)作为社会控制形式的数字资本主义

"社会控制形式"(social controlling forms)也是一个相当宽泛的概念,但在数字资本主义的相关研究中,它指的就是意识形态。在西方马克思主义的谱系中,意识形态批判始终是一条绝对不能缺席的线索,在传播政治经济学的谱系中也是如此。赫伯特·席勒在其著名的"军事-工业-传播复合体"中就提到了媒体作为意识形态生产机构在社会控制中发挥的作用,而在他的两个重要观点——"思想管理者"和"信息劳工"中,赫伯特·席勒批判了资本主义社会中的教育体系,包括提供信息的公共部门与文化产业构成的"准教育"体系,这一体系将为"军事-工业-传播复合体"主导的社会输送大量的"知识劳工"。赫伯特·席勒将"社会劳动"(social labor)作为分析的焦点,认为"准教育"体系与军事-政府联合体力图解除劳动者对军国主义、消费主义、市场准则的质疑,消解流行文化和学术界所推崇的对技术热爱的批判能力,因此它们成了"思想管理者"。①

赫伯特·席勒的观点便是从西方马克思主义学者那里继承来的"经典"意识形态理论,其源头自然就是马克思本人,根据约翰·B. 汤普森(John B. Tompson)的总结,马克思提到过三种"意识形态"概念:第一种是"意识形态是一种理论学说和活动,它错误地认为,观念是自主和有效的,它不了解社会-历史生活的真正情况与特点"②;第二种是"副现象概念",即"意识形态是一种观念体系,它表达的是统治阶级的利益幻想的形式代表阶级关系"③,这一概念就是通常意义上的"代表统治阶级利益的思想";第三种更为宽泛一些,它指的是意识形态的"潜在概念",即一种固定的、广泛的、对社会现状的态度,它没有直接与某种阶级意识挂钩,而是被马克思称为某种"幻想"或"固定的观念",马克思隐晦地表达了他的批判态度,却没有直接使用"意识形态"这个词。在马克思之后,卢卡奇的物化理论、葛兰西的文化霸权理论都属于广义的"意识形态理论",在阿尔都塞那里,媒介已经构成了资本主义社会意识形态机器中的一员,而在法兰克福学派部分学者的眼中,这种意识形态与工具理性相结合,形成了一种宰制性的力量。

除了西方马克思主义的意识形态批判传统外,不得不提及的还有罗兰·巴特的

---

① 迈克斯韦尔.信息资本主义时代的批判宣言:赫伯特·席勒思想评传[M].张志华,译.上海:华东师范大学出版社,2015:74-75.
② 汤普森.意识形态与现代文化[M].高铦,等译.上海:译林出版社,2005:38.
③ 汤普森.意识形态与现代文化[M].高铦,等译.上海:译林出版社,2005:38.

"神话"理论,因为"神话批判"也是传播政治经济学中经久不衰的议题,如赫伯特·席勒与莫斯可都将数字化、信息时代的相关理论、话语作为一种"神话"加以批判。在赫伯特·席勒的学术生涯中,他始终关注统治集团如何使用并滥用信息和传播资源以维护其在资本主义体系内的霸权地位,他的批判对象就包括那个现代社会中广为流传的"神话"——社会与经济的问题可以仅通过技术方案解决。① 在《大众传播与美帝国》中,赫伯特·席勒揭露了这种神话的社会起源:来自西方经济援助政策、电器制造商的广告、偏重技术的大学课程设置、美国太空计划以及其他军事–工业举措中技术自我吹嘘式的再现。② 迈克斯韦尔将这种来源描述为一种"制度母体"(institutional matrix),它能够导致传播技术的支配性使用,并界定其社会意义。技术实际上是一种社会的建构,而非服务于科学与工业的价值中立的工具,但与此同时,它们也是民主即将去收复的"失地"。席勒认为,要破除这些"神话",实现信息技术的祛魅,最佳的途径是"历史理解"(historical understanding)。

此外,赫伯特·席勒在《思想管理者》中还提到了五种操纵思想的神话③。

其一是个人主义的神话,它造成了人与社会世界(social world)分离的假象,使人们相信自由是个人事务,与集体无关,个人独立的思想不可能受到操纵,人生的方向是个人自由选择的后果,而私有财产权就是个人主义的终极表达,同时也是保障个人自由最佳的形式。

其二是中立的神话,即,权力的运作是透明的——它是个人主义神话的后果,如果独立思想不受控制,那么以此为基础的整个社会制度都不敢也不能欺骗公众。政府的运作是绝对透明的,在意识形态上是绝对中立的,那么,领导阶层也是无可指责的,社会机构的运作背后并没有什么"利益集团",政治宣传与广告是必要的"信息告知"而不是愚弄人心。

其三是人性不变的神话。这一神话基于这样一种预设:既存的社会安排(social arrangements)是特定(神圣的)自然过程的结果,因此无须人为干涉。在这一前提下,社会的基本结构与不平等关系,甚至是贪婪、贫困、战争等都可以由"人性恒久"的神话来解释,因此,根本不需要社会变革。

---

① 迈克斯韦尔.信息资本主义时代的批判宣言:赫伯特·席勒思想评传[M].张志华,译.上海:华东师范大学出版社,2015:23.
② 迈克斯韦尔.信息资本主义时代的批判宣言:赫伯特·席勒思想评传[M].张志华,译.上海:华东师范大学出版社,2015:23.
③ 迈克斯韦尔.信息资本主义时代的批判宣言:赫伯特·席勒思想评传[M].张志华,译.上海:华东师范大学出版社,2015:75—76.

其四是没有社会冲突人类也会进步的神话,这正是第三种神话的后果。因此,一切的冲突与反抗都是不必要的、不可理解的,除非它们只是"个人冲突"。为了保存现有的社会结构与秩序,一切不平等的迹象都被抹杀和掩盖了,而成功的社会抗争,如八小时工作制、男女同工同酬等措施被矫饰为"自上而下"的一致同意,而非阶级冲突的后果。

其五是媒体多元化的神话。这一神话为人们带来了一种错觉——媒体机构的增加确保了信息的多样性以及"观念的自由市场"的存在,但真实的情况是,"大多数美国人基本上,尽管还没有意识到,陷入了相当于别无选择的信息困境"①。

而要使这五种神话运作起来,就需要通过两种占主导地位的信息传递技巧。

其一是思考的持续中断,即营造一种商业化的媒体环境,运作碎片化、原子化的信息,构造一种区隔化的知识部门,使人们无法形成整体的社会观,也意识不到政治、经济、文化之间的联系。

其二是信息的实时传递,表现为信息的不间断流动,没有给受众提供任何用于伦理、历史或政治反思的停歇。② 这两种信息传递的技巧相结合,构成了一种为了确保接收者的政治被动性而创建的"技术形式特征"(technique formal qualities),即:

> 尽管大多数的这些娱乐内容并不要求参与,至少在物理意义上如此,但是在广播、电视,或者电影——以最重要的大众休闲艺术为例——中并不存在什么固有的东西是必然并专门用于制造精神麻痹的……关键之处[是]商业社会中的电视和广播节目与电影的目的并非在于唤起,而是为了减轻对社会与经济现实的关注。③

赫伯特·席勒也谈到了美国政府对信息的圈占,以及教育事业私有化的进程——政府将教育体系"让渡"出去,使教育围绕着"绩效合同"(performance contracting)运作,以受到严格管制的"职业训练"取代学习,以服务于军事与商业的技能取代了服务于"知情民主"(informed democracy)的基本知识。同时,他也关注市场营销对"企业-文化"联合体的支持与延伸,将批判的矛头延伸到了文化帝国主义的领域。不过,赫

---

① 迈克斯韦尔.信息资本主义时代的批判宣言:赫伯特·席勒思想评传[M].张志华,译.上海:华东师范大学出版社,2015:76.
② 迈克斯韦尔.信息资本主义时代的批判宣言:赫伯特·席勒思想评传[M].张志华,译.上海:华东师范大学出版社,2015:76.
③ 迈克斯韦尔.信息资本主义时代的批判宣言:赫伯特·席勒思想评传[M].张志华,译.上海:华东师范大学出版社,2015:77.

伯特·席勒还是提到了新出现的抵抗力量,包括"影像行动主义者"(video activists)、另类媒体实践,等等。

在1989年出版的《文化,公司》中,赫伯特·席勒批判了整个美国社会"向右转"的趋势,在这种倾向下,资本主义政治经济体系开始对文化展开全面收编。赫伯特·席勒认为,在麦卡锡主义的社会氛围下,美国文化中的公共表达已经"被接管"了,出于对共产主义"幽灵"的恐惧,美国人已经麻木地接受了现存的政治环境与文化环境,美国已经转变为一个"以国家安全为中心的国家,伴以对媒介-信息机器的严格控制,致使美国人对撑起他们相对富裕生活的前提并不知情"①,在此基础上,公司体系成了美国人唯一知晓的经济组织模式。这一文化模式是如此稳固,使得人们将偶尔闯入视野中的体系失效视为"个例",只要消除这些隐患,体系就能回归到常态之下。因此,整个资本主义经济与政治体系获得了免于监督的特权,整个文化领域被吸纳进商业体系之中,社会价值被私人价值、企业价值所取代,一切文化活动以"市场准则"为基准,文化-信息资源日益集中,而这种集权化被认为是理所当然的,公共文化的领域也就自然而然地被破坏了。所谓"媒介接近权"(media access)的问题实质上是潜在的"人民权力"(people power)的问题,只是这种认知已经完全被掩盖了,公共表达仍然继续被企业所控制,并处在持续不断的私有化进程中。

而在莫斯可建构的传播政治经济学知识谱系中,"霸权"与意识形态问题被纳入了"结构化"的框架之中,包括"个体化"(individuation)的霸权如何体现在新闻传播领域、新技术如何服务于一种全球化的霸权,等等。② 而在他的另一著作《数字化崇拜:迷思、权力与赛博空间》中,莫斯可对作为控制手段的数字资本主义提出了更加尖锐的批判。他将批判的矛头指向了伴随着电脑传播而出现的文明迷思:

> 根据这些迷思,电脑传播的力量将使我们经历人类经验中划时代的转变,这种转变将超越时间(历史的终结)、空间(地理的终结)和权力(政治的终结)。迷思很容易被作为不全逻辑的虚构加以摒弃,这样对他们的理解就变得很简单:揭露谎言,使人们看到被迷思遮蔽的真相,从而消除它们迷惑思想和操纵行为的力量。③

---

① 迈克斯韦尔.信息资本主义时代的批判宣言:赫伯特·席勒思想评传[M].张志华,译.上海:华东师范大学出版社,2015:133.
② 莫斯可.传播政治经济学[M].胡春阳,黄红宇,姚建华,译.上海:上海译文出版社,2013:269-270.
③ 莫斯可.数字化崇拜:迷思、权力与赛博空间[M].黄典林,译.北京:北京大学出版社,2010:10-11.

在莫斯可看来,信息不能简单地被还原为一种工具,若我们从社会语境出发来检视技术的性能,就会发现,它也参与了社会建构的过程。因此,莫斯可才会采取历史的研究路径,回溯"传播文化史"的起点,将关于信息传播技术的神话纳入知识考古学范畴之中加以分析——神话的背后是政治、经济、文化等层面的各种动力,它们共同建构了"数字化崇拜"的话语,这样的话语在詹姆斯·凯瑞(James Carey)那里叫"电子崇拜",在戴维·奈(David Nye)那里叫"技术崇拜",在某种程度上,它们确实是一脉相承的,都体现着某种"信息奇观",是美国文化与政治轨迹中永恒的神话愿望,即通过不断制造新的神话来延续自身的神话。

莫斯可对"神话"的批判延续到了他的新作《云端:动荡世界中的大数据》(*To the Cloud:Big Data in A Turbulent World*)中,在这本书里,他将批判的矛头对准了关于"云计算"与"大数据"的神话。"云"无论是作为一种集成众包式的工作平台,还是作为一种符号性的隐喻,都早已在传播、文化发展的历史长河中流淌了千年,绝不是一种突生的、划时代的技术变革。"云"也绝非一种流动的、轻盈的、无害的存在,而是基于计算平台、服务中心、基础设施的无数劳动者集体劳动的产物,只是在当代资本主义发展的神话中,这些人的劳动被遮蔽了。"云计算"的非物质劳动仍然以物质劳动为基础,这其中还包括了大量廉价劳动力付出的高强度、高危险性劳动。① 由此,它也带来了诸如环境问题、隐私问题、就业问题等一系列新的挑战。

莫斯可的批判相当于从根源上否定了数字化神话的合法性——"数字时代"并非什么新事物,而是美国政治文化、社会发展神话不断衍生出来的"次生品",其目的是维护美国现存的社会形态与统治秩序。尽管互联网技术是一种新生的技术手段,但它背后的权力、资本、社会逻辑是一以贯之的,这些逻辑并不以技术手段的差异为转移,相反,这种高度连贯的逻辑才是真正的决定性力量,它为技术的发展确定了一个具体的框架和方向。"数字化"的神话也好,"云"的隐喻也好,都是资本主义发展过程中始终存在的一种"衍生物",甚至在前资本主义社会中就已经存在——它从来不是"新"的。

意识形态批判的重要性在于,它抓住了媒介的特殊性——它本身具有文化性,直接生产的也是一种文化性的产物,一种思想、意识,或是一种普遍性的社会结构、公共态度、集体记忆、情感结构(feeling structure)。这种文化性能够解释"我们为什么需要

---

① 莫斯可.云端:动荡世界中的大数据[M].杨睿,陈如歌,译.杨馨,周昱含,胡翼青,校.北京:中国人民大学出版社,2017.

一门传播政治经济学"的问题,即传播政治经济学与"主流的""经典的"政治经济学有什么本质的区别。但意识形态批判同样留下了这样一个问题:它忽略了现代经济社会中由媒介技术变迁带来的一系列变化,尤其是媒介技术在实体经济循环方面产生的影响。简单来说,将数字技术、媒介视为一种单纯的意识形态机构的观点与我们在现实中观察到的媒介渐渐下沉为基础性的社会结构、经济产业围绕着媒介这一枢纽重新组织的现象并不匹配。更根本的问题是,"意识形态机构"的媒介观同样是工具性的,这一观念在马尔库塞那里体现得淋漓尽致——在马尔库塞眼中,发达工业社会之中存在的一系列问题,包括人类在当下的生存困境,并不仅仅是由政治、经济层面的暴力与压迫带来的,也来自技术理性的奴役。科学技术的发展并未像它承诺的那样,为人类带来"自由和解放、主体性和自觉意识的增强",而是导致了主体性、自觉性的丧失,以及随之而来的整个人类社会的灾难。在发达资本主义社会中,意识形态体现为生存斗争模式的永恒化,它为人们创造了一个又一个需求,从而制造出虚假的满足,并将其以"社会利益"的名义强加给个人。"社会真正需要什么"不是以根本需要的普遍满足和辛劳、贫困的减轻为标准的①,这样的"需求"和"满足"并不能够使人类的劳苦减轻,而是为了对人们实行控制,"额外压抑"让生存斗争成为人类社会的必要模式,使辛苦的劳动、强制、权力永恒化。只要这种斗争的模式存在,社会性的压抑就不可避免,而用于统治和管理的技术也在不断发展、升级,技术便能始终发挥意识形态的功能。

在马尔库塞看来,这种工具性的意识形态根植于资本主义社会的生产方式,甚至可以说,这种倚仗技术的生产方式就是意识形态,它已经成功地"同化"了反对派,使得"阶级"的概念彻底消失,无产阶级已经失去了反对资本主义制度的精神,劳动者与统治者达到了外在的"同一";相应地,资本主义社会中,人们的思想也被单向化了,技术理性在发达工业社会的意识形态中占据着统治地位,并对人们进行全方位的控制与操纵,人们的思想中已经不再有"反对现状"的向度,而这种单向度的思想是由"政策的制定者及其新闻信息的提供者系统地推进的。它们的论域充满着自我生效的假设,这些被垄断的假设不断重复,最终变成令人昏昏欲睡的定义和命令"②。马尔库塞沿用了"文化工业"的概念,在他看来,随着科学技术的不断发展,文化工业也变得愈发具有控制性,它操纵着意识形态,对人们的思想、观念加以规定,在人类社会中造成了

---

① 马尔库塞. 单向度的人[M]. 刘继,译. 上海:上海译文出版社,1989:7.
② 马尔库塞. 单向度的人[M]. 刘继,译. 上海:上海译文出版社,1989:14.

全面的压抑，最终使人们丧失"内部自由"，"沦入已确立的话语和行为领域"。在此基础上，资本主义社会的统治方式也发生了变化，从"统治"转化为"管理"，所谓"科学管理"即借助科学技术的手段，不断地简化程序、更新方法、提高效率，最终使统治和管理获得了"合理性""中立性"与"工具性"的外观，这样一来，统治与被统治的关系就被简化为了人与机器的关系，工人阶级失去了对自己奴隶地位的自觉意识，从而失去了批判社会的精神。总的来说，马尔库塞认为技术的合理性造就了人们单向度的思想与行为模式，而这种合理性是内置于资本主义社会的生产方式之中的。

正因如此，对意识形态的批判也应当置于资本主义生产方式的总体框架中进行。而若是审视具体的理论，我们也能发现，莫斯可对"数字化崇拜"神话的批判与丹·席勒对"别无选择"的新自由主义话语的批判并不矛盾，但这种工具性的媒介观带来的鸿沟并未被弥合，反而呈现出越来越激烈的张力：人类越是强调技术的工具性和个体的主体性，就越是无法解释工具性的意识形态对人类的宰制。这一时期的传播政治经济学者严重低估了技术的维度，由此带来的后果就是理论的严重内卷化——传统的资本主义批判并不认可传播政治经济学对当代资本主义的批判性阐释，但传播政治经济学也不能独立形成理论内部一致的"逻辑性格"，外部边界的模糊性对它来说无异于雪上加霜。对于本身就站在"十字路口"的数字资本主义理论来说，寻找理论建构的突破口与批判性实践的接合点也变得更加迫切。

三、技术的话语

在笔者看来，技术的话语正是数字资本主义研究甚至整个传播政治经济学所需要的"突破口"——在传播政治经济学的领域中，技术始终是一条略显尴尬的脉络，它默默串联起了传播政治经济学的整个谱系，但在很多理论家那里，技术却是一个让他们避之唯恐不及的"幽灵"，只要谈论技术就会落入技术决定论与拜物教的陷阱。这种逃避的态度并不能缓解技术与主体性之间的张力，反而掩盖了真实的问题。

马克思本人对技术的探讨主要集中在《1857—1858 年经济学手稿》中著名的"机器论片段"中，这一部分观点也成了众多传播政治经济学者用以解读"数字化"的理论依据，例如自治学派的哈特、奈格里等人，以及前文提到的福克斯。不过，马克思本人并没有对"机器论片段"中的思想进行进一步的拓展，后世的许多学者在解读马克思的观点时,不可避免地出现了误读的情况。自治学派的技术逻辑在很大程度上源自卢卡奇的物化理论,在卢卡奇那里,"物化"(verdinglichung)指的是人与人之间的关系转向了物的性质,从而获得了一种"幽灵般的对象性",这种对象性以某种严密的"自律性"掩盖了人与人之间关系的本质。① 人与人之间的关系受到抽象的"物"的统治,而这种"物"正是资本主义社会中抽象逻辑的产物,它的可度量性使得商品的交换成了可能。也正因如此,几乎所有人都被物化关系转化成了同一种对象化的"物化主体",在蓝江看来,这种物化主体就是韦伯的"工具理性"的升级版,个体被抽离了复杂的人与自然、人与人的直接关系,抽象的可度量的物成为关系的中介,这种"合理的自律性"的人的状态被认为是现代计算理性的产物——一种被物所中介的人。②

紧接着,文化工业理论将物化逻辑更往前推了一步,既然人与人之间的关系已被抽象"物"所支配,那么,文化这种原本属于上层建筑的、关系性的存在也被纳入了资本主义社会工业化的体系中。工业社会中标准化批量生产的逻辑征服了经济领域(造就了福特主义)、政治领域(带来了代议制民主)、社会领域(导向了市民社会)之后,终于将其触角伸向形而上的、关系性的文化领域,并由此产生了驯服的、宰制性的、服务于资本主义循环的文化工业。此处的文化工业(Cultural Industry)不同于复数的"文化产业"(Cultural Industries),它意味着一种社会结构,是一种全局性的、支配性的力量,而非具体的社会机构与生产单位。在"文化工业"这个看不见的抽象的建构和机制中,技术反而成了显在的、最容易成为分析与批判对象的一部分,诸多理论家将"技术"的维度从各种社会机构中单独抽离出来,将它变成了一个独立的分析对象。

伴随着两次工业革命对西方社会的洗礼,日渐壮大的工程师阶层开始对"技术"本身进行反思,越来越多学者开始将"技术"视为一个哲学议题,探讨其社会效应、实践意义、与人类的关系,等等,"技术哲学"渐渐进入了人们的视野。贝尔纳·斯蒂格勒(Bernard Stiegler)认为,我们正在经历一个由全球数字网络所带来的完全的、普遍化的自动化(automatization)进程,而这一进程实质上正在脱离"人类纪"(Anthropocene)时期,这种出离被他称为"负人类纪"(Neganthropocene)。③ 在斯蒂格勒看来,工业资本主义的时代就是"人类纪的时代",是18世纪末普遍化的无产阶级化的前提条

---

① 卢卡奇.历史与阶级意识[M].杜章智,译.北京:商务印书馆,1992:144.
② 蓝江.一般数据、虚体、数字资本:数字资本主义的三重逻辑[J].哲学研究,2018(3):26-33,128.
③ 斯蒂格勒.论数字资本主义与人类纪[J].张义修,译.江苏社会科学,2016(4):8-11.

件,其决策准则是超越一切的计算(calculation)法则。然而,正是这一自动化过程催生了虚无主义,自从泰勒制得到推行,自动化的进程导致了"熵"的无限增长,当我们身处的"可计算的"社会成了一个自动的、远程控制的社会,人工物(artefact)便成为人类化(hominization)的主因、条件与宿命。而从人类纪的逃离则意味着把自动化节省下来的时间用于培养新的非自动化(dis-automatization)的能力,用于负熵(negentropy)的生产。① 这一过程将导向雇佣劳动的终结,斯蒂格勒声称它同样来自"机器论片段",同时也与诺伯特·维纳(Norbert Wiener)、乔治·弗里德曼(György Friedman)、凯恩斯等人的预设密切相关。

斯蒂格勒将尼采的"价值重估"与马克思的"一般智力"放在一起阅读,使之形成一种新的政治经济学批判元素。在他看来,价值重估只能通过负面的熵(negative entropy)或者说反熵(anti-entropy)来实现,而熵与负熵的问题恰恰来自技术的建构——技术是负熵的强化(accentuation),它意味着差异化(differentiation)中介的增长,当人类学化的熵效应增长到一定程度时,负人类学化(neganthropization)便打破了"人类学化"的限制,打破了人类纪的本质特征,夺回了对技术的掌握权。斯蒂格勒将现代资本主义社会中的工业发展称为网状的数字痕迹(reticulated digital traces),它来自1993年之后诞生的一种基于数字化的第三持存(tertiary retention)的全球化技术系统,作为自动化社会的基础设施,它带来了全面的、普遍的自动化的建立,并彻底终结了"雇佣制",使得"劳动时间就不再是,而且必然不再是财富的尺度,因而交换价值也必然不再是使用价值的尺度"。② 尽管很多人将数据经济视为未来经济社会发展的宿命,但斯蒂格勒仍然强调要超越这种"非社会"(dis-society)的非经济(diseconomy)。数字化的工业开发系统已经带来了熵的灾难,加快了世界消费主义解体的节奏,造成了人类无力支撑的"结构性破产"。③ 而这一切的解决之道是将这一"第三持存"的结构颠倒为一种负人类学的基础设施,将其建立在解释学的(hermeneutic)数字科技的基础上,服务于非自动化。也就是说,未来建基于对一种源于自动化的生产力(productivity)的集体投资(collective investment),只要知识在本质上是负人类学的,它就将教会我们如何去行动、生活和思考,并且同样创造新的价值。

要理解这种观点,必须先理解斯蒂格勒的技术哲学理论。在斯蒂格勒看来,技术原本就是先在于人的、支配着人的行动的一种外部性力量。由于"爱比米修斯的过

---

① 斯蒂格勒.论数字资本主义与人类纪[J].张义修,译.江苏社会科学,2016(4):8-11.
② 斯蒂格勒.论数字资本主义与人类纪[J].张义修,译.江苏社会科学,2016(4):8-11.
③ 斯蒂格勒.论数字资本主义与人类纪[J].张义修,译.江苏社会科学,2016(4):8-11.

失",赤裸地降临于世的人类没有被分配任何"技能",只能借助技术的"义肢"生存,换言之,技术是人类存在必备的条件,是对人类命运起着支配作用的力量。正因为技术的支配并不能被人力所动摇,所以我们只能寄希望于由人去推动技术本身的进步,使技术从内部发生逻辑性断裂,从而使其本性实现变革。因此,他才会将"价值重估"的希望寄之于"熵"。尽管斯蒂格勒并没有直接提及媒介,但"媒介"就处在他所说的"基于数字技术的第三持存"的范畴中。正如斯蒂格勒所预期的那样,数字化的媒介对于当代社会来说,已经下沉到了"基础设施"的位置上,这一基础性不仅体现在物质性上,也体现在结构性上——它已经成为当代社会的经济基础,只是很多学者对这一点的讨论仍然比较含蓄。例如,蓝江将数字资本主义理解为"认知资本主义"之后的一个新的阶段,在他看来,数字资本主义发展的基本动力不再是自治学派强调的"一般智力",而是完全外在于人的、支配人类行动的"一般数据",而构建数字资本主义的关键节点不再是人类实体,而是由数据构成的、不再与实体对应的"虚体"。①

不过,蓝江依旧认为数据的来源是抽象的人类劳动,个体在互联网上留下的单次行为痕迹毫无意义,它们只有在被数据公司收集、整理、再加工之后,才能构成"一般数据"。这一过程被他称为"数字异化",在蓝江看来,如今,社会关系的中介已不再是抽象化的商品或货币,而是更加基础的"一般数据"。② 伴随着数字技术的发展、对人类日常生活的不断渗透,一个完全由一般数据组成的界面出现了,人们借助数字算法形成的一个个"对象包"在这个界面中进行交换与交流,而个人在该界面中的借以沟通的这种"锚点"被他称作"虚体"(vir-body)。"一般数据"和"虚体"成为人与人之间关系实质上的中介,并成为一种抽象化的统治力量。③ 蓝江仍然强调,异化的根源并不在于"技术"本身,而是大公司对数据的垄断和"圈地运动",因此,他并不认为将数字技术拒之门外就能解决一切问题,而提倡对其展开政治经济学批判,改造不平等的生产关系,以此来追求"数据共享"与人类的解放。④

蓝江的研究相当具有代表性——他从马克思主义的观点出发,借用斯蒂格勒的技术理论与大卫·哈维的空间理论来拓展研究的视野和方向,最终又回到了马克思那里。与斯蒂格勒、大卫·哈维等人一样,他的批判以"技术"与"空间"为轴心展开,却从未脱离对资本主义的批判——资本主义是一个重要的历史时段,正是在这一时段

---

① 蓝江.数字异化与一般数据:数字资本主义批判序曲[J].山东社会科学,2017(8):5-13.
② 蓝江.一般数据、虚体、数字资本:数字资本主义的三重逻辑[J].哲学研究,2018(3):26-33,128.
③ 蓝江.一般数据、虚体、数字资本:数字资本主义的三重逻辑[J].哲学研究,2018(3):26-33,128.
④ 蓝江.从物化到数字化:数字资本主义时代的异化理论[J].社会科学,2018(11):105-114.

中,所有的技术问题、空间问题都被组织起来,呈现为我们所见的形态。数字资本主义的技术话语已经隐隐跳出了工具主义的框架,以一种更基础的视角来审视媒介,其中甚至蕴含着一种存在论的反思;与此同时,技术话语的出现也意味着数字资本主义理论内部的张力被推到了人们眼前,我们无法继续回避问题的核心,而是必须直面它,并试着去寻找解决方案,实现理论的创新与突破。

第三章 数字资本主义理论的新进展

在回溯了"数字资本主义"理论的概念、范畴、话语形态之后,我们对于该理论就有了一种全局性、整体性的把握——"数字资本主义"理论并非从诞生之初就已定型,而是被不同学者赋予了不同含义,运用于不同的领域、范畴之中。纵观"数字资本主义"的整部历史,再横向对比了发展的话语、批判的话语、技术的话语之后,我们能够在不同的话语形态中发现一种"递进"的关系:在丹·席勒提出对"数字资本主义"的批判之前,许多左翼学者已经在提醒人们警惕"数字乌托邦"的意识形态了,丹·席勒更是旗帜鲜明地将批判矛头指向了"信息社会"理论,强调数字技术"解除管制"的潮流并非"自然而然"的过程,亦非技术发展的"必然后果"。但"信息社会"与"网络社会"这样的理论、概念还是渐渐被左翼学者接受,越来越多的学者意识到,数字技术,尤其是数字媒介改变的不仅仅是资本主义制度下的积累方式,让剥削变得更加高效而隐蔽,它也在潜移默化地改变着资本主义社会的生产方式、生产关系,甚至迫使产业结构围绕着数字媒介进行重构。

在这些话语及其变迁之中,数字资本主义的每一次转折都与媒介的下沉密切相关。在丹·席勒学术生涯的早期,北美、欧洲各国的媒介正遭受着私有化浪潮的冲击,人们惊叹于媒介间互相并购、整合的趋势,哀叹于新闻行业公共性的衰落,对于这一时期的学者来说,将媒介视为与其他产业无异的私有企业是一种流行且具有说服力的趋势。与此同时,莫斯可等人也从20世纪70年代的"盲点辩论"中吸取了教训,将一部分注意力分给了媒介的文化属性,关注其生产意识形态、维护资产阶级统治的能力。在福克斯呼吁当代互联网研究仍需要"马克思归来"时,他已经意识到,仅将媒介视为企业或产业已经无法解释互联网对当代社会造成的影响,此时,"数字"绝非"资本主义"的一个描述性、修饰性前缀,而是资本主义发展的核心动力。数字技术、信息传播技术的介入改变了价值创造、价值积累的路径,许多不涉及体力劳动、物质劳动的领域同样为社会创造着剩余价值,尤其是在信息、传播、文化领域,许多非职业、非专业、未受雇佣的网络用户在无形中为资本的积累创造了剩余价值,但没有得到报酬,他们的行动也应当被纳入"劳动"这一概念范畴之中。前文提到的"无酬劳动""非物质劳动"等概念正是因此应运而生,在此基础上,福克斯提出用"生产性劳动"的概念来统合传播过程中发生的一切"生产了剩余价值"的行为,进一步弥合了在丹·席勒那里悬而未决的"劳心/劳力"的分歧。

在我们所处的时代,传播、媒介的"下沉"再次超出了福克斯的预期,"媒介"的力量不再是被政治经济力量挟制的"意识形态机器"或"再生产机构",而是反过来以自身的力量挟制了资本的逻辑,迫使其整合进自身的逻辑之中——在笔者看来,这才是当下所谓"媒介化社会"的真实含义,媒介化的趋势就反映在21世纪以来数字资本主义相关研究的前沿文献中。在对现有文献进行梳理之后,笔者认为,数字资本主义理论在当下的新进展可以归纳为四大议题:

(1)关于"劳动/劳工"(labor)的理论及相关研究的新进展。尽管丹·席勒将"劳心"与"劳力"整合进统一的劳动框架、并以劳动的视角重新梳理传播理论的历史的尝试没有成功,但经历了几十年的理论建设之后,批判传播研究的学术共同体已经基本认可了"无酬劳动""非物质劳动""情感劳动"等概念,"玩工"等新概念也在不断涌现,许多学者试图从更加辩证的角度来分析这些"新型劳动"与资本之间的辩证关系——顺从还是抵抗,抑或构成一种更复杂的联合体。

(2)"技术"领域的新成就。近年来,越来越多学者将视线投向了技术哲学的领域,包括"赛博空间""赛博格""后人类"等理论,以及斯蒂格勒、蓝江等人为"数字资本主义"赋予的新意义。这一转向的根源在于"主流的"传播研究难以脱离结构功能主义的窠臼,若不转变认识论,自然也无法实现方法论的创新;若仍从结构功能主义的视角出发,对技术的解答就仍陷于"是什么、怎么用、发挥着怎样的作用"的固有框架中,"技术与资本"之间的关系就被限制在"顺从、剥夺、结盟、挑战"等老套的模式中,哪怕引入了左翼的批判路径,也无法从更基础、更具建构性与奠基性的层面来理解技术;若只将技术理解为工具,而不考虑技术本身的性质,不从存在论与认识论的角度来理解技术,那么,"技术"的维度仍然是失声的。

(3)关于"主体性"的研究。一方面,在数字技术达到"人工智能"(Artificial Intelligence,AI)与"虚拟现实"(Virtual Reality,VR)的高度后,人类的主体性似乎已经受到挑战,我们成了"赛博格""后人类","主体性"已不再是人的专利,人工智能同样可以通过学习获得独立的主体性;另一方面,也有学者担心劳动的"数字化"在解构了资本主义雇佣劳动制度的同时也使劳动"降格"了,劳动不再是人类主体性的确证,不再是人类获得解放的途径,相反,劳动使人客体化、被降格为工具,彻底沦为受到资本剥削和压迫的奴隶。与此同时,各种带有"后-"(post-)前缀的思潮开始兴起,在解构宏大叙事的同时也消解了主体性的概念,"间性理论"(主体间性或客体间性)甚嚣尘上,一些学者甚至直接将主体性化约为生物属性与肉体性,提出了"生物资本主义"的概念。在实践的维度,人们也担忧自己该如何应对"非人行动者"的挑战,如何维护在数字媒介技术面前享有的基本权利,尤其是在失范的社交媒体面前,如何通过制度、法律保护用户的权利。

(4)关于"空间"的研究。如今,我们谈论"空间"时,该概念的范畴早已不局限于地理或物理的空间,还包括"社会空间"、价值创造与资本积累的空间,以及基于互联网通信、传播技术形成的虚拟空间或虚拟社区。因此,在数字资本主义理论的谱系中,"空间"相关研究既包括脱胎自亨利·列斐伏尔(Henri Lefebvre)、大卫·哈维的空间理论的信息化时代空间生产研究,也包括具体的"工作场所""城市空间"等现实的、经验的空间研究。同时,传播政治经济学批判中经典的"全球化"议题也可以被涵盖在"空间研究"之下,包括跨国资本批判、世界体系研究、全球反资本主义抵抗运动与"在地化"(localization)的民主化运动研究,等等。

值得说明的是,这四个议题都不是"新鲜的""突生的",而始终贯穿于传播政治经济学的研究和左翼批判研究之中,只是当下信息技术突飞猛进、资本主义社会面临激荡,为这四个领域赋予了新的意义和内涵。例如,早期的劳动研究主要集中于讨论"受众劳动"到底是不是劳动,传播信息能否算是一种劳动,谁是在传播行业中创造价值的主体;而现在,越来越多的学者倾向于将视线投向组织化的产业之外,投向日常生活之中,在承认"非物质劳动"的前提下,辩证地看待互联网环境下劳动与资本的关系。关于技术的研究也从工具性的视野转向认识论与存在论的层面,或是以一种超越结构功能主义的视角来考察当代的技术变迁,这种变迁源自"媒介"在当代社会中的"浮现"——从一个从属性的文化机构渐渐转向一种生产性的文化机构,最终转变为文化性的生产机构。另外,这几个议题也并不是各自孤立的,技术的变迁为其他领域的"转型"提供了一种总体性的语境,劳动则是其余三个议题的奠基性领域,无论是关于主体性的研究,还是关于空间的研究,都基于"劳动创造价值"这一马克思主义的理论前提。换言之,"劳动"这一概念到现在为止仍然是批判传播研究的核心概念,只是我们需要从一种更加广阔、复杂、基础性的维度来理解"劳动"。

第一节 "劳动"（labor）概念之新解

正如前文所述,意大利自治学派的"免费劳动""非物质劳动""数字劳动"等概念的引入拓展了传播政治经济学的理论边界,同时,传播政治经济学领域也面临着来自现实的挑战——计算机、互联网等技术的介入改变了当代社会的经济形态、产业结构,包括媒介业态,我们时常需要考虑这样的问题:自由职业者是不是"劳工"？自媒体账号的"幕后人员"与传统媒体从业者之间有什么区别？用户在互联网上无偿创造的内容（user generated contents, UGC）是否产生了交换价值,是否服务于资本主义的经济循环与再生产？这些网络数据内容产生的意义、文化价值与交换价值还能否被明确地区分？这样的创造活动能否被视为劳动？以及,在当代资本主义的背景下,我们应当如何区分这些"新劳工"与传统的体力劳动者,如何区分受雇佣的记者、编辑与游离于新闻业边缘地带的"自由撰稿人"？

一、对"受众商品论"的扩展

自达拉斯·斯迈兹提出"受众商品论"以来,"劳动"研究便贯穿了传播政治经济学的脉络,也奠定了传播政治经济学的批判基调。不过,受众商品论自诞生之初便饱受争议——除了第一章中卡拉韦的质疑之外,斯迈兹面临的挑战还包括布莱斯·尼克松提出的"地租论",即媒体作为一种生产性的资源被"出租"给广告主,受众则是服务于资本增殖、剩余价值生产的"佃农"。尼克松的地租论正是卡拉韦的批判的延伸,在卡拉韦看来,受众在解读媒介文本时并非为资本服务,因为这样的解读产生的"意义"并不由资本家控制,它们是纯粹的"使用价值"（use value）；但在尼克松眼中,"版权"确立起来的严格所有权关系将受众对媒介文本的解读完全置于资本家的控制之下,从而使资本家能够对"受众劳动"进行剥削。尼克松也不赞成单向的、一元的"经济决定论",他并不排斥在批判中引入文化维度的分析,尤其重视雷蒙·威廉斯（Raymond Williams）将传播过程理论化为生产过程的批判。尼克松认为,受众商品论也是一种由生产决定的分配关系（production-determining distribution），即资本对传播生产的权力使之能够持续攫取与生产过程相关的价值，同时进行资本积累。①

不过，在尼克松看来，受众劳动具有个体性，强调的是个体消费和个体意义，但后者不能被商品化——"意义生产"不能像人类劳动的其他产物一样被异化，"受众劳动力"也不能简单粗暴地与进行物质生产的"意识活动"画等号，意识活动（或者叫"脑力劳动"）是可以商品化的，但受众劳动是伴随着对传播生产资料与产品所有权的控制渐渐被整合到资本流通与积累的过程中的。受众劳动的客体，即"文化"在本质上是非物质的，它包括信息、意义、观点，但不包括文化的物质载体。因此，文化的消费具有非排他性，购买文化商品只是通过支付获得了产品的"使用"（use）权，而非独占产品的"消费"（consume）权。但资本积累的核心生产过程正是受众通过"消费"购买的商品来实现剩余价值，受众劳动的基础正是将个人转化为"文化消费者"的社会关系、财产关系，而媒介资本不断增殖的源泉也正是"消费者"的活动。

同时，分配关系也是一种阶级关系，资本家以不同的方式攫取剩余价值，除了生产资本（productive capital）、商业资本（merchant capital）的利润，货币资本（money capital）的利息、租金之外，还包括版权所有者迫使使用者为文化产品支付的费用、广告商为租借"文化空间"支付的广告费用——也就是说，在受众劳动剥削中，既包含着对文化产品使用者的直接剥削，也包含着广告行业中的间接剥削。在尼克松看来，媒体、受众、广告商三方处于一种"动态平衡"之中，媒介越是依赖广告商，越是以广告收入作为剩余价值的主要来源，媒介资本对受众的控制力就越低，这种变化会在受众中培育出"消费意识"。这种"受众意识"（audience consciousness）正是受众劳动的主要产物之一，而受众劳动的最终产物是个体意识，也就是说，受众劳动过程是个体消费过程，是一种具有消费性的生产活动（consumptive production）——而在传统的媒介研究中，受众行为通常会被视为"生产性的消费"。从"消费"到"生产"的观念转变，正是"受众劳动"理论合法性的根基——因为它是"生产"，所以它是"劳动"。因此，尼克松提倡，在政治经济学分析中，需要将受众劳动的分配的特殊性（the particularity of distribution）、生产的普遍性（the generality of production）、消费的个体性（the singularity of consumption）结合在一起。受众劳动脱胎于媒介资本与受众劳动之间的社会关系，这种社会关系将受众劳动定义为以特殊的关系与资本紧密相关的具体的劳动——媒介资本运用其权力控制受众进行劳动，进而从受众那里攫取剩余价值。

---

① 姚建华.数字劳工：产消合一者和玩工[M].北京：商务印书馆，2019：42.

正是基于这样的前提,尼克松才将斯迈兹的受众商品论发展为"地租论"。随后,尼克松又提出了"数字受众劳动"(digital audience labor)理论,认为数字媒体公司也必须像传统媒体一样控制受众,使他们成为固定的"文化消费者",这样才能获取利润。他以谷歌为例,强调用户在谷歌上进行的一切检索都构成了一种"文化消费",即都构成了受众劳动,谷歌能够控制这些行为,以此抽取剩余价值,剥削数字受众劳工。除了谷歌之外,脸书与油管(YouTube)中也存在着同样的剥削。① 尼克松的观点体现了这样一种趋势:在当代资本主义社会中,"生产"与"消费"之间的界限被打破了。当代社会生活中各经济、政治、文化部门之间的联系日益密切,资本主义的生产、分配、消费构成了一个密不可分的循环,每一个机构、部门、环节都不可能独立存在,所有的文化消费除了间接地刺激生产之外,也在直接或间接地为各个网站、平台、媒体、企业创造剩余价值。因此,"劳动"的概念范畴已经不可避免地受到了冲击,其边界变得模糊。换言之,数字资本主义研究若不拓展劳动概念的边界,就会在当代资本主义批判研究中陷入越来越逼仄的狭缝中。

前文提到,尼克松也受到了文化研究学派的"鼻祖"雷蒙·威廉斯的影响。许多学者认为,威廉斯已经注意到了传播的生产性,他的观点被称为"文化物质主义"(cultural materialism,或曰文化唯物论),即:

> 我们从一开始就不能认为传播是第二位的。我们不能把它看成是边缘的,也不能把它看成是事情发生之后才发生的,因为我们自身的现实、我们社会的现实都是通过传播体系才形成并得以解释的。②

这也就意味着,尽管不同的社会模式中存在着不同的传播模式,但研究传播体系"是要以新的方式来看待我们在这个复杂社会中的种种关系、这些关系的走向及其未来的可能"③。因此,威廉斯关注"广告"(advertisement)、"传播"(communication)、"媒介"(media)等词汇的发展、演变与现代意义的形成,关注这些概念的商业化、资本主义化,关注英国传媒业的市场化和权力集中现象。④ 不过,威廉斯批判的目的仍然是恢复传媒的公共性,以一种属于整个社会的、多样化的"民主的传媒体制"⑤来取代英

---

① NIXON B. The business of news in the attention economy: audience labor and MediaNews Group's efforts to capitalize on news consumption[J]. Journalism, 2016, 0(00): 1-22.
② 威廉斯. 希望的源泉:文化、民主、社会主义[M]. 祁阿红,吴晓妹,译. 南京:译林出版社,2014:26.
③ 威廉斯. 希望的源泉:文化、民主、社会主义[M]. 祁阿红,吴晓妹,译. 南京:译林出版社,2014:27.
④ 威廉斯. 希望的源泉:文化、民主、社会主义[M]. 祁阿红,吴晓妹,译. 南京:译林出版社,2014:30.
⑤ 威廉斯. 希望的源泉:文化、民主、社会主义[M]. 祁阿红,吴晓妹,译. 南京:译林出版社,2014:33.

国传媒发展史上独裁式、家长制式、商业式的传媒体制,并由此形成一种"有教养的、参与式民主"的共同思想。① 而尼克松提出的基于"社会关系"的受众商品论实际上是经典受众商品论(也是经典传播政治经济学理论)与"后现代"的数字劳动理论之间的过渡形态。

二、"消费社会"中的劳动困境与"产消合一者"

在数字资本主义理论内部激烈动荡的同时,外部社会环境也面临一系列变化——21世纪的到来并未兑现"千禧年"的承诺,除了新自由主义继续席卷全球之外,保守主义思潮也在许多国家、地区、社会领域死灰复燃,渐渐成为声势浩大的政治潮流,民粹主义在成为民主政治最主要的挑战的同时,"超级政府""警察国家"也渐渐活跃于国际政治的格局中;而在经济方面,资本主义经济体系频频面临着经济危机,金融系统变得愈发脆弱,其自我调节能力越来越难得到保障,它对实体经济的干预程度却越来越高,甚至时常发生实体经济绕着投资风口转,最终泡沫越积越多,热钱越滚越快,出现股市崩盘、经济危机暴发的局面。与此同时,技术对经济发展的影响也反映在生活方式、社会思潮、文化活动中,人们渐渐习得了网络化、媒介化的生活方式,以数字媒介为中介来认识周遭世界、呈现自我、表达观点、参与社会实践,最典型的一个变化在于,我们当今最主要的社会身份已不再是"生产者",而是"消费者"。

经由鲍德里亚的同名著作,"消费社会"的理论已经广为人知。鲍德里亚提出,在当代资本主义社会中,人们需要通过对消费物的获取来确证自身。此处的"物"既指常见的消费品,也指作为符号的物,是渗透人类日常生活点点滴滴的、指向当代社会身份地位的结构性象征符码。"时尚"、商品化与现代装置技术取得了支配性地位之后,人们的消费行为就被转变为操纵客体的技术行为,对符号-物的消费成为渗透微观社会的一套能指系统,将日常生活中的一切细节抽象化为符号和物品,以便购买和消费,而作为"消费者"的人们自然也被纳入了维护符号秩序与组织社会控制的生产力系统与符码体系之中。在这个消费被管控的官僚社会中——

> 工人阶级没有意识到消费的结构以及他们因消费而被剥削的结构;交换的意识形态,"为了工资而工作",遮掩着真实的生产条件、正在构成的-已经

---

① 威廉斯.希望的源泉:文化、民主、社会主义[M].祁阿红,吴晓妹,译.南京:译林出版社,2014:36.

构成的关系(出卖工作力、所有权和被一个阶级控制生产方式的管理权)。这种关系已经变得模糊了,消费意识形态仅仅增加了这种模糊性。消费是生产的替代物,作为剥削它被加剧了,它按比例地产生了较少的强迫性。①

"满足"正是消费社会的关键词。但需要被满足的不仅是生产与基本物质生活所需的资料与商品,消费本身就已经成了新的需求,或者说,消费成了不断让人满足又不断制造匮乏的一种欲望。因此,"满足"是没有尽头的,一方面,消费社会的"计划性报废"加快了物品及其样式的更新,以此精密地计算、组织、控制着消费系统,不断以新的需要取代旧的需要,以滋生出永无止境的欲望;另一方面,资本主义社会的流动性与停滞性之间的张力不断增强,资本主义通过停滞性来剥削日常生活,又通过瞬间性来对消费进行操控。在鲍德里亚那里,现代性的本质就包含着对瞬间的崇拜,它能将自己包装为一种阶级策略,通过殖民日常生活,将一套剥削的体制建立在无止境的匮乏之上。在鲍德里亚看来,需要体系与消费体系已经超出"一般人类学的假设",而成为资本主义体系组织化发展的生产力。消费已不再只是"享受",而具有了生产的功能,它也不仅仅是个体的需要,而是集体性的、全面的特征。在这种情况下,需求与享乐主义成为"幻象",使得"需要-生产力"的事实被"需要-愉悦"的范畴掩盖,使得"需要"和劳动一样成为生产力发挥作用的模式。就如鲍德里亚自己所说:

> 消费社会也是进行消费培训、进行面向消费的社会驯化的社会——也就是与新型生产力的出现以及一种生产力高度发达的经济体系的垄断性调整相适应的一种新的社会化模式。②

"消费社会"带来的麻烦还远不止于此——如果"消费"成了驱动生产的动力,那么,马克思主义基于剩余价值论建立起来的经典政治经济学批判就需要重构,"劳动"的基础地位也发生了动摇。列斐伏尔认为,马克思在《资本论》中对于资本主义生产方式及其内在矛盾的分析忽视了文化与符号的重要作用,鲍德里亚则更进一步,提出了"符号交换"的政治经济学,在他看来,"前现代"社会中的交换并不遵循资本主义的经济交换规律,而是由"象征"的交换主导的,马克思主义政治经济学恰恰遗漏了符号政治经济学的批判。而那些"主流"马克思主义者就算不赞成列斐伏尔、鲍德里亚对

---

① 吴琼.西方消费社会理论的批判与嬗变:列斐伏尔与鲍德里亚之比较[J].深圳大学学报(人文社会科学版),2019(3):145-152.
② 鲍德里亚.消费社会[M].刘成富,全志钢,译.南京:南京大学出版社,2014:63.

马克思主义的批判,也不得不面对这样的现实——"消费社会"意味着劳动者地位的衰落,以及劳动的降格。当生产力的增长无法解决社会的结构性矛盾(劳动力绝对过剩、产品相对过剩)时,消费便趁势而入,只有更多人扮演起消费者的角色,才能尽快地消耗产品,资本家才能扩大再生产,解决困扰社会的失业问题,缓解由于通货膨胀和失业带来的社会矛盾。"福利国家"的概念也应运而生,行政部门为了保障个体利益而承担了一部分本该由个体负担的支出,使社会权利不必完全依赖市场资源来配置,社会权利的非商品化让人们无法靠"劳动者"身份来获得尊严,只能以符号性、象征性的"消费者"身份来作为社会身份的联结点。这样一来,人们便产生了这样的信念——能消费多少商品、消费质量的高低代表着社会中的个体的"真实地位",中产阶级、工人阶级也倾向于提高消费能力,以此来"证明"自己和其他人拥有同等的社会地位。在这种情况下,尽管社会的总体财富增加了,社会结构却变得缺乏活力,对于一部分依靠福利国家支出生活的个体来说,他们占有的社会财富所占的比例变得更小了,经济的增长反而带来了一种结构性的不平等。而且,正因为"增长"成了解决社会矛盾与冲突的手段,个体只有作为消费者、不断地消费商品,才能转化为经济增长的动力,塑造着新的社会结构,剥削性的资本主义经济体系因消费行为而得到了巩固。

因此,对于传播政治经济学者来说,当务之急就是"恢复"劳动的基础性、核心性地位。可麻烦的是,当代资本主义职业分工的流动化将固定的劳动者转化为流动的"兼职者",失业成了当代社会的"新常态"。全球化时代的跨国雇佣也带来了新的问题——资本可以跨越疆域、不受限制地流动,在更偏远的地方征召廉价劳动力,当资本跳出了国家的框架时,民族国家便不再是劳动者抵抗剥削的后盾。劳动者与"生产者"这两种身份之间出现了裂痕,那些"符号操纵者"、各个社会领域中的"教育者"、受雇于其他"个人服务"的人(如销售员、培训员)从事的都是与消费有关的职业,而依附于传统生产线的"常规劳动者"恰恰是最容易被替代的群体。更糟糕的是,一些学者相信资产阶级与无产阶级已经被同化于消费之中,阶级身份、社会地位、政治认同都被吸纳进了消费之中,融合、消解为消费社会的同质物,作为消费主体的人也沦为了消费品。消费社会的流动化特征淡化了工作场所与休闲场所之间的界限,使得劳动者无法"在场",自然也就消解了公共领域、公共行动,以及劳动者的政治身份。也就是说,"消费者"是政治上的旁观者,而非行动者。[①] 参与政治转化为私人领域下的日常生活政治,规范性的制度被吸引、诱惑取代,命令也被公共关系所取代,监督和治安则被需

---

① 李青,吴瑾菁.消费社会中劳动者身份的困境以及出路[J].北方论丛,2019(4):20-25.

要取代——这就是消费社会中新的权力结构。消费者疏离了传统意义上的"政治",也鲜少参与社会政治,其公民身份因此而"贬值",这种"政治后卫"的立场无疑是在维护资本主义不平等的政治、经济、社会体制。

"产消合一者"(prosumer)这一概念的浮现恰恰印证了生产与消费之间界限的日益模糊。"产消合一"并不是突生的新概念,其字面含义"自己消费自己生产的产品"作为一种经济行为,始终贯穿于人类历史中。在当代的"信息产业"中,程序员、软件工程师在工作中使用自己编写的程序、软件时,使用的过程既是生产,也是消费。当代学术意义上的"产消合一"概念来自托夫勒,他将产消合一视作"异化的终结"①,产消合一者消费着他们自己生产的商品,劳动便取代交易,成为他们与他人进行交换的直接形式。换言之,产消合一者是可交换物品的创造者和共同创造者,彼此之间拥有同等的自由度,他们与他人或者自己创造的存在重新发生了非商品、非交易的联系。也就是说,托夫勒对产消合一抱有乌托邦式的乐观主义期待。但爱德华·科莫(Edward Comor)认为,产消合一并未改变异化的本质——工人的降格(degradation)。资本家对利润的追逐驱使他们把工人视为机器或物品,他们创造的剩余价值完全被资本占有,他们的主体性也完全丧失了,沦为机器或技术的附庸。资本通过劳动力将货币和使用价值转化为剩余价值的剥削方式没有改变,资本主义的本质也没有改变,异化就不会自动消失。用马克思的话来说,一切资本主义的生产都不仅是劳动过程,也是资本增殖的过程,这两者之间存在着一个共同点——不是工人使用劳动条件(instruments of labour),而是劳动条件使用工人。在产消合一的时代,阶级的对立仍然存在,工人的"再技能化"(re-skill)、家务劳动的日益繁重、工作强度的加剧、报酬不断"缩水",以及对网络和经济体系的依赖迫使劳动力必须屈从于控制,工人还必须不断提升自己的技能,自费购买生产资料与生产工具(如计算机硬件、软件)。这些劳动者同时也是资本增殖的工具,只有少数"技术精英"能够凭借经济与智识上的优势摆脱自身作为"机器"的工具性存在。科莫坚信,异化的终结只是一种神话,是被赋予"自由"与"权力"的错觉。②

另一种关于"产消合一者"的观点是将他们视作传统资本制度下工人阶级的一种延伸,这一群体同时扮演着生产者与消费者的角色,他们的产生与互联网和"消费社会"的来临密切相关。进入 Web 2.0 时代后,大量的网站以"网络自由主义"(cyber-

---

① 姚建华.数字劳工:产消合一者和玩工[M].北京:商务印书馆,2019:123.
② 姚建华.数字劳工:产消合一者和玩工[M].北京:商务印书馆,2019:123-124.

libertarianism)为幌子要求用户无偿编辑、翻译、设计、维护网站页面。但与此同时,大量用户并非被迫,而是自愿地、愉悦地从事这种产消合一的活动,他们被赋予了使用生产性资源的权力,只是他们生产的价值归互联网公司所有。互联网的用户也被早期的各种非营利实体培养出了不付费的习惯,大家习惯了享受免费的网络信息,甚至坚信所有网络内容都应该是免费的。这种"不付费"的习惯让广大营利性网站面临巨大的麻烦,一旦收费,大量的非核心用户就会迅速流失,许多网站入不敷出,只能不停地争取新的投资来维系资金链。在瑞泽尔等人看来,传统的资本主义——不论是生产资本主义,还是"消费资本主义"——都是以稀缺性为前提的,而产消合一的资本主义的前提则是世界物质的丰富性,前者强调效率(efficiency)和理性,而后者强调效能(effectiveness),即产品和服务的质量。也就是说,"产消合一"的概念甚至已经超出了"消费社会"的范畴,进入了一个全新的时代。在后期,瑞泽尔进一步发展了"产消合一"的概念,将其发展为一个连续统,一极是作为生产的产消合一(prosumption-as-production,简称p-a-p),另一极是作为消费的产消合一(prosumption-as-consumption,简称p-a-c)。由此,瑞泽尔发展出了三种资本主义类型学——生产者资本主义、消费者资本主义、产消合一者资本主义,这三类资本主义的"宏大叙事"是依次递减的。而涉及另一"宏大叙事"——剥削的话语时,这三种类型依次体现为:生产者资本主义是单极剥削(singly exploitative),消费者资本主义是双重剥削(doubly exploitative),产消合一者资本主义是协同式双重剥削(synergistically doubly exploitative)。在瑞泽尔看来,产消合一的资本主义比前两种资本主义都更具有"魔力",围绕着"产消合一"这个概念,我们可以重新检视资本主义的消亡/延续(decline/continuation)问题。①

在瑞泽尔之后,一些学者尝试以更加辩证的视角来看待产消合一的过程。例如,瑟奇·普罗克斯(Serge Proulx)等人强调"产消合一"的劳动中包含着异化与解放的悖论,生产者的"集体智慧"(collective intelligence)在内容的集体生产社群中扮演着关键角色,他们的实践性参与在当代信息资本主义环境下不遗余力地生产着商业价值。②亚当·阿维德松(Adam Arvidsson)与埃莉诺·科莱奥尼(Elanor Colleoni)拓展了劳动价值论在当代的范畴,认为经典的劳动价值论很难适用于互联网的语境,首先,价值创造与时间的联系非常贫乏;其次,价值通过社交媒体实现的过程主要出现在金融市场中,并未体现为直接的商品交换。阿维德松与科莱奥尼提出的拓展方案是将价值的创

---

① RITZER G. Prosumer capitalism[J]. The sociological quarterly, 2015, 56(3):413-445.
② PROULX S, etc. Paradoxical empowerment of produsers in the context of informational capitalism[J]. New review of hypermedia and multimedia, 2011, 17(1):9-29.

造理解为基于创造、维持情感关系(affective relations)的网络,而价值实现与基于金融经济的声望密切相关。他们认为,在信息资本主义、在线产消合一平台的语境下讨论价值创造与挪用的过程,比经典马克思主义的劳动价值论更加合适。① 拉玛·苏吉哈塔蒂(Rahma Sugihartati)谈到被视作反对主导性权力秩序的"抵抗性亚文化"(resistance-subculture)的青年流行文化粉丝,作为产消合一者,青年群体生产的数字同人作品(digital fandoms)被视为对抗文化工业生产的文本内容。但苏吉哈塔蒂发现,同人创作者并未真正逃离资本主义的秩序,而是成了"玩工",为全球文化工业投入了无酬的数字劳动。这些青年人建立起的粉丝亚文化认同(subcultural identity)无法对抗文化工业的系统,他们甚至会主动将自己置于文化工业资本主义的网络中,置于自我修复的全球娱乐业权力的宰制与压制之下。② 除了上述"新概念",约翰·迈克尔·罗伯茨(John Michael Roberts)提到了"协作式的产消合一者"(co-creative prosumer),包括那些在社交网站上从事免费劳动的人。这种协作式产消合一代表了一种新的剥削,提供了一种资本与剩余价值积累的虚拟方式,同时也描绘了商业与非商业的信息网络共同搭建起来的新型资本主义图景。它通过"创新性的"传播、信息之间的"非物质"联系创造价值,在传统的观念中,这种协作式的产消合一行为并非"生产性"劳动,但剩余价值的生产已经从全球经济的生产性领域延伸到了非生产性领域。通过免费劳动,产消合一者有潜力在非生产性的领域为新媒体公司削减成本,进而服务于"知识资本主义"的财务形式。③

三、礼物经济与无酬劳动、"玩工"

除了"消费社会","劳动"概念还面临着另一个冲击——互联网"礼物经济",即一些用户无偿地在网络上发布的信息、内容,制作的开源软件、免费教程被其他用户无偿地使用——这样的在线内容被意大利自治学派视为一种"礼物",它超出了资本主义生产关系,自然也超越了剥削-被剥削的关系,成为一种拥有解放潜能的力量。哈特与奈格里的"非物质劳动""情感劳动"都包含着这种"解放"的希冀,同样,福克斯

---

① ARVIDSSON A, COLLEONI E. Value in informational capitalism and on the Internet[J]. The information society, 2012,28(3):135-150.
② SUGIHARTATI R. Youth fans of global popular culture:between prosumer and free digital labourer[J]. Journal of consumer culture,2017,0(0):1-19.
③ ROBERTS J M. Co-creative prosumer labor, financial knowledge capitalism, and Marxist value theory[J]. The information society,2016,32(1):28-39.

提出的"生产性劳动"中也包含着挣脱资本主义剥削体系的"主体性劳动"的期许。现阶段"数字资本主义"研究的一个重要趋势就是探讨作为资本/反资本的互联网在当下经济体系中呈现的二元张力。一些研究者甚至相信,在"智力资本主义"的条件下,劳动已经终结、消失了。[1]泰拉诺瓦认为,在互联网资本与反资本的张力之下,商品和无酬劳动都变成了暂时性的,资本对互联网的渗透一方面加速了电子商务的发展,另一方面又加剧了私有化的过程,在这一循环中,互联网能够从持续的、不断更新的劳动中获得价值。商品的暂时性意味着,商品不再是一个最终的产品,而是一个不断压缩的过程(即"商品化"过程),它依赖于持续性、创造性、创新性的劳动力,依赖新的网络,对于传媒行业的内容生产者来说,它削减了限制将内容直接转化为货币价值的组织结构,也淡化了职责、义务、权利对于"内容变现"的约束。在泰拉诺瓦看来,"技术狂热"(technophobia)和"技术恐惧"(technophilia)都是偏颇的、一元的观点,技术涉及的是更广泛的文化与经济逻辑,"数字经济"对无酬劳动的依赖实质上是一种制度设计,以便于资本主义攫取剩余价值,同时,它也是资本与劳动力之间相互建构、交织的复杂历史产物,指向了一种非对抗性的文化。泰拉诺瓦相信作为资本的互联网(the Internet as capital)和作为反资本的互联网(the Internet as the anticapital)之间存在着持续的张力,因为在劳动力、政治、文化之间存在着一种内生性的、扁平的、对权力极其敏感的关系模式。劳动与雇佣劳动之间的脱节正是这种关系模式的一个侧影,在这种情况下,我们无法继续将劳动视为纯粹的"雇佣劳动",因此,也不能单纯地将"免费劳动"视为"没有得到报酬的劳动",而是将其视作始终受到资本主义隐性剥削的劳动;"一般智力"(general intellect)也不能简化为"集体智慧"(collective minds),因为这种粗暴的化约消解了劳动与资本之间的抗争关系。在某种意义上,互联网"救"了资本主义,这种"扁平关系"形塑了所谓"后工业社会"中的生产关系和政治斗争,也折射出物质活动与文化行为之间界线的消解。越来越多的行为被纳入劳动的范畴,"无酬劳动"实际上是当代资本主义社会中混合着剥削、发展、抵抗、解放、同情的复杂情境的产物与反映。

黛安娜·梵-登-布鲁克(Diane van den Broek)拓展了泰拉诺瓦的"无酬劳动"概念,认为经济体与它们的消费者之间存在着一种基于互联网系统的合作关系,将消费者卷入了生产、创造之中。正是这种合作关系让一部分学者认为传统的劳动力市场、

---

[1] ZHAO W, PETERS M A. 'Intelligent capitalism' and the disappearance of labour: whither to education? [J/OL]. Educational philosophy and theory, 2018(9): 1-10[2023-10-05]. http://doi.org/10.1080/00131857.2018.1519775.

劳动进程都消失了,同时消失(或被削弱)的还有生产与消费之间的界限,人们开始争论"免费"的、"非物质"的劳动对当代经济的贡献。在布鲁克看来,这种"关性键重构"改变了传统的组织形式,但资本市场仍然是集中化的,数字劳动也被朝着其他劳动的方向校准。尽管劳动不能彻底商品化,但数字劳动也不全然是"免费的""非物质的",它不仅仅由劳动本身构成,也包含着劳动关系,以及资本为其赋予的"权重"和价值。① 福克斯则提倡用卢卡奇关于"社会存在"的本体论来理解数字工作、文化工作和与之相关的传播概念。卢卡奇反对在工作与意识的领域进行二元区分,而是引入了目的论假设(teleological positing),这一概念也能让我们更好地理解文化、数字劳动及与之相关的意识形态,包括参与式/联系式/分享式意识形态。在福克斯看来,卢卡奇的目的论假设正是我们理解当代经济文化的共同特征,尤其是社交媒体时代的数字劳动的关键要素。② 马特·显凯维奇(Matt Sienkiewicz)谈到了网络分析员从事的开源调查项目,他们受乌克兰政府招募,调查马航 MH17 坠机事件,却并未获得任何财政支持。显凯维奇认为这一项目既包含着广义的"粉丝劳动",也包含着公民监督,它是网络文化的经济与社会双重面向的产物。乌克兰政府从无酬工人生产的话语中获得了外交效益——这些无酬劳工扮演着重要的"外交"角色,他们的付出有着消解俄罗斯使用全球广播系统进行的造价高昂的全球宣传的潜能。③

自治学派的托伦蒂提出的"社会工厂"可被视作劳动概念的另一种拓展。托伦蒂认为,在垄断资本主义的时代,工作与休闲之间的界限已经不复存在,整个社会都成为资本主义体系之下的"生产接合"(articulation of production)。因此,价值抽取的主要节点早已不限于传统意义上的"价值生产空间",随着数字媒介蓬勃发展,不仅全球劳动的需求变得越来越流动化、弹性化,"非正式劳动"(informalized labor)也渐渐转向非物质的情感劳动,手机这种移动媒体的介入更使得生产与价值的抽取能够在"混合时空"中发生——社会本身已经成为工厂。④ 特雷博尔·舍尔茨(Trebor Scholz)也提到了当代的互联网既是娱乐的场所,也是"工厂",通过那些不可见的"免费劳动",剩余

---

① BROEK D. From Terranova to Terra Firma: a critique of the role of free labour and the digital economy[J]. The economic and labour relations review, 2009, 20(2): 123-134.
② FUCHS C. Georg Lukács as a communications scholar: cultural and digital labour in the context of Lukács' ontology of social being[J]. Media, culture & society, 2015, 38(4): 506-524.
③ SIENKIEWICZ M. Open BUK: digital labor, media investigation and the downing of MH17[J]. Critical studies in media communication, 2015, 32(3): 208-223.
④ TAN, XU, Virtually boyfriends: the 'social factory' and affective labor of male virtual lovers in China[J]. Information, communication & society, 2020(11): 1555-1569.

价值在互联网中源源不断地被生产出来,而传播实践自然也涵盖于其中。①

"玩工"的概念同样需要细致的追溯与梳理。它的边界十分松散,它可以包括玩家的参与对游戏"元故事"(meta-story)的修改,"高配玩家"(competent player)在游戏中的社会化过程,由玩家推动的游戏创新、拓展,等等。例如,在《模拟人生》(The Sims)、《我的世界》(Minecraft)等游戏中,玩家留下的"痕迹"会一直保留在游戏中,并不会随着系统刷新而消失,天长日久,它们就成了地图的一部分。而在创造这种"痕迹"的过程中,玩家付出了大量的社会性、情感性的精力,他们通过游戏重塑了自我认知,从中获得了主体性(subjectivity)。这种创造过程也是一种认知性、情感性的劳动,它最重要的产品是游戏体验、内容、游戏攻略等,这些东西在玩家眼中正是游戏产业中最具价值的东西。而对于游戏产业来说,获取剩余价值的主要途径转向了"生产的外部性",即剥削的对象是个人的智识,而非直接的劳动力,这种变化正是游戏产业"转型"的核心逻辑。除了这一类"玩工",屈克利希还提到了"游戏版本修改者"(Modders,即 Modifications 的缩写 Mods 的人称形式),他们运用游戏开发者提供的或自己设计的"修改器"来编辑"自己的游戏",但这些编辑、修改行为本身也构成了游戏产业价值和创新的来源。不过,在屈克利希看来,这些修改者并不能从修改、编辑游戏中稳定地获得收入,他们的付出属于一种"无酬劳动"。部分公司为这些修改者提供了平台[如蒸汽平台(Steam)]和资金的支持,但从整个游戏产业来看,修改游戏的知识产权依旧属于游戏公司,修改者只能签署限制性极强的"终端用户许可协议"(End User License Agreement,简称 EULAs)。根据协议,修改者只有使用游戏源代码的权利,而没有出售修改后的"新游戏"的权力,且游戏源代码的使用权也是游戏公司赋予的,公司随时可以以"侵权"的名义收回。这些修改活动成了游戏公司的实验田,为游戏公司源源不断地提供着新思想、新创意,使之能够跟上激烈的市场竞争。在这些版本修改者中,也存在着大量的程序员、设计师、3D 建模师、画师,他们不需要经过游戏公司的培训就可以加入游戏版本修改者的行列,他们对游戏产业增殖的贡献远远超出了爱好的范畴。对于修改者自己来说,修改游戏的行为是"玩耍"而非"劳动",这就让游戏公司的剥削变得更加隐蔽、更不易被察觉。泰勒等人将视线投向了电脑游戏《星战前夜》(EVE online),分析游戏开发者、游戏产业工人与玩家如何通过生产"材料""装备"来驱动整个游戏产业的发展。各种交流性、信息性的行动与作品不仅影响、支撑着玩家对游戏

---

① WITTEL A. Digital labor:the internet as playground and factory[J]. Information, communication & society,2014,17(7):906-907.

的卷入,这种关联还延伸到游戏之外,在不同玩家之间、玩家与游戏开发者之间搭建桥梁,甚至连接了整个数字经济。游戏社区不仅打破了劳动与闲暇之间的界线,也让"游戏文化"与日常生活中更广泛的意识形态、社会思潮之间产生了千丝万缕的联系。①

莎拉·科尔曼(Sarah Coleman)与戴尔-威瑟福德谈到了电子游戏(videogame)中那些更宽泛的问题:玩家文化、志愿生产的免费内容、盗版(warez)与废弃软件(abandonware)的使用、版本修改(modding)的场景,等等。在两位作者看来,这种"媒介平民主义"中蕴含着抵抗全球信息资本主义的可能性。② 而在中国的"玩工"研究语境下,我们还要考虑职业代练、职业公会、游戏工作室等"特殊玩家",他们直接将游戏当作自己的谋生之道,对于他们来说,"玩游戏"就是职业化的劳动,他们像普通的"上班族"一样每天在游戏里签到打卡,耗费大量时间,完成各种任务,以此来获得雇主提供的报酬。这样的行业正在逐渐壮大,形成了一种半职业化的,甚至是全职的劳动者群体。而丹尼尔·詹姆斯·约瑟夫(Daniel James Joseph)援引了大卫·哈维的"剥夺式积累"(accumulation by dispossession)概念,来分析蒸汽平台的"社区危机"。尽管蒸汽平台声称自己成立的初衷是为版本修改者提供一个能够出售他们修改的游戏模组的平台,为他们创造了一个对抗商品化的社区,但约瑟夫通过对社区成员在红迪(Reddit)平台上发布的帖子展开话语分析,发现许多社区成员都意识到了这一剥削性积累的过程,但话语背后浮现的并不是阶级意识,而是一种普遍的无助感与挫败感——游戏、娱乐、休闲都变得像工作一样,不再能给人带来快乐。③

此外,福克斯将"知识劳动"这一范畴做了更细致的区分,将其划分为直接的知识劳动(生产在市场上作为商品出售的知识产品与服务)与间接的知识劳动(创造资本与工资劳动存在的社会语境,诸如教育、社会关系、情感、沟通、性、家务、日常生活中的公共知识、自然资源、育婴、养老等)。间接的知识劳动通常表现为无酬劳动,在社会生活中发挥着至关重要的作用,从事者通常不是正式雇佣工人,而是家政工、退休人员、学生、非正式的兼职工人、实习生等。④ 此时,越来越多的学者倾向于跳出资本主

---

① TAYLOR N, etc. Alienated playbour: relations of production in EVE Online[J]. Games and culture, 2015, 10(4): 365-388.
② COLEMAN S, DYER-WITHEFORD N. Playing on the digital commons: collectivities, capital and contestation in videogame culture [J]. Media, culture & society, 2007, 29(6): 934-953.
③ JOSEPH D J. The discourse of digital dispossession: paid modifications and community crisis on steam[J]. Games and culture, 2018, 13(7): 690-707.
④ FUCHS C. Class, knowledge and new media[J]. Media, culture & society, 2010, 32(1): 141-150.

义、雇佣劳动的单向度框架,以一种辩证的、相对主义的观点来审视"劳动"的范畴。例如,杰克·布拉蒂奇(Jack Bratich)分析了"前资本主义"的手工 DIY 文化,将其置于以下几个主题中:(1)非物质与情感劳动;(2)性别与家庭;(3)时间与资本主义的历史。在布拉蒂奇看来,信息的、沟通的实践是嵌入于手工文化中的,"手工"作为一种"行动的能力",是一种类存在(species-being)本体论的积累,与戴尔-威瑟福德所说的"类存在的复苏"(species-being resurgent)密切相关,它为我们提供了一个主体性力量的本体论发展的关键案例,人们可以借此与资本主义的危机和破坏性产生共鸣,并反思主体的有机化。① 罗纳德·戴(Ronald Day)研究了 20 世纪 70 年代意大利"为家务争取工资"(Wages for Housework)运动中的抗争,借此探讨无酬劳动的价值——事实上,目前西方学界关于"无酬劳动"的研究很大程度上起源于女性主义研究者关于家庭主妇家务劳动的研究。在戴看来,家务劳动与"数字劳动"的价值问题不仅是类似的,也是换喻的。家庭环境中不仅生产了数字劳动,也生产了对它的批判话语。这种换喻关系不仅存在于当下,也存在于历史中、更大的社会文化传统中——数字劳动不断地被持续生产着,资本对它们的使用也是如此。② 埃尔维拉·尼卡(Elvira Nica)等人关注认知资本主义环境下数字劳工、自由职业者的"声望"问题,在他们看来,"声望"是制度性信任的起点,是数字技术介入创意、管理领域的表征,以及网络环境下"媒介化"的社会联系带来的一种"权宜之计"。③ 此外,丹尼尔·吉尔伯特(Daniel Gilbert)则从历史的维度出发,关注美国国家橄榄球联盟(National Football League,以下简称 NFL)中的劳动组织转型:NFL 发端于 19 世纪 20 年代早期的福利资本主义时期;在 50—60 年代,大众传媒中关于合作管理的叙事促进了专业橄榄球比赛的成熟;进入 21 世后,"梦幻橄榄球"(fantasy football)这一观看形式将观众置于"想象的"人力资本管理者的位置。④ 林仲轩通过虚拟民族志的方法研究澳门的互联网非物质劳动,在他看来,非物质劳动改变了资本主义的性质(changing nature of capitalism),但这一过程并非单向的剥削,而是剥削与赋权的悖论。非物质劳动有机会创造替代性媒

---

① BRATICH J. The digital touch:craft-work as immaterial labour and ontological accumulation[J]. Ephemera,2010,10(3/4):303-318.
② DAY R. Value and the unseen producers:wages for housework in the women's movement in 1970s Italy and the prosumers of digital capitalism[J]. The information society,2015,31:36-43.
③ NICA E,etc. A question of trust:cognitive capitalism,digital reputation economy,and online labor markets[J]. Economics,management,and financial markets,2017,12(3):64-69.
④ GILBERT D A. The gridiron and the gray flannel suit:NFL football and the modern U. S. workplace[J]. Journal of sport and social issues,2018,42(2):132-148.

体,帮助互联网用户对抗传统的主流媒体和政府,也能够建立起情感共同体,赋予用户"家庭与归属"的集体情感。非物质劳动派生出的个体情感不仅为用户提供了积极的个人情感,也是数字媒体时代一种特殊的"在世之在"(being-in-the-world)方式。① 南西何(Siho Nam)分析了诸多传媒公司的首次公开募股(IPO)声明,认为"财务沟通"也是一种非物质劳动,它挽救了固定的资本积累领域。② 关于劳动的研究正从传统经济部门延伸向社会生活的各个微观领域,其概念逐渐变得无所不包,范畴边界亦逐渐模糊,仿佛一个悬浮在研究者头顶的幽灵,研究者无法彻底绕开这一概念,对其展开研究时,又发现它若即若离、难以捉摸。这样的"劳动"概念一方面极大地拓展了研究的边界,开阔了研究者的视野,另一方面也让研究失去了焦点与方向,似乎任何网络行为、媒介实践都可以被称作"劳动"。

第二节 "技术"(technology)的批判

"消费社会"的来临也好,"礼物经济"的兴起也好,我们可以在"劳动"范畴的拓展中瞥见这样的趋势——"技术"的问题已经变成了一个基础性的、无法回避的问题。在以往的研究中,传播政治经济学领域的技术批判主要集中在科技产业领域,包括商品化过程、所有制批判、知识产权批判、产业劳工研究,等等。例如,姚申晶(ShinJoung Yeo)关注互联网走向商业化、商品化的过程,以及在这一过程中,商业资本如何将信息搜索的行动转化为市场对象,将搜索引擎技术转化为资本增殖的工具和具有营利能力的循环系统。③ 伊森·丹尼尔·图西(Ethan Daniel Tussey)则通过"定点的"(site-specific)民族志研究,探讨媒体产业工作场所中数字内容的生产、分配、叙述、接收。在他看来,网络文化具有动态性,工作场所对数字文化的消费与循环而言是一个重要的定位,同时也是理解数字技术元素如何进入媒体产业的一个理想语境。数字技术的普及并没有切实提升媒体劳工的技术能力,只是影响了媒体产业的商业策略,催生了

---

① Lin Z X. Paradoxical empowerment and exploitation:virtual ethnography on internet immaterial labour in Macao[J]. Journal of creative communications,2017,13(1):1-16.
② NAM S. Cognitive capitalism, free labor, and financial communication:a critical discourse analysis of social media IPO registration statements[J/OL]. Information, communication & society,2018(8):1-18[2023-10-05]. http://doi.org/10.1080/1369118X.2018.1510535.
③ YEO S. Behind the search box:the political economy of a global internet industry[D]. Urbana,illinois:University of Illinois at Urbana-Champaign,2015.

在全球资本主义范围内飞速增殖的文化焦虑。① 凯里·林恩·萨金特(Carey Lynn Sargent)认为,在美国全面衰退的大环境下,信息与通信产业仍然取得了惊人的发展,这让人们开始相信,数字资本主义是中介化的、民粹主义的、创造性的,这些新兴产业能够解决经济发展的问题,并维持社会的多样性。但萨金特审视了创意产业与经济力量之间的联合、剖析了数字技术如何中介了这种关系之后,意识到数字资本主义形塑了文化工作者的生存机遇——当独立音乐人这种"突生的"创意工作者必须使用数字媒体来建构其生产与发行的网络时,他们就嵌入了由共享文化意义的其他企业家构成的社会网络中。② 同类研究还包括:詹姆斯·雷弗利(James Reveley)对学校"注意力训练"过程中包含的赋权与压迫的悖论的研究;③马克·戴维斯(Mark Davis)对电子书(e-book)在当代网络全球信息经济中的作用的研究;④劳拉·曼德尔(Laura Mandell)和伊丽莎白·格伦巴赫(Elizabeth Grumbach)对美国高等研究联合会(The Advanced Research Consortium,简称 ARC)与数据公司的合作带来的学术知识商品化与剥削风险的研究;⑤坦纳·米雷莱斯(Tanner Mirrlees)对"超现实"战争游戏中如何隐含着全球数字资本主义与美国军国主义之间的联合、如何以结构化方式塑造了对"赛博格参军"(cyborg-soldiering)与"超阳刚"(hyper-masculine)的认同宣言的研究;⑥威利·金(Willie Gin)对大数据如何塑造了"为赚钱而打球"(Moneyball)的棒球体育文化的研究。⑦

在经典的传播政治经济学中,始终存在着如泰拉诺瓦所称的"技术恐惧"(technophilia)——对"技术决定论"的批判、对"技术乌托邦"的警惕,所谓"双刃剑"的话语看似是辩证法实践,实际上仍是一种结构功能主义式的"和稀泥"——罗列技术的"正功能"与"负功能",进而提出一种"安全"的结论。这种预设的态度逐渐变成了一种意识

---

① TUSSEY E D. Workspace media:the rise of the procrastination economy and the future of entertainment[D]. Santa Barbara:University of California,2012.
② SARGENT C L. iMusic:living and working as musicians in digital capitalism[D]. Charlottesville:the University of Virginia,2010.
③ REVELEY J. School-based mindfulness training and the economisation of attention:a Stieglerian view[J]. Educational philosophy and theory,2015,47(8):804-821.
④ DAVIS M. E-books in the global information economy[J]. European journal of cultural studies,2015,18(4-5):514-529.
⑤ MANDELL L,GRUMBACH E. The business of digital humanities:capitalism and enlightenment[J]. Scholarly and research communication,2015,6:1-10.
⑥ MIRRLEES T. Digital militainment by design:producing and playing SOCOM:U. S. Navy SEALs[J]. International journal of media and cultural politics,2009,5(3):161-182.
⑦ GIN W. Big data and labor:what baseball can tell us about information and inequality[J]. Journal of information technology & politics,2018,15(1):66-79.

形态(ideology),限制了理论适用的范畴,也限制了理论建构、发展的活力。然而,技术的发展日益成为一个不容忽视的维度,信息传播技术,尤其是媒介技术不仅改变了我们的生活方式、社交娱乐方式,也改变了我们的思想、行为方式,更重要的是,"技术"获得了重构生产关系、生产方式的能力,而这种"建构"是多层次、多维度的,它拥有极强的灵活性,能根据媒介场域、生产场所、生产方式的变化而呈现为不同的形态,也能够组织新的生产关系、配置新的生产力结构、构筑新的劳动场所、联结新的生产维度与层次。

变化首先发生在生活方式、认知方式的领域。随着智能手机的普及,人们迅速习惯了"数字化""媒介化"的生活方式,形成了借助媒介、数字技术来认识周遭世界的认知方式与思维方式。此时,数字技术与媒介所构筑的新生活方式已为相当数量的社会成员所接受,社交媒体的使用、网络游戏和手机游戏的普及、移动支付的推广都已"飞入寻常百姓家",逐渐成为一种主流的生活方式。随后,这种"媒介化"的生活方式逐渐向着经济领域"下沉",一种受数字技术、媒介技术引导和支配的经济模式形成了——媒介技术不仅在旧的资本主义经济体系中引入了"信息技术"的要素,而且根本性地改变了生产方式、生产关系。最终,被视为人类社会中最具稳定性的政治制度也逐渐发生了变化:一方面,越来越多的国家开始出台便于数字技术发展的政策、法律,而这种"发展"并不以全人类的福祉为目的,只是服务于私有化与资本增殖;另一方面,具体的传媒、信息、通信政策在潜移默化中形塑着当代的政治生活,使其向着展演式、景观式政治的方向发展,甚至出现了"媒介化"的政治展演与政治运动。

一、"赛博时代狂想曲"

进入21世纪之后,"与赛博空间共存"变成了一个重要的命题,赛博社会理论被认为"颠覆"和动摇了信息社会理论与新马克思主义(意指传播政治经济学者对信息社会理论的一系列批判)的根基。[①] 在约翰·阿米蒂奇(John Armitage)与乔安妮·罗伯茨(Joanne Roberts)看来,赛博空间的相关研究不仅吸纳了左派的批判思想与贝尔、卡斯特尔等人的信息社会、网络社会理论,还吸纳了"弹性专业主义"、信息发展模式[②]、后现代、后结构主义,女性主义与雅克·拉康(Jacques Lacan)的精神分析观点,

---

① 阿米蒂奇,罗伯茨.与赛博空间共存:21世纪技术与社会研究[M].曹顺娣,译.南京:江苏教育出版社,2016:4.
② 阿米蒂奇,罗伯茨.与赛博空间共存:21世纪技术与社会研究[M].曹顺娣,译.南京:江苏教育出版社,2016:4.

甚至是齐格蒙特·鲍曼(Zygmunt Bauman)的"流动的现代性"这一观点,以及麦克卢汉关于媒介的研究。简而言之,"赛博空间"希望将自己建成一种无所不包的理论,能够兼容左右两派的观点,并开拓出一种超越了左右立场之争的"第三种"阐释路径。因此,大卫·里昂(David Lyon)提倡既从全局化的视野来研究"信息社会"与社会整体之间的联系,又从语境化的角度来考察"信息"这一概念的使用,同时,也要重视"赛博空间"(cyberspace)中的"空间"意味,并警惕"现代化"的承诺中蕴含的权力、甚至是特权逻辑。他引用了《神经漫游者》(Neuromancer)的作者威廉·福特·吉布森(William Ford Gibson)的定义——赛博空间就是"被媒介包裹"的空间。① 一方面,人们在赛博空间中体验到了前所未有的自由,甚至体验到打破世俗的枷锁、挣脱身体的束缚,最终释放自我、解放灵魂,达到真正的"灵肉分离"的境界②;另一方面,数字革命的后果就是"控制革命",对空间的控制突破了物理意义上的疆域限制,"信息流动的空间"正在欲图控制"真实的"(地理意义上的)空间。如果说信息社会本质上是一种"监控型社会",那么,赛博空间有过之而无不及,它作为一种"媒介"的互联网,无论从内在本质还是从外在表象来看,都根深蒂固地以"控制"为主要目的。③ 这样的赛博空间兼具"乌托邦"与"敌托邦"的双重特征,吉布森将其描述为"不约而同的幻觉"。④ 人们沉溺于媒介构造的"超现实"中,渐渐淡化了现实与非现实之间的界线,这种过度依赖又使用户产生了"占据信息前沿"的错觉,人们置身于媒介的包裹之下,不再在意"哪里"与"什么",因为网络就是"哪里",信息就是"什么"。⑤

在里昂看来,"信息社会"其实已经解构了人们对于"社会"的社会学意义的判断——若人们仍旧将"社会"视为"民族国家"的对等物,那它便与"秩序"的问题密切相关;然而,进入21世纪后,"秩序"已经过时了,各种权力的边界模糊了,"时空压缩"使得人类的社会关系面临着结构性的整合与重组,人们的交流方式也发生了根本性的改变。"中介式互动"使得"同在"不能成为亲密关系的来源,"准中介式的"甚至是"无人电子中介式的"互动成为社会关系的主流。但里昂也强调,这种中介式互动并非发生在社会真空中;弗兰克·韦伯斯特(Frank Webster)也认为,人类的社会交往仍

---

① 阿米蒂奇,罗伯茨.与赛博空间共存:21世纪技术与社会研究[M].曹顺娣,译.南京:江苏教育出版社,2016:25.
② 阿米蒂奇,罗伯茨.与赛博空间共存:21世纪技术与社会研究[M].曹顺娣,译.南京:江苏教育出版社,2016:15.
③ 阿米蒂奇,罗伯茨.与赛博空间共存:21世纪技术与社会研究[M].曹顺娣,译.南京:江苏教育出版社,2016:16.
④ 阿米蒂奇,罗伯茨.与赛博空间共存:21世纪技术与社会研究[M].曹顺娣,译.南京:江苏教育出版社,2016:17.
⑤ 阿米蒂奇,罗伯茨.与赛博空间共存:21世纪技术与社会研究[M].曹顺娣,译.南京:江苏教育出版社,2016:18,19.

然需要以某种"公共纽带"为前提①,它包含着某种集体身份与认同,而"信息化""智能化"恰恰在一定程度上解构了这种集体身份,使身份变成了一种流动化、激烈碰撞的特征。"速度乌托邦"的许诺掩盖了全球网络精英的特权,这些网络精英提出了宗教般"高尚"的"技术物质主义",并为实现这一宏伟目标而奋斗;与此同时,他们也意图为他们理想中的社会打造坚实的基础,包括具有"完全"严肃性的政治基础、以"精英主义"为原则的人才基础和以"创造财富"为发展目标的经济基础。② 这些网络精英看似在为一个"人人平等"的社会而奋斗(许多人也确实付诸了实践),但这种整合性的赛博空间理论消除了一切"模糊"的疆域,引领了一种"无不同声音"的思潮;网络精英在消灭旧有藩篱的同时又设置了新的障碍,这种取决于资本多少的障碍更加隐蔽,普通人更难以察觉。因此,赛博网络中的"自由"是以现实中人际关系与社交网络的脆弱、甚至是崩溃为代价的,速度乌托邦的代价被认为是现实生活的枯萎,"空间距离与时间范围无限趋近于零"。③

不过,这些理论家同样无法为"赛博空间"下一个定论,他们既不认同"乌托邦"的幻想,也不赞成"敌托邦"的恐惧,但也没有办法在二者的夹缝中为赛博空间找到一个定位。这种混沌性、不确定性正是当代社会的重要特征,资本主义的发展亦然,我们很难用一个确切的词汇来一劳永逸地描述它——平台资本主义、传播资本主义、大数据资本主义,这些概念都是学者们对当代资本主义进行描摹的尝试。笔者认为,丹·席勒提出的"数字资本主义"概念仍然具有学术价值与解释力,只是我们需要考虑当代资本主义的新变化,为其赋予新的理论与现实意义。"数字资本主义"确实是一种新的资本主义发展阶段与社会形态,它确实改变了"资本的逻辑",只是这种改变在不同领域程度各异——在文化观念与生活方式的领域更具有灵活性与相对自主性,它们更容易受到数字技术的"侵袭"与渗透,更容易随着信息传播技术的介入而发生改变;而政治、经济结构更具稳定性,数字技术与信息传播技术、社交媒介反过来巩固了资本的逻辑,强化了原有的资本主义所有制结构与权力结构,这些结构也出现了新的"媒介化"特征,只是这些特征并不以民主、自由、平等为目标,也没有改变资本主义的剥削

---

① 阿米蒂奇,罗伯茨.与赛博空间共存:21世纪技术与社会研究[M].曹顺娣,译.南京:江苏教育出版社,2016:35.
② 阿米蒂奇,罗伯茨.与赛博空间共存:21世纪技术与社会研究[M].曹顺娣,译.南京:江苏教育出版社,2016:47.
③ 阿米蒂奇,罗伯茨.与赛博空间共存:21世纪技术与社会研究[M].曹顺娣,译.南京:江苏教育出版社,2016:59.

本质，反而强化了剥削与奴役，使得资本主义向着更加不平等的方向发展。

二、"数字"平台经济与话语

正因如此，我们必须拓宽视野，不仅仅关注技术的社会效应、"互联网/科技产业"的得与失，也不仅仅关注技术本身，还要将视线投向更为基础的环节。譬如，一些学者将技术视作"平台"（platform），这就意味着技术不是一种工具，也可以被视作"资源""空间"甚至场域。这种"平台"也不同于前文提到的加速主义者使用的"平台资本主义"概念，而是强调它对生产关系、生产方式以及生活方式、社会思潮、意识形态的塑造。卡莱斯·蒙塔内尔（Carles Muntaner）提到了"数字平台资本主义"（Digital platform capitalism）对雇佣环境的改变，对劳动力分区、工人阶级收入的影响，这些数字平台工人已经形成了一个新的阶级，或者说，他们不属于现有的任何一个社会阶级。不过，他也提到，这些"数字劳工"的阶级斗争的相关利益（工资、利益、雇佣与工作环境）仍然与其他工人的相似，并未发生本质的变化。① 阿西娜·卡拉佐詹尼（Athina Karatzogianni）与雅各布·马修斯（Jacob Matthews）提到数字中介平台（Digital Intermediation Platforms）所生产的意识形态，包括"共享经济"、"平民"、"平台协作主义"（platform cooperativism）等，它们分别体现了从"合法化的新自由主义"到"改良主义的重申"的光谱范围，在某种程度上也涉及更加激进的视野和更加人道的资本主义——协作社会、平民导向的生产、反对私有化、为平民夺回公共空间，等等。②

与之相关的概念还有"零工经济"（gig economy）。亚历山德罗·甘迪尼（Alessandro Gandini）从劳动过程（labour process）的角度来看待"零工经济"，引入了"生产点"（point of production）、情绪劳动（emotional labour）③及其控制等概念性工具，我们可以借助这些工具理解劳动力如何在职业供给与需求由数字平台调节，并经由数字平台得到反馈、排名、评级、管理的语境下实现商品化。④ 吉姆·斯坦福（Jim Stanford）也谈到了零工经济利用随叫随到的"偶然"从业者，这些"零工"使用他们自己的工具和设备，

---

① MUNTANER C. Digital platforms, gig economy, precarious employment, and the invisible hand of social class[J]. International journal of health services, 2018, 48(4): 597-600.
② KARAZOGIANNI A, MATTHEWS J. Platform ideologies: ideological production in digital intermediation platforms and structural effectivity in the "sharing economy" [J]. Television & new media, 2018: 1-20.
③ 国内部分学者亦将 emotional labour 译作"情感劳动"，为了将该概念与哈特、奈格里提出的 affective labour 概念相区分，笔者将 emotional labour 译为"情绪劳动"。
④ GANDINI A. Labour process theory and the gig economy[J]. Human relations, 2018, 00(0): 1-18.

在平台上从事生产性的工作,并提供各种附加服务。这种新的、不断扩张的经济模式消解了传统的"职业"与标准雇佣,但它并非"突生"的新事物,而是有历史的轨迹可循。既然标准雇佣关系的兴衰与私有制雇佣对劳动的榨取的语境变化有关,那么"零工劳动"的组织也受到一系列力量(技术、经济、社会-政治)的驱动,因此,研究者必须抛弃技术单一决定论或是"不可阻挡"的假设,考虑管制与政治对平台工作兴起的回应。① 弗雷亚·席威(Freya Schiwy)等人提到,当代全球资本主义背景下的生产是基于资本的模式生成的,这种不可避免的相关性在非物质劳动变得越来越重要的当下越来越显著,新的信息技术、它对当代文化的影响都在形塑着资本主义的生产,新的数字媒体使得多种文化形式能够整合在一起。这种典范性(paradigmatic)的全球资本主义信息模式意味着虚拟与现实构成了一个连续体,正如当下的文化模式与更早的经济、文化结构也是连续体。② 这些学者既考虑到了数字平台如何形塑、建构当代的社会生产,也强调了这种生产关系变革的历史延续性,后者有助于我们在"剧变"的时代理解资本主义经济循环的整体变化。

若从这一角度来理解各种技术话语,包括以"后"为前缀的理论,就能理解其中蕴含的资本与媒介逻辑。如,尼古拉斯·甘恩(Nicholas Gane)重提利奥塔的媒介理论,包括他在《后现代状况》(The Postmodern Condition)中提到的"计算机化(computerized)的社会"的出现通常伴随着知识商品化的趋势;而在《非人》(The Inhuman)中,利奥塔强调,通过将知识化约为信息、将信息化约为比特(bits),我们能够见证资本主义文化的快速扩张;在《后现代寓言》(Postmodern Fables)中,他认为新媒介技术使得文化之流(甚至是相反的文化)融入了资本同质化的形式,以便人们在任何时间都可以交换、接收、消费。利奥塔坚信,要抵抗这三种过程,抵抗资本主义的逻辑对文化的侵略,就必须寻求一条从未被重复的道路,以打破资本关系的统治,而这一道路就存在于艺术实践的政治激进主义中。③ 迈克尔·彼得斯(Michael Peters)也提到了马克思主义与后结构主义的相遇,尤其是"知识资本主义"这一概念在后现代语境中与后结构马克思主义的关联,在他看来,后结构主义既非反结构主义,亦非反马克思主义,德勒

---

① STANFORD J. The resurgence of gig work:historical and theoretical perspectives[J]. The economic and labour relations review,2017,28(3):382-401.
② SCHIWY F,etc.. Digital media,cultural production and speculative capitalism[J]. Social identities,2009,15(3):291-296.
③ GANE N. Computerized capitalism:the media theory of Jean-François Lyotard[J]. Information communication & society,2003,6(3):430-450.

兹的马克思主义观点（本能唯物论，libidinal materialism）就可以与后结构主义实现接合。① 费希尔将视线投向了当代的技术话语（discourse on technology），他认为这样的话语隐晦地传达了资本主义的新阶段——更加民主、参与度更高，对于个人来说也是更加非异化的（de-alienating）。在费希尔看来，与其将这种话语看作是对"技术资本主义"（techno-capitalism）新现实的诚实描述，去判断它是否属实，倒不如从一种新的框架出发，将技术话语视作资本主义技术合法性的历史性转折的象征——它是与资本主义的后福特主义阶段同时发生的。技术话语曾经通过表达"技术缓解剥削的能力"而为福特制赋予了合法性，因此，它也被视为福利国家、中央计划经济、终身制工人合法性的来源；而当代的技术话语赋予了后福特阶段合法性，它表达了"技术缓解异化的能力"，因此，它也为国家退出市场、商业中的非等级化（dehierarchization）和去中心化（decentralization）、生产与劳动过程的弹性化（flexibilization）提供了合法性。②

第三节 "主体性"（subjectivity）的挑战与反思

正如前文所述，当代的"数字化"进程带来了一系列挑战，包括劳动的降格，以及人工智能技术对人类主体性的挑战。早在2001年，菲利普·格雷厄姆（Philip Graham）与格雷格·赫恩（Greg Hearn）就谈到了当代资本主义社会中"语言的商品化"趋势，其源头正是无所不在、无孔不入的现代传播技术。"知识经济"干扰了思想（语言）的交换形式，而在这种突生的经济形式中，语言成了最基础的商品。在格雷厄姆和赫恩看来，人类社会本身有着协调性、自反性的自我修正、自我革新能力，而语言通过经济、技术的中介与社会发生联系的过程使得语言的抽象化、客体化、物化变得更加脆弱，由此产生了一种与语言的自反性功能对立的意识形态，这种悖论性甚至成了语言的基础性质之一。语言成为商品化之"物"（thing），也成为其自身交换的"客观"（objective）途径，而这一商品化过程就出现在语言商品被生产出来的那种暧昧不明的社会关系之中。这种模糊化的轨迹是与时下"知识经济"的新阶段相伴而生的，它渐渐摧毁了语言的自反性能力，语言实践与数字技术接合在一起，日益变得非自反性（non-

---

① PETERS M A. Bio-informational capitalism[J]. Thesis eleven, 2012, 110(1): 98-111.
② FISHER E. Media and new capitalism in the digital age[M]. New York, NY: Palgrave Macmillan, 2010.

reflexive），缺乏自我批判的能力。① 格雷厄姆与赫恩论证的底层逻辑不仅仅在于人类通过语言交往实现主体性，也在于他们相信语言与劳动一样，甚至是比劳动更加内在于"我"的东西，在劳动受到剥削、异化、客体化的前提下，语言仍然是确证主体性的条件。而在当下，"语言"这一主体性也被消解了。

一、"自我-主体"观念中的工具性

在数字资本主义理论语境下，"主体性"问题的实质就是人与技术的关系——在当代数字技术、信息传播技术高度发达的今天，人是否仍然拥有支配技术的能力，还是已经臣服于技术、沦为了技术的奴隶？

归根到底，主体性问题讨论的仍然是技术观的问题。"主体"一词来源于拉丁语"subjectum"，在奠基于"我思故我在"这个口号的"自我-主体"的原则中，"自我"作为认识论上的主体具有自我意识，不同于客体性的对象，是"一个在怀疑、在肯定、在否定、在愿意、在不愿意，也在想象，在感觉的东西"②。"……笛卡尔时代，任何一个自为地现存的物都被看做'主体'；但现在'我'成了别具一格的主体，其他的物都根据'我'这个主体才作为其本身而得到规定。"③伊曼努尔·康德（Immanuel Kant）通过"先验自我"（transcendental ego）确立了主体对现象的支配——

> 自然界的最高法则必然在我们心中，即在我们的理智中，而且我们必须不是通过经验，在自然界里去寻求自然界的普遍法则；而是反过来，根据自然界的普遍的合乎法则性，在存在于我们的感性和理智里的经验的可能性的条件中去寻求自然界。④

黑格尔（Georg Wilhelm Friedrich Hegel）通过"绝对精神"（Absolute Spirit）完成了"自我-主体"原则的最终奠基——实体"只当它是建立自身的运动，或者说，只当它是自身转化与其自己之间的中介时，它才真正是现实的存在，这个存在才真正是主体"⑤。"所以唯有这种正在重建其自身的同一性或在他物中的自身反映，才是绝对的

---

① GRAHAM P, HEARN G. The coming of post-reflexive society: commodification and language in digital capitalism [J]. Media international Australia incorporating culture and policy, 2001, 98: 79-90.
② 笛卡尔. 第一哲学沉思录[M]. 庞景仁, 译. 北京: 商务印书馆, 1986: 27.
③ 海德格尔. 海德格尔选集（下卷）[M]. 孙周兴, 译. 北京: 生活·读书·新知三联书店, 1996: 882.
④ 康德. 任何一种能够作为科学出现的未来形而上学导论[M]. 庞景仁, 译. 北京: 商务印书馆, 1978: 92.
⑤ 黑格尔. 逻辑学（上卷）[M]. 杨一之, 译. 北京: 商务印书馆, 1966: 10-11.

真理……真理就是它自己的完成过程……"①因此，辩证的自我意识就是认识的普遍性的根据。在"自我-主体"的哲学传统中，"自我"就是一个同质的、理性的、普遍的主体，我们不需要对它进行额外的讨论，仿佛一切都是不证自明的。

因此，"自我-主体"原则不可避免地导向了一种"绝对秩序"，它意味着一种"唯我论"和一种等级森严的话语秩序——"自我"成为唯一的话语中心，其余话语都是边缘化的"他者"。如果我们假定"我思"有着绝对合法性，"主体"的理性也是不证自明的，那么，我们作为"主体"，既无意愿、也无必要去和其他的异质主体对话，逻辑和实践上的自我反思也失去了必要性。在这一哲学传统中，技术不仅是客体，还是工具性的，是主体为达成某种目的而借助的手段，关于技术的反思也被认为是工具性的，是只有"匠人"才需要关心的事情。直至尼采喊出"上帝已死"的口号，人的主体性才被拉回了"人"本身，在这之后，基于人的"理性"的形而上学体系也就崩溃了，尤其是进入各种"后"时代后，关于主体性的研究渐渐转向了"主体间性"。一方面，人的主体身份（subject identity）面临危机，人们必须通过"他者"来确证自己的身份，而恰在此时，人与人之间的联结又出现了问题；另一方面，如果"主体"真的已经被解构、被消解了，那么，劳动、生产这些必须由"主体"来发出、完成的过程就不可避免地面临降格。在早期的传播政治经济学研究中，主体性的问题被巧妙地回避了，而在当下，传播政治经济学者对数字技术的警惕，对资本、权力控制的强调，对"全面异化"的批判，不可避免地给人们造成了这样的印象——资本主义对人的宰制是不可避免、不可抵抗的，人必然长期生活在异化的状态之下，当代的左翼批判已经无法动摇资本主义的制度与经济基础，而反抗资本主义的政治实践与民权运动也渐渐式微，抵抗运动转入低潮，全球各个资本主义国家都面临着保守主义浪潮的再次洗礼，文化领域也趋向于保守，任何一种具有先锋性、反抗性的文化实践在粗具规模之后都面临着被收编、被驯服的困局。此时，我们看不到人的主体性，人作为资本主义经济循环机器之中工具性的螺丝钉，似乎永远无法反抗全面异化的命运。

进入 21 世纪之后，主体性的衰落愈发严重，甚至有学者提出了"生物资本主义"（biocapitalism）、生物-信息资本主义（bio-informational capitalism）的概念，他们将科学视为一种公共货物，同时也将人类的基因信息视为商品和资本主义发展所依赖的生产资料。这就意味着基因工程也变成了新的信息工程，基因的"密码"与科学信息技术

---

① 黑格尔.精神现象学(上卷)[M].贺麟,王玖兴,译.北京:商务印书馆,1979:11.

的计算能力相结合,指向了一种自我设定、自我更新的乌托邦式完美主义。同时,这些学者还设想了一种"类生物"(life-like)的"有机计算"(organic computing),那是一种更加独立、灵活、自主的智能系统,既能更新信息技术的计算能力,也能运用信息技术对自然进行模式化的计算,从而实现"生物信息化"的目的。在迈克尔·A.彼得斯这样的拥护者眼中,"生物资本主义"已经构成了继商业资本主义、工业资本主义、知识资本主义之后的又一资本主义发展新阶段,生物信息成为广泛的权力的来源,甚至成为福柯所说的"生命政治"的来源。不过,在笔者看来,所谓"生物资本主义"不过是将人的主体性化约为了生物性,其背后的技术逻辑仍然是工具性的——生物技术、人类基因工程(Human Genome Project)的发展使得资本主义的剥削、控制延伸到了个体的生物信息上,因为生物技术相关研究耗资巨大,科研机构必须与企业合作,尤其是与当下飞速发展的信息技术产业合作,使得资本的增殖能够以抽取生物身上的剩余价值为途径。此外,生物技术也创造了一种文化形态:对基因工程技术的狂热或恐惧、"后人类"或赛博格的意识形态、人与机器的"赛博联盟",等等。① 不过,究其理论根源,迈克尔·A.彼得斯提出的"生物资本主义"的核心观点仍是智力的商品化,该理论并没有超出自治学派的"一般智力"范畴,只是将资本的羽翼延伸到了"认知"之外的生物本能上,但作为生产工具、剥削工具的生物技术,其性质仍旧是"智力的"。其实,这种将人的主体性化约为生物性的观点并不新鲜,早在2002年,默文·本德勒(Mervyn Bendle)就描述了后人类主义(posthumanism)②激进的技术狂热,它是一种由极端的科学乌托邦主义驱动的、基于互联网的社会运动,是在"数字资本主义"世界对潜在的经济、技术、社会动态的回应。在本德勒看来,所谓后人类主义,甚至是"超人类主义"(transhumanism)都只是意识形态的询唤,将人文主义询唤为一种日益占据主导地位的科学主义、技术秩序,将其置于一种"信息范式"(Informational Paradigm)的文化与科学的支配之下。③

---

① PETERS M A. Bio-informational capitalism[J]. Thesis eleven,2012,110(1):98-111.
② Posthumanism 一词有两种含义:其一为 post-humanism,侧重点在于 humanism(人文主义),即对人文主义传统(尤其是人类中心主义)的反思;其二为 posthuman-ism,强调的是 posthuman(后人类),即科技的发展(人工智能、生物工程、基因技术等)给人们带来的"新的生命形式",人类似乎已经脱离了当下的生命形式,进入了下一个进化阶段,例如唐娜·哈拉维提出的"赛博格"。本德勒批判的对象是后者,即一种"相信人类已经进入新的生命形式"的神话。
③ BENDLE M F. Teleportation, cyborgs and the posthuman ideology[J]. Social semiotics,2002,12(1):45-62.

二、两种范式的主体间性及其实践

千禧年降临后,全球社会环境变得更加混沌而复杂,资本主义无孔不入地向着全世界扩张,但频繁涌现的金融危机、失业问题、民权问题、环境问题、恐怖主义问题又在反复动摇着资本主义的根基,经济的衰退与金融泡沫的飞涨相伴,跨国企业的全球扩张与不断蔓延的区域性民主运动相伴,人们在政治上的冷漠态度与狂热的民族主义浪潮相伴,社会生活的全面受监控与亚文化持续不断的抵抗相伴——"无孔不入"的资本主义全球体系似乎处处都是漏洞。此时,人的主体性无法再寻求"向内的"合法性与自洽性,因为作为主体性基础的人类理性已经遭到了质疑与动摇,人们需要一种"向外的"合理性,通过与他者的交往来重建人类的理性。其中,哈贝马斯的"交往理性"观点最为人们所熟知,它的实质是一种语言范式,在这一范式之下,伊尔莎·马里恩(Ilse Mariën)和耶尔内伊·普罗德尼克(Jernej Prodnik)探讨了数字内容政策与信息通信技术是否拥有通往民主的潜能。人们假定通过以用户为中心的参与式路径,个体能被赋权并重新嵌入社会之中,但这种假定忽视了个体选择的社会、经济、政治、技术条件。马里恩等人从更加广泛的社会结构切入考察,来探索与数字内容相伴而生的结构性赋权/去权[(dis)empowerment],讨论社会不平等导致的结构性后果、反对数字内容与数字政策的现存的社会分层、权力结构。① 凯里·多兰(Kerry Doran)则认为,21世纪最重要的科学技术变化就是互联网的商业化和广泛使用,这一变化强化了晚期资本主义与消费主义的逻辑;但也正因为科学技术的发展,消费资本主义的逻辑也遭到了广泛的挑战和抵抗。在多兰看来,互联网文化固有的能力就是使个体的认同破裂,以适应多重角色要求,"自我"呈现"精神分裂症"(schizophrenic)的征兆,这正是数字时代和长期存在的晚期资本主义逻辑的产物。不过,多兰仍然相信,艺术家能将这种精神分裂的自我具象化,通过各种媒介平台表演并广播概念化的人格,将其作为一种批判我们生存并生产的世界的方法。②

除了语言范式之外,一部分学者将希望寄予微观政治,希望通过身份政治与微观

---

① MARIEN I, PRODNIK J A. Digital inclusion and user (dis)empowerment: a critical perspective[J]. Emerald insight, 2014, 16(6): 35-47.
② DORAN K. Performative identity in networked spaces: resisting the logic of late capitalism in the digital age[D/OL]. Boulder: University of Colorado Boulder, 2012: 279[2023-05-06]. https://scholar.colorado.edu/honr_theses.

层面的实践与抵抗来突破、超越资本主义,这种研究路径被称作主体间性的实践范式。来自布达佩斯学派(Budapest School)的乔治·马尔库什(Gyorgy Markus)以"生产范式"(production paradigms)来描述一种"马克思主义的"主体间性理论,强调主体间性存在于外部的社会客观性之中,无法通过主体内部的客观性和"自省"实现。这样一来,人类能动性与创造活动中的形而上学色彩就被消除了,而是被确立为一种"历史可能性",即"总是一方面在同现存的'自然限度'的关系之中另一方面在同相关个人的当下的社会性地创造的需求和利益的关系之中被具体地重新界定"。① 马尔库什提出,人类经验共同的、有意义的世界的建构并不是人类个人的、先验的意识的成就,而是物质实践活动的社会历史结果。② 他的著作为人们提供了一种主体间性的实践观,越来越多学者倾向于从实践层面出发,期待着由数字技术产业带来的经济结构变化、生产关系变革能够带来解放的可能性。例如,许多学者将主体性解放的希望寄予意大利自治主义者所期待的、互联网用户不计报酬的"非物质劳动"与"情感劳动",这些劳动所产生的文化内容与意义几乎不会进入市场交换之中,因而并不属于受剥削的客体化劳动/抽象劳动,而是能够带来"礼物经济"、具备解放潜能的主体性劳动。

这种"实践范式"也可用于分析公共参与、政治实践等议题,例如,洛里斯·卡鲁索(Loris Caruso)聚焦于意大利 2013 年国家选举中的"五星运动"(Movimento Cinque Stelle,英文为 Five Star Movement,M5S),分析其民主话语、组织选择、主要议题,并将其与其他民粹主义和左翼政治运动相比较,并将"后意识形态"、跨阶级意识形态带来的阶级政治危机、预防与消除社会冲突的欲望、市场的向心性、民粹主义与寡头政治决策共存等问题与"数字资本主义"的进程关联在一起。③ 贝罗妮卡·巴拉西(Veronica Barassi)研究了三个欧洲政治组织——古巴团结运动(the Cuba Solidarity Campaign),不列颠贸易联合会(the British Trade Union Congress)的分支机构;"生态学家在行动"组织(Ecologistas en Acción),一个西班牙环境保护组织;科萨利(Cosari),北意大利的自治组织——中的"日常生活",聚焦于资本主义与愤怒的力量之间的辩证张力。这种张力体现在社会运动与互联网技术之间,也体现在集体行动的文化与个体中心的数字传播进程中,它是由对用户生产内容和数字劳动的固有剥削导致的,也是由基于网

---

① 马尔库什.语言与生产:范式批判[M].李大强,李斌玉,译.哈尔滨:黑龙江大学出版社,2011:60.
② 马尔库什.语言与生产:范式批判[M].李大强,李斌玉,译.哈尔滨:黑龙江大学出版社,2011:61.
③ CARUSO L. Digital capitalism and the end of politics:the case of the Italian Five Star Movement[J]. Politics & society,2017,45(4):585-609.

络组织的即时性、异质性文本导致的。① 此外还包括利恩·德哈恩斯（Leen D'haenens）等人关于荷兰少数族裔青年的"数字公民身份"的研究，包括数字生存、数字交流、数字民主、数字文化等方面。② 戴维·麦吉利夫雷（David McGillivray）等人提到了青少年的数字媒体实践对教育权威的挑战，一种"数字公民"的议程正在渐渐嵌入教育的叙事中，学校中也逐渐出现了经由数字媒介呈现的公共事务，"做"（making）和"批判性思考"的话语渐渐流行。③

此外，"公民"与"消费者"的身份悖论也是一个重要的议题。林肯·达尔伯格将"自力更生"（"Do-It-Yourself"，即DIY）的数字公民作为自己的研究对象，在他看来，当代资本主义社会中盛行的自我规制的数字自由主义话语（digital libertarian discourse）在公民与"产消者"之间画上了等号，使政治变得个体化、要素化、私有化，民主也被等同于消费文化。达尔伯格激烈地批判自由主义的话语，认为这种"自由"指的是消费者不受国家规制的自由，而"自力更生"在合作式传播系统中的实践实际上已经超越了这种"市场自由"。数字公民的假说假定了一种市场/技术决定论，而忽视了人们如何嵌入社会之中，也低估了政治社团的整合力，其鼓吹的后政治民主（post-political democracy）其实是一种以个体效用最大化的要素为导向的个人互动，它希望建立的是一种哈耶克式的市场民主和顺畅的、无冲突的秩序与决策体系。但民主要解决的是公共的、在地性的问题，基于对重要议题的互动性的辩论与斗争，这种民主程序被称为构成性的批判民主。对数字民主的鼓吹实质上是窄化了"民主公民"的含义，认为技术可以赋予公民自治、扩充民主资源。如果对结构性的权力进行审视的话，我们就能发现这种话语其实是为新自由主义的消费资本主义（Neo-liberal consumer-capitalism）提供了一种意识形态支持。④

阿尔明·贝费龙根（Armin Beverungen）、斯特芬·伯姆（Steffen Böhm）和克里斯·兰德（Chris Land）研究了所谓"社交媒体"对马克思主义组织研究构成的挑战，他们提倡以"工作"的概念取代"工资劳动"（wage labour），将其视为价值生产活动，当作理解Web 2.0商业模式的焦点。他们认为，马克思主义的"受众商品"分析为人们提供了理

---

① BARASSI V. Activism on the web: everyday struggles against digital capitalism[M]. Abingdon: Routledge, 2015.
② D'HAENENS L, etc. Digital citizenship among ethnic minority youths in the Netherlands and Flanders[J]. New media & society, 2017, 9(2): 278-299.
③ MCGILLIVRAY D, etc. Young people, digital media making and critical digital citizenship[J]. Leisure studies, 2016, 35(6): 724-738.
④ DAHLBERG L. "Do-it yourself" digital citizenship: a preliminary interrogation[J]. New Zealand sociology, 2007, 22(1): 104-111.

解用户"无酬劳动"生产的内容与数据的路径,无酬劳动的现象也将关于生产性劳动与非生产性劳动的问题重新带到了我们眼前。卡洛·维瑟尔诺(Carlo Vercellone)提出的"以租金牟利"(the becoming rent of profit)使我们可以部分地理解无酬劳动产生的价值是如何被占有的、无酬劳动在经济维度上为什么是"免费"的;但租金论也夸大了无酬劳动"不受控制"(uncontrolled)的一面,忽视了其在工作中必须确保的生产性。为此,贝费龙根等人呼吁,要重新对马克思主义的劳动过程进行分析,将视野拓展到与"数字协调"相关的劳动控制等领域中,只有这样,对数字资本主义的政治经济学理解才能进入马克思主义的组织研究之中。① 詹姆斯·雷弗利认为,社交媒体为行动者主体性的表达和经验学习提供了机会,但"行动者"在社交媒体数字时代资本主义再生产中扮演着什么样的角色尚无定论。人们已经意识到,社交媒体的用户或多或少地被"特大企业"(mega-corporations)的行动所异化。雷弗利认为,应当澄清以下两种视角:第一种强调社交媒体平台如何"异化"它们的用户,将批判的论点转向了意识形态霸权,带有旧式媒介理论家的理想主义倾向;第二种则强调社交媒体用户的异化与剥削之间的"交易"(trade-off),缺失了唯物主义的批判分析路径。②

但从上述研究来看,无论是寄希望于通过新技术"恢复"主体性,还是将主体性化约为生物性,都无法解决一个问题——主体性仍然处在与客体的对立之中,且二者之间的割裂越来越严重。与此同时,无论是语言范式还是实践范式,都没能真正在主体与其他个体之间搭建起桥梁,主体与技术之间的关系也仍是割裂的,"间性"并未真正延伸到主体与技术之间。也就是说,"主体间性"的相关研究不能解决一个至关重要的问题:人与技术、媒介之间到底是怎样的关系。我们谈论"间性"时,必须跳出工具性的技术观,超越"主体-客体"的既定框架,以及机械的、僵化的理性主义桎梏。我们可以从更多的理论源泉中汲取养分——例如拉康提出的"象征秩序"的概念,在他看来,语言先于主体而存在,"我"来自语言的交互之中,是语言产生了人的主体。在象征界之中,主体和他者的认识关系构成了语言关系中的"交互主体性",但与此同时,主体也脱离了"链",成了语言关系之中飘浮的能指。而到了茱莉亚·克里斯蒂娃(Julia Kristeva)那里,主体已经不再是完整的,而是异质的(heterogeneous)、分裂的(schismatic),在组成语言符号的能指运动中,象征(the symiotic)和表征(the symbolic)

---

① BEVERUNGEN A, BOHM S, LAND C. Free labour, social media, management: challenging Marxist organization studies[J]. Organization studies, 2015, 36(4):473-489.
② REVELEY J. Understanding social media use as alienation: a review and critique[J]. E-learning and digital media, 2013, 10(1):83-94.

的共生与互相背离造成了主体的异质性与分离性。① 巴赫金相信"存在即事件",他从词源学的角度指出"事件"(событие)由"共同"(co-)和"存在"(бытие)构成,他眼中的存在意味着人的行为世界、事件世界,它们有着自身的能动性、参与性和生成性。因此,身处其中的人必须作为存在的整体参与其中,并亲身体验,"唯有这样的行为才充分而不息地存在着、生成着,是事件即存在的真正活生生的参与者,因为行为就处于这种实现着的存在之中,处于这一存在的唯一的整体之中"。② 因此,巴赫金便用"同在"来谈论事件,主体"同在"于主体间的关系之中,单个主体存在着不可消除的缺陷,只有主体间的共同存在、交流沟通,才能够建立文化共同体。

简单来说,"主体间性"的观念解决的仍然是人与人之间的关系问题,尽管也有学者质疑了人作为"唯一主体"的合理性,以"同在"的观念来调整人与世界的关系,甚至有人提出了"客体间性"之类的概念,但"间性"理论仍然不能解决我们所面临的实际问题——如今,我们在日常生活中交往的"主体"未必是"人",Ta 可能是一个伪装的身份、一个空洞的人设、一个人工智能(AI),甚至是一段数据代码。它们正是蓝江所描述的那种"虚体",它们能像"真正的主体"那样和我们交往,背后却并不存在一个与之严格对应的"实体",或者说"主体"。这才是"主体性"问题面临的真正挑战——人类已经不是唯一的"主体",甚至主体-客体之间的区分都已经没那么重要了,在这种情况下,追求主体性的救赎注定是缘木求鱼,无论是将主体性化约为生物属性,还是将主体性诉诸实践,都无法再保证"人"在主客体关系与主体间性中具有唯一性。

第四节 "空间"(space/spatial)的重构与再造

马克思曾预言过,资本一定会以征服空间的形式来实现自我维持、自我扩张,这种扩张在资本主义国家政治、军事力量的支持下,终将演变为殖民主义和帝国主义。二战结束后,世界渐渐进入了一个"后殖民"的时代,但资本主义仍在全球化的过程中干预着世界的空间面貌,殖民者留下的痕迹并没有消除,它们根深蒂固地在地球上留下一个又一个废墟式景观,而新的景观还在源源不断地生成。用大卫·哈维的话来说,如今的空间既是资本积累的重要生产手段,也是被生产出来的对象。资本为了突破空

---

① 汪玉柱.后现代主义语境中的主体身份危机[J].河北经贸大学学报(综合版),2010(1):26-29.
② 巴赫金.巴赫金全集(第1卷)[M].钱中文,主编.晓河,等译.石家庄:河北教育出版社,1998:3-4.

间的限制进行扩张,不得不通过不间断的商品交换来实现空间整合、空间重组,不断地消除商品、货币流动过程中遭遇的空间阻碍,这就要求资本、劳动力加快流动,扩大交易市场、拓宽资本流通的"道路",这便是所谓"时间消灭空间"。

总的来说,哈维的理论是对列斐伏尔的空间理论的继承与改良。在列斐伏尔那里,"空间"的概念被拓展为三个层次——除了被感知到的、物理层面的空间之外,还包括认知的空间,再现的、拥有情感内核的流动空间。资本主义的再生产不仅包括生物的繁殖、劳动力的再生产、社会关系的再生产,还包括空间的再生产,被生产的空间中不仅包括资本主义的商品交换循环,还包括这一经济系统的全球策略、货币权力、政治权力。在列斐伏尔看来,资本的流通浸透了资本主义生产、分配和消费的整个过程,这一过程必须通过空间、奠基于空间才能实现——"空间"既是一种生产方式,也是一种消费对象。而哈维将"空间"运用于资本积累过程的理论中,将空间视作资本的转化形式,即资本逻辑之下追逐利润、榨取剩余价值的手段,同时,空间也是资本在追逐剩余价值过程中不断生产的成果。与之相伴的还有另外两个过程:一个是"资本的空间化",即资本围绕着空间结构进行再生产的过程;另一个是"空间的资本化",即资本主义以空间为工具,全面控制人们的日常生活的过程。在这两种过程中,资本的扩张造成了空间资源占有与分配的不平等,空间出现了断裂化、层级化,将不断解构、重塑的个体身份投射在社会生活中,造成了社会的等级化、阶级鸿沟的扩大。

一、数字鸿沟与数字圈地运动

福克斯认为,在"信息资本主义"的时代,阶级的概念必须拓展到那些通过自身的实践创造、再创造了公共经验空间(spaces of common experience)的人身上,因为这些空间与经验(例如网络上的用户生产内容)已经被资本占有,进而被征用、剥削,以服务于资本的积累与增殖。当下,我们对阶级概念的反思是与"知识劳动"紧密联系在一起的[①],早在2009年,福克斯就谈到了数字鸿沟(digital division)对各国收入不平等的影响,以及是哪些因素扩大了数字鸿沟。此前,一批研究者通过测量各国基尼系数基于资本收入、城市化程度、民主化程度的变化,将数字鸿沟化约为基于单变量(如技术或市场)的信息不平等。但在福克斯看来,数字鸿沟是社会经济、政治、文化、社会、技术等诸多复杂因素交互影响的后果,换言之,一切单一技术决定论、经济化约论、线

---

① FUCHS C. Class,knowledge and new media[J]. Media,culture & society,2010,32(1):141-150.

性趋势进程在关于技术鸿沟的辩论中都应受到质疑。①

此外,安德烈耶维奇将当代资本主义的扩张视为一种数字圈地运动(digital enclosure),它限制了人们对"互动空间"的接入权,从而限制了互动途径的使用权,这样一来,互动空间的用户就必须"自由地"服从各种形式的监控。而隐私权、所有制、对数据的控制权、网络传播的控制等议题也无不折射着无孔不入的"数字监控"。② 吉姆·撒切尔(Jim Thatcher)谈到了定位 App 在晚期资本主义的发展中扮演着越来越重要的角色,定位 App 的发展基于三个彼此离散的要素:其一是将时间、空间作为数字数据对象,通过编码的方式加以存储;其二是空间与时间对于用户而言的即时性(immediacy);其三是终端用户与市场同样都能取用的"附加价值"与"讲故事"的能力。作为一种商品,定位 App 包含着针对性的标记信息、信用档案、购买记录,以及一系列其他对于数据挖掘可用的信息和传感信息,这些信息与时间的即时性、物理定位、用户意图结合在一起,成为一种将日常生活卷入资本主义剥削过程的非常基础且关键的途径。③ 而马尔科·布里齐亚雷利(Marco Briziarelli)探讨了数字平台物流工人的流动生产的"抵抗的空间",这一空间源自物流与不稳定性(precarity)这两个突生的要素之间的张力。在数字资本主义的语境下,物流产业涌现了大量不确定的工人,他们既依附于 ICT 产业,又具有强烈的流动性,后者正是对高效商品循环中物流迫切性的响应。正因如此,物流工人可以利用他们对不确定性的技术洞察力(tech-savvy),创造跨越"抽象的""差异化的"空间,让第三空间维度能够再度领域化(re-territorialize),并将数字劳动组织起来对抗数字资本。④

二、全球化与帝国主义

为了实现资本"无边界"地流动,空间生产不可避免地要"征服全球",在世界范围内建立起生产、交换、消费的体系。沃勒斯坦的"世界体系"理论给了许多学者启发,

---

① FUCHS C. The role of income inequality in a multivariate cross-national analysis of the digital divide[J]. Social science computer review,2009,27(1):41-58.
② ANDREJEVIC M. Surveillance in the digital enclosure[J]. The communication review,2007,10(4):295-317.
③ THACHER J. You are where you go,the commodification of daily life through 'location'[J]. Environment and planning A,2017,49(12):2702-2717.
④ BRIZIARELLI M. Spatial politics in the digital realm:the logistics/precarity dialectics and Deliveroo's tertiary space struggles[J/OL]. Cultural Studies,2018(9):1-18[2023-10-05]. http://doi.org/10.1080/09502386.2018.1519583.

他们尝试着将全球资本主义体系划分为中心地区、半边缘地区、边缘地区，例如，罗伯特·哈桑（Robert Hassan）从"空间政治经济学"（political economy of space）的角度来理解全球化的进程，尤其是在地理、社会空间语境下的资本积累过程，以及这一过程在政治、经济、社会等方面带来了怎样的后果。在哈桑看来，当代的全球化有两个维度——在地理空间的维度上是向外扩张的，而在文化与社会的维度上是向内聚合的。晚期资本主义研究的焦点已经转向了文化与信息技术，有限的地理空间反而深化了资本主义积累的商品化进程，使其转化为一种文化与社会的"认同空间"（identity-spaces）。对于某些"赛博领袖"（cyber-gurus）来说，由互联网驱动的"虚拟社区"（virtual communities）是一种突生的新型空间形式，其中蕴含着民主的潜能；但在哈桑看来，这种"赛博空间"（cyberspace）与虚拟社区实际是一种敌托邦的（dystopic）、异化的空间，"虚拟世界"与赛博乌托邦（cyber-Utopian）的梦想在信息技术全球化的现实面前显得十分天真——赛博空间同样以营利为主要目的，同样发展出了生产性的技术和节约劳动的监控，以及思想上的逃避主义（escapism）。[1] 克里斯·吉布森（Chris Gibson）与安德鲁·瓦伦（Andrew Warren）提到了"创意产业"带来的全球性重构，创意产业看似有别于物质生产部门，从属于"新"的分区，但创意产业本身就与全球范围内的兼并、积累联系在一起，它的出现也意味着国家政策与全球重构转型中的阵痛。创意产业离岸、分包了物质生产，保留了设计与对知识产权的控制，将当地的设备与全球范围内的亚文化原创活动、金融化企业相结合。因此，创意产业也标志着一种"亚文化资本主义"（subcultural capitalism）的浮现，它既包括资本主义企业内外的文化工作，又涵盖了资本主义借助亚文化的传播及其载体的离岸、分包生产实现的全球渗透。与此同时，作为一门"烧钱"但几乎不涉及实体生产的产业，创意产业往往涉及庞大的债务、金融风险和零售业的扩张，若是遭遇全球金融业崩溃，被掏空信用的在线消费者与资本主义的亚文化形式之间的矛盾将变得格外醒目。[2]

马克·德沃尔（Marc Devore）提出，全球化改变了生产的进程，也对国家安全构成了挑战。尤其是对于一些小国来说，自由放任政策必然会系统性地削弱、限制国家的权力。一批"资本主义多样性"（Varieties of Capitalism，简称VoC）路径的鼓吹者声称，国内制度能够同时调控国家的调节性策略和公司的相对优势，德沃尔比较了"自由市

---

[1] HASSAN R. Globalization: information technology and culture within the space economy of late capitalism[J]. Information, communication & society, 1999, 2(3): 300-317.

[2] GIBSON C, WARREN A. Creative industries, global restructuring, and new forms of subcultural capitalism: the experience of Australia's surf industry[J]. Australian geographer, 2018, 49(3): 455-467.

场国家"以色列和"协调市场(coordinated market)国家"瑞典的政策,面对着国防工业(defence-industrial)的转型,以色列选择强化市场竞争、为进出口政策赋予更高的自由度;瑞典则由政府出面协调商业组织,选择性地允许外国资本投资本国产业。换言之,在全球化的浪潮面前,小国需要更加复杂的策略来构筑稳健的国防工业基础。① 詹尼克·斯科(Jannick Schou)与莫滕·谢尔霍尔特(Morten Hjelholt)认为,许多发达资本主义国家自发地采用数字化技术来分配国家服务,并重构公共领域的机构,这一实践不仅带来了制度性的后果,也带来了政治性的后果。他们将这一过程称为"政府数字化"(governmental digitalization),正是这一实践生产了"数字国家空间"(digital state spaces)的概念,并将"国家重构"与"数字地理"等概念在学术层面上联系在一起,将"政府数字化"转变为一个根植于新空间生产过程中的规范性工具。②

因此,"帝国主义"这一概念渐渐重新回到了研究者的视野中,除了早期赫伯特·席勒、阿芒·马特拉关于"文化帝国主义"的研究之外,福克斯、迈克尔·奎特(Michael Kwet)等学者都论及了当代资本主义发展在互联网技术介入之后迎来的"新帝国主义"阶段。福克斯追溯了列宁的帝国主义理论,检视了所谓"信息帝国主义""媒介帝国主义"等概念。在列宁看来,帝国主义具有五个特征:(1)经济集中化(economic concentration)扮演着关键的角色;(2)金融资本占据统治地位;(3)资本输出成为重要的"发展策略";(4)企业的统治地位带来了世界空间分层(spatial stratification);(5)世界空间分层在政治维度产生了破坏性影响。在福克斯看来,这五个维度都能在当下的媒介、信息研究中找到对应,因此,当代的媒介与传播研究应当重启列宁的帝国主义理论。③ 奎特则以美国对南半球世界的"技术统治"与殖民为框架,认为这种帝国主义控制的操练已经通过跨国企业延伸到了整个电子生态系统。④ 彼得·琼卡(Peter Chonka)引入了"数字公共性"的概念,将其视为一个克服政治碎片化(politically fragmented)的途径:一方面,媒介生产的在地化的公共领域与公共参与创造了一种类国家(state-like)的认同与政治想象;另一方面,在1991年之后,互联网与媒介技术的介入

---

① DEVORE M R. Defying convergence:globalisation and varieties of defence-industrial capitalism[J]. New political economy,2015,20(4):569-593.
② SCHOU J,HJELHOLT M. Digital state spaces:state rescaling and advanced digitalization[J/OL]. Territory,politics,governance,2018(10):1-17[2023-10-05]. http://doi.org/10.1080/21622671.2018.1532089.
③ FUCHS C. New imperialism,information and media imperialism?[J]. Global media and communication,2010,6(1):33-60.
④ KWET M. Digital colonialism:US empire and the new imperialism in the Global South[J]. Race & class,2019,00(0):1-24.

引发了一种"无国籍的"(statelessness)冲突与政治的重新配置(reconfiguration),这种悖论就体现在地区事务的跨国报道中,尤其是一些民族语言学(ethnolinguistic)或宗教文化(religio-cultural)的社群也不能逃脱冲突与碎片化的命运,而是被跨国报道呈现为一种媒介环境(media ecology)与数字公共性的产物,而这一语境又是政治不稳定性与流动性的产物。①

许多来自第三世界国家的研究也渐渐汇入了英文学术界,在中美洲与拉丁美洲地区,"依附理论"的提出与发展为"数字资本主义"的批判提供了重要的理论工具,与此同时,美洲也是以美国为主导的全球资本扩张进程中最直接的受害者。席威将目光投向了安第斯山脉地区地方社会运动对数字媒体的使用,以及殖民遗产对投机资本主义的影响。当地居民、媒介活动家致力于在政治经济领域寻觅资本主义的替代路径,但在数字媒体中,种族化的身体依旧像过去一样是有形的,对真实的渴望和本土媒体中的"肉身存在"意味着当下的资本主义的替代物存在着可想象、可实现的边界。在地方性的文化产品中,投机资本主义仍旧显露出殖民主义构造,当地数字媒介图景中的非物质劳动也始终被殖民主义的鬼魂纠缠着。②

在亚洲,罗伊·胡伊斯曼(Roy Huijsmans)、陈氏霞兰(Trân Thi Hà Lan)借助"想象的共同体"(imagined community)理论,将老挝-越南地区数字资本主义与民族主义的生成与青少年的手机使用联系在一起。胡伊斯曼认为,少数民族青年对越南军用电子电信公司(Tâp đoàn Viễn thông Quân đội,简称Viettel,为越南最大的通信、网络服务供应商)提供的移动服务极为依赖,移动技术已经深深卷入了他们的日常生活之中,而这种依赖与卷入都受到数字资本主义力量的影响。这种数字资本主义的文化语境是嵌入越南民族主义之网中的,它引导着少数民族青年有意无意地通过自己的日常生活方式扮演着民族主义的角色。③ 韩吉秀(Gil-Soo Han)则关注韩国高度非人性化的、商品化的丧葬服务行业,他将韦伯的"贱民资本主义"(pariah-capitalism)概念拓展为"丧葬资本主义"(funeral capitalism),认为后者是贱民资本主义在韩国社会中的具象化与实践。丧葬服务是扎根于韩国社会经济与文化领域的仪式的产物,在非人性化的韩国资本主义与数字媒体的影响下,渐渐呈现出商品化的趋势,包括丧葬仪式的变化、

---

① CHONKA P. News media and political contestation in the Somali territories: defining the parameters of a transnational digital public[J]. Journal of Eastern African studies, 2019, 13(1): 140-157.
② SCHIWY F, etc. Digital media, cultural production and speculative capitalism[J]. Social identities, 2009, 15(3): 291-296.
③ HUIJSMANS R, TRAN T. Enacting nationalism through youthful mobilities? Youth, mobile phones and digital capitalism in a Lao-Vietnamese borderland[J]. Nations and nationalism, 2015, 21(2): 209-229.

火化的推广、丧葬服务的戏剧化、"有名望的"医院和丧葬服务业收入的增加,等等。①

在非洲,"数字资本主义"的研究始终与"后殖民"议题关联在一起。阿明·穆罕默德·阿尔哈桑(Amin Mohammed Alhassan)以加纳共和国(The Republic of Ghana)为例,探讨非洲国家传播政策与后殖民主义"发展路径"的接合,尤其是电信、广播行业围绕着商品化的轴心对"全球化"的需求做出的一连串反应。在阿尔哈桑看来,这些"后殖民"国家自身有着历史性的发展计划,希望能建立一种新的生产制度,而在主体转化为公民的进程中,传播设施本该发挥作为国家建设框架、建构共同体的作用。当下,加纳的传媒政策是以市场为导向的,传播服务中交换价值优于使用价值,这一倾向在加纳政府的政策语言中可见一斑。在该政策的驱使下,传播作为信息、作为数字资本主义逻辑的一部分与作为国家建设框架相接合,使加纳成为一个两极分化的国家(bifurcated nation),城乡分化在加纳国内愈演愈烈——首都覆盖了网络、移动电话及数字消费,处于一种"富媒体"的环境中,但首都以外的城市、商业以外的需求都未被市场覆盖。加纳的国家建设与传播的商品化形成了一种不协调的混合物,从属于一种排他性的、基于城市中心的数字消费者的经济模式,并导致了非城市居民在越来越不可想象的政治中"断联"。②

从上述研究中我们也能发现,"空间"这个杂糅的研究议题中存在着一块明显的短板——近年来伴随着互联网、媒介普及而日渐浮现的"赛博空间",这一空间并非纯粹虚拟的,而是一个亦虚亦实的存在,是网络与现实交汇的"折叠"领域。在当代社会生活中,我们发现数字媒介有着干预现实空间的能力,除了"数字鸿沟"之外,一个显著的例子是电子商务通过物流系统对现实空间的"殖民"——物流路线"覆盖"了现实的交通,快递点、自提柜成了新的"经济锚点",而这一切全部集成于数字媒介之上,我们通过各种数字媒介平台"种草"、消费,以此带动了整个物流系统的运作,并在无形中扭转了我们生活于其中的空间。另一个被忽视的重要维度是时间——空间并不是孤立的,空间存在于时间之中。无论是共时性的还是历时性的,短暂的还是持久的,抽象的结构还是具体的建筑,空间中所有存在都与时间的维度密切相关,而当代资本主义所面临的一大问题就是,本该持久存在的空间成了"速朽的",那是否意味着空间所依存的时间被压缩、加速了?

---

① HAN J. Funeral capitalism: commodification and digital marketing of funeral services in contemporary Korea[J]. Korean studies, 2016, 40: 58-77.
② ALHASSAN A M. The postcolonial state and nation in the articulation of development and communication policy in Ghana[D]. Montreal, Quebec: Concordia University, 2003.

除了上述四种主要的研究路径之外,传播政治经济学在当代的研究还扩展到了种族、性别、文化社群等结构性因素,以及这若干种"身份"(identity)交织、重叠的后果。例如,简·波拉德(Jane Pollard)提到当代的性别研究对关于金融危机的经济地理(economic-geographical)分析的拓展和补充,包括对经济地理学构思与实践的反思。性别分析为更复杂、更平衡的金融地理学(geographies of financialization)补充了更多分析资源,同时也提供了政治、伦理层面的有力批判,使得经济地理学的分析能够更好地理解、响应当代的金融危机。① 此外,还有一批学者将视线投向了我们生存、生活于其中的自然与社会环境,探讨信息技术发展对环境造成的一系列影响,以及这些"后果"对人们的"反馈",这是否意味着,已经有学者发现了媒介不断"下沉"的过程呢?

第五节 中国的数字资本主义相关研究

赵月枝曾说过,中国与国际市场的接轨是一种"与狼共舞"(dance with wolves)的过程,尤其是在中国加入世界贸易组织之后,"数字资本主义浪潮"的冲击使得国内的电信、传播领域同样面临着私营资本与商品化的冲击,"城乡割裂"的问题同样困扰着中国社会,②中国政府如何调整政策,以尽可能低的代价获取充分的"经济红利",正是中国面对数字资本主义带来的挑战必须做出的抉择。在赵月枝看来,英、美等国家的传播政治经济学难免囿于研究视野局限,自我窄化为一种"城市发达资本主义"研究,忽视了广大第三世界国家、欠发达地区、农村地区的实际情况。与此同时,国内的传播政治经济学研究也正走着一条"摸着石头过河"的探索之路:早在2000年前后,席勒关于"数字资本主义"的观点就已经被引入中国,但这颗理论的种子没能立刻在中国的土壤中生根发芽,反倒一直备受冷落;与之相映成趣的是卡斯特尔关于"信息资本主义"的研究在国内甚嚣尘上,有学者依样画葫芦地提出了"信息社会主义"的观点③,将卡斯特尔的"信息主义"概念与社会主义国情强行接合,罔顾卡斯特尔在论及"信息资本主义"时所批判的掠夺性本质。2015年后,传播政治经济学逐渐成为国内传播研

---

① POLLARD J. Gendering capital:financial crisis,financialization and (an agenda for) economic geography[J]. Progress in human geography,2012,37(3):403-423.
② ZHAO Y & SCHILLER D. Dances with wolves? China's integration into digital capitalism[J]. The journal of policy,regulation and strategy for telecommunications information and media,2001,2:137-151.
③ 张坤晶."信息社会主义"的内涵与研究意义[J].常熟理工学院学报(哲学社会科学),2013(3):50-53.

究"热门领域",越来越多的学者将视线投向了"数字资本主义"这一领域,在译介、反思既有的"经典"理论成果之余,学者们也在尝试着建构更贴合国内政治体制、经济结构、社会现实的批判理论,在经验研究领域也涌现了大量立足国内社会现状、经济发展特色、产业结构变化的研究成果。

在理论研究领域,黄贺铂认为传播政治经济学需要反思自身研究路径,并回归马克思主义理论,这种回归包括理论视野与现实关切两个层面。① 袁立国系统性地介绍了数字资本主义理论的"变迁史",认为当代的数字资本主义理论正围绕着数字化逐渐重组,转变为一种"数字化资本主义",以互联网和数字技术作为生产工具,不仅为资本家创造着剩余价值,也将民众制造为商品生产中的驯服的受众。② 王治东等人提出,数字资本主义的积累逻辑就在于"对海量数据进行计算分析,数字资本能够预测市场上销售最佳的产品、最值得投资的行业,进而准确指导产业资本生产需求最大的产品,消除金融资本的投资盲目性"。③ 而王斌认为,数字平台催生了一种新的帝国主义形式,它受到信息技术的升级、资本市场的扩张以及西方意识形态渗透方式的更新这三个因素的推动,不但强化了美国对发展中国家的资源掠夺和劳动力剥削,而且强化了它对全球数字信息的监控与猎取能力,也为美国提供了以网络民主为借口干预他国内政的机会。④

在理论反思的过程中,不少学者已经注意到了"数字劳动"的崛起,并开始系统性地向国内学界介绍数字劳动相关研究的前沿进展。⑤ 蓝江将马克思主义的批判与斯蒂格勒的技术理论相结合,探讨资本主义在进入数字时代之后的发展情况。⑥ 在他看来,数字化实际上就是卢卡奇所谓"物化"概念的延伸,换言之,数字化就意味着数字异化,其本质是对象化的活动与生命本身的疏离。在当今社会中,数字异化意味着人类的社会关系的中介已不再是商品或货币,而是蓝江提出的"一般数据",它已经成为一种抽象化的统治力量,人与人、人与社会、人与自然之间必须通过数据沟通,以数据为中介进行交流。此时,数据已经不仅仅是一种中介或尺度,恰恰相反,中介性的一般数据形成了一个隐形的机制,甚至能够进行自我的智能生产。对于人类来说,它意味

---

① 黄贺铂.重返马克思:数字资本主义时代传播政治经济学的理论回归[J].新闻界,2018(11):73-80.
② 袁立国.数字资本主义批判:历史唯物主义走向当代[J].社会科学,2018(11):115-122.
③ 王治东,叶圣华.数字·技术·资本:数字资本主义的生成逻辑[J].沈阳大学学报(社会科学版),2019(6):681-685.
④ 王斌.数字平台时代的新帝国主义及其反思[J].天府新论,2019(1):141-148.
⑤ 廖苗,黄磊.国内外"数字劳动"研究述评[J].长沙理工大学学报(社会科学版),2018(6):14-20.
⑥ 蓝江.数字异化与一般数据:数字资本主义批判序曲[J].山东社会科学,2017(8):5-13.

着存在论层面的异化,且这种异化无法以"逃离技术"、拒绝任何形式的数字化的方式来避免,它的根源仍然在于数据被垄断为私有财产,因此,对抗数字异化需要从政治经济学的维度上进行彻底的批判。① 在数字的中介之下,"虚体"与肉体分离,成了"生存之影",此时,人的身体被编码了,甚至身体与身体想要交流也必须通过虚体的中介,"身体-身体'"(B-B')关系变成了"身体→虚体-虚体'→身体'"(B→V-V'→B')的关系。因此,"数字异化"的本质并不是"一切坚固的东西都烟消云散了",而是"一切坚固的东西都被算法转化为一个对象"。②

另外,杜丹呼吁数字资本主义的研究应当转向空间,因为空间重组正是非物质劳动的结果:一是非物质劳动产生的网络通信与物联网致使城市空间的邻近化格局遭到扭转;二是作为非物质劳动具体体现的数字劳动促进了社会网络空间的虚拟流动。③白刚强调数字资本主义将私有化生产方式掩盖在经济革命的名义之下,将剩余价值的真实来源隐藏在"技术决定论"的阴影之中,将剥削隐藏在等价交换的价值规律背后,将贫困积累和不平等压在了资本积累的旗帜之下,但在这一切的背后,资本主义之为资本主义的根本——私有制和价值规律并没有发生任何变化。④ 夏玉凡认为福克斯错误地理解了马克思的生产性劳动理论——只有生产剩余价值、带来资本增殖的劳动才是真正的生产性劳动,而互联网用户的个人数据必须通过相应的算法和后台程序处理打包变成商品之后,才能出售给广告商。因此,真正的生产性劳动并不是福克斯提到的那些互联网用户行为,而是互联网背后从事管理、搜集、清洗、挖掘和分析数据商品的程序员与工程师——他们一方面对数据进行规范、搜集、清洗和分析,另一方面编写出算法程序并设计出机器帮助互联网企业进行数据产品的生产——他们是以这种方式向互联网企业出售自己的劳动力的。因此,真正的劳动者不是坐在电视机前的观众、互联网的用户,而是对"用户生产内容"进行加工的从业者。⑤

而在经验的层面,社交媒体吸引了绝大多数研究者的目光,尤其是网络用户的"劳工化"过程。⑥ 吴鼎铭和石义彬提到了社交媒体信息流(Feed)广告的兴起背后隐含的网络受众的"四重商品化"——用户及其使用行为的商品化、社会关系空间的商

---

① 蓝江.一般数据、虚体、数字资本:数字资本主义的三重逻辑[J].哲学研究,2018(3):26-33,128.
② 蓝江.生存的数字之影:数字资本主义的哲学批判[J].国外理论动态,2019(3):8-17.
③ 杜丹.空间重组:数字资本主义的新转向[J].社会科学,2018(11):123-130.
④ 白刚.回到《资本论》:21世纪的政治经济学批判[M].北京:人民出版社,2018.
⑤ 夏玉凡.传播政治经济学视域中的数字劳动理论:以福克斯劳动观为中心的批判性探讨[J].南京大学学报(哲学·人文科学·社会科学),2018(5):37-47.
⑥ 龚铭铭.社交媒体用户的劳工化研究:以新浪微博为例[D].南宁:广西大学,2018.

品化、娱乐与情感的商品化。① 这种劳动形式的设计制造了网络用户的"同意",以娱乐的表象遮蔽了用户劳动的本质,形成了一种信息霸权,而这正是互联网时代的劳动与马克思主义经典劳动概念的区别。蔡润芳详细介绍了传播政治经济学中经典的"受众商品论"在后期受到的争议、批判和取得的新进展,她将视线落在"价值生产"这一核心议题上,当前的"受众劳动论"把政治经济所代表的压制性权力与劳动个体置于二元对立的位置上,忽视了在资本前置的媒介化社会中,资本、技术、权力与劳动者都要在资本关系中确立自身。② 此外,此类研究还包括洪宇对信息产业重构导致的阶级关系变化的研究③、姚建华对于新媒体技术对我国出版产业中编辑人员劳动过程和工作环境影响的研究④、朱筱倩对网络直播中的传播行为与数字劳动的研究⑤,近两年来,"劳动"的概念范畴不断拓展,并逐渐与文化研究产生"交叉地带",粉丝、游戏玩家等亚文化成员的劳动也逐渐被纳入了研究的范畴之中。

总的来说,中国现阶段的"数字资本主义"研究大致可以分为两类。一类是将西方的数字资本主义研究进行"本土化"的处理,即尝试以数字资本主义现有的理论来解释中国的社会、文化、传媒现象。一方面,马克思主义的政治经济学批判是一种经久不衰的理论与实践范式,它并不会随着资本主义的自我维持、自我延续、自我更新而"过时",也不会失去其作为批判性理论的解释力与效力;但另一方面,这种"本土化"的实践面临着一个现实的问题:数字资本主义是一种语境化的理论,它诞生于特定的时代、特定的社会环境中,其解释力也被限定在了有限的时间、空间维度之中,若不加选择地将其移植到其他时空、社会语境之中,那么,概念在"旅行"(voyage)的过程中不可避免地会发生偏移,或是丢失一部分信息量,或是衍生出新的含义、新的内涵和外延。因此,当"数字资本主义"的概念被运用于中国社会的语境中时,我们便面临一系列的新问题——"数字资本"是一种宏观理论而非中观范式,但中国并非资本主义国家,因此,我们无法用"数字资本主义"理论从制度、社会结构的层面进行宏观的、整体性的研究,批判的锋芒被限制在了一些局部的、遭到了资本主义逻辑渗透的领域,在这

---

① 吴鼎铭,石义彬.社交媒体"Feed 广告"与网络受众的四重商品化[J].现代传播(中国传媒大学学报),2015(6):106-109.
② 蔡润芳."积极受众"的价值生产:论传播政治经济学"受众观"与 Web2.0"受众劳动论"之争[J].国际新闻界,2018(3):114-131.
③ HONG Y. Labor, class formation, and China's informationized policy of economic development[M]. Lanham, MD: Lexington Books, 2011.
④ YAO J. Precarious knowledge workers in China's social transformation: a study of editors in the Chinese publishing industry[J]. The journal of Chinese sociology, 2016, 4:5.
⑤ 朱筱倩.传播与劳动:景观社会中的网络直播[J].今传媒,2018(8):55-56.

些行业、领域中,"数字资本主义"的渗透是不争的事实,我们无法回避它,但也不能将现成的理论当成完美无瑕的"批判工具"或研究甩不开的"拐杖"——在中国语境下机械地照搬、运用数字资本主义理论是不可取的。

另一类"中国的数字资本主义"研究是针对中国这个特殊的时间、空间、社会环境进行的原创性的研究,例如蓝江对"数字资本主义"理论的独特见解,即他提出的"一般数据""虚体"等概念,以及对"数字异化"的理解。与经典的数字资本主义理论不同,"数字化"是一个普遍的逻辑,它的影响力已经超出了社会制度、意识形态的限制,有着向全球扩张的能力,而且全球范围内许多国家和地区都倾向于敞开怀抱、欢迎数字化的进程,对数字化带来的"好处"充满了兴趣与期待。不过,在笔者看来,蓝江早期的理论更接近"数据资本主义",他将数字资本主义理论奠基于"一般数据"这一概念,认为数字异化来源于大企业、资本家对用户数据的占领和私有化,数据的实质就是抽象的一般等价物的延伸,是一种新的价值尺度。而在2019年的研究中,蓝江提出一般数据已经超越了"一般等价物"的范畴,成为一种生存方式,甚至个体(身体)与个体(身体)之间要想发生联系,都必须通过"虚体"的中介。至此,蓝江的观点已经与"媒介化"的含义十分接近了——事实上,"虚体"就是媒介化的"人",它脱离了"人"的肉体实体,体现为一连串被编码、被传输、被呈现的数据化"印象"。在笔者看来,在当下数字化生存的境况中,人的"实体"与"虚体"之间并没有泾渭分明的鸿沟,毕竟人们生存的外部环境已经走向了媒介化,虚拟与现实之间的界限也日渐模糊,媒介就是真实,现实就是表征。

此外,一批海外学者,包括华人学者,也对中国的"数字化"以及资本逻辑的渗透等问题产生了兴趣,并展开了相应的研究,但这些研究还是不可避免地脱离了中国的社会现实,研究者未能掌握一手的经验资料,也未能亲身进行田野调查,他们使用、建构、发展的理论不可避免地出现了与经验事实脱节的现象,许多观点浮于表面,一些华人学者仍将"博客"(blog)这种早已过时的网络媒体当作中国具有代表性的"新媒介"来研究。而在国内,学者们又面临着原创性理论不足、理论更新的进展跟不上国外前沿的问题,换言之,国内关于数字资本主义的研究同样面临着理论与经验脱节的问题,始终难以取得理论上的突破。

第六节　资本逻辑与媒介逻辑的互相建构

从"数字资本主义"相关研究在当代的研究旨趣、研究方向、研究议题的变化中，我们可以观察到这样的趋势——"技术"已经成了一个人们无法回避的主题。它不仅在数字资本主义的研究中占据着相当重要的位置，也成了串联起其余研究议题的线索——"劳动"概念的变迁、主体性面临的挑战与遭受的消解、空间的重构，上述种种都与技术的变革密不可分。我们无法再像过去一样"绕开"技术的问题，或是将其单纯地视作一种"催化剂"，相反，它已经变成了资本主义发展的核心动力与决定性因素——一个新的时代到来了。

在马尔科·安普亚（Marko Ampuja）看来，一种"资本主义新精神"（the new spirit of capitalism）在近二十年来渐渐浮现，它是新的数字技术、传播技术的产物，为新自由主义的意识形态赋予了合法性，也使得市场驱动的网络结构取代了凯恩斯式的福利国家官僚制，一种革新性、创造性的"企业家精神"成为主流思潮。在其中，"革新性"的话语被视为资本主义新精神的核心——在"未来学者"眼中，革新性与"信息资本主义""信息社会""网络社会"时代密不可分；而在左翼学者那里，这样的观点通常与"新马克思主义"（neo-Marxist）的视角联系在一起——新的信息传播技术拓展了批判媒介研究的视野。[1]

与此同时，数字化（digitalization）的过程也隐含着危机，它导向了一种全球资本的重构，激化了使危机得以产生的潜在结构——尤其是过度积累。在政治维度，一些学者警惕着全球警察国家（global police state）的诞生[2]，这意味着全球资本主义的政治需求已经转向了社会控制与镇压；在经济维度，信息产业的飞速发展是以实体工业的衰落为代价的，但全球资本主义仍需要在停滞的表面维持积累，热钱的"空转"意味新的经济危机随时可能到来，且变得越来越让人难以防备。危机的风险也随着资本逻辑的扩张向着社会、文化领域渗透，而媒介的力量早已不仅是一种"枢纽性"力量，而是突显为社会结构中的基础性构造。

---

[1] AMPUJA M. The new spirit of capitalism, innovation fetishism and new information and communication technologies [J]. Javnost - the public, 2016, 23(1): 19-36.

[2] ROBINSON W. The next economic crisis: digital capitalism and global police state [J]. Race & class, 2018, 60(1): 77-92.

所谓"资本的逻辑",就是"资本主义的生产方式以及和它相适应的生产关系和交换关系"①,它们是资本主义本身赖以生存、发展、扩张的根本逻辑。它源自资本主义的生产方式,包含着两个显著的、资本主义独有的特征:一是商品生产的普遍化和随之而来的"劳动力成为商品";二是生产以剩余价值为目的和动机。② 在这一逻辑下,资本体现为物,但本质并不是物,而是一种社会关系。③ 因此,资本才能够与形而上学结盟,获得了与理性形而上学"谋划"相结合的可能性,因为资本的本质就是形而上学的——以资本增殖为核心的资本主义社会等价交换原则。④ 在王巍看来,资本同时包含了生产要素与生产关系两种含义,前者是资本的载体,后者才是资本的实质,生产要素只有被纳入社会关系中才能成为资本。⑤ 我们通常认为,狭义的"资本逻辑"就是资本自身的逻辑,即商品逻辑-货币逻辑-资本逻辑这一递进式发展过程,包括"利用资本消灭资本"的过程;而广义的资本逻辑指的是资本发生作用的逻辑,即资本作为"普照光"对社会生活的其他领域发生作用的逻辑。正如马克思自己所说:

> 在一切社会形式中都有一种一定的生产决定其他一切生产的地位和影响,因而它的关系也决定其他一切关系的地位和影响。这是一种普照的光,它掩盖了一切其他色彩,改变着它们的特点。这是一种特殊的以太,它决定着它里面显露出来的一切存在的比重。⑥

也就是说,在资本运行的过程中,一切人和物都被卷进了资本的生产体制之中,使得资本能够无限增殖、自我膨胀。

在《回到〈资本论〉:21世纪的政治经济学批判》一书中,白刚将资本的逻辑归纳为三个层面:(1)资本主义社会的实体基础,即作为资本主义私有制的资本逻辑。资本的逻辑奠基于"私有制"这一资本主义社会最基本的经济制度,成为资本主义社会的总体性统治逻辑与"座架"。(2)资本主义社会的关系形态,即作为资本主义生产关系的资本逻辑,在资本主义社会中,最主要的生产关系就是资产阶级与无产阶级、统治阶级与被统治阶级之间的对抗性关系——统治与被统治、剥削与被剥削、奴役与被奴役,等等。这种社会关系还包含着一层"物化"的意义,即人与人的关系被物与物的关

---

① 白刚.回到《资本论》:21世纪的政治经济学批判[M].北京:人民出版社,2018:13.
② 王巍.马克思视阈下的资本逻辑批判[M].北京:人民出版社,2016:79.
③ 白刚.回到《资本论》:21世纪的政治经济学批判[M].北京:人民出版社,2018:30.
④ 白刚.回到《资本论》:21世纪的政治经济学批判[M].北京:人民出版社,2018:26.
⑤ 王巍.马克思视域下的资本逻辑批判[M].北京:人民出版社,2016:3.
⑥ 马克思,恩格斯.马克思恩格斯选集(第2卷)[M].北京:人民出版社,1995:24.

系所掩盖。(3)资本主义社会的观念形态,即作为资本主义意识形态的资本逻辑,在白刚这里,意识形态指的是"统治阶级为维护自身的统治和利益,确立起来的让人根深蒂固地自然秉持的基本理念"①。在白刚看来,资本逻辑正是资本主义体系下"不等价交换"的来源,它是资本主义的统治性逻辑,甚至就是资本主义逻辑本身。

如今,这种席卷一切的"资本逻辑"似乎被另一种力量裹挟着,变得不那么"纯粹"了。进入21世纪后,肯特·阿斯普(Kent Asp)、戴维·阿什德(David Altheide)、罗伯特·斯诺(Robert Snow)、夏瓦等学者率先发现了媒介对政治与宗教等领域的建构。夏瓦以"媒介化"这一概念来命名自己观察到的过程。媒介化的实质就是"媒介的逻辑席卷一切",最先被卷入媒介逻辑之中的是宗教、政治等形而上的领域,随后,媒介的逻辑渐渐向着观念、生活方式乃至经济实体中渗透。与此同时,政治经济学者们也发现了同样的趋势,例如,大卫·哈维意识到了资本主义生产关系在当代产生的三个新特征——它以增长为方向、依赖对生产过程中活的劳动的剥削、在技术与组织上具有能动性。在马克思主义的革命路径之外,资本主义内部也有着一些"自我调节"、自我延续的手段——通过商品、生产力、货币价值的"贬值"来处理剩余资本;通过某种制度化的调节手段来进行"宏观经济控制"、抑制过度积累;通过时间与空间的转移(将资源从当前的需要转移到未来的需要、加速周转时间、投资基础设施、殖民主义)来"吸收"过度积累。②

当下,我们可以观察到资本主义的积累体制和政治与社会的调节方式都在逐渐崩溃、解体。积累体制"描述了消费与积累之间净产品体在长时期中的稳定作用;它意味着生产条件与雇佣劳动者于生产的条件两方面的转变之间的某种一致性"③,要保障这种一致性的结构能够良好地运作,就需要各种具体化的措施,包括规范、习惯、法律等,这些"内景化"的规则与社会过程的实体就是"调节方式"。④ 资本主义的制度同时要保障这两个互相交织的领域能够顺利运行,并跨越这两个领域,表现为一种"相互关系、习惯、政治实践与文化形式",使得"不稳定的资本主义制度得以具备充分的有序的假象,使之至少在某一段时间里协调地起着作用"。⑤ 这种自我调节的手段包括通过市场释放的信号进行产量决策与协调、协调预算、控制成本,衍生出诸如合

---

① 白刚.回到《资本论》:21世纪的政治经济学批判[M].北京:人民出版社,2018:40.
② 哈维.后现代的状况:对文化变迁之缘起的探究[M].阎嘉,译.北京:商务印书馆,2003:229-232.
③ 哈维.后现代的状况:对文化变迁之缘起的探究[M].阎嘉,译.北京:商务印书馆,2003:161-162.
④ 哈维.后现代的状况:对文化变迁之缘起的探究[M].阎嘉,译.北京:商务印书馆,2003:162.
⑤ 哈维.后现代的状况:对文化变迁之缘起的探究[M].阎嘉,译.北京:商务印书馆,2003:162.

同、货币管理等手段来防止市场失灵,其中自然也包括国家调节干预等防止市场过度集中、防止滥用垄断特权的集体行动。此外,资本主义还依赖交通运输、通信传播等基础设施来防止投机、市场信号异常、企业预期与市场脱节等问题造成的市场失控,依靠宗教、政治、工会、商社、文化组织等机构进行社会整合,借助个人主义、自我实现的追求、寻求自尊、个人身份的标志、安全感、集体身份感等心理因素来干预个体——它们或许并未直接作用于经济的积累,却也潜移默化地影响了人们的消费方式和生活方式。

资本主义体系中还存在着一种重要的调节手段——分工,即将人们积极劳动的能力转变为一种"他们的成果都能被资本家们占有的劳动过程"。[①] 这也是资本主义的要求——劳动力要集中、自律,能够适应不同的生产工具,并能够分析各种生产资料转化为产品的可能性。资本主义制度下的劳动雇佣制除了要"控制"男女工人从事生产之外,还要设置一系列关于知识与技术(机器)的决定,以及惩戒性的机器。劳动者对资本主义的适应是一个漫长而痛苦的过程,雇佣制的劳动控制也必须不断更新,使得每一代新工人不断融入这个庞大的机器之中,这样的制度不仅要在每一个工厂中建立起来,更要在整个社会中建立起来;不仅要在物质层面建立起来,更要建成一种拥有广阔社会基础的、基于心理力量和精神力量的社会控制手段,包括教育、培训、公关,以及其他社会动员手段,它们巧妙地与占主导地位的意识形态混织在一起,借由大众媒介、宗教、教育机构在整个社会中发挥作用。

在哈维看来,这样的"调节方式"在二战后的三十年间渐渐形成——1945年到1973年期间的长期繁荣建构起了一系列劳动控制的实践、技术上的组合、消费习惯和政治经济力量的结构[②],这便是所谓"福特主义-凯恩斯主义"(Fordism-Keynesianism)的模式。大萧条期间的记忆让人们相信福特制能够刺激消费、激活市场,甚至调节整体经济、建立新社会,它的实质是对经济危机或积极或消极的回应,二战前期的"战时动员"也促进了大规模的计划与劳动过程的彻底合理化。确立了普遍的合法性之后,福特主义要求国家为它提供一套新的调节方式,来适应和配合它的生产要求,而凯恩斯主义恰好能为福特主义提供政策与制度上的支持。二战之后,走向成熟的福特主义与凯恩斯主义结成了稳定的联盟,开始向着欧洲乃至世界各地扩张,将绝大多数资本主义国家整合进自己的网络之中。发达资本主义国家的政府也为企业资本提供了

---

① 哈维.后现代的状况:对文化变迁之缘起的探究[M].阎嘉,译.北京:商务印书馆,2003:164.
② 哈维.后现代的状况:对文化变迁之缘起的探究[M].阎嘉,译.北京:商务印书馆,2003:164.

"良性的"发展环境,二者实现了互相协调、互相适应——国家开始扮演新的角色,建立新的权力机构,企业资本则见风使舵,寻求更加有利可图的发展轨道和更加"稳定"的发展模式,有组织的劳动力也要适应新的市场、担当新的角色、发挥新的功能。而在这一扩张之中,"福特主义-凯恩斯主义"始终处在国际政治-经济调节和地缘政治结构的框架之中,这个框架受到美国主导的军事联盟、权力关系的支配——作为"世界银行家"的美国在世界经济体系中拥有霸权地位,美元的固定汇率也会影响资本的跨国积累与增长。

但从 20 世纪 60 年代开始,这一套积累体制-积累方式已经难以抵挡越来越频繁发生的经济危机了,在全球性的经济体系与政治格局中,许多民族国家,尤其是第三世界国家深受其害,这既包括在跨国贸易中所处的劣势地位,也包括在全球劳动力市场中受到的剥削与损失;而在一国内部,"垄断"部门与"竞争性"部门之间资源分配、劳动力雇佣的不平等导致了紧张的社会关系,激烈的抗争和社会运动终究是不可压制的,民权运动渐渐掀起狂潮;在标准化的大众消费统治之下,消费者始终过着一种索然无味的生活,消费市场的疲软最终反制了生产,导致制造业的衰落与乏力。最终,布雷顿森林体系走向瓦解,福特主义-凯恩斯主义转向了弹性积累-解除管制(flexible accumulation-decontrol),在哈维眼里,这种转变意味着劳动过程、劳动力市场的变化,以及新的产品和消费模式的诞生。经济结构中的灵活性与机动性增强了,但这种转变同时也意味着"相对程度更高的结构性失业、技艺的迅速破坏与重构、真实工资收益的缩水,以及工会力量的全面退缩"[1]。

不过,在哈维看来,这种弹性积累的实质仍然是福特主义与"外部"的灵活网络相结合,强化自身的竞争力和灵活性,它是资本主义的一种"补救措施",是对经济危机的回应。消费主义奔涌的浪潮之下掩盖的是劳动力贬值、预算赤字等结构性问题,全球规模的流动金融体系带来的是投机式投资和对民族国家权力的削弱,国家在面对财政危机和控制国际货币时变得更加脆弱——这样的麻烦局面被哈维称为"前所未有的金融危机时代"。换言之,哈维对当代资本主义的批判仍然奠基于"金融资本主义"理论,但资本主义生产关系中改变的绝不仅仅是雇佣制和分工,"弹性雇佣"与分工界限的模糊化、"知识阶层"的崛起只是生产关系根本性变革的表征。事实上,结构性的变化正在悄然发生,数字技术、媒介技术已经成为当代社会的经济基础,当代的产业结构——包括物流、通讯、投资、零售业、服务业,甚至是工业与基础设施都围绕着媒介的

---

[1] 哈维.后现代的状况:对文化变迁之缘起的探究[M].阎嘉,译.北京:商务印书馆,2003:193.

枢纽而建构。此时,分工与雇佣制的变化已经不再重要,在媒介逻辑的整合下,资本的逻辑将异化与剥削推到了一个前所未有的高度,工作与闲暇的界限已经模糊,受雇用的工人与"自由职业者"之间也没有了明确的区分,因为剥削已经不再受"工作场所"的限制,甚至整个社会都变成了一个巨大的"工厂",所有人都是互相联结、嵌入的商业化领域中的劳工,被基于媒介的社会关系紧紧连在一起,难以分割。

事实上,媒介本身具有的关系性正是它能最大限度地整合、重塑生产关系的原因。伴随着工业化、城市化的进程,人与人的关系已经脱离了"面对面"的限制,人们逐渐习惯了一种"媒介化"的交往方式,即使用媒介与周遭的世界、其他个体发生关联。随着互联网的发展、数字媒介的兴起与普及,这种媒介化的交往方式渐渐嵌入了我们的日常生活之中,许多人哪怕身在同一屋檐之下,也必须借助微信、微博、QQ等"即时通信"媒介沟通;亲友之间给彼此的抖音、快手视频"点赞",借此将虚拟与现实的交际圈子"无缝"融合在一起也成为一种常见的生活方式。随之而来的就是工作与闲暇的界限被打破了,每一款即时通信软件、App最终都变成了办公软件——企业的管理层发现,使用微信能够让员工时刻"保持联系",将他们一刻不停地"锁"在工作岗位上。起初,这些媒介似乎只是用以控制劳动者的某种监督工具,但久而久之,随着"监控"不断向日常生活渗透、沉淀,它们就不仅仅是"工具",而是构成了劳动与生存的"语境",变成了人类社会生活中无法摆脱的"底色",人的生产关系乃至整个社会关系全部奠基于其上,媒介开始对实体经济指手画脚,开始调控资源的投稿和资金的流向、产品的分配与消费,甚至迫使经济结构向着媒介自身聚拢,形成新的业态形式。媒介原本只是"中介",但正是由于这种"中间地位",它可以向着生产、消费两个终端不断延伸,直接干预消费者的购买决策,并影响生产者的市场决策,最终形塑了整个市场。这种中介性正是媒介的"独特之处",即传媒行业不同于经济结构中其他产业之处,它扮演的角色绝不能简单粗暴地被归纳为"意识形态再生产",而是包含着日常生活的变迁、社会关系的重构、经济产业的重组,自然也包括情感结构的重塑。

正因为资本主义原有的调节方式失效了,"后现代"便向我们敞开了怀抱——现代性的"元叙事"(grand narrative)死亡了,它的"英雄主义形象"瓦解了。事实上,现代性作为一种普遍的情感结构,一种对于时间与空间、自我与他者、生活的可能性与风险的体验[①],它本身就是充满矛盾的,哈维援引了马歇尔·伯曼(Marshall Berman)的说法,将它描述为一种"悖论性的团结":一方面,人们共同的情感结构可以脱离地理、种

---

① 哈维.后现代的状况:对文化变迁之缘起的探究[M].阎嘉,译.北京:商务印书馆,2003:15.

族、民族国家、宗教、阶级、意识形态等边界的束缚,达成几乎是全人类意义上的"共识";另一方面,分裂、斗争、破坏无处不在,我们的体验亦是短暂的、混乱的、偶然的、流变的,唯一可靠的东西就是不可靠性,正如马克思所概括的那样,"一切坚固的东西都烟消云散了"。同时,"现代主义的一派求助于体现在机器、工厂、当代技术力量或者作为一种'生活机器'之城市中的理性形象"。① 在这种机器性的结构之下,在知识和生产标准化的各种条件之下,人们对"线性进步、绝对真理和理想社会秩序的理性规划"的信念被强化了②,现代主义也就随之带上了"实证主义的、技术中心论的和理性主义的"③色彩。然而,正如大卫·哈维所描述的那样,后现代主义中短暂、分裂、不连续性和混乱原本就是波德莱尔提出的"现代性"概念中的一部分,现代性在不间断的破坏、创新、流变中追求着"永恒",造就了一种"现代"的生活方式:高速的流动性、强烈的紧张感,螺丝钉一样"可替代性"的职业体验,以及"唯有不确定性才是确定的"。

这样一来,经典马克思主义关于个体"异化"的观点也受到了冲击。异化预设了一种一致的意义,因为马克思主义就是一种很典型的现代主义思想,它关注"时间中的规划",关注"追求更好的未来"。而后现代运动打破了这一点,弗雷德里克·詹姆逊认为,"主体的异化被主体的分裂取代"④,新技术、新媒介(包括多媒体)的介入让现代生活的流变性大大增强,通俗文化与文化生产之间的鸿沟必须依赖各种新的传播技术来弥合,这就不可避免地导致许多后现代主义的实践者必须服从商品化、商业化与市场,其创造性与反叛性的冲动被体制化了,淹没在大众文化之中,成为"资本主义的消费主义没有头脑的享乐主义的标志"⑤。在詹姆逊看来,后现代主义正是晚期资本主义的文化逻辑,当代的文化生产不可避免地被新的传播技术整合进商业化的渠道中,成为企业资本主义与官僚国家形式美学的一部分,成为商业化生产的组成部分,变成了一种商品潮流和消费态度。

"异化"所面临的挑战正是"主体性"所面临的危机——我们以往讨论"主体"时,更多讨论的是人与其他自然人的关系⑥,"主体间性"处理的也是人与其他作为认识主体的人之间的关系。而今天,我们面对的是人造物、虚体,甚至是虚拟现实,媒介技术

---

① 哈维.后现代的状况:对文化变迁之缘起的探究[M].阎嘉,译.北京:商务印书馆,2003:46.
② 哈维.后现代的状况:对文化变迁之缘起的探究[M].阎嘉,译.北京:商务印书馆,2003:51.
③ 哈维.后现代的状况:对文化变迁之缘起的探究[M].阎嘉,译.北京:商务印书馆,2003:51.
④ 哈维.后现代的状况:对文化变迁之缘起的探究[M].阎嘉,译.北京:商务印书馆,2003:76.
⑤ 哈维.后现代的状况:对文化变迁之缘起的探究[M].阎嘉,译.北京:商务印书馆,2003:84.
⑥ 吴飞.新闻传播研究的未来面向:人的主体性与技术的自主性[J].社会科学战线,2017(1):148-157.

已经重构了社会,塑造了现代人的精神世界,也威胁到了人的主体性,我们无法再继续将媒介技术视为纯粹的工具、客体,它与我们"共在",我们必须跳出"主体-客体"的二元论框架,尝试着以一种"本质直观"的方式面对媒介本身。

"本质直观"(Wesensschau)来自埃德蒙德·胡塞尔(Edmund Husserl)的现象学理论,他的本意是追求作为"科学之科学"的严格哲学,却在这一过程中发现,若要使哲学进入其对象领域,就必须"中止判断"(Epoché),将自身的思维、态度、认识乃至认识的对象都"加括号"(Einklammerung),暂时悬置起来,无论是客体的自在性问题、历史性的观念,还是思想本身的可靠性问题,全部"存而不论",而以"纯粹意识"直接"面向事物本身"——这一过程便是胡塞尔所说的"本质还原"。只有这样,哲学才能够代表"人类对纯粹而绝对的认识之不懈追求(以及与此不可分割的是对纯粹而绝对的评价与意愿之不懈追求)"。①

同时,胡塞尔也对勒内·笛卡尔(René Descartes)的主体论进行了反思。在他看来,笛卡尔意义上的"我思"(ego cogito)是建构在心理学意义的经验主体之上的,它以心灵的"我"(ich)代替了自我(ego),以心理学的内在性代替了自我学的内在性,以心理学上的内在知觉代替了自我学的自身知觉。② 在胡塞尔看来,只有对"我思"进行"现象学的改造",清除掉其中的心理学残余,排除掉与之有关的一切外在事物带来的"经验",才能够从内在意识的范围内把握"自我",超验的"纯粹自我"才能从经验主体中脱颖而出。但这样一来,一个新的问题就应运而生了——如果"自我"只是戈特弗里德·威廉·莱布尼茨(Gottfried Wilhelm Leibniz)意义上的"单子"(monad),那么,世界上这些彼此互无关联的"单子主体"又将如何发展出自我意识呢?胡塞尔认为,主体意识不会在没有参照的、孤立的状态下形成,也就是说,自我主体要先与其他的主体发生关联,结成一种"单子共同体",主体意识才能在这一过程中逐渐形成。胡塞尔将之称为"先验的交互主体性",即,"在意向性中,他人的存在就'成了'为我的存在,并且按照它的合法内容,它在其充实的内容中就得到了解释"。③ 这样一来,他人不再是"他者",而是"他我",也就是另一个"与我一样的"主体。自我与"他我"可以借由单身性在纯粹自我的范围内"领会"彼此的存在,在"我的现实和可能的经验"形成一个"共此在"(Mit-da)的统一体。此时,他人不再是一个"陌生主体"(Fremdsubjek-

---

① 胡塞尔.哲学作为严格的科学[M].倪梁康,译.北京:商务印书馆,1999:2.
② 胡塞尔.欧洲科学的危机与超越论的现象学[M].王炳文,译.北京:商务印书馆,2001:101.
③ 胡塞尔.笛卡尔式的沉思[M].张廷国,译.北京:中国城市出版社,2002:125.

ten），而是"我本身的一种映现"（Spiegelung）。① 原本不可通达之物在这种映现中实现了共现，"我"与他人的关系不再是"非我"的外在关系，而属于"我"的内在关系。

在胡塞尔之后，莫里斯·梅洛-庞蒂（Maurice Merleau-Ponty）超越了"先验现象学"的框架，提倡一种"知觉现象学"，强调身体-主体与世界的关系；伽达默尔则构建了本体论的哲学解释学体系，以理解和视域（Horizont）的融合来阐释主体间性。不过，无论是梅洛-庞蒂还是伽达默尔，他们探讨的主体间性都被限制于个体与其他个体之间的关系，而不涉及人与物、人与技术的关系，也就是说，此时人们仍旧以工具性的视角来审视技术。这种局面直到马丁·海德格尔（Martin Heidegger）那里才有所改变，在学术生涯的前期，海德格尔认为存在是不能被对象化的，否则就会变成存在者，而若要不将存在对象化而对其进行研究、探索其意义，就必须要寻找一个特殊的存在，即此在（Dasein）。"人"即是"此在"，此在的概念有着两个根本性质，"去存在"或生存，以及"向来我属性质"。此在"去存在"的基本结构是操心，而"操心"就包含着我与事物的相遇（操劳），以及我与他人的相遇（操持）。不过，在这一时期，海德格尔强调空间的筹划被时间的暴力所支配，奠基于此在之上的生存论仍然没有脱离主体性的范畴，"我"与世界的关系仍旧是沉沦的。

在后期，海德格尔转向了对艺术的研究，开始以"大地"这一概念来理解世界，"世界是自行公开的敞开状态，即在一个历史性民族的命运中单朴而本质性的决断的宽阔道路的自行公开的敞开状态"②。在日常的沉沦状态中，我们只与周遭的熟悉之物打交道，并将其视为对象，最终在其中迷失了自我。这样的生活毫无疑问是非本真的，若不是"突现着、开启出一个世界，并且在运作中永远守持这个世界"③，世界永远不会向我们敞开。因此，海德格尔在研究的后期转向了"本有"（Erergnis），借此来讨论"存有"（Seyn），并借其形式的指引，将此在（Dasein）转化为此-在（Da-sein），后者不仅指"人的存在"，更强调人进入其中并得以展开的状态。此后，海德格尔的思想从生存论转向了存在论，并逐渐走向了主体间性。晚年的海德格尔重要定义了"本有"，将其视为存在与人的相互共属，是存在与时间的共属，这样一来，本有就十分接近我与世界的共在，即存在的同一性。在这之后，海德格尔以"栖居"的概念代替了"生存"，人的"栖居"使人成为人之本质，它是对天、地、神、人四重整体的庇护，是在大地上、在天空下、

---

① 胡塞尔.笛卡尔式的沉思[M].张廷国,译.北京:中国城市出版社,2002:125.
② 海德格尔.在通向语言的途中[M].孙周兴,译.上海:上海译文出版社,2004:34-35.
③ 海德格尔.在通向语言的途中[M].孙周兴,译.上海:上海译文出版社,2004:30.

在诸神面前和与人一道的逗留,也是将这四重整体保藏在所逗留之"物中"。① 只有居于物中,人才实现了真正的栖居,而只有在栖居之中,人才通达了作为世界的世界,人也才成为人。也正是在栖居中,天、地、神、人四重互相映射,天、地、神能够成其自身,人作为四方之中唯一的"有死者",其本质就在于"它在大地上,在天空下,以神性度量自身,并且自身能够赴死"②——这就是人与世界的主体间性。本有成就了物、栖居、世界,进而成就了天、地、神、人,人与世界得以亲近③,人的自由也就是在这一过程中实现的。

海德格尔关于人与世界的关系建构对于本研究来说至关重要,它有助于我们从另一个面向来理解资本的逻辑与媒介的逻辑是如何勾连在一起的——不是资本的逻辑吸纳了媒介,而是媒介的逻辑成了资本积累、资本主义经济循环的基础,乃至整个人类社会的基础。在这一前提下,资本主义将其自身奠基于媒介的"座架"之上,并借此将自己"推"进了一个新的阶段之中。若我们始终将媒介当作认知的辅助工具或是对象,那么它们永远都是客体性、工具性的,要摆脱这种工具性,我们就必须把主体间性延伸到"非人"的外部环境之中,包括技术乃至整个世界,由此来理解人与媒介的"共在"、人在媒介之中的"栖居"。海德格尔关于技术的"座架"观正是在这一基础上展开的,这一点笔者将在下一章中详细论述。

除了"主体间性"的反思之外,存在主义还引入了另一个重要的维度——对理性主义的解构与超越,以及"非理性"时代的到来。在消解了"理性"居高临下的支配地位之后,我们可以重新审视情感、意志等曾经被认为无关紧要的精神构成要素。而伴随着非理性哲学的兴起,马克思主义也找到了自我超越的契机,能够跳出"主体-客体"或"剥削-解放"的框架,从存在论的角度对人的生存境况进行批判分析。同时,我们关于"媒介"的批判也能够超越工具主义、结构功能主义的框架,摆脱"技术决定论"的枷锁,从技术哲学的层面对"媒介化"加以探讨。

---

① 海德格尔.演讲与论文集[M].孙周兴,译.北京:生活·读书·新知三联书店,2005:159.
② 仲霞.走向主体间性:海德格尔思想的发展历程[J].云南师范大学学报(哲学社会科学版),2014(5):89-95.
③ 仲霞.走向主体间性:海德格尔思想的发展历程[J].云南师范大学学报(哲学社会科学版),2014(5):89-95.

第四章
作为经济基础的媒介与"数字资本主义 2.0"

近十年来,媒介技术的身影逐渐"显像"于人类社会生活的诸多领域中——传统企业向着互联网的大举进军,社交媒体对政策、政务甚至是法律、司法的干预,人们日常生活中对数字媒体的依赖……媒介在当代社会中逐渐"下沉",它们不再是政治、经济结构的附庸与"调节性"部门,而是越来越深地嵌入人类社会的深层结构之中,成为一种奠基性力量,形塑着人们的认知、行动、情感,乃至生活方式、生存方式。只是在人们的日常生活中,媒介的"本真"被纷繁复杂的"信息"掩盖了,普通人也好,传播学者也好,人们都倾向于将信息视为传播的本质,而淡化了媒介本身的物质性,以及伴随着物质性而来的奠基性。人们似乎无法想象非物质的"信息"如何成为基础性的存在,却忽视了瞬息万变的信息之流下那些相对"不变"的东西。而在 2020 年,这股信息之流出现了剧烈的断裂,这也使得"传播=信息"的幕布被撕开了,媒介本身的物质性、奠基性一览无余。

2020 年,新型冠状病毒带来的疫情席卷全球,导致了全球性的灾难,也造成了不可挽回的经济损失——以美国为例,尽管美国联邦储备系统(Federal Reserve System,以下简称美联储)一再"放水",美国政府也不断出台"救市"政策,但依旧无法改变美股大幅收跌的局面,美国金融市场开始与经济基本面"脱钩"。美国经济第一季度萎缩 4.8%,持续了十余年的经济复苏遭遇突发性中断,首当其冲的航空业第一季度亏损超过 20 亿美元,整个行业面临着大规模破产、裁员的危机,波音集团(The Boeing Company)4 月新订单为零,许多中小型企业已经走上了破产保护之路。为了"挽救"美国经济(尤其是金融行业),美联储将利率下调到接近于零的水平,又在 2020 年底购买 3.5 万亿美元的政府债券,甚至直接购买企业债券,帮助这些企业渡过难关。但随之而来的石油价格暴跌对美国的页岩油气产业造成了冲击,美联储无底线的刺激政策也导致美元指数持续动荡,大规模救助和经济刺激持续增加着货币与财政当局的压力,带来了财政赤字率问题、央行资产负债表规模问题——从美国财政部数据来看,全面刺激措施致4月预算赤字达到创纪录的7379亿美元,支出同比增长161%,达9797.1亿美元,税收同比减少55%,降至2418.6亿美元,但美国的企业与市场依然期待着政府和美联储推出更加"宽容"的财政政策。但大规模救助只能解决具有流动性危机性质的问题,从长远来看,疫情过后的美国可能会遭遇像2008年金融危机带来的通货紧缩,甚至负利率问题。更何况,近十年来,美国劳动力市场增长势头逆转,美国劳工部公布的数据显示,2020年4月非农就业人口减少了2050万人,失业率增长了2倍,达到了14.7%,是20世纪30年代以来的最高水平,财政部部长斯蒂芬·姆努钦(Steven Mnuchin)甚至认为,实际失业率可能已近25%,第二季度的情况可能会更加糟糕。对于2020年的美国来说,疫苗、特效药的研发目前来看依旧遥遥无期,全球疫情是否会出现二次暴发、会在多大范围上造成影响、是否会成为一种"新常态"仍未可知。换言之,美国将继续面临金融市场的波动甚至是巨幅震荡,这种动荡的局面甚至可能成为美国金融市场与总体经济运行在相当长时期内的"新常态"。①

在这一片愁云惨淡中,美股科技股却依旧逆风上涨,到2020年5月20日为止,脸书和亚马逊(Amazon)盘中和收盘股价均创新高,脸书盘中股价高达231.34美元,收盘时涨到了229.97美元,涨幅为6.04%;亚马逊盘中股价一度涨到2500美元,收盘时高达2497.94美元,涨幅为1.98%,此时,亚马逊的总市值已高达1.25万亿美元。这样的"反差"折射着美国经济结构的整体变迁——2017年,美国制造业产值在国内生产总值(GDP)中的占比仅为18%,而私人服务业产值的占比高达68%;而到了2018年,制造业增长了2.3万亿美元,相当于美国GDP总量的11%;第三产业增长值却已超过了16.5万亿美元,约占美国GDP总量的80%。而在"服务业"这一个庞大的类目中,除了GDP总量占比高达10%左右的房地产业之外,"专业服务"领域的产值也接近GDP总量的10%,这其中就包括计算机系统(2%左右)、科技服务(4.8%),这其中,信息行业的产值也接近1%,与之相对的是,作为耐用品的计算机制造行业产值不足GDP总量的1%。

变化不仅仅发生在经济领域,也延伸到政治、社会生活领域。社交媒介的兴起一度令人们相信,传统的民主选举政治已经遭到动摇,甚至走向了衰落。2016年,唐纳

---

① 刘明.美国金融与美国经济正在发生什么?[EB/OL].(2020-05-14)[2020-05-20]. http://www.zhonghongwang.com/show-275-172373-1.html.

德·特朗普(Donald Trump)当选美国总统、英国脱欧等事件使得"后真相"(post-truth)一词迅速进入了人们的视野,尽管从今天回望,"后真相"已成了明日黄花,但在2016—2017年,它的使用频度比上一年上升了2000%,甚至被《牛津英语词典》(The Oxford English Dictionary)选为2016年的年度词汇。① "后真相"并没有否定事实的存在,只是改写了人们接近事实、真相的方式,人们可以将传统媒体、民调行业对总统竞选预测的失败当作一段无关紧要的小插曲,却无法忽视特朗普"推特(Twitter)治国"所宣示的"新时代"——特朗普似乎并不在意政治实践中"前台"与"幕后"的区分,他毫不在意地在推特上谈论政治议题,他发布的内容不仅包括"事实"与"观点",也包括大量"谎言"和"情绪宣泄",甚至是"谩骂"。特朗普像一个来自"赛博星球"的外星人,径直闯入了传统政治实践的领域,既颠覆了人们对民主政治的认知,也颠覆了人们对媒介实践、新闻报道与政治传播的认知。刘擎在论述"后真相"语境下的"视角制造真相"时举过一个例子:特朗普在竞选期间,曾反复指责美国在巴拉克·奥巴马(Barak Obama)执政的8年间的失业率数据完全是虚假的——在奥巴马任期内,美国的失业率从2009年1月的7.8%下降到2017年的4.8%,达到了经济学通常意义上的"充分就业"标准,但特朗普声称,美国劳工统计局(Bureau of Labor Statistics)使用的统计方法"完全不可靠","实际的失业率是28%~29%,可能高达35%左右,甚至听说是42%"②。而在特朗普走马上任后,便将当年2月的失业率下降到4.7%当作显示他的"新政"卓有成效的证据,根据白宫新闻发言人的转述,特朗普声称:"过去那些数据可能一直是虚假的,但当前是真的很低。"③而事实上,无论是他先前批评"虚假"的数据,还是他认可的新统计数据,都是由同一机构、以同样的调查统计方法获得和发布的。

围绕着特朗普,激烈的争议从未停止过,他的支持者认为他"超越"了传统政治模式,完美契合美国国家利益,能够"让美国再度伟大"(Make America Great Again, MAGA);反对者则认为他"毁掉"了民主政治,使其沦为民粹主义、保守主义的狂欢。而在新冠疫情暴发之后,美国的政治局面彻底走向了失控——"新冷战时代"的阴云笼罩着国际局势,美国与中国等国家的关系陷入了长期的僵持;而在美国国内,种族矛盾一触即发,多地的反种族主义抗议演变为暴力事件。

更重要的是,国家之间的争夺已经从军事、经济等领域转向了科学技术,甚至是纯粹的信息传播技术——2020年5月15日,美国商务部接连发布两条规定:一是将华

---

① 刘擎.共享视角的瓦解与后真相政治的困境[J].探索与争鸣,2019(4):24-26.
② 刘擎.共享视角的瓦解与后真相政治的困境[J].探索与争鸣,2019(4):24-26.
③ 刘擎.共享视角的瓦解与后真相政治的困境[J].探索与争鸣,2019(4):24-26.

为的供货临时许可证延长了90天,延至2020年8月14日;二是升级对华为芯片的管制措施,包括发布对华为的"出口禁令",要求使用美国晶片制造设备的外国企业在供货之前必须先取得出口许可,等等。① 这样的措施被许多人视为针对华为的经济制裁,而在这些严苛规定的背后,是美国垄断"战略性力量"的帝国主义野心——截至2018年,华为在全球范围内的主设备商无线接入设备市场份额已达到31%,这样的市场优势在第五代移动通信技术(5th Generation Mobile Communication Technology,以下简称5G)领域的竞争中尤为明显。2022年6月1日,德国专利数据公司IPlytics发布的5G技术专利竞赛报告称,截至2022年4月30日,5G技术活跃和授权专利家族达到50415项,其中,中国和韩国公司在5G开发方面处于领先地位,华为在欧洲专利局或美国专利商标局申请的专利数量最多(15.29%),其次是高通(QUALCOMM)、三星(Samsung Electronics)、中兴通讯(ZTE)、LG、诺基亚(Nokia)和爱立信(Ericsson)。从2015年5G技术投入研发开始,华为就和爱立信、诺基亚一起引领着技术标准的开发,其获得3GPP批准纳入5G标准的专利贡献比例高达23.18%,居全球第一。而国信证券研报显示,现阶段主流的5G技术分别是毫米波(24~300GHz)和Sub-6(3~6GHz),在美国,Sub-6技术已被国防部占用,民用、市场领域的5G技术应用只能主推毫米波,但现阶段的毫米波技术研发成本高,实用性略低,部署难度大,在全球市场中远不如Sub-6受欢迎。最让美国政府忧虑的是,华为在Sub-6的研发与供货上拥有极大的优势。2019年4月3日,美国国防部在《5G生态系统:对美国国防部的风险与机遇》(*THE 5G ECOSYSTEM:RISKS & OPPORTUNITIES FOR DoD*)报告中提到,中国在5G领域的发展优势"极有可能对美国的国防安全造成影响"。美方认为,5G技术可以大量运用于军用设备中,在实时战争中起到至关重要的作用。如果多数国家部署了华为的5G技术,美国在海外展开军事行动也不得不依赖华为的通信设备,这势必影响美国在战争中的安全。同时,华为在5G网络底层基础设施建设领域的强大势力也实际地威胁到了美国在科技领域的"基础设施优势"。

继华为之后,抖音短视频国际版(Tik Tok)也受到了美国政府的"打压围剿",尽管它只是一款社交短视频App,却也被认为有着"威胁美国国家安全"的潜在能力。这种令人啼笑皆非的观念折射出类似中美之间围绕着华为、5G技术的竞争在未来的几

---

① 荀诗林.求生存? 美国穷追猛打,华为的"冬天"可能比预想的还要冷[N/OL].中国经营报,2020-05-21[2020-05-22].https://mp.weixin.qq.com/s?__biz=MjA5NTMyOTMwMQ==&mid=2651979984&idx=1&sn=3526316d2580e99fc45e65f2ea9a3c6a&chksm=4f3d67aa784aeebc48d21d1362742fbd15c6692398a2a4c71c93151d12b66e0e250846263ce&scene=0&xtrack=1.

十年间可能走向"常态化",许多国家的信息技术发展政策都基于这样一种观念——信息传播技术领域已经成为"兵家必争之地",直接关系到一国的国力、长远发展以及国际地位。这样的观念可能会让读者联想到赫伯特·席勒的"军事-工业-传播复合体",但眼下我们面对的媒介现实早已超出了经典传播政治经济学理论批判的范畴,甚至脱离了经典的马克思主义媒介批判范式能够描述的范畴。笔者更倾向于将当前的时代称为"数字资本主义2.0"阶段,它的核心逻辑是"政治-经济-媒介"的三位一体。从"数字资本主义"到"数字资本主义2.0"之间的变化在现实的层面上意味着媒介从"调节机构"到"基础性座架"的变迁;而在观念的层面上,它意味着"工具性"的媒介观逐渐失效,我们必须站在存在论的维度重新审视"媒介"的价值。因此,在展开论述数字资本主义2.0理论之前,我们必须简短地梳理这段转型的历史,厘清工具性媒介观在当代面临的阐释困境,并梳理其变迁发生的历史语境与社会背景。

第一节 "自动化危机"——马克思主义媒介观的阐释困境

所谓"阐释危机",指的是理论失去其解释力,或是理论本身存在缺陷、漏洞,或是语境化的理论已经不适用于新的社会条件(condition)。经典传播政治经济学、马克思主义的媒介观是一种工具性媒介观,在工业化生产时代,媒介作为一种历史性、阶级性的文化机构,常常被理论家视作调节、维系社会结构的"中介"(工具)。马克思主义媒介观的优势就在于强调经济基础的决定作用以及媒介本身的阶级性,这有助于研究者揭开新闻"自由"与"客观性"的面纱,揭露其资本主义"伥鬼"的本质,正如马克思所描述的那样:

> 自从关于英国人在中国采取军事行动的第一个消息传来以后,英国政府报纸和一部分美国报纸就不断污蔑中国人——不分青红皂白地非难中国人违背条约的义务,侮辱英国国旗,羞辱旅居中国的外国人,等等。可是,除了划艇"亚罗号"事件以外,他们举不出一件确凿的罪名,举不出一件事实来证实这一切污蔑。而且就连这个事实的实情也被议会中的花言巧语歪曲得面目全非,以致使那些认真想弄清这个问题真相的人大感不解。①

---

① 马克思,恩格斯.马克思恩格斯全集(第12卷)[M].北京:人民出版社,1962:176.

马克思还以爱尔兰《每日快报》来举例：

> ……每天都要编造各种关于谋杀、武装抢劫和夜间集会的谣言以飨读者。但使这家报纸感到莫大遗憾的是，被杀死的人竟常常从坟墓里爬出来，并且就在这家报纸上抗议编辑部这样摆布他们。①

在这番尖锐的评论背后，沉淀的是马克思本人的媒介观，它奠基于"经济基础-上层建筑"结构，带有强烈的工具性色彩。尽管媒介技术必须栖身于特定的物质载体，但马克思依旧将媒介本身归于上层建筑，它反映着社会经济、政治、文化等诸多领域的问题与矛盾，对经济基础和整个社会结构起着调节性的作用。换言之，传播政治经济学与文化研究之间的"门户之争"实则殊途同归，都是这种工具性媒介观"根系"生长出的枝杈——传播政治经济学者再怎么强调媒介组织是一种商业组织、一种纯粹的"企业"，也必须绞尽脑汁地为它的"生产性"辩护。它作为一种重要的"意识形态生产机构"，是否也在经济结构中发挥"协调"的作用？媒介从业者作为被雇用的劳工，并不能摆脱剥削性的经济制度，那他们是否创造了剩余价值呢？归根到底，若媒介的实质只是工具性的，为什么我们需要一门"传播"政治经济学？难道马克思主义政治经济学丰富的理论成果还不足以解释传媒领域的现象吗？

对于马克思来说，"媒介"的问题远没有今天那么复杂。马克思更关心的是作为社会组织的媒介，而非身为技术载体的媒介，他从头到尾谈论的都是报刊，也提及了在当时更为先进的电报，但从未使用过"媒介"这个概念，也未将"媒介"与"技术"联系在一起，更未直接谈论过"传播"——他使用的是德文词"der Verkehr"（交往），对应的英文词是"intercourse"。这一概念涉及范围十分宽泛，既包括物质意义上的商业贸易、交通运输，也包括精神层面上的信息传递。陈力丹将马克思主义的媒介观、传播观追溯到了"intercourse"实属无奈之举，在马克思那里，并没有一个能够严格对应现代意义上的"传播"的观念，但传播无疑是包含在交往之中的。一方面，马克思的技术观与传播观、媒介观之间不可避免地存在着断裂，能将二者串联起来的正是社会关系。一方面，人类的交往由社会关系贯穿，另一方面，社会关系是生产关系的反映与体现，在人们的交互作用之中，社会诞生了。交往能够形成社会凝聚力，成为不同群体之间的黏合剂、不同社会形态之间彼此交流的基础，并带来了一种世界范围内的"普遍的交

---

① 马克思,恩格斯.马克思恩格斯全集(第12卷)[M].北京:人民出版社,1962:713-714.

往"。"随着完全形成的人的出现而产生了新的因素——社会。"①

但在马克思那里,"社会关系"是一个总括性的宏大概念,基本上可以涵盖一切人与人之间发生的联系,以社会关系统合媒介与技术在理论上固然可行,但在批判实践上往往"隔"了一层,马克思的报刊观、媒介观依旧远离技术,我们只能从马克思对机器体系的批判来管窥他的技术观——"机械"的引入使得社会生产能够摆脱人力限制,使原本与工人双手劳动相适应的生产过程取消了"主观"分工,劳动"过程"客观地按其性质分解为各个组成阶段,局部过程如何完成、彼此之间如何结合等问题不再依赖熟练工人的人力,而是交给力学、化学等技术上的应用来解决。这样一来,工人的协作转变为了机器之间的联结与体系。在实现了大规模工业化生产的工厂内,不同机器在时间、空间上的联结与协作渐渐形成了"机器体系"。在马克思看来,机器生产在与它不匹配的物质基础上兴起,并经历一段时间的发展后,必定会推翻这个或许已经进一步发展了的基础,重新建立起与自身生产方式相适应的"新基础"。一方面,一个工业部门中发生的变化,不可避免、自然而然地会引起其他部门的生产方式的变革,曾经因为分工原因彼此孤立的社会机构、生产部门最终会因为参与了社会生产总过程而联系在一起,并形成了更庞大、社会性的机器体系。另一方面,工业的发展需要占有大量机器作为生产资料,大工业发展所需的技术基础也因此得以建立,并一步步走向自立。劳动资料以"机器"作为自己的物质存在方式,它要求以自然力来代替人力,以自觉应用自然科学来代替从经验中得出的成规。因此,高度发达的技术体系不可避免地带上了部分"自动化"的色彩,只不过这种自动化并不是技术的"自主",而是生产力现实发展的要求。

这一技术观正是马克思劳动观的延伸——他超越了黑格尔那种"抽象的精神的劳动",将作为人类本质的劳动诉诸现实的劳动。在他看来,生产的过程是社会性的,需要劳动、劳动资料、劳动工具等基本要素,而劳动资料总是前一个生产环节的劳动产品,劳动工具亦然。对于"财富的实质和起因"而言,重要的不是商品,而是它们如何被制造、用什么工具来制造,又是如何从劳动产品变成了商品;同理,重要的不是机器本身,而是劳动工具是如何从"工具"转化为"机器"的,以及机器是如何被组织为一个有机系统的。"新技术"的引入极大地冲击了工场手工业的发展,冲击了工人的技艺,使得"自动工厂"成为笼罩在工人阶级头顶上的幽灵。机器以新的逻辑来调节工人的

---

① 马克思,恩格斯.马克思恩格斯全集(第20卷)[M].北京:人民出版社,1971:513-514.

劳动与生产,使得"死劳动支配了活劳动",劳动者具体的劳动价值被抹杀了,变得没有区别、可以被任意替换。在资本主义的经济条件与生产过程中,工人是工资的奴隶,生产资料被少数资本家掌握着,工人不得不受制于技术,机器与技术不再是工人自我实现的途径,而是资本家剥削工人的工具与手段。破除异化的手段唯有推翻资本主义,把工人、机器、技术全部从资本主义的生产方式中解放出来,只有各种职业平等、生产资料不再归个人所有,工人才可以自由地"掌握他们喜爱的任何行业的技艺","随自己的兴趣今天干这事,明天干那事,上午打猎,下午捕鱼,傍晚从事畜牧,晚饭后从事批判,这样就不会使我老是一个猎人、渔夫、牧人或批判者"。①

在马克思眼中,"技术"是一种受制于社会与经济条件的生产力,受制于生产方式与生产关系,若社会处于资本主义的生产关系支配之下,那么,它便自然而然地服务于资本主义的经济循环与积累。某些技术之中或许蕴含着变革的潜能,但变革的实践动力来自阶级斗争,而非技术本身。由此出发,我们便可以理解马克思那独特的媒介观——报刊的技术载体是无足轻重的,因为它对现实的生产力没什么影响,尽管他相信报刊是社会舆论的工具,不仅能够"表达舆论"②、"影响舆论"③,甚至可以"制造舆论"④;但与此同时,报刊又是"社会舆论的产物"⑤。马克思和恩格斯将报刊称为"社会舆论的纸币","当报刊是匿名的时候,它是广泛的无名的社会舆论的工具"。⑥ 但这种批判性的观点与其说是"报刊理论",倒不如说是一种道德化的期待,即将媒介视为一种阶级斗争的工具,"报刊按其使命来说,是社会的捍卫者,是针对当权者的孜孜不倦的揭露者,是无处不在的耳目,是热情维护自己自由的人民精神的千呼万应的喉舌"⑦。"目前报刊的首要任务就是破坏现存政治制度的一切基础。"革命报刊有责任"抱着极端不信任的态度去注视着政府的每一个行动,去公开揭露政府所采用的制度的任何一个微小的症状","为它周围左近的被压迫者辩护";报刊不仅要一般地批判反动的国家制度,旧的社会关系和上层权力机关,而且"必须反对某一具体的宪兵、某一具体的检察官、某一具体的行政长官"。⑧

---

① 马克思,恩格斯.马克思恩格斯选集(第1卷)[M].北京:人民出版社,1956:85.
② 马克思,恩格斯.马克思恩格斯全集(第1卷)[M].北京:人民出版社,1956:126.
③ 马克思,恩格斯.马克思恩格斯全集(第7卷)[M].北京:人民出版社,1959:600.
④ 马克思,恩格斯.马克思恩格斯全集(第1卷)[M].北京:人民出版社,1956:231.
⑤ 马克思,恩格斯.马克思恩格斯全集(第1卷)[M].北京:人民出版社,1956:231.
⑥ 马克思,恩格斯.马克思恩格斯全集(第7卷)[M].北京:人民出版社,1959:117.
⑦ 马克思,恩格斯.马克思恩格斯全集(第6卷)[M].北京:人民出版社,1961:275.
⑧ 马克思,恩格斯.马克思恩格斯全集(第6卷)[M].北京:人民出版社,1961:277-278.

这种道德化的报刊观念在一定程度上是马克思办报经历的产物,他相信报纸不仅能够反映当前的局势,还能够直接地干预工人运动,并成为工人阶级的喉舌,将工人阶级紧密地联系在一起。但这种干预应当与经济现实无涉,与基础性的社会结构无涉,"真正的人民报刊"应该是纯洁、真实的,应该"根据事实来描写事实",而非"根据希望来描写事实";应该"表达社会舆论",而非"歪曲社会舆论",应该反映"人民的本质",使人民能够通过它真正地认识自己。① 它应当具有"公民的头脑和市民的胸怀"②,应当让"国王能够听到人民的真正呼声"③。"党报"则更进一步,它是无产阶级政党进行斗争、争夺政治阵地的重要武器。作为具有政治性的机关报,党报必须遵守党的纲领、策略原则和党的精神,而"党的精神"就意味着代表和捍卫无产阶级和人民大众的利益。在《莱茵日报》被迫停刊时,马克思充满激情地写道:

>《新莱茵报》的编辑们在向你们告别的时候,对你们给予他们的同情表示衷心的感谢。无论何时何地,他们的最后一句话始终将是:工人阶级的解放!④

在马克思那里,报刊并不具有生产性,它的功能只发生在精神、意识的领域,它对社会的调节作用体现为"传递思想"。正因如此,马克思的技术观与报刊观是分离的,"机器系统"中不见媒介的身影,对报刊的批判也与技术无关。直到卢卡奇将他的对象化、异化、拜物教等观念发展为"物化"理论,并持续影响了法兰克福学派的一大批学者,技术才走入了马克思主义者批判的视野——实际上,绝大多数的当代左翼传播学者实际上都是"物化"观念的继承人。

一、"物化"逻辑的形成与"媒介-技术"的整合

事实上,"物化"的逻辑才是我们熟知的许多传播理论的源泉,即便是在许多方面针锋相对的传播政治经济学与文化研究两个学派,都曾直接受惠于"物化"的逻辑。所谓"物化",简单来说,就是人的活动及其结构和产品变成某种自律的东西并反过来

---

① 马克思,恩格斯.马克思恩格斯全集(第1卷)[M].北京:人民出版社,1956:186-188.
② 马克思,恩格斯.马克思恩格斯全集(第1卷)[M].北京:人民出版社,1956:231.
③ 马克思,恩格斯.马克思恩格斯全集(第40卷)[M].北京:人民出版社,1982:320.
④ 马克思,恩格斯.马克思恩格斯全集(第6卷)[M].北京:人民出版社,1961:619.

支配人、压制人，人成了物的奴仆，人与人的关系变现为物与物的关系。① 在卢卡奇身处的资本主义社会中，这种"物役使人"的关系体现为商品货币关系、等价交换和可计算性等法则——"商品"原本是人的创造物，此刻却获得了一种"幽灵般的对象性"，这样一来，人不仅不能驾驭这种创造物，反而受其支配。在商品非人化、自律化的同时，人也渐渐变得"客体化""非人化"了，这样一来，人便与他的能力、活动、关系渐渐分裂、疏离了，这些使人之为人的东西不再属于人自己，而是成为商品化的、有价的东西。正如卢卡奇自己所说：

> 在主观方面——在商品经济充分发展的地方——人的活动同人本身相对立地被客体化，变成一种商品，这种商品服从社会的自然规律的异于人的客观性，它正如变为商品的任何消费品一样，必然不依赖于人而进行自己的运动。②

与此同时，"活劳动"的合理化与机械化也导致了劳动本身被分化为局部的机械操作，人被切断了与作为整体的劳动过程与产品的联系，"活劳动"变成了"死劳动"。最终，人与人的社会关系也走向了物化，用马克思的话来说，就是"物与物的关系的虚幻形式"③。

在物化向着社会政治领域、人类生活领域不断渗透之后，人类生活于其中的世界就变成了一个冷冰冰的非人世界。人变得没有灵魂，也没有真实的情感，生产活动在生产体系和管理机制的机械化、专门化、理性化过程中渐渐获得了一种"超人的自律性"④，劳动者则相应地失去了主体性和能动性，他们与生产活动的整体性之间的联系也被切断了。而这一过程的最终后果是，人的意识也物化了，思想成了一种抽象的机器，只按照自身规律来运转。根据王晓升等人的描述，"物化意识的实质是对外在的物化现象和物化结构的认同，是对外在规律和对命运的服从，是主体的批判和超越维度的缺失，其实质是把资本主义制度当成永恒的人类秩序和自己唯一可能在其中生存的环境加以接受"⑤。在这一意义上，物化意识毫无疑问就是一种意识形态，而卢卡奇谈论"物化"，就是为了讨论阶级意识是如何形成的。在他看来，阶级意识"既不是组

---

① 王晓升,等.西方马克思主义意识形态理论[M].北京:社会科学文献出版社,2009:14.
② 卢卡奇.历史与阶级意识[M].杜章智,译.北京:商务印书馆,1992:147-148.
③ 马克思,恩格斯.马克思恩格斯全集[M].北京:人民出版社,1968:90.
④ 王晓升,等.西方马克思主义意识形态理论[M].北京:社会科学文献出版社,2009:17.
⑤ 王晓升,等.西方马克思主义意识形态理论[M].北京:社会科学文献出版社,2009:18.

成阶级的单个个人所思想、所感觉的东西的总和,也不是它们的平均值",而是"一种受阶级制约的对人们自己的社会的、历史的经济地位的无意识(Unbewußtheit)"。①

在笔者看来,卢卡奇的物化理论对于传播学研究最重要的影响在于,它已经触及了人类实践、社会世界联系方式的变化——人必须以"物"的方式与他人和周遭世界发生联系,此处的"物"并非某种实体的、具体的物,而是一种非人化的"物性"(Dinghafigkeit)、一种抽象化的逻辑。在卢卡奇那里,这种逻辑就是资本主义的商品交换关系,是以货币作为具象化的衡量尺度,这样的关系可以概括为卢卡奇的另一个概念——"事物化"(Versachlichung)。在马克斯·韦伯那里,事物化指的是现代的经济关系与法律制度不再像传统社会的那样,表现为"面对面"的直接人际交往关系,而是主要表现为事物性的(sachlich)客观运作机制;②而在卢卡奇那里,事物化意味着社会化的人置身于一种"远离人的、甚至非人的客观性"之中,这种机制被他称为"一切社会关系"的"客观化"(Objektivierung)、"合理化"(Rationalisierung)和"事物化"(Versachlichung)③,也就是说,卢卡奇不仅批判"幽灵般的对象性"(Gespenstige Gegenständlichkeit),也批判了"合理的自律性"(Rationellen Eigengesetzlichkeit),即在现代资本主义社会产生的"第二自然"(zweiten Natur),或曰"似-自然"。④ 说得直白一点,就是资本主义抽象为类似自然规律的统治法则,事物化导致的商品生产和交换的客观规律成为人们交往的直接表现形式,构成了资产阶级意识形态的核心。简而言之,就是某种抽象物凌驾于人与人的关系之上,形成了一种统治性的力量,这种抽象物最基本的形式就是商品与货币,但它也拥有其他的表现形式——在德波那里叫作"景观"(Spectacle),在鲍德里亚那里叫作"符号"(Signe),在阿甘本那里叫作"装置"(Dispositif)。也就是说,"物化"理论本身的可延展性极强,"物"也可以是别的东西,用以描述一切非人的、冰冷的关系结构。

卢卡奇强调,商业的规律不应该成为本原性的东西,它只是一种"物化的合规律性"(Verdinglichten Gesetzmäβigkeiten),只有通过唤醒无产阶级的阶级意识,扬弃这种

---

① 卢卡奇.历史与阶级意识[M].杜章智,译.北京:商务印书馆,1992:105-106.
② 张义修.马克思主义"物化"批判逻辑的再发现:基于对马克思、卢卡奇与法兰克福学派的概念史考察[J].社会科学研究,2019(3):148-153.
③ 张义修.马克思主义"物化"批判逻辑的再发现:基于对马克思、卢卡奇与法兰克福学派的概念史考察[J].社会科学研究,2019(3):148-153.
④ 张义修.马克思主义"物化"批判逻辑的再发现:基于对马克思、卢卡奇与法兰克福学派的概念史考察[J].社会科学研究,2019(3):148-153.

虚假的物化的直接性,才能回归"事物化关联"(versachlichte Beziehungen)的基础——人。① 尽管他将"事物化"视为一种客观化的社会关系机制,该机制导致了现象层面的物化与资产阶级社会的物化意识,但他并非只想分析物化的直接性和"物化的外在显现形式"(Erscheinungsformen der Verdinglichung),而是要借由物化批判来揭露整个"现代性机制"的不合理本质。正是在"物化"与"事物化"的前提下,葛兰西才能探讨基于自发"同意"的"霸权",阿尔都塞才能讨论资本主义如何通过其隐蔽的结构在认识层面实现对自身的再生产,并巩固自身统治的稳定状态。阿尔都塞使用"结构"的概念,以这种种完全客观的、非人性的(ahumanity)的存在,将经济基础与上层建筑之间的辩证关系拓展为一种更加复杂的结构性关联。在他看来,线性的、单一的决定论已经无法解释资本主义的社会现实,他提倡一种结构性的、多重时间性(multi-temporality)的、关注差异性与非连续性分析视角,因为革命最有可能发生在认识断裂的时刻。他与葛兰西的理论为这样一种观念奠定了基础——媒介是生产性的,它参与了生产关系的再生产。

对于卢卡奇等西方马克思主义者来说,首要的任务已经不再是阶级斗争,而是要反思整个看不见的、抽象的建构与机制,使这个"物"的机器停止运转。媒介批判的必要性、合法性正是由此而来,它正是这种安插在经济基础-上层建筑结构之间的"结构"的一部分。直到两次世界大战期间,"媒介"的强大力量才正式爆发出来,作为一种战争动员工具的广播在纳粹德国呈现的强大动员力量令人惊讶,关于战时宣传、战争动员的一系列研究最终成为"大众传播学"这一学科的奠基性研究。正是在同一时期,"文化工业"理论异军突起,将"媒介"与"意识形态"彻底接合起来,文化这种原本属于上层建筑的、关系性的存在才被纳入了资本主义工业化系统之中。不过,法兰克福学派使用的不再是"结构"概念,而是将这种接合诉诸工业化的过程,提出了著名的"文化工业"概念。阿多诺认为,在资本主义的机械化、自动化的大生产控制下,文化的生产与再生产都服从于资本主义大生产的工业逻辑和商品交换的市场逻辑,生产的标准化自然也就带来了文化的标准化。文化工业中蕴含着一种同一化的逻辑,它将劳动者的肉体束缚在机械劳动中,将劳动者的精神固定在"闲暇"娱乐中,而文化工业被当作一种"补偿"提供给劳动者,使人们忘记真实的、现实的困境、矛盾与冲突,而陶醉于幻觉与谎言之中。在同一性的逻辑之中,人们的需要被建构为一种整齐划一的东

---

① 张义修.马克思主义"物化"批判逻辑的再发现:基于对马克思、卢卡奇与法兰克福学派的概念史考察[J].社会科学研究,2019(3):148-153.

西,人也被化约为抽象的存在,直至最终被化约为"无"——文化工业生产的正是人们对"普遍性和特殊性的同一"的认识,随着文化工业机器的运转,人们毫无批判性地被物化的现实所同化,失去了个性与批判精神,也失去了对整个资本主义社会现实的反思。文化工业已经超越了传统意义上的资产阶级意识形态,后者是要使人产生关于社会的虚幻意识、关于生活价值和意义的幻想,而文化工业是一种肯定性的意识形态,其中不存在任何思辨的幻想,只有当下满足的快感。在文化工业之中,大众传媒扮演着关键的角色,"现代生活的无数现象被工业标准化后,人的思维也日渐刻板化。生活本身越是刻板,死板的情感(stereopath)越是大行其是,人们越是相信自己的(刻板)思维框架得到了现实的支撑。现代大众传媒模仿了工业生产,传播着刻板思维的完整系统……在政治事务中,刻板思维(stereotype)几乎是不可避免的"①。这种刻板化的后果正是普遍的物化,"社会过程的客观化,将'超个人'的法则内在于人,而个人对这种法则的屈从似乎又让他们对于社会的理性外化了"②。社会的政治过程已经变成了一个外在于人、脱离人的东西,人们无法把握其客观过程,无法了解事物的真相,资本主义因此免受人们的批评,这套制度也就能够长久地存在下去。法兰克福学派所做的事情,就是用"事物化"来超越"物化"③,使理论的批判超越资本主义生产过程,转向"启蒙理性",以及作为其后果的个体生存困境——文化工业带来的不仅仅是虚假的满足与享乐,也带来了对人由内而外、由生产到生活的全面奴役。

从卢卡奇到阿多诺,媒介批判的物化逻辑已经基本成形,"媒介"与"技术"也被整合到了同一个理论的框架之中。在安德鲁·芬伯格(Andrew Feenberg)看来,卢卡奇是第一个对技术理性进行批判的左翼学者。芬伯格强调,与其将"物化"视为当代资本主义社会中的病理性特征,不如抓住物化与技术之间的关系,人的客体化与技术操纵有关,人无法左右技术的规律,而只能理解、运用这些规律,进而操纵技术,来达成"个人的利益"。因此,"《历史与阶级意识》并不批判日常意义上的直观,而是理解为技术上操纵世界关系的一个方面。""技术是卢卡奇物化的一个重要例子和来源"④。

---

① ADORNO T W. Culture industry reconsidered[M]//BERNSTEIN J M. The culture industry:selected essays on mass culture. London:Routledge,1991:333.
② ADORNO T W. Culture industry reconsidered[M]//BERNSTEIN J M. The culture industry:selected essays on mass culture. London:Routledge,1991:282.
③ 在《启蒙辩证法》中,"物化"(Verdinglichung)与"事物化"(Versachlichung)两个概念是被同时使用的,而在不同的中译本中,这两个德文概念对应不同的中文概念,如"物化""事物化""对象化""客体化"。这些概念存在着细微的差别,但又有交叉之处,难以截然划分。参见:张义修. 马克思主义"物化"批判逻辑的再发现:基于对马克思、卢卡奇与法兰克福学派的概念史考察[J]. 社会科学研究,2019(3):148-153.
④ BEWES T,HALL T. Georg Lukacs:the fundamental dissonance of existence[M]. New York:Continuum,2011.

而马尔库塞更进了一步,他将"物化"推向了极致——随着科学技术的不断发展,文化工业的意识形态也变得越来越具有控制性,技术理性的奴役彻底消解了人们思想中的否定性维度,社会中的流行技术装置不断地再生产着使资本主义统治合理化的虚假意识,而这一合理化的过程是奠基在极端的工具理性中的——人们相信社会能够凭借人对技术的运用来实现自身的再生产,并依靠科学管理和科学分工不断提升劳动生产率,提升政治、经济、文化事业的效率,最终提升人们的生活标准。因此,我们更加确信这样的事业是完全"合理"的,科学-技术合理性与操纵熔接在一起,形成了一种新的社会控制形式——"定量化"的思维。

"定量化"意味着在数学框架内来解释本质,该框架一旦支配了思维,人们便自动地将"现实"与"目的"分割开,又将真与善、科学与伦理分割,这样一来,观察、测量、计算中心的主体和伦理、审美或政治的行动者之间的关系就被割裂了,前者不能为后者代为谋划与实践。在这种数学逻辑之下,普通人并不是理性的主体,而是理性的对象,普通人的理想与需要被置于理性的对立面。在这种两极化的社会定义之下,压制和镇压都被美化为"合理的","美、善、和平与正义"既不能从本体论的条件中推导出来,也不能从具有科学合理性的条件中推导出来,它们在逻辑上就无权要求普遍的有效性、普遍的实现。从科学理性的角度来看,它们都属于"偏好",事先就已经被科学理性所拒斥。

马尔库塞认为,"物化"为辩证法与现象学的结合提供了可能的框架,即"用唯物主义的词汇,去描述海德格尔对人的存在的本体境况的分析"。[①] 在他看来,海德格尔对此在存在的"非本真性"与"本真性"的区分,能够与卢卡奇对物化意识与阶级意识的说明形成某种"结构对应性",同时,在海德格尔对此在历史性特征的揭示中,也存在着建立一门关注人的现实生存状况的具体哲学的可能性。正因为此在是一种历史性的存在,"生存哲学的基本问题被提出来了:什么是本真的存在以及它究竟是如何可能的"[②]?马尔库塞认为,如果从"人的存在意义的实现"的角度来理解现实世界,就存在着以个体的生存实践来塑造激进行动的历史可能性。[③] 辩证现象学代表了一种坚定的、彻底具体化(constant, extreme concretion)的研究方法,它不仅关注对存在意义的澄清,同样也要求回归人的实践活动,因为"意识(das Bewuβtsein)在任何时候都只

---

① 马尔库塞.审美之维[M].李小兵,译.桂林:广西师范大学出版社,2001:3-4.
② MARCUSE H. Heideggerian Marxism[M]. Lincoln and London: University of Nebraska Press, 2005:14.
③ 薛晋锡.辩证现象学与西方马克思主义批判理论:以马尔库塞为中心[J].南京大学学报(哲学·人文科学·社会科学),2019(4):48-56.

能是被意识到了的存在(das bewuβte Sein)"①,故而马克思"按照事物的真实面目及其产生情况来理解事物"的要求与"回到事情本身"的现象学原则之间存在着方法论目标上的一致性。同时,马尔库塞从黑格尔《精神现象学》中"自我意识的对象化过程"出发,将自然界也纳入了历史性分析的范畴之中,不仅为个体自我批判与社会整体之间的统一找到了依据,也使这种批判能够与《存在与时间》中对此在历史性的分析相结合、相对应。

不过,马尔库塞并不相信"技术先验论",而认为所谓"技术先验论"实质上是一种"政治先验论",在他看来,沉迷于技术世界的机械系统,而对政治目的漠不关心,这也同样是一种意识形态,即使技术可以彻底地变革社会,或是阻碍社会的变革,人们仍旧相信基本的社会动因是社会生产方式,而非技术。他提出"辩证现象学"也不是想用现象学来重新解读马克思主义,而是想以一种马克思主义的方式,将现象学"转译"为一种生存实践哲学。因此,马尔库塞并不完全赞成海德格尔将此在的沉沦与被抛视为存在论上的先验规定,而是认为理性的个体能够在劳动与社会协作关系之中,在"彼此相互对立并且为对方而存在"的前提下,实现自我与他人的认同(identity),最终达到一种"和而不同"的境界,以此达成自我的实现与社会整体的和谐。海德格尔所说的"被抛"境况已经包含了一个整体,其中蕴含的物质、精神、经济和意识形态等内容共同规定了此在存在的现实可能性。"此在首要的操心是操心自己,操心自己的生产和再生产"②,建基于此的生存实践可以刺穿资本主义社会的物化现实,带来个体存在的解放,乃至全人类的解放。在他看来,人们越是相信科学与技术是中立的,工具主义的话语就越是将科学与技术都限制在了同一逻辑与合理性之下。当技术成为物质生产的普遍形式,它就对整个文化形成了制约,并依此设计了作为历史总体的"世界"。"技术学"(technology)相信物质与科学都是中立的,但在这种中立性之中,客观现实与特定的历史主体被联系在一起,进而又与社会中流行的意识联系起来。当人们相信中立性是"通过社会""为了社会"建立起来的,它就被抽象成了一种由内在的因素构成的新型合理性,当人们沉迷于纯粹的、应用的操作主义之中,沉迷于理论与实践的理性、科学与商业的谋划时,科学渐渐降格为一种"技术",理论上的操作主义与实践上的操作主义逐渐趋同,带来了一种更加有效的统治自然的科学方法。在统治了自然之后,它便开始为人对人的统治提供纯概念和工具,理论理性仍然保持着纯粹性和中立

---

① 马克思,恩格斯.马克思恩格斯文集(第一卷)[M].北京:人民出版社,2009:525.
② MARCUSE H. Heideggerian Marxism[M]. Lincoln and London: University of Nebraska Press, 2005: 25.

性,但它已经"通过技术"并"作为技术"实现了自我巩固与扩大,为统治权力的扩张提供了充分的合法性,并将这种合法性扩散到了文化领域之中,使人的不自由处处得到合理化。

对于传播研究、媒介批评领域来说,从卢卡奇到法兰克福学派的历史是一段格外重要的时期,恰在此时,媒介中的技术维度得以突显,媒介本身也在技术中找到了栖身之所,"媒介-技术"开始被视为一个整体。法兰克福学派亦是左翼批判传播研究的重要理论源泉,传播政治经济学与文化研究都曾或直接或间接地受惠于"文化工业"与物化逻辑,例如斯迈兹的"受众商品论"、威廉斯的"文化唯物论"、霍尔的"表征",等等。我们甚至可以说,莫斯可提出的"商品化"正是"物化"这一抽象逻辑的具体表现形式,它们描述的都是商品交换关系统摄一切的过程。但遗憾的是,"媒介-技术"的整体范式只是昙花一现,物化逻辑传承到传播政治经济学与文化研究那里时,媒介(文化)与技术再度分道扬镳,技术的维度被抛诸脑后,甚至成为与文化相敌对的"神话"——对物化的批判变成了对技术的批判,这使得媒介的技术维度在左翼的批判传播研究中彻底隐形。

二、技术与文化的对立

二战后,经济的复苏、社会的重建为工人阶级、左翼学者带来了些许"福音"——这一时期的欧洲正凭借"马歇尔计划"(The Marshall Plan,正式名为"欧洲复兴计划",European Recovery Program)的援助逐渐走向复苏,战争的创伤正在愈合,西欧各国经济发展逐渐回暖,"福利国家"逐步建成。在英国,工党取得政治上的优势,工会的权力获得了前所未有的提升,工人阶级的生存境况也得到了改善,"中产阶级"不断壮大,成为社会的中流砥柱;而在国际上,"新左派运动"在西欧各国风起云涌,甚至渐渐朝着北美大陆蔓延,左翼思潮的兴盛使得部分左派人士萌生了一种天真的幻想,希望能通过一种温和的、渐进的、"非暴力的"方式实现资本主义社会向社会主义社会的过渡,以不流血的方式实现共产主义的"光荣革命"。但很快,这种"改良主义"的热潮便被新自由主义的冷水浇熄了,20世纪70年代后,保守主义势力在全球范围内广泛回潮,美国里根政府、英国撒切尔内阁颁布了一系列支持新自由主义的政策。政治氛围的剧变让部分左翼学者转向"后马克思主义",他们认为工人阶级无法像马克思所期望的那样领导革命,社会中的政治与经济也不绝对挂钩,甚至阶级已经不是划分社会团体的有效工具,这批学者更关注后工业社会、身份政治、微观政治,"反抗"的概念经过他们改造,转向了一种微观权力的争夺;另一些人则在挫折中警醒,旗帜鲜明地反对上述"新修正主义",始终对"意识形态"抱有高度警惕,并将这种警觉推广到了对媒介、技术,尤其是互联网与社交媒体的"民主与解放"的神话上。

技术与文化的分离还体现在哈贝马斯的理论中——"目的理性的活动"与"交往"之间的二分法直接将"技术"置于批判的对立面,是价值理性突破的对象。哈贝马斯批判的目的理性就是一种工具的活动,它按照技术的规则来进行,这一规则以经验知识为基础,包含着对可以观测到的事件的"有条件的预测",这些预测必须可以被证明或证伪。资本主义的制度化形成于工业化主义(Industrialismus)①的过程中,"自我调节"与长远稳定的价值规律也在这一时期成为新的工具规范,这样一来,"工业主义"反而能从资本主义制度中剥离出来,以相对独立形式被固定在不同的资本价值增殖机制上。当技术的合理性邂逅了资本主义生产关系,制度框架的合理性便与生产关系、社会劳动系统锚定起来,因此,所有制不仅仅是一种政治关系,也是一种市场关系,它能从市场交换中建立起自己的意识形态,依靠生产关系的合理性来取得自身的合法性。社会的框架制度首先是经济的,其次才是政治的,而这种经济合理性能够对统治系统、社会的其他子系统提出要求,使其发展出新的合理性,与自己相适应,而现代科学为之提供了一种方法论层面的坐标系,使技术的支配成为一种先验的观点。科学与技术互相依赖、互相加速,"技术的科学化"(die Verwissenschaftlichung der Technik)与工业研究相结合②,使科学、技术成功地运用于商品生产部门,成为"第一位"的生产力。与此同时,生产者(人)的合理决断与工具的使用相结合,生产力也被理解为技术支配力量的潜在增长——也就是说,"生产力化"的技术提出了制度化的要求,要求政治为自己排除风险、维持市场的稳定。此时,社会发展被理解为科技进步逻辑的产物,科技发展的内在规律也被当成了事物发展的必然规律性(die Sachzwaenge)③,资本主义社会为之制定的"功能性"政治制度也受到这种"必然规律"的支配。

这样一来,技术的统治就被确立为一种隐形的意识形态(als Hintergrundideologie)④,逐渐朝着非政治的领域渗透。科学的模式取代了交往活动、相互作用,使之从社会的自我理解(das Selbstverstaendnis der Gesellschaft)中剥离下来。目的理性建立起

---

① 哈贝马斯.作为意识形态的技术与科学[M].李黎,郭官义,译.上海:学林出版社,1999:53.
② 哈贝马斯.作为意识形态的技术与科学[M].李黎,郭官义,译.上海:学林出版社,1999:62.
③ 哈贝马斯.作为意识形态的技术与科学[M].李黎,郭官义,译.上海:学林出版社,1999:63.
④ 哈贝马斯.作为意识形态的技术与科学[M].李黎,郭官义,译.上海:学林出版社,1999:63.

支配地位之后，人对社会生活世界所作的文化上既定的自我理解退缩了，取而代之的是自我物化（die Selbstverdinglichung der Menschen）。① 因此，尽管技术统治本身并非资本主义的制度框架，但它仍能作为一种意识形态，潜移默化地侵蚀着社会中各个子系统的制度框架，以符号为媒介、以语言表达的含义为依据、以规范的内心化为前提的交往活动渐渐被扭曲，缩减为有限的行为方式。这样一来，人们就处在了一种制度化的暴力之中，这种权力关系不仅仅是剥削，而是统治者镇压了交往活动，并制定了使愿望得以实现、使补偿得以满足的标准，由此来保障群众的忠诚和制度的稳固。这种制度化的暴力表现为超我结构的解体（Entstrukturierung des Ueber-Ich）②，它使人民大众非政治化了，使他们在目的理性的活动范畴中自我对象化（Selbstobjektivation）了③——实践与技术之间的差别被抹杀了：技术就是实践，技术取代了实践，成为资本主义政治与制度合法性的来源。

　　哈贝马斯的观点透露出这样一种逻辑：对作为意识形态的技术的批判与物化批判是一以贯之的。哈贝马斯强调的是资本主义生产关系对技术的支配与控制，这在当代发达资本主义社会中本无可厚非，然而，当对技术的警惕转化为"恐惧""抵触"，或是"遗忘"之后，批判就陷入了泰拉诺瓦所说的"技术恐惧"陷阱。反观传播研究领域，文化研究的媒介观在某种程度上就是阿尔都塞的"意识形态国家机器"的延伸，在插入"经济基础-上层建筑"之间的"结构"中，媒介扮演着关键的角色——它源源不断地制造、输送着意识形态，维系着现有秩序的稳固。文化研究受结构主义影响颇深，但宏大的"结构"概念淹没了"媒介"的层次，介质、机构、内容全部混淆在一起，难分彼此。当威廉斯谈论"文化物质性"、霍尔讨论"编码-解码"时，他们强调的"媒介"更接近一种社会组织、机构；而文化研究学派历经在"流行文化转向"后，许多学者分析的"文本"实际上是媒介的内容；而在凯尔纳那里，所谓"媒介奇观"，指的是一种结构性的现象、状态。在上述的理论范式中，技术是被掩盖、忽视，甚至是被遗忘的。事实上，有不少学者认为，自卢卡奇起，"物化"概念便淡去了经济批判的色彩，而转向了纯粹的文化维度，体现为一种僵化和形成惯性的制度所具有的性质，或是一种伴随现代社会高水平社会分化而产生的失去总体性的、碎片化的存在。也就是说，"物化"在文化意义上被欺骗性地呈现为缺乏关联性的一个个片段，但这些"碎片"仍被一种理性化的逻辑

---

① 哈贝马斯.作为意识形态的技术与科学[M].李黎,郭官义,译.上海：学林出版社,1999：63.
② 哈贝马斯.作为意识形态的技术与科学[M].李黎,郭官义,译.上海：学林出版社,1999：65.
③ 哈贝马斯.作为意识形态的技术与科学[M].李黎,郭官义,译.上海：学林出版社,1999：71.

贯穿,它是"抽象的整体化、表面上的碎片化"。① 换言之,卢卡奇是从文化、审美意义上解读"物化",由此进一步延伸到社会层面的,而不是像马克思那样,将文化层面的物化置于经济-社会-文化的整体之中:

> 卢卡奇认定有一个纯粹的主体性力量存在,一个不受经济社会内在影响、却能对抗和改变经济社会物化系统的主体性力量……这个东西在《资本论》时期的马克思那里是不存在的。②

这种主体性的力量,在文化研究那里被称作"文化的相对自主性",或"意识形态的生产性",它生产的是它自身,以及一种稳定运转、自我延续的社会结构与秩序。这样一来,夹杂在"文化工业"中的技术反倒是无关紧要的——不管是报刊还是广播,电视或是互联网,都在同一套物化逻辑之中从事着相同的生产,生产着同样的秩序、结构、意识形态,再将物化的逻辑延伸到它们的再生产之中去。因此,文化工业形成了一个独立的闭环,它从经济生产关系中来,却不依赖于经济性,而是有着自身的运作机制与逻辑,支配它的实际上是插入"经济基础-上层建筑"之间的结构,而结构也是文化工业的产物,是文化工业不断生产、再生产的对象。此时,"物化"被阐释为观念论层面上"本体"的丧失,用霍耐特的话来说,"任何客体、任何存在状态,只要不是经由劳动创造产出,都会成为某种物化"③。

而在传播政治经济学派那里,"文化相对自主性"是不存在的,他们坚持像马克思那样,将文化、传播、媒体机构全部置于"经济基础-上层建筑"的框架中进行审视。他们相信,"结构"的本质是社会关系,而社会关系是由经济基础决定的。社会关系的"物"是由具有物理形态的商品经由"商品-货币-资本"的形态转化而来的,其物理形态的物性、社会关系形态的物性,甚至符号形态的物性全部被整合到了一起,如马克思自己所说:

> 正是在利润的这种完全异化的形式上以及在利润的形式愈来愈掩盖自己的内核的情况下,资本愈来愈具有物的(sachliche)形态,越来越由一种关系转化为一种物(Ding),不过这种物是包含和吸收了社会关系的物,是获得了虚假

---

① 刘森林.物化:文化之思还是经济社会整体之思?[J].哲学研究,2019(5):3-15.
② 刘森林.物化:文化之思还是经济社会整体之思?[J].哲学研究,2019(5):3-15.
③ 霍耐特.物化[M].罗名珍,译.上海:华东师范大学出版社,2018:3.

生命和独立性而与自身发生关系的物,是一个可感觉而又超感觉的存在物。①

这样一来,对于传播政治经济学者来说,"技术"根本无须被特别强调,它被淹没于"生产力-生产关系"的范式之中,作为一种不断发展、演进的生产力而发挥作用。何况,传播政治经济学者还面临着"信息社会"理论的剧烈冲击,以丹尼尔·贝尔、曼纽尔·卡斯特尔为代表的一批学者相信,我们正在渐渐远离"工业时代"而进入一个新的时代,这两个时代的分水岭就在于我们对技术、经济、政治、社会、文化的强调重点发生了偏移。在文森特·莫斯可看来,这种"变化"中隐藏着一种暗示——新的时代充满了潜力,我们可以挣脱传统与习俗的束缚,实现自由与民主的目标,就像贝尔声称的那样,"在过去的十年里,我们已经见证了 19 世纪意识形态的衰落。作为思想体系,它们宣称自己的世界观能够把握真理……如今,这些意识形态都衰落了"②。而在当代,一系列的灾难性事件构成了一个崩溃的链条,而资本主义的改良与福利国家的兴起则构成了另一个链条——"正在出现的规范性共识取代了意识形态的政治",而随着人类逐渐进入"后工业社会","知识阶层"的崛起包含着打破旧的权力体系、实现新的力量分配的潜能。尽管贝尔此时的态度仍十分谨慎,他一再强调意识形态的终结并不意味着历史的终结,更不意味着不确定性的终结,但他对资本主义经济体系扩张、控制的本能与资本主义文化追求自由与即时满足的反叛性之间的矛盾(即禁欲的清教伦理与纵欲的享乐主义之间的矛盾)的批判浅尝辄止,其中蕴含的乐观主义期待还是引起了传播政治经济学者的警惕——尽管资本主义存在着各式各样的矛盾,但它毕竟取得了最终的胜利。

莫斯可将这种观念与现象称为"数字化崇拜",与戴维·奈的"技术崇拜"(technological sublime)、詹姆斯·凯瑞的"电子崇拜"一样,这种情感都是在"填补宗教的空白"③,其目的是让被理智压倒的情感在爆发中找到自己的容身之所。最终,技术自我包装的神话演变为一种"夸大的螺旋"(spiral of hype),一种自我繁育的"赛博枝干"——当人们将赛博空间(cyber space)视为一个"神圣空间"时,它便已构造了技术、政治、文化实践等方方面面的神话,这些神话又反过来构造了数字传播本身,甚至赛博空间本身就是文化、政治经济、互相关联的神话、现实的社会制度一同构造的产物。而所谓"数字化狂热",正是这些神话给人们带来的错觉,莫斯可相信,人们只要

---

① 转引自:刘森林.物化:文化之思还是经济社会整体之思?[J].哲学研究,2019(5):3-15.
② 莫斯可.数字化崇拜:迷思、权力与赛博空间[M].黄典林,译.北京:北京大学出版社,2010:58.
③ 莫斯可.数字化崇拜:迷思、权力与赛博空间[M].黄典林,译.北京:北京大学出版社,2010:22.

回溯历史,这种"历史的终结"的健忘症就能被治好。与历史一同终结的还有地理,但地理的终结不仅意味着疆域的消失,也使得空间更具有可塑性,赛博空间对空间的征服已经拓展到了全球范围内,产生了一种新的"文化地理学",即将赛博空间视为一种"数字化的天堂之城"。① 脱离肉身束缚的狂想支配着人们,这种超然性的幻象导向了一种极为消极的后果——若你能在赛博空间中成为神,你还会为现实的社会公正而奋斗吗?

托德·吉特林(Todd Gitlin)曾这样描述当代的"扁平社会":

> 扁平社会(horizontal society)的发展趋势在许多方面比我们所处的时代的公开的意识形态要更加强大——或者更确切地说,横向关系发展的趋势是在一切竞争性意识形态中最强大的……由于技术的作用,无情的横向化动力不可遏制,垂直关系无法维系。重建运动只能是导致为一般性趋势增加更多的横向化要素。权威不再占据舞台——下一个千年的文化将与此无关。②

在这样的"扁平社会"之中,一种对政治冷淡的保守主义立场取得了支配地位,最终导向了政治的终结——不仅仅是人们对投票失去了兴趣,更糟糕的是,"横向(扁平)社会"的神话使得人们对权力的控制性麻木了。当人们相信"横向的"社会与威权无关时,旧制度的终结与新政治的诞生就成为赛博空间中的新神话,人们开始认为,传播不仅仅是一种手段,也为我们提供了新的政治基础,新的公民、新的政治形态被创造出来,与之相伴的却是公共性的消解和私人伦理的全面胜利,"有价值的"政治走向了终结,人们相信,互联网不仅能对民主进行矫治,甚至它本身就是民主。而莫斯可坚信,他所做的一切正是为了对这些"乌托邦预测"进行纠偏——赛博空间的神话引导人们以一种克里斯玛(charisma)的方式对待电脑,人们开始相信数字化的过程将所有的语言、声音、图像"转译"为一种单一的语言后,就能够调和资本主义社会中存在的诸种矛盾,但这一过程实质上只是促进了信息的商品化——数字化使得企业能够以统一的标准对信息内容进行评估和监控,在"流动性"这一特征之上对它们进行包装和再包装。与此同时,数字化系统自身具有的循环性又进一步扩展了传播过程的商品化,进而让整个传播行业的劳动力都被商品化了。紧接着就是整个传媒行业的整合、集中化,垄断也就成了一种必然的趋势,大量的矛盾应运而生,这其中既包括发达资本

---

① 莫斯可.数字化崇拜:迷思、权力与赛博空间[M].黄典林,译.北京:北京大学出版社,2010:91.
② 莫斯可.数字化崇拜:迷思、权力与赛博空间[M].黄典林,译.北京:北京大学出版社,2010:94.

主义国家与第三世界国家之间传媒体系互相抵牾的矛盾,也包括行业内部管理层与工人阶级之间的矛盾,还包括新自由主义的"商业自由"与新闻价值、传媒价值之间的矛盾。

对于莫斯可来说,作为生产力的"技术"本身并不是一个值得单独讨论的对象,而"技术决定论"一类的"神话"则直接站在了社会、文化的对立面。换言之,技术在人类社会中引起的一系列变化并未得到足够的关注,只有在技术进入了"右翼"的传播学理论话语中,并演变为一种"神话"时,才会成为传播政治经济学者批判的对象。因此,莫斯可将批判的矛头直指资本主义社会中关于数字技术、互联网的若干种"神话"(myth),批判的对象包括尼葛洛庞蒂、比尔·盖茨、美国前副总统阿尔伯特·阿诺德·戈尔(Albert Arnold Gore Jr.,又称阿尔·戈尔)等,而相信"历史终结"的福山和相信"意识形态终结"的丹尼尔·贝尔更是他批判的首要对象。莫斯可的观点颇具代表性,凝聚了整个传播政治经济学派的"集体智慧"——在他之前,赫伯特·席勒已然注意到了"军事-工业-传播复合体"如何服务于美国的后殖民目的与霸权地位的建立;提出"数字资本主义"理论的丹·席勒则将批判的矛头对准了比尔·盖茨所谓"无摩擦的资本主义"的幻象,在丹·席勒看来,这种意识形态并不新鲜,它是资本主义意识形态的一种延伸——资本主义最"成功"的意识形态,就是让绝大多数人相信,资本主义是他们唯一的选择,是历史发展的必然。只要正当地被冠以"市场逻辑"之名,它就可以掩盖一切不平等、不公正的问题。但遗憾的是,传播政治经济学者对技术的"祛魅"最终走向了"复魅"——他们普遍不相信技术是"绝对中立"的,而是强调它与资本主义之间存在着选择性亲和;但在进行批判时,他们又认为技术并没有在社会中引起什么改变,似乎只是资本主义经济体系下一个无足轻重的附庸之物。

正如默多克所说的那样,大众传播系统在当代资本主义社会中扮演着"双重角色",它补足了经济循环圈,让资本主义的生产关系能够立足其上而运作;同时,它也再生产并传播了各种各样的意识形态,使资本主义的生产关系建立起正当性。默多克强调,我们不能把第二种功能化约为第一种功能,而正是这种双重性让传播政治经济学者始终在"边缘"犹豫、徘徊——大众传媒毫无疑问具有意识形态属性,但如果说发达资本主义社会中生产关系本身就是意识形态,意识形态已经浸透了社会生产的方方面面,那么,作为意识形态再生产部门的大众传媒就绝不可能"独立"于生产关系,它一定是生产性的,且这种生产性是基础性的——它并非一个"生产性的调节部门",而是一个"传播性的生产部门"。也就是说,默多克所说的"双重性"并不是割裂的,而是一个复杂的连续体。在当下,媒介的生产性越来越重要,卷入社会生产的程度越来越深,渐渐成为社会经济系统的"经济基础"。在这种情形下,传播政治经济学者对于技术的过度警惕反而造成了研究的阻碍——在莫斯可看来,"数字化"无疑是一种意识形态,它的任务是制造进步的幻觉,使得资本主义能够赢得喘息的时机,以应对不断涌现的社会矛盾,而这一系列的社会矛盾,在剥去其五花八门的外衣后,显露出来的仍然是资本主义社会中最原始、最基本的生产力与生产关系、剥削阶级与被剥削阶级之间的矛盾,但技术的介入并不能解决这些矛盾。笔者也赞成技术不可能"无痛地"解决资本主义社会中的根本矛盾这种看法,但数字技术,尤其是媒介技术并不只是意识形态,它正在为当下的社会带来一系列新的变化——文化和人的日常生活经由媒介的"中介",展现出新的形态与风格;经济结构也不断被卷入媒介之中,种种全新业态接连涌现;渐渐坍缩、整合、重塑的不仅是空间,时间也在不断加速,人们对于时间的体验也在逐渐"收紧"、加速,乃至折叠。

三、从空间政治经济学批判到时间政治经济学批判

在社会各领域都不断走向"媒介化"的今天,蓝江为我们描绘了这样一幅"数字资本主义"的图景:

> 这些数据的价值不仅仅是一个统计的结果,而且给生产商提供一个导向,有效地让他们投入到市场需求的产品上。在这个意义上,淘宝或天猫、京东、苏宁易购等交易平台架构了一种秩序,对于任何一个卖家而言,一旦远离了这种秩序,势必意味着被市场所淘汰……支付宝和微信支付拥有着比淘宝、京东更强大的架构能力,甚至成为一种普遍权力……这种新秩序已经架构出让每一个用户都无法逃离的平台,而且这种架构正以几何级数的速度全方位扩张,从"北上广"这样的大都市扩展到偏远的农村。新秩序显然已经将它的力量扩展到当今社会的每一个毛细血管当中。①

正是这种"新秩序"建构,使蓝江确信"数字资本主义"已经成为继"认知资本主义"之后的"新阶段"。不过,在笔者看来,蓝江的理论或许应当被称作"数据资本主义"(datamation capitalism)才更加恰当,原因有二:第一,根据蓝江自己的论述,"一般

---

① 蓝江.一般数据、虚体、数字资本:数字资本主义的三重逻辑[J].哲学研究,2018(3):26-33,128.

数据"已经取代了"一般劳动"或是"一般智力",成为当代资本主义发展的核心动力,"虚体"则取代了"实体"的人(行动者),成为数字世界的节点。不过,蓝江对"数字化的解读"仍是立足于"物化"的逻辑,在马克思那里,异化并不是直接来自人的生产实践活动本身,而是源于市民社会(Bürgerliche Gesellschaft),这种社会结构以私有财产为基础,且有着不平等关系。私有制使得外在化的对象与生命活动的主体互相分离,让人的生命循环活动无法完成,人的类本质也无法实现;而在卢卡奇看来,若以物的关系来表征人与人的关系、以物的形式来中介人与人的关系,就意味着人的生命的丧失——生命被凝结在了外在的"物"之中,这样一来,我们就被物化为了"幽灵般的对象性"。卢卡奇的批判直指现代资本主义机械化大生产与科层制体系——外在之物就是羁绊人类灵魂的囚笼,这一逻辑直接体现在法兰克福学派的技术观、德波的"景观"理论、阿甘本对"装置"的批判之中,但蓝江仍从卢卡奇对"自律性"的批判出发,强调卢卡奇意义上的"物化"并非人被具体的某物所统治,而是"被类似于商品和货币之类的带有衡量尺度的抽象物统治着,而这种抽象物实际上就是资本主义社会的产物"[1],正是这个"可度量的物"让资本主义社会中的商品交换得以实现。在当代,这种"可度量物"表征为数据,人与人的交流必须通过数据来中介,"一般数据不仅构成为一个隐形的机制,而且它能够进行自我的智能生产"[2]。甚至当下对工人智能的讨论也必须基于对一般数据的大量占有,机器学习也依赖对数据的分类存储和分析。因此,蓝江强调,"异化"的根源并不在于数字化技术,而是源自互联网企业、大公司对于"一般技术"的垄断占有。一般数据的来源是普通用户的"数字劳动"——包括搜索引擎记录、电子商务购买记录、网络游戏中的用户数据、即时通信软件、社交媒体 App 的聊天记录,等等,这些看似"无用"的数据在经历成千上万次的采集、清洗、挖掘之后,便成了生产资料、生产工具,甚至转化为一种生产力形式。而突破"数字资本主义"的途径也不在于弃用现代的数字技术,或是对用户生产的数据内容收费,而是对数据的垄断进行政治经济学批判,通过"数据共享"让数据成为构筑未来人类共同体的根基——换言之,我们要拒斥的是异化,而非数字化。

尽管蓝江提到了"存在论异化",但他的"一般数据"也好,"虚体"也好,并没有超出"物化"逻辑的范畴,在他的批判之中,"技术"并未占据主要的、关键的地位,对私有制、垄断展开政治经济学的批判才是题中之义。也就是说,蓝江的"数字资本主义"理

---

[1] 蓝江.一般数据、虚体、数字资本:数字资本主义的三重逻辑[J].哲学研究,2018(3):26-33,128.
[2] 蓝江.一般数据、虚体、数字资本:数字资本主义的三重逻辑[J].哲学研究,2018(3):26-33,128.

论仍然没有超出经典马克思主义政治经济学的范畴,它的理论范式与"金融资本主义""认知资本主义"之间并无本质的区别。他在理论结构中引入了"非人行动者"的概念(即"虚体"),但这种非人行动者只是异化的产物(机器学习必须基于对一般数据的大量占有),它们所拥有的"智能的自我生产"能力也是建立在异化基础上的、非人性的能力,本质上是一种虚假的、缺乏主体能动性的"生产",因此,这种"技术的支配"才能够通过政治经济学的批判来破除。笔者认为,蓝江虽然拓展了"数字资本主义"理论的概念范畴,引入了"一般数据""虚体"等富有建设性的概念,但他的"数字资本主义"理论实际上并未超出意大利自治学派"认知资本主义"的框架。

原因之二则在于"虚体"——它是一个个由数字算法得到的"对象包",在由一般数据构成的"界面"之中实现交流与交换。虚体并不意味着"人"本身,甚至它也未必与个人实体一一对应,在这种情形下,我们与他人的"肉体相遇"并不构成我们彼此之间的实质性关联,真正的关系是经过某种特定算法形成的数据关系。① 也就是说,在当代数字技术高度发达的资本主义社会中,人与人的肉体相遇只是表象,社会关系的实质是——我们通过某种智能设备,通过由算法得出的虚体进入了巨大的赛博空间之中,与其他虚体发生了数据关系。② 哪怕身处同一个物理空间中,我们也已形成了使用数字设备与他人建立联系的习惯,我们仍然是"孤独"的。因此,"虚体"实质上是一种"非人行动者",它构成了当代资本主义社会中的节点,连通了网络与现实两个世界。蓝江对互联网、赛博空间的论述十分接近大卫·哈维的空间理论,虚体对网络关系的建构与连通正是资本主义的一种"空间整合"形式。马克思曾说过,"资本按其本性来说,力求超越一切空间的界限。因此,创造交换的物质条件——交通运输工具——对资本来说是极其必要的:用时间去消灭空间"③。在哈维看来,资本凭借固定的运输设备、厂房等空间形式,通过其他生产和消费工具等物质景观展现自身的同时,也为自己设置了限制和阻碍——这些物质景观与"用时间消灭空间"之间存在着根本性的矛盾,也就是说,在构建景观时的资本投资与为资本积累而破坏这些投资之间存在着矛盾,而要解决这种矛盾,最直接的途径就是空间整合,将空间中运动的商品和货币交换所遭遇的物质障碍降到最低限度,以迎合资本主义发展的需要。资本和劳动力的地理运动也为空间整合创造了条件,但从根本上来说,空间整合最直接的表现就是资本本身具体的物质循环过程,也就是资本不断扩张来突破空间限制的过程,用马克

---

① 蓝江.一般数据、虚体、数字资本:数字资本主义的三重逻辑[J].哲学研究,2018(3):26-33,128.
② 蓝江.一般数据、虚体、数字资本:数字资本主义的三重逻辑[J].哲学研究,2018(3):26-33,128.
③ 马克思,恩格斯.马克思恩格斯全集(第30卷)[M].2版.北京:人民出版社,1995:521.

思的话来说,"资本越发展,从而资本借以流通的市场,构成资本流通空间道路的市场越扩大,资本同时也就越是力求在空间上扩大市场,力求用时间去更多地消灭空间"①。而正是通过"虚体"这个非人行动者,现实的社会空间被卷入了赛博空间之中,无论是相隔千里还是近在咫尺,互联网成为整合一切的"元空间",而虚体则成了人与人之间最主要的交往方式。这样一来,真正意义上的"用时间消灭空间"就实现了——赛博空间的"分区"取代了现实世界的疆域,只要我们能同时接入同一个网络,那么,我们与其他"虚体"之间就不再有地理的区隔。

杜丹进一步阐述了这种"互联网的空间政治经济学批判"。在杜丹看来,数字资本主义的"新转向"可以用列斐伏尔与大卫·哈维的空间理论②来阐释,眼下资本进行空间重组的依据与动力正是自治学派所说的"非物质劳动",它带来了新的空间重组,"一种全新的生产空间布展状态,即资本支配劳动的超地域性网络生产"③。一方面,非物质劳动产生的网络通信乃至物联网致使城市空间的邻近化格局出现重大转变;另一方面,作为非物质劳动具体体现的数字劳动促进了社会网络空间的虚拟流动。④ 互联网的介入使得世界的物理空间感被弱化了,人们不仅能够更加切近地感知到非物质劳动所产生的知识和信息等所带来的新的城市空间格局,他们的在线社交行为也被收集起来,形成了一般数据的流动空间。正如卡斯特尔所言,"流动空间乃是通过流通而运作的共享时间之社会实践的物质组织"⑤,网络搭建起了非中心化的、异质性的、无指向性的空间,它类似于福柯所说的"异托邦",即"一种社会生活'关系网'式的关系构式物"⑥。这一网络空间将所有人囊括到这个关系性的空间之中,看似提高了人们的互动性与空间的共享性,实则是资本对空间的全面整合与掌握。

不过,空间的政治经济学批判始终面临着一种困境。无论是列斐伏尔还是大卫·哈维,他们提及的"空间"都是一个包容性的概念,这就使得他们的后继者在谈论"空间"时,并没有一个确切的焦点和所指对象——当谈论物理空间时,他们谈论的其实是"全球化"与"帝国主义",或是沃勒斯坦意义上的"世界体系";而在谈论虚拟空间时,他们谈论的其实是斯尔尼塞克"加速主义"意义上的"平台"(platform)。世界体系与平台当然都是空间,但它们很难被放在同一个理论框架之下讨论。这似乎是所有包

---

① 马克思,恩格斯.马克思恩格斯全集(第30卷)[M].2版.北京:人民出版社,1995:538.
② 杜丹的论文使用的"空间"概念更接近大卫·哈维的定义。
③ 张一兵.非物质劳动与创造性剩余价值:奈格里和哈特的《帝国》解读[J].国外理论动态,2017(7):35-48.
④ 杜丹.空间重组:数字资本主义的新转向[J].社会科学,2018(11):123-130.
⑤ 卡斯特.网络社会的崛起[M].夏铸九,王志弘,等译.北京:社会科学文献出版社,2001:505.
⑥ 杜丹.空间重组:数字资本主义的新转向[J].社会科学,2018(11):123-130.

容性理论的"通病":各种来自不同源流的理论围绕着某个概念形成了一系列"概念丛",却很难构成一个严密的谱系,也无法形成统一的理论范式、担任理论建构的基本框架。此外,被资本主义生产的空间的流动性已经彻底地压倒、瓦解了它的稳固性,社交媒介与电子商务的结合制造出一个个"淘宝村""抖音村",与定位服务(Location Based Services,即LBS)的结合创造出一个个"网红店""打卡点",物流系统、外卖、网约车系统又将它们联系起来,构筑成一个亦虚亦实的"空间"。但这些空间注定只是昙花一现,它们迅速地涌现于社交媒体上,迅速地走红,然后迅速地湮灭,被新的"网红店"和"打卡点"摧毁、替代,在赛博空间里留下了一个个"废墟",作为经济系统的赘余物而存在着。正如本雅明对天使羽翼之下的"废墟"的描述那样,空间的"废墟"面对的"天使"正是数字时代不断加速的时间。

当下,媒介已经成为经济结构与生产关系中的奠基性要素,成为当代资本主义经济体系中的"经济基础",使得经济结构围绕着媒介得以重构。因此,我们会发现,媒介的逻辑已经从空间延伸到了时间中。朱迪·韦茨曼(Judy Wejcman)从社会学、社会历史学的视角出发,研究当今社会中的时间压缩,这种"压缩"发生在生活安排、家庭结构、工作场所等诸多领域,例如,工作场合的管理、控制、设计都在加速,家庭与邻里关系也被压缩、收紧了。在移动社交媒体的整合之下,工作与非工作时间逐渐模糊,尤其是在与性别相关的领域中,"自动化"已经彻底失控了。此外,韦茨曼还格外关注"中介化"的传播与共同在场的人际互动之间的对比,她研究的侧重点落在了当今世界中时间与生命如何被经验,以及这些经验如何重塑社会结构上,在此基础上,她审视了技术决定论的根基,将速度与流动视为一种普遍状态和理念目标,也审视了"加速"状态下乌托邦与反乌托邦、技术与社会的悖论。① 事实上,韦茨曼并不关心数字资本主义从何而来,只是将它当成数字时代的同义词,她更关心生活方式从个体到社会的扩散——数字资本主义改变了人们对时间的感知,从而重构了社会结构。然而,一个绕不开的事实是,现代社会中"钟表性"的时间观念正是工业化与资本主义化的产物——资本主义的发展、工业革命的到来曾经为我们定立了现代的线性时间观念:它是恒定的、与空间单位紧密相关的、在长度上可以测量的、用数字来表达的。这样的一套时间制度在理性层面安排了整个社会性世界,并与普遍秩序和宇宙秩序保持同步,它成为现代性的核心,创造出一个钟表般的宇宙,构筑了一种稳定的空间-时间结构

---

① WEJCMAN J. Pressed for time: the acceleration of life in digital capitalism[M]. Chicago and London: The University of Chicago Press, 2015.

和一种主导性的隐喻,人与自然居于这种结构之内,就只有透过这种结构关系才能更好地被理解。① 现代性的时间就是一个连贯的整体内不同实体间的系统性的连结。在这一意义上,时间与空间都是社会性的,芭芭拉·亚当(Barbara Adam)将其称为"时间景观"(timescapes),它意味着时间-空间是一个整体,二者如同交响乐一样共生并存。

罗伯特·哈桑(Robert Hassan)将我们所处的"高速网络经济"时代称为"注意力分散时代"(The Age of Distraction),它瓦解了书写技术给我们带来的一体性(oneness)、绝对线性(infallible linearity)的思维方式,以及随之而来的工业化、启蒙思想、民主、作为计划的现代性(modernity-as-project),等等。在哈桑看来,时间与书写这一"思想的代具"相结合,成为一种"技术"。他的这一观念十分接近哈罗德·伊尼斯(Harold Innis)的媒介制度观——莎草纸也好,泥板也好,它们都是一套完整的记载、传播制度。"书写"和"记录"本就是人类历史中最早的文官制度,通过书写,人类的知识、经验能够以某种外在于人的、固化的方式确定下来,换言之,书写就是斯蒂格勒所谓的"第三持存",通过这些记忆装置,人类社会能够延续着一套确定的生活方式、价值观念、行为准则,而这种制造"确定性"的装置与体系实质上就是一种制度。因此,作为一种制度的资本主义能够在制造空间的同时"制造"时间,只是随着资本主义的不断发展,它生产空间与时间的速度越来越快,有限的空间不断地被填满,资本主义"被迫"不断地对外扩张,将更多的空间纳入自己的循环体系之中;而在空间内部,资本主义以"创造性破坏"的方式摧毁已经建立起的空间结构,再以新的工厂、机器、商场、街道、广场来填满它。在空间不断更新换代的过程中,时间看似是无限的、不受空间和制度拘束的,但我们能够感知到的时间受到了极大的压缩,最显而易见的变化就是资本主义社会中"效率至上"的观念被推向了极端,我们测量时间的标准变得无比狭隘——"做事更快",还期待着依靠计算自动化技术实现不断"提速"。② 这样一来,一种新的技术语境诞生了——互联网、数字媒介带来了一种新的"网络时间",它已经超越了钟表,成为一种"无时间之时间"。③

当下,网络重新安排了人类社会中的一切时间事务,电子传播网络逐渐取代了面对面(face-to-face)的人类互动形式,形成了新的人类关系与经验领域,来自世界各地

---

① 哈桑.注意力分散时代:高速网络经济中的阅读、书写与政治[M].张宁,译.上海:复旦大学出版社,2020:13-14.
② 哈桑.注意力分散时代:高速网络经济中的阅读、书写与政治[M].张宁,译.上海:复旦大学出版社,2020:11.
③ 哈桑.注意力分散时代:高速网络经济中的阅读、书写与政治[M].张宁,译.上海:复旦大学出版社,2020:72.

的人们将嵌入自身的时间带入网络世界,让线下生活中形形色色的节奏、模式、次序全部交汇于网络中。连线的、网络化的世界是这些嵌入性时间的全新的、技术化的和无所不包的中介,我们通过网络情境的创造而将这些时间外显化与社会化。① 于是,新的时间情境、时间景观诞生了,超高速的网络时间涵盖了世界上各个角落的现实时间,让所有时间性的文化、经济和社会因素等不断加速,我们自身的经验却无法与它同步,必须使用各种软件、App 去追赶不断加速的网络时间。时间感的压缩导致人们感知到的世界在不断加速,数字网络的种种需求挤入我们对时间的经验中,填充着时间的同时,也让时间的现象学结构萎缩成了一种扁平的时间维度——"现在",也就是所谓"永恒的当下"(constant present)。②

于是,身处网络世界的我们应接不暇,注意力也不断分散。在"追赶"网络时间的过程中,我们只能像麦克卢汉所说的那样,不断"截除"身体的感知,越来越多地将自己延伸到外部世界中——这些延伸出来的技术允许人体作用于世界,通过行动与控制这两个维度为人们赋能,但也让我们离自己的身体和本质越来越远,将曾经路过的"技术桥梁"都烧毁了。③ 而曾经作为"制度"的写作方式也崩坏了,信息传播技术动摇了"词语"的稳定性,让写作变成了一种流动的状态,意义的电子化再现(digital representation)变得跳跃而流动,且处在不间断的加速之中,不再停顿,不再迟滞,自然也杜绝了人们专注地反思意义建构的需要,"慢性注意力分散"(chronic distraction)便由此而来。因此,在哈桑看来,"注意力涣散"并不是一个病理性的问题,而是一个社会性的问题,它所呈现的是"我们在信息面前的软弱",即人在技术的宰制面前的失控感与不协调感,我们逐渐与世界的时间节律和时间技术相分离——我们生活在永恒的当下,故而对所有事务都是"浅尝辄止"的;不确定性与速度迷恋(speed fetish)又让处身"晚期现代性"(late-modernity)的我们对"结果"和"方法"都缺乏理解。④ 此时,"我们失去对世界的理解"已经变成了本体论层面的变化,网络系统越是发展,就越是阻碍我们恢复对它的任何形式的民主控制,人们无法继续"把时间用作工具",无法完全地控制时间。尽管"网络时间"在"计算机化教义"(dogma of computing)与市场的驱动下同样变得工具化了,但这个工具是完全脱离人类掌控的。时间的多面性、主观性、可塑性消磨于新的集体生活无意识之中,正如哈桑所说,"技术的发展速度和加速幅度在

---

① 哈桑.注意力分散时代:高速网络经济中的阅读、书写与政治[M].张宁,译.上海:复旦大学出版社,2020:72.
② 哈桑.注意力分散时代:高速网络经济中的阅读、书写与政治[M].张宁,译.上海:复旦大学出版社,2020:6.
③ 哈桑.注意力分散时代:高速网络经济中的阅读、书写与政治[M].张宁,译.上海:复旦大学出版社,2020:73.
④ 哈桑.注意力分散时代:高速网络经济中的阅读、书写与政治[M].张宁,译.上海:复旦大学出版社,2020:6-7.

肆无忌惮地作用于社会世界(social world),在我们企图跟上新的生活节奏和社会变化节奏的可悲努力中,我们发现自己只能被动反应,只能陷于混乱纷扰,最终只能放弃努力"①。此时,人们在日常生活中无法冷静从容地生活,而是被笼罩在更大的焦虑中。信息处理技术的逻辑以前所未有的方式加速着我们的社会发展,我们只能"在它留下的尾迹里气喘吁吁,因为我们注定无法跟上它冷酷无情、毫无节制的前进步伐"。尽管如此,人们仍将这种加速视为"进步"与"效率"的象征。②

在笔者看来,"慢性注意力分散"这种时间认知的不协调正是来自"网络逻辑"的推动,它是经由媒介中介的,而非人们直接感知的。但我们也无法将这种中介化的知识称作"默会之知"(tacit knowledge),它是一种与知识之间的临时性关系——在当下,我们必须通过信息传播技术来认知世界,经验事实经由媒介的中介变成了"信息",进入了人们的经验之中。在这一过程中,媒介的隐性强制性创造了一种需求——我们必须依赖网络、媒介而生存,这样的观念乃至现实正是数字媒介在当代资本主义社会中为我们带来的效应,也正是媒介化所带来的"时间的政治经济学"。

第二节 实践的媒介化——"数字元媒介"的诞生

在资本主义社会不断加速的时间中,韦茨曼曾质问过,网络世界中的信息、知识、娱乐看似是"免费"的,但我们为了获取这些"免费午餐"必须付出越来越多无法用金钱衡量的代价——知情权、隐私权,甚至是自由选择生活方式的权利。这是所谓"赛博文化"所必需的代价吗?或者说,这种"数字化"的生活方式值得我们付出这样的代价吗?

韦茨曼似乎并没有意识到,这种"代价"本身就是媒介化实践的后果,是我们在媒介化的生存中不断地自发"选择"的生活方式,乃至生存方式。"数字截肢"发展到极致的后果,就是将我们由内而外、由身及心地卷入媒介化的过程中——我们就生存在媒介之中,所付出的一切代价都是为了更好地媒介化。只要签订"隐私协议",我们就能在滴滴打车、大众点评等 App 上更快地获取定位服务信息,甚至直接获得消费折扣;只要将银行卡、信用卡与支付宝、微信支付绑定,我们就能随时随地使用移动支付,

---

① 哈桑.注意力分散时代:高速网络经济中的阅读、书写与政治[M].张宁,译.上海:复旦大学出版社,2020:10.
② 哈桑.注意力分散时代:高速网络经济中的阅读、书写与政治[M].张宁,译.上海:复旦大学出版社,2020:12.

许多政务服务、公共服务也被集成在这些 App 中;只要允许淘宝调用储存在用户本地终端上的数据(cookie),使用网络爬虫(web crawler)抓取我们的购物记录、浏览记录,下次登录淘宝时,我们就能立刻刷到自己感兴趣的商品;甚至连网络游戏、手机游戏也在收集我们的个人信息,绑定通讯录、提供定位信息都能让我们在游戏中获得丰厚的奖励报酬……我们"自愿地"让渡了知情权、隐私权、个人的信息安全,只为了在这个媒介化的社会中畅行无阻,一切都是我们的"自由",而我们舍弃这些权利,是为了获得更多的"自由"。

此时,我们已经无法继续将媒介视为一种"工具"了。许多人开始尝试着将它构想为我们的"伙伴",是和我们一样的行动主体,譬如蓝江设想的"虚体"——它是一种"非人行动者"。这种观点与夏瓦的"媒介化"一样,理论基础都是社会行动者网络理论(Actors-Network-Theory,ANT),他们相信媒介与实践相结合之后将会爆发出巨大的能量,也只有与实践相结合,媒介才能够在于社会层面有所建树的同时,规避线性的、一元性的单一合理性,即所谓"媒介决定论"。夏瓦借鉴弗里德里希·克罗茨(Friedrich Krotz)的观点,将媒介化称为一个"元进程"(meta-process)——"一个历史性的、不间断的、长期进程。在这一过程中,越来越多的媒介得以出现并制度化"。① 在夏瓦那里,媒介化可以总结为"媒介的逻辑席卷一切",但"媒介逻辑"并不是一种普遍的、线性的或单一的合理性,而是媒介具有的"独特方式"(modus operandi)及特质,包括制度、美学、科技的"独特方式",以及媒介分配物质与符号资源、在正式或非正式规则下运作的方式。② 此处的"制度"除了政治制度、法律体系之外,还包括一切在现代社会中稳定、可预测的构成部分,这些制度可以形成生活领域、时间空间中传播活动的"框架",并影响这些领域之中的社会再生产,赋予其一定的自治性,建立起区别于其他领域的独特身份。③ 作为"制度"的规则与资源配置通过"功能可供性"(affordance)为行动者提供行动框架,置身于其中的行动者能够运用自身的反思能力与现有的规则来改变社会结构,这就是媒介形塑传播与行动的由来。

不过,若是认真回溯拉图尔的社会行动者网络理论,我们就会从中发现一些理论的歧异——拉图尔取消了西方哲学传统中"主体"(subject)与"客体"(object)的区分,自然也就放弃了传统的自然与社会、人与非人、物与非物的二元划分,他使用的"行动者"(agency)概念有别于传统意义上的行动者(actor)概念,并且无关乎行动发出者是

---

① 夏瓦.文化与社会的媒介化[M].刘君,等译.上海:复旦大学出版社,2018:12.
② 夏瓦.文化与社会的媒介化[M].刘君,等译.上海:复旦大学出版社,2018:21.
③ 夏瓦.文化与社会的媒介化[M].刘君,等译.上海:复旦大学出版社,2018:25.

主体性的"人"还是客体性的"物",能够统摄所有在行动过程发生作用的存在。这种用法显然受到了文学叙事中的"行动元"(actant)概念的影响,拉图尔相信,"行动元"的概念囊括了行动发生过程中一切可能起作用的要素,更能表征行动者的多元性。但拉图尔所谈论的社会行动者"网络"并非一种固定的、持存的、外部化的关系结构,也不单单是一种网状的社会联系,更不是我们通常意义上所说的"网络"(network),而是描述、表达出这种网络的一种认识工具。① 也就是说,夏瓦所谈论的那种作为制度与"阐释框架"(interpretive frame)的媒介恰恰是拉图尔想要审视、反思的对象,拉图尔在建构社会行动者网络理论时从加芬克尔的常人方法学汲取了灵感②,他也关注社会现象中蕴藏的秩序、规则和协调,但将它们视作"在具体情境下进行互动操作的结果",并特别强调社会现象的可说明性(accountability),即社会成员自己进行反思和主题化(thematisation)的能力。③ 而在夏瓦看来,媒介制度的"框架"已经超出了空间的限制,产生了"脱域"的社会影响,因此必须依据媒介的法则,以同质化(homogenization)-差异化(differentiation)、离心力(centrifugal force)-向心力(centripetal force)两重维度来构建媒介化的坐标系。④ 在夏瓦的理论中,媒介的逻辑实际上已经外化为了一种秩序与规则,它实际上与拉图尔的"社会行动者网络"从根本上就是相悖的。

更进一步来说,拉图尔的"社会行动者网络"实质上是一个动态的过程。他将社会的本质视为联系,但这种联系并非技术意义上的"联结",也非马克·格兰诺维特(Mark Granovetter)定义的那种表征(representation)人类行动者之间非正式联结的结构化网络⑤,而是一系列的行动(a string of actions)——"网络"中的每一个行动者,都是一个"转义者"(mediator)而非纯粹的中介者(intermediary),转义者不是一个独立的概念,而是对行动者的描述,他们会对输入网络中的意义与行动进行改变(transforma-

---

① 用拉图尔自己的话来说,他的"社会行动者网络"并不是一张由铅笔绘制出来的网,而是"画网"的那支铅笔本身。因此,或许"转译社会学"(sociology of translation)、"行为者活动本体论"(actant-rhyzome ontology)或"创新社会学"(sociology of innovation)这样的名称更有助于我们理解拉图尔的思想。只不过,ANT 这个简称会让人联想到蚂蚁(ant),恰好暗合了拉图尔心目中的"行动者"形象——不带额外的目的,只专注于眼前的工作,且格外认真勤勉。参见:吴莹,卢雨霞,陈家建,等.跟随行动者重组社会:读拉图尔的《重组社会:行动者网络理论》[J].社会学研究,2008(2):218-234.
② 吴莹,卢雨霞,陈家建,等.跟随行动者重组社会:读拉图尔的《重组社会:行动者网络理论》[J].社会学研究,2008(2):218-234.
③ 吴莹,卢雨霞,陈家建,等.跟随行动者重组社会:读拉图尔的《重组社会:行动者网络理论》[J].社会学研究,2008(2):218-234.
④ 夏瓦.文化与社会的媒介化[M].刘君,等译.上海:复旦大学出版社,2018:36.
⑤ 吴莹,卢雨霞,陈家建,等.跟随行动者重组社会:读拉图尔的《重组社会:行动者网络理论》[J].社会学研究,2008(2):218-234.

tion)、转译(translation)、扭曲(distort)和修改(modify),使行动产生差异、发生变化;而传统结构功能主义社会学意义上的"中介者"只在信息的输入-输出之间承担了转运(transport)的功能,无异于一个黑箱(black box),只要输入了特定的信息、限制了给定的条件,它便能输出可计算、可预期的结果。换言之,行动者必须有所行动,行动未必是连续的、受控制的、边界明确的、运转有序的,也可能是不断被挪用、分配、影响、扭曲的一连串过程,甚至连研究者也处于这些过程之中——我们并不比行动者更高明,也没有更高明的"元语言"(meta-language)来对行动者进行抽象;网络也并不是稳定的、结构性的、一成不变的,而是由行动所驱动,处在持续不断的生成、变化、消亡之中的。也就是说,"无行动、不网络",夏瓦所描述的那种持续的、框架性的"联结"(nexus)与"舞台"(arena)①在拉图尔的理论谱系中实际是不存在的。也正因如此,"社会行动者网络理论"通常更多地被用于研究某一具体的媒介事件,而非一种常态化的媒介结构、媒介制度。夏瓦将媒介化诉诸"制度",将媒介视为非人行动者,本身就存在着理论的误用,因此,当他使用分类学的方式探究政治、经济、宗教、文化等领域的媒介化时,媒介化的理论便又落回了结构功能主义的窠臼中。

因此,夏瓦的同侪尼克·库尔德利索性抛开了社会行动者网络,从布尔迪厄的"实践"与"场域"出发来理解媒介化。在库尔德利这里,媒介场域已经不再是布尔迪厄意义上依附性极强的次生场域,而是转变为一种"权力场域"(power field),影响着各种资本的"兑换率",从而影响着它们在各种场域中的竞争。因为布尔迪厄的"实践"并非一种操作性概念,库尔德利便引入了西奥多·莎茨基(Theodor Schatzki)与安德里亚斯·雷克维茨(Andreas Reckwitz)的实践研究,将实践看作一种有独特秩序的场所:

> 实践……是程式化的行为,含若干相互联系的成分:身体活动形式、脑力活动形式、"事物"及其用途、理解的形式的知识背景、技艺、情绪状态和动机知识。②

这也就意味着,莎茨基与雷克维茨对实践的理解更加具体,包括实践的规则、目的、计划、理解、信念,这些环节彼此之间通过"惯习"来互相协调,"社会秩序"则来自惯习的组织性功能。不过,在莎茨基那里,媒体等"社会性组织"(tissue of sociality)并

---

① 夏瓦.文化与社会的媒介化[M].刘君,等译.上海:复旦大学出版社,2018:39.
② 库尔德利.媒介、社会与世界:社会理论与数字媒介实践[M].何道宽,译.上海:复旦大学出版社,2016:43.

没有宏观的形塑功能,社会秩序的功能是"理解",是对单个习惯的整合。为此,库尔德利引入了"仪式"的概念,他的"媒介实践"是基于媒介形式化与仪式化的过程构建的,通过"媒介仪式",媒介权力实现了自然化、合法化,并浓缩为某种社会形式。在数字媒介的时代,各个媒介争夺合法性与生存空间的过程使得媒介事件充斥于人类社会中,媒介仪式便被还原为模式化的行为,从而嵌入了人们的日常生活之中。在这样的情形下,无所不在的媒介权力便能够影响人们在日常生活中的所作所为——这就是"媒介权力"的来源。库尔德利正是依据这样的逻辑,将媒介化理解为作为"元资本"(meta-capital)的媒介影响了媒介资本(media capital)与符号权力(symbolic power)的集中化趋势。但媒介权力并非一开始就是集中的,而是不断地在数字媒介的催化之下向媒介集中,当这种权力集中到一定的程度之后,权力分配的不平衡就会扭曲社会空间,决定着人们能够"看到"怎样的"社会风景"。

也就是说,媒介能够决定的其实是"我们如何(透过媒介)认识这个世界",因此,库尔德利定义的"媒介化"其实是一种对人的认知模式的重构,尽管库尔德利一再强调"实践",但他为实践注入的实用性要素也让他所谈论的"实践"在一定程度上脱离了布尔迪厄的理论语境。从这个角度出发,我们就能理解夏瓦为何将其斥为"意识形态批判",这种"意识形态过程"只是被媒介的独特方式所影响的现实世界的一部分。不过,库尔德利将媒介称为"元资本"的观点还是给了笔者许多启示,在前文中,笔者将"媒介化"界定为"媒介下沉为资本主义经济体系乃至整个人类社会中的经济基础",而在这个"下沉"的过程中,起着核心驱动作用的显然不是某一具体的媒介形式、媒体组织,而是技术哲学意义上的、大写的媒介(Media),而在这一概念之中,数字媒介是最能代表"作为经济基础的Media"的。事实上,正是数字技术的介入促成了媒介的下沉,使之成为海德格尔意义上的"座架"(Gestell),即一种人借以认知世界、拓展其行动的"基础"。因此,笔者将这个大写的Media称为"数字元媒介",即一切媒介之媒介,它使所有的媒介向着自己集成、整合,实现了真正意义上的"媒介融合",也促使一切非媒介之物转化为"媒介"——我们自身也成了"媒介",同传统意义上的媒介一样"中介"着这个世界、"中介"着彼此的生活,媒介无处不在,一切皆是媒介。

一、媒介何为?——媒介学的建构尝试

让我们来回顾自己每天的生活——我们在早上七点醒来后,躺在床上玩了半小时

手游,起床洗漱,还不忘打开喜马拉雅 App 收听电台。吃早餐时,我们给食物拍了照片,添加滤镜之后上传到社交媒体上,吃完早餐后,我们的"plog"①已经收获了若干个"赞"。上班路上,我们刷支付宝乘上了地铁(或公交车),在车上打开微博,了解新闻的最新动态,坐在我们身边的乘客则在"今日头条"App 上刷着关于中美通航政策的新闻。在办公室里,我们通过微信和同事交流,确认当天的工作安排,哪怕我们现在就坐在同一间办公室里,相距不到五米。吃午餐时,我们用微信支付结账,一边吃饭一边打开抖音,看了几条短视频,给我们喜欢的主播点赞、赠送礼物。傍晚,我们在微信上与同事交接工作后,在电子考勤系统中打卡下班。回到家中,我们打开腾讯视频、爱奇艺,或者哔哩哔哩(Bilibili)弹幕视频网,一边收看自己喜欢的影视剧、综艺、动画,一边刷着微博、朋友圈、小红书。休息完毕后,我们打开 Keep 等运动 App,跟着自己购买的在线课程打卡健身。睡前,我们在 QQ 群、微信群里邀约朋友打几局《王者荣耀》,在手机记账 App 里记下一天的行程与收支账目,最后在"网易云音乐"上收听着自己喜欢的音乐电台安然入睡……

在十年前,甚至五年前,这样的生活都是难以想象的,但在如今,这种如同小说《神经漫游者》、电影《黑客帝国》(The Matrix)中的情节一般的情景已经实实在在地发生在了我们的生活中——这就是我们真实的日常生活。除了上述"可见的"媒介之外,还有许多"不可见的"技术也渐渐汇入了数字元媒介之流:人脸识别技术、指纹识别技术已经被推广到社会生活的许多领域,除了手机开机、移动支付的身份识别外,还包括高铁站、小区门禁的人脸识别系统;我们在《王者荣耀》"人机模式"里匹配到的对手则是游戏系统"机器学习"的产物,算法通过抓取玩家的阵容搭配、操作数据,经过成千上万次的重复学习与模拟演练之后,拥有了自主配对的能力,在 AI 系统的操控下与玩家对战;人工智能技术更高阶的体现就是击败围棋大师李世石的 Alpha GO,它真真切切地让人们感受到了来自技术的压迫感。如今,ChatGPT 等人工智能应用的出现更是为人类社会敲响了主体性的"丧钟"——"人类是否面临着被人工智能技术取代的风险"似乎已经无须讨论,人们关切的议题是"哪些职业更容易被 AI 取代""哪些工作在 AI 浪潮的冲击下能存活得更久"。在新闻传媒行业,AI 写作、AI 画图已经让从业者感受到了"失业"的威胁,AI"深度伪造"也让真实性这一新闻的"生命线"变得岌岌可危。我们逐渐意识到自己的"媒介化生存",媒介已经成为我们日常生活中必不可少的一部分,我们可以不带钱包出门,却无论如何也离不开手机——手机这种"新

---

① 即 photo-blog 的缩写,意为"以照片为记录生活的博客"。

媒介"最初是作为一种通信工具被发明出来、进入我们的生活的,但随着3G、4G乃至5G技术的发展,我们现在已经很少再用手机打电话了,微信、QQ等即时通信软件取代了电话、短信的功能,手机如今正作为一种纯粹的媒介参与人们的日常生活,它不再只是工具性的,它时而与我们亲密得好像我们肢体的一部分,深深地内嵌于我们的肉身与感官中;时而出人意料地绽出"主体性"的微光,仿佛是我们的"朋友""伙伴"或是"同事""上司",与我们共同生存在这个媒介化的世界中,与我们共事,甚至向我们发号施令,左右着我们在生活中所做的选择。

尽管到目前为止学界仍缺乏共识,但许多学者已经隐约感觉到了,我们所处的时代正在渐渐发生变化——技术的身影渐渐浮现,技术从幕后走到了台前。20世纪后半叶,传播学研究的"主流范式"也遭遇了理论建构与阐释的危机,在经典的"效果研究"范式下,"效果"只意味着媒介内容对受众(个体)的影响,这种影响可以一些心理学的指标将其量化,再以测量统计的手段来衡量其大小强弱。此时,研究测量的客体是对象化、个体化的受众,而媒介技术只是信息的载体,它是一种中性的工具,"大众媒介是一种既可为善服务,也可以为恶服务的强大工具"①。这种工具性的媒介观将不可避免地导致媒介技术被遮蔽,主流的传播学者或是从信息的角度出发,更关心"媒介对人做了什么",或是从受众的角度出发,更强调"人用媒介做了什么",②至于"媒介的本质是什么",似乎并没有人关心。在伯纳德·贝雷尔森(Bernard Berelson)、伊莱休·卡茨(Elihu Katz)等学者抛出了那个"传播学的理论是否已经枯竭,其突破之路又在何方"的问题时,"主流学派"依旧致力于经典范式的自我保存、延续,继续对技术的变迁和"浮现"视而不见,甚至对逐渐萌芽、蓬勃发展的"批判范式"与"第三范式"(媒介环境学范式)充满戒备与敌意。此时,汉诺·哈特质疑当下的传播研究只是一小撮功能主义者的自说自话,麦克卢汉则将主流的效果论媒介观讥讽为"技术文盲"。③"主流学派"始终在结构功能主义的旧范式中打着转,理论的建构呈现高度"内卷化"状态④,出现了贝雷尔森所担忧的传播研究陷入自说自话的僵局之中,在整

---

① 拉扎斯菲尔德,默顿.大众传播的社会作用.黄林,译.[M]//中国社会科学院新闻研究所世界新闻研究室.传播学(简介).北京:人民日报出版社,1983:161.
② KATZ E. Mass communications research and the study of popular culture:an editorial note on a possible future for this journal [J]. Studies in public communication,1959(2):1-6.
③ 孙玮.从新媒介通达新传播:基于技术哲学的传播研究思考[J].暨南学报(哲学社会科学版),2016(1):66-75,131.
④ 孙玮.从新媒介通达新传播:基于技术哲学的传播研究思考[J].暨南学报(哲学社会科学版),2016(1):66-75,131.

个人文社科的知识之林中也愈发边缘化的局面。这种警惕源自"传播学"血液中流淌的控制论传统,控制论的逻辑既为传播学注入了服务于传播者立场的、技术主义的、效果取向的色彩,也在传播研究的领域中投下了一片恐惧的阴影:人们始终为技术的"失控"满怀担忧,操心着自己的"主体性危机",而不是仅仅在意技术可能带来的"负面效应"。但相应地,这批学者也心知肚明,人类绝不可能抛弃技术、退回刀耕火种的"原始"状态,而是始终在"失控"的边缘试探,企图将技术"驯化"为在手的工具,使之产生对人类有利的"效应"。此时,人们争论的焦点是,技术会带来一个更好的时代,还是一个更坏的时代?

从学派建制的角度来看,媒介环境学是"第一个"将技术置于传播研究核心的学术共同体。不过,媒介环境学派的媒介观仍是一种折中主义的产物,它渴望着在"社会决定"的马克思主义技术观与以现象学为代表的"技术自主论"之间寻求一条"中间路径"。折中主义的技术观常常体现为技术哲学的"经验转向",不少学者希望借助实用主义、后结构主义、科学技术社会学(STS)、文化研究和传媒研究等理论和工具,关注具体的(小写的)技术(technology),发展一种情境化的(contextual)、描述性的和非决定论的技术哲学理论。① 而在媒介研究的领域,这种经验转向更为显著,或者说,在媒介研究这个本就以经验研究为主导的领域中,媒介技术哲学必须经历"经验转向"才能"落地"。许多学者或是将媒介的本质描述为"媒介世界"(media world)②,或是认为技术信息塑造了"超现实",取代了"真实现实"③,此类转向本质上都是把技术哲学"非技术化"了。尽管"媒介环境学派"始终关注媒介技术之维,但随着学派建制日渐完善,该领域内的经验取向越来越强烈,逐渐偏离了麦克卢汉奠定的思辨传统。

让我们回到"媒介环境学"的源头——哈罗德·伊尼斯深受制度主义的影响,在他的《传播的偏向》(The Bias of Communication)、《帝国与传播》(Empire and Communication)等著作中,媒介系统的实质是一种"制度",它调节着制度内人们的行动与生活方式,同时也调节着更"大"的整个社会系统——政治、经济、文化等领域。换言之,伊尼斯把媒介技术视作一种制度性框架,时间偏向/空间偏向的媒介与文明之间的联系实际上是通过"制度"发生的。伊尼斯的"媒介"概念并不局限于某一种具体的技术载体,而是一种广义的"中介",是人与社会、制度、文明形态发生联系的桥梁。他的观点

---

① 潘恩荣. 技术哲学的两种经验转向及其问题[J]. 哲学研究,2012(1):98-105.
② BEST K. Redefining the technology of media:actor,world,relation[J]. Technè,2010,14(2):140-157.
③ BORGMANN A. Holding on to reality:the nature of information at the turn of the millennium [M]. Chicago:University of Chicago Press,1999.

非常接近刘易斯·芒福德（Lewis Mumford）提出的"城市的逻辑"——媒介就是一种无形的环境，传播系统组成了一个"无形的城市"。① 芒福德的城市观源自一种"多元技术"的观念，它是制造的原始形式，且是以人类的"生活"为导向的，能够以一种平等的方式使人的各种潜能得以实现。"城市"正是这样的一种多元技术，它在技术逻辑上是人类肌体的延伸：作为"容器技术"的大城市实际上是女性器官的延伸，其标示的是有机体和生物繁殖的文化编码；与之相对的是"男性化"的文化编码——工具、武器和机器。正是这种"技术有机论"启发了麦克卢汉的"媒介是人的延伸"观点，深受文学批评影响的麦克卢汉十分欣赏芒福德这种技术与美学相结合的观念，两人的观点在某种程度上都带有人本主义的色彩，芒福德相信"人是一种自我创造的存在"——"人是卓越的使用头脑、创造符号和自我控制的动物；人类所有活动主要发生在他的有机体中。人只有首先对自己做些什么，才能对周围的世界做点什么。"②

事实上，芒福德对"多元技术"的憧憬中包含着对"单一技术"③的批判，在他看来，极权主义的源头是所谓"巨机器"（megamachine），它是一种非人性的、严格的社会组织，能够带来惊人的物质利益，却是以限制人的行动和渴望为代价的，军队、金字塔和长城的修筑者都属于巨机器的范畴。巨机器也可以被称为"元机器"（metamachine），即后世一切机器的原型，它是一套制度，是用人体配件组成的劳动机器，而后世所有的政治制度、当代资本主义的强权政治，无非也只是"巨机器"在当代的翻版而已。④ 在这一套制度中还存在着若干"界定性技术"，包括机械钟表、印刷术，它们都是机械化、工业化与资本主义时代的界定者，根植于更大的文化整体之中，为社会带来了"巨技术"（megatechnics）不可抗拒的神话。在巨机器的意识形态中，人类按照权力的逻辑剥夺了人类的工具，使他们只能接受巨机器赋予他们的功能，变成不具备任何功能、没有工作的存在者，沦为一个机器人大系统中的机器人，注定要被强制劳动、强制消费。而当代科学、教育的意识形态也在为虎作伥，将人们从有机环境、社会群体和人的个性中抽离出来，被迫转向了巨机器，也正因为如此，巨机器脱离了有机存在的限度与限制，成为人类智力的最终代表。⑤ 这种全面控制的系统是由军事-科学-工业精英们实施的，它基于的是"权力"的逻辑，而非技术本身的逻辑。媒介技术也是这样一套

---

① 林文刚.媒介环境学[M].何道宽，译.北京：北京大学出版社，2007：62.
② 吴国盛.技术哲学经典读本[M].上海：上海交通大学出版社，2008：500.
③ 它以"科学知识和定量生产为基础，主要以经济膨胀、物质满足和军事优势为导向"，被芒福德称作"极权主义技术"。
④ 林文刚.媒介环境学[M].何道宽，译.北京：北京大学出版社，2007：65-66.
⑤ 吴国盛.技术哲学经典读本[M].上海：上海交通大学出版社，2008：505.

技术体系之中的"调节者",它的作用类似于宗教发挥的效力,它扮演着维护"巨机器"运行秩序的角色。

换言之,芒福德的技术观仍然是社会、人文取向的,只是他并未将技术置于人类文明的对立面,只是强调"巨机器"与极权主义之间的选择性亲和,也就是技术与人类文明之间存在的"双向选择"。而麦克卢汉吸纳了芒福德观点中的人本色彩,也汲取了以人类身体为隐喻的研究思维与路径,但麦克卢汉更关注技术之维,他已经觉察到了媒介技术中隐藏的奠基性潜能——麦克卢汉曾经作出一个有趣的判断:任何媒介的"内容"都是另一种媒介。① 他以电光源为例展开解析——电光源似乎是一种不带任何"讯息"(message)的媒介,它没有"内容",因此在很长一段时间之内都未引起人们的注意,直到电光被用来打出商标广告,人们才将它"当作"了一种媒介。但此时,人们关注的仍然不是电光源本身,而是其"内容"(广告)。② 麦克卢汉就是以此来论述他的"媒介即讯息"这一观点的——媒介对"人的组合与行为的尺度和形态"发挥着塑造与控制的作用,但媒介的内容是五花八门的、对塑造人际组合的形态无能为力。③ 媒介与技术真正的"讯息"是它引入人间事物的尺度变化、速度变化、模式变化。④ 电光作为工业时代的产物,它本身也是电能的讯息,与电能一样拥有"固有的、弥散的、非集中化的"特征,电光与其用途的分离反而消除了人际组合里的时间差异与空间差异⑤,让人们更加深入地卷入自己从事的活动之中。

麦克卢汉的理论常常被人们粗暴地归纳为"媒介形式重于内容",再扔到"技术决定论"的故纸堆中,这样一来,他关于媒介的深刻洞见就被忽略了。事实上,麦克卢汉可以说是当代许多"媒介化"理论家的先驱,他强调媒介形式对人感性知觉的建构,强调电子媒介让人们认知思维中的"序列性让位于同步性(sequence yields to the simultaneous)"⑥,进而建构了一个注重外形(轮廓)、结构与整体场(total field)的世界。麦克卢汉那些关于"地球村""再度部落化"的"巫师般"的预言都是基于这一观点,此外,他还遥遥呼应了伊尼斯的观点,将媒介比作"大宗商品或自然资源"⑦,若社会经济高度依赖某一两种资源或产品,必然会产生某种显而易见的组织模式,让经济变得极不

---

① 麦克卢汉.理解媒介:论人的延伸[M].何道宽,译.南京:译林出版社,2011:18.
② 麦克卢汉.理解媒介:论人的延伸[M].何道宽,译.南京:译林出版社,2011:19.
③ 麦克卢汉.理解媒介:论人的延伸[M].何道宽,译.南京:译林出版社,2011:19.
④ 麦克卢汉.理解媒介:论人的延伸[M].何道宽,译.南京:译林出版社,2011:18.
⑤ 麦克卢汉.理解媒介:论人的延伸[M].何道宽,译.南京:译林出版社,2011:19.
⑥ 麦克卢汉.理解媒介:论人的延伸[M].何道宽,译.南京:译林出版社,2011:24.
⑦ 麦克卢汉.理解媒介:论人的延伸[M].何道宽,译.南京:译林出版社,2011:33.

稳定,人们却能够忍受这种经济模式。在麦克卢汉看来,美国南方经济对石油和棉花这两种资源(大宗商品)的依赖和观众对广播、电视的依赖是基于同一逻辑的,前者以石油、棉花为经济发展的纽带,后者以电子媒介为社会关系的纽带。尽管如此,麦克卢汉与伊尼斯还是走向了截然不同的研究路径——制度经济学出身的伊尼斯从制度的视角来审视媒介,在他看来,莎草纸、泥板与楔形文字既是一套媒介系统,也是一种文化制度,既然是制度体系,就有着从根基上塑造社会关系、进而塑造历史的能力;而文学批评出身的麦克卢汉更加大胆地运用了隐喻作为自己的研究手段,他的许多观点、见解都隐隐透出了现象学的"本质直观"——面向媒介本身,而不被纷繁复杂的"内容"与信息蒙蔽双眼;强调媒介作为一种"尺度"对人际互动、社会组织的基础性建构,技术的"代具"如何延伸了人的器官,又如何反客为主地将人类变成了帮助机器"繁衍后代"的"配偶",人们对机器"延伸"的依赖如何导致自身器官的"截除"和一种"自恋"式的机器拜物教。只不过,麦克卢汉这种高度凝练的、片段式的、天马行空的书写风格常常招致误解,例如,雷吉斯·德布雷就认为麦克卢汉的"媒介即讯息"混淆了三种东西——渠道、代码和讯息①,也混淆了抽象实体与绝对化的介质。在德布雷看来,对媒介形态的安排是讯息本身的组成单位,麦克卢汉意义上的媒介只是基础,如果囿于麦克卢汉的解释,就会掉进实体媒体的陷阱。时至今日,仍有学者认为麦克卢汉的"冷媒介""热媒介"是一种基于生理感知或认知心理学的"冷/热",或是机械、生硬地在麦克卢汉与海德格尔的理论中寻求"近似之处"。如此一来,不光麦克卢汉理论的"本真"被遮蔽了,媒介的"本真"也始终遭到漠视,隐藏在"内容"的阴影之下。

正因如此,在麦克卢汉之后,"媒介环境学派"展开媒介研究的逻辑逐渐转向了"某种媒介技术产生了某种社会效用",进而"决定"了人类社会的发展方向。这种观点看似扩大了"社会"的尺度,淡化了"媒介决定论"的色彩,实际上反倒是一种"技术的倒退"——罗伯特·洛根(Robert Logan)在《字母表效应:拼音文字与西方文明》(*The Alphabet Effect: A Media Ecology Understanding of the Making of Western Civilization*)中提到,字母表的抽象性、准确性是一神教、成文法、逻辑、抽象科学产生的决定因素之一;埃里克·哈弗洛克(Eric Havelock)也在其作品《柏拉图序言》(*Preface to Plato*)中强调,口语媒介到文字的演化体现了理性认识自身内在的逻辑;沃尔特·翁(Walter Ong)则在《口语文化与书面文化——语词的技术化》(*Orality and Literacy: The Technologizing of the Word*)一书中提出,口语媒介本身没有存储能力,因此在口语传播的时

---

① 德布雷.媒介学宣言[M].黄春柳,译.南京:南京大学出版社,2016:67.

代,人们必须借助"套语""箴言"来交流,它们构成了口语媒介时代必不可少的认知方式;伊丽莎白·爱森斯坦(Elizabeth Eisenstein)在其著作《作为变革动因的印刷机——早期近代欧洲的传播与文化变革》(*The Printing Press as an Agent of Change*:*Communications and Cultural Transformations in Early-Modern Europe*)中提出,印刷术的发明意味着欧洲近代社会思潮转变的发端和"科学"的认知方式的萌芽;到了约书亚·梅洛维茨(Joshua Meyrowitz)那里,他认为网络媒介能够消解物理场域对传播的限制,进而打破了认识方式的局限,新的、虚拟的认识对象进入了人们的视野,这正是其代表作《消失的地域:电子媒介对社会行为的影响》(*No Sense of Place*:*The Impact of Electronic Media on Social Behavior*)的书名的真实含义;而保罗·莱文森(Paul Levinson)作为麦克卢汉的"正统继承人",认为媒介的本质就是一种"双重认识技术",媒介的技术形式与其所传播、储存的信息都深刻地影响着认识对象的塑造。① 至此,我们就能发现媒介环境学派眼中"技术"的决定性作用主要在于"认知"层面,它被化约为一个心理学问题——技术带来的是一种社会心理的变化,它并未改变理性主义的认识论,自然也称不上存在论的变革。但"认知"的奠基实质上是一种"弱决定",人作为一种社会性动物,从降生之刻就生存于整体之中,其认知的形成本就会不可避免地受到各种社会因素的建构。于是,通过这一化约的路径,技术成功地回到了社会的框架中,"互相建构"的折中主义框架正是以这种方式运作起来的。

换言之,媒介环境学派对媒介观的"重建",本质上仍在理性主义认识论的范畴内打转,而德布雷打算直接摆脱认识(épistémè)的语义学范畴,以实践(praxis)的语义学范畴为中心②来建立一门基于实践的"媒介学"(médiology)。他回溯了"媒介"概念的衍生——从"介质"(médiateur)到"媒介行为"(médiation),最终发展为"媒体"(médias)③——这种转变体现的是一种意识形态的过程,此处的"意识形态"指的是一种组织手段,即使人进入某一团体的手段。在德布雷看来,媒介是一种介质群,如同宗教中的造神机器,在社会不同社群的开放边界之间起到了调剂和内部更新的作用。这样的功能始于一个"元功能"——上帝的超验性,正是因为万物之源的逻辑解释具有超验性,才需要解释者存在对该逻辑加以解读、阐释。德布雷对"元功能"的界定十分接近康德的"物自体",只不过他是从更加实践的、综合的维度来展开论述的——在宗教体系中,"解释者"是教会系统与牧师群体;而若将范围扩大到整个人类世界,"解释

---

① 沈继睿.论国外媒介研究中的技术哲学思想[J].湖北社会科学,2014(9):104-106.
② 德布雷.媒介学宣言[M].黄春柳,译.南京:南京大学出版社,2016:3.
③ 德布雷.媒介学宣言[M].黄春柳,译.南京:南京大学出版社,2016:3.

者"便是人类的符号系统,符号的效力使得概念体系得以存在和成立,而这一套符号与概念的系统正是构成媒介学的基础。也就是说,德布雷强调作为解释者(信使)的中间人是社会中秩序、权威的维持者。① 解释者不是"载体"或"实体",载体是一种设备系统,而媒介是一种环境系统,它是记忆和叙述组合的层化,也是所有载体符号的目录。德布雷强调的"环境"不仅是背景或流通的外在空间,也暗含了媒介通过某种社会组织来影响符号的语义,通过自身承载的使用逻辑来接收讯息、并为它们制定意义范围的内涵。② 在这一意义上,"环境"是依附于权力政治地图的,因此,"媒介学"中的媒介不是媒体或介质,而是媒介行为。③ 德布雷用"媒介行为"(médiation)或"传输"(transmission)取代"传播"(communication)的概念④,"传输"意味着"化身",意味着要借助解释者(信使)的中介,因此,德布雷断言"不存在纯洁的介质,也不存在无痛的传输"⑤,传播是流畅的、轻盈的,而媒介是沉重的。

德布雷对麦克卢汉的批判正是基于这样一种复杂的、复合的媒介观,他的"媒介学"确实是一个非常混杂且暧昧的概念,我们很难按照传统的定义方式来界定它是一种什么性质的理论,它涉及"传播技术"与"社会功能",涉及符号活动与记忆、传输模式,涉及实践、意识形态、阶级、秩序与权威。因此,德布雷才会声称麦克卢汉"媒介即讯息"的媒介观是混淆的——麦克卢汉谈论的媒介是技术载体(实体),而德布雷谈论的媒介是一种实践。但遗憾的是,这种"实践的"媒介学同样是混杂的,德布雷以"光之隐喻"⑥来类比媒介,认为理想的传输应当是如太阳一般一视同仁的平均照射,但媒介之"光"绝不可能是纯净的,而是包含着各种各样的杂质,他的"媒介学"亦是如此。在缺乏"元理论"的情况下,德布雷只能根据符号情况的抽象程度、媒体的组织结构将"媒介域"(médiasphère)划分为逻各斯域(logosphère)、书写域(graphosphère)、图像域(vidéosphère)⑦,这三种"结构"都具有历史性,内嵌于社会变迁的步调之中,但"符号"这一解释者系统则是一个常量,是真正具有相对稳定性的"背景"。⑧ 也就是说,德布雷仍然希望能够调和"技术"与"社会"两端的关系,将它们纳入同一个"媒介学"的实

---

① 德布雷.媒介学宣言[M].黄春柳,译.南京:南京大学出版社,2016:18.
② 德布雷.媒介学宣言[M].黄春柳,译.南京:南京大学出版社,2016:15-16.
③ 德布雷.媒介学宣言[M].黄春柳,译.南京:南京大学出版社,2016:17.
④ 德布雷.媒介学宣言[M].黄春柳,译.南京:南京大学出版社,2016:5.
⑤ 德布雷.媒介学宣言[M].黄春柳,译.南京:南京大学出版社,2016:42.
⑥ 德布雷.媒介学宣言[M].黄春柳,译.南京:南京大学出版社,2016:76-80.
⑦ 德布雷.普通媒介学教程[M].陈卫星,王杨,译.北京:清华大学出版社,2014:18.括号中法文原文为笔者所加.
⑧ 德布雷.媒介学宣言[M].黄春柳,译.南京:南京大学出版社,2016:22.

践框架下。他宣称媒介学"不是一种学说,而是一种变化,一种学习框架,一个研究领域"①,比起媒介技术本身,他更在意的是"技术史"这一条轴线中包含着的媒介技术与社会之互动,即被他称作"媒介的间隙"的东西。

问题是,对于德布雷构建的"媒介学"而言,"技术史"这个中轴并没有发挥真正的轴心作用,它只是一种"线索",串联起了散落于人类历史各个角落中的媒介实践。德布雷对"媒介学"的界定本就是极其杂糅的,他强调"传递手段就像世界上的其他事物一样,都遵循一些描述其性质、表现其面貌的法则"②,而这个"法则"正是他要洞察的核心之物。德布雷将"媒介学"的血脉追溯到了麦克卢汉,追溯到了狄德罗(Denis Diderot)、巴尔扎克(Honoré de Balzac)这样的文学先驱,他们在"不知情的情况下从事了媒介学"③;还有莱布尼茨(Gottfried Wilhelm Leibniz)对网络与机器的兴趣、康德在《实用人类学》(Anthropologie in Pragmatischer Hinsicht)中对"最适合人类的享乐形式"的谈论都被德布雷视作"应用媒介学"的思想源流。此外,保罗·瓦莱利(Paul Valéry)、米歇尔·塞尔(Michel Serres)、让-雅克·德里达(Jean-Jacques Derrida)、斯蒂格勒、安德烈·勒鲁瓦-古兰(André Leroi-Gourhan)的技术思想都被德布雷一股脑地塞进了"媒介学"的筐子里,还有奥古斯丁·科尚(Augustine Cochin)、瓦尔特·本雅明(Walter Benjamin)、安德烈·马尔罗(André Malraux)等不同领域的思想家,亦对媒介学的思想有所贡献。换言之,只要是与媒介相关的内容,无论是德布雷设想普通媒介学将会像社会学、历史学一样形成若干分支——政治媒介学、艺术媒介学,宗教、科学、教育、文化等若干领域都形成媒介学应用分支,彼此之间通过一种服务于不同母语的共同体之间进行传播的"媒介语言"(Véhiculaire)进行配置。这种媒介语言与夏瓦谈论的"媒介的逻辑"异曲同工,夏瓦强调媒介的逻辑要通过制度的方式发挥作用,而德布雷强调媒介语言与权力密切相关——秩序早于措施,知识体系早于数学体系(mathésis),规范早于法律,知识早于科学④,而每个时代,传媒都在孜孜不倦地对该时代进行定义或制造信任。他希望通过媒介学建立起技术领域与神话领域的关系⑤,重建一种关于媒介的历史哲学。

换言之,德布雷的"媒介学"尝试是一种认识论层面的解构,他试图跳出理性主义

---

① 德布雷.媒介学宣言[M].黄春柳,译.南京:南京大学出版社,2016:60.
② 德布雷.普通媒介学教程[M].陈卫星,王杨,译.北京:清华大学出版社,2014:22.
③ 德布雷.普通媒介学教程[M].陈卫星,王杨,译.北京:清华大学出版社,2014:27.
④ 德布雷.普通媒介学教程[M].陈卫星,王杨,译.北京:清华大学出版社,2014:48.
⑤ 德布雷.普通媒介学教程[M].陈卫星,王杨,译.北京:清华大学出版社,2014:35.

的桎梏,从实践出发建构一门历史性、包容性的学科。他的"媒介域"概念是一种极富想象力的理论建构,逻各斯域、书写域、图像域的划分也折射出福柯"知识考古学"与"系谱学"的色彩。然而,德布雷的理论建构并未触及存在论的层面,他提出"媒介域"这个充满创造力的概念只是为了说明一件事——媒介在其所处的时代通过"制造信任"来产生某种社会效应,这种观念实际上并未超出夏瓦批判的"中介化"研究范畴,相较于传统的结构功能主义媒介研究来说,德布雷更强调媒介技术与文化的互动,且在研究中增加了历时性的维度,从历史的维度来考察"社会结构和(跨社会的)社会关系如何在一般意义上和影响传递的技术结构进行互动"①,例如"一个词语化为行动,一个观念成为集体力量,一个信息影响了世界观"②,都需要在一个可测量的时间段内产生、延续,若对其展开截面式研究,我们能够得到的就只有碎片化的流动信息,而以往的研究者(和普通受众)往往被迫去追逐这些转瞬即逝的"碎片流",不去探究社会中那些根深蒂固的意识、观念、文献是如何形成的,又是如何通过阐释形成"神圣性"或集体记忆的。他以一种更加宽泛的方式来研究社会之内或之间的文化传递、研究广义的"媒介"与意识形态的共生关系,换言之,他的理论核心并非"技术"本身,而是人类组织("解释者"),他朝着人类的媒介化生存的存在论转向迈出了一步,却没有真正完成这种转型。用陈卫星的话来说,在媒介学这个术语中,Logy 表明其科学的性质,Medio 则意味着"中介背景"③,媒介学的本质是一门研究媒介技术与人类组织、社会生态的"历史科学"。正因如此,德布雷才会聚焦于教会这种"最原始的媒介组织",对教会的研究能够说明一种抽象的精神、思想如何转化为物质力量,而这正是媒介作为"传递手段"发挥的作用——"媒介学"并未意识到人类的存在论转向,德布雷的媒介观也并未超出"社会效应的放大器"这一工具性范畴。

二、媒介何有?——"数字元媒介"的存在论奠基

本文提出的"数字元媒介"是这样一种观念——它是一种奠基性的存在,但并非稳定的、作为常量的"背景",而是一种动态的,在变迁之中不断使自己下沉、嵌入社会基础性经济结构中的"座架";它不是"线索",而是真正具有包容性、整合性的"流"(stream),像河流一样将人类社会中方方面面容纳于自身之中,使它们都成为"媒介"。

---

① 德布雷.普通媒介学教程[M].陈卫星,王杨,译.北京:清华大学出版社,2014:9.
② 德布雷.普通媒介学教程[M].陈卫星,王杨,译.北京:清华大学出版社,2014:9.
③ 德布雷.普通媒介学教程[M].陈卫星,王杨,译.北京:清华大学出版社,2014:9.

这种"媒介之流"与德布雷所说的"信息之流"并不相同,信息需要区分"传播"与"传输",因为其中潜藏着主体与权力的问题,而在数字元媒介之流中,传播与传输的分野并没有那么重要,因为主体与客体、现实与表征之间的区分已经被取消了,一切非媒介的事物都成为媒介,而一切"非人的"中介之物也在渐渐成为主体——我们生存在一个"媒介具身"的世界中,我们的生存、生活依赖于它,一切的经济活动、社会交往都与它有关。这便是媒介化时代的媒介化生存,也是媒介下沉为当代社会经济基础的存在论基础。

众所周知,"元媒介"中的"元"(Meta-)这个前缀表达的含义为"媒介的媒介","媒介"(media)一词原本的含义就是"中介"(medium)的复数形式,从本体论上来讲,媒介是插入于人与人、人与物、主体与客体之间的"居中之物",它可以是介质,是载体,是技术,是无形的思想,甚至是心灵沟通的形式,只是在"主体-客体"的二元哲学传统中,这种"中介之物"作为"物",本身也是客体化的,渐渐地,媒介的中介性反而没那么重要了;而从认识论的角度来看,媒介是作为主体的人认识外部世界的一种途径、方式,在这一意义上,一切具有中介性的认知途径、渠道都可以被视为"媒介",只是在当下,媒介逐渐客体化、media 的含义渐渐窄化为"媒介组织""媒体机构",传播研究领域也因此囿于结构功能主义的窠臼,"媒介"被视为社会效应的放大器、社会结构的调节者和润滑油、文化产业的组成部分,或是资产阶级实现社会控制的工具——总的来说,这是一种工具化的媒介观。这样一来,媒介研究的焦点便渐渐偏离媒介本身,转向了"内容"。所谓"空洞的形式"实际上是一种偏见,"中介"(medium)原本的含义中是没有形式与内容之分的,形式与内容脱钩实际上正是客体化的后果,我们将媒介的物质载体视为"物",将媒介的信息内容视作"对象",媒介便顺势将内容推到了前台,自己则隐匿于信息之后,久而久之,"信息"成了媒介的代名词,成了传播研究的核心议题,作为中介的媒介本身成了赘余物,被赶进了"技术决定论"的逼仄角落中。因此,笔者提出"数字元媒介"的概念,不仅是要以这个概念为工具,分析媒介如何下沉为当代资本主义社会中的经济基础,更是要回到存在论的层面上,重新将媒介之本真置于现象学视野的核心位置。

我们可以借助海德格尔的"座架"概念来理解这种存在论转向——在德语中,"Gestell"一词有着"框架、底座、骨架"的意味,海德格尔将它理解为在普遍持存者意义上的"本质",或曰"基本特征"(Grundzug)。若是从词源出发,将这一"基本特征"理解为"根据之通行"(Durchzug),那么,它便被赋予了普遍建基(Gründen)的意味。海德格尔以一种近乎游戏的方式将 Gestell 一词转化为 Ge-stell,在德语中,Ge-的前缀本身含有"聚集"的意味,因此,das Ge-stell 通常被译作"集置",它是一种"摆置"(Stellen)的聚集者,这种摆置所摆置的对象正是人——它对人的促逼使人以订造(Bestellen)[1]的方式把现实当作持存物来解蔽。"促逼"是现代技术对待自然的方式,向自然提出蛮横的要求,要求自然提供可供开采和贮藏的能量,它是一种双重意义上的"开采",同时具有"开发"与"摆出"的意味。技术促逼着自然,开发着自然中被遮蔽的能量,被开发的东西历经了形态的转变、贮藏、分配,被分配之后又经历了新的转换,这一系列的过程都属于解蔽(das Entberben)的方式。也就是说,技术的本质就是解蔽,尽管它有着工具性的外表,人们也倾向于将工具性视作它的本质特征,但只要一层层地追问"技术之本质",我们最终会达到解蔽——技术不仅是一种手段,它是一种解蔽的方式,因为一切生产制作的过程都蕴含于解蔽之中。因此,技术是在解蔽和无蔽状态的发生领域中、在真理的发生领域中成其本质的,它使"真-理"(Wahr-heit)之领域向我们敞开。[2]

若从座架与解蔽的角度来理解媒介,我们就能理解数字元媒介的建基性——媒介不仅将自然世界、社会世界全部促逼着卷入了自身的逻辑之中,也以同样的逻辑促逼、摆置着人,使人陷入媒介的逻辑之中无法自拔。但媒介并未向我们敞开它的本质,只是将内容提供给我们,以这些"滋味鲜美的肉"[3]蒙蔽我们的双眼,使我们无法洞察媒介的本质。正如格罗伊斯所说的那样,媒介短暂的"光晕"(Aura)之后隐藏着的是更加模糊的历史、自然、物质、理性、渴望、事物的进程、偶然、主体,这些媒介背后的"深处"被格罗伊斯称为"亚媒介空间",它被媒介表面的符号内容遮蔽着,不能以现象学的方法被直观,而只能被"揣测"。在格罗伊斯看来,媒介深处"亚媒介空间"的不确定性、不可知性与媒介表面的符号信息具有的可展示性在根本上就是矛盾的,因此,人与亚媒介空间的揣测关系是一种偏执的关系,媒介表面的观察者只能猜测媒介深处存在着一个操纵性的主体,或者干脆将内在的东西视为一种幻象,并将这种"臆测"(Unter-stellungen)视作观察者内心恐惧的投射。人们明里暗里希望隐藏的亚媒介空间能够暴露、泄密、公开出来,亚媒介空间自愿或被迫展露的真诚性就是媒介表面观察者所期

---

[1] 小写的 bestellen 意为"耕种",包含着关心、照料的意味,是与现代技术"促逼"自然的方式相对的。
[2] "解蔽"一词来自希腊语中的"无蔽",罗马人用 veritas(真理)来翻译它,因此,海德格尔认为真理就是解蔽,而现代德语中的"真理"(Wahrheit)通常被理解为表象的正确性,海德格尔本人并不赞同这样的"真理观"。
[3] 麦克卢汉.理解媒介:论人的延伸[M].何道宽,译.南京:译林出版社,2011:29.

待的那个真诚性。此处格罗伊斯谈论的"真诚性"并非符号的真相,而是媒介的真相①,是媒介符号所掩饰、缺失的东西。"媒介空间"就是媒介本体论揣测的空间,这种揣测永远无法被化解与消除,因此,"媒介本体论"事实上只是一种"临时性看法"(Vorentscheidung)。

但格罗伊斯也强调媒介的揣测并非"主观"的,它在现象学意义上是"客观"的,它有着自身的真理标准——媒介本体论的真理并不是科学描述的真理,而是被强迫的或自愿承认的真理,是内在流露的、在某一个瞬间中敞露真诚性的真理。② 因此,我们只能期待一个被揣测的主体有这样的真理,而不能期待在一个被描述的客体那里找到这样的真理。我们找寻的并不是一种客观的规律,而是一种例外状况、一个特殊的时刻,在这样一个瞬间,人们能够了解内在的、秘密的、媒介表面之后的隐藏之物。正是因为这样的"看穿",一个空隙开启了,人们得以窥见内在的、亚媒介的东西,认识到其隐匿的真理。这种霎时的真理会在下一个瞬间消失得无影无踪,因为这个展开的间隙会迅速地被符号所充斥、覆盖,展现为一个新的符号,从而再度遮蔽亚媒介空间。正因如此,我们永远都无法"洞悉"媒介的真相,当亚媒介空间向我们敞开的那一刻,它就变成了"表象",而失去了本真性。这样一来,我们对媒介的揣测和追问就变成了没有尽头的链条,而这种无止境性正是数字元媒介的本真所在——它不停地将其他的媒介变成自己的符号"内容"与可展示性的表象,将这些媒介的本真淹没在数字元媒介的逻辑之中。我们沉迷于这些表象、符号之中,对"本真"不屑一顾;而当我们开始追问"本真"何在时,暂时敞开的亚媒介空间便转化为了新的"符号",覆盖了已经敞开的亚媒介空间。这样一来,我们就很容易得出这样的结论——媒介的"本真"是不存在的,它只是一个纯粹的形式,内在却是无比空洞的,因此才能将若干不同类型、不同介质载体、不同内容倾向的媒介整合到自身之中。那么,事实真的如此吗?

事实上,在媒介不断下沉的过程中,它在经济社会的基础性结构中嵌入(embedded)得越来越深,它的"形式"与"内容"也越来越难以分离。"数字元媒介"的逻辑将所有媒介整合到自身之中的同时也促逼、摆置着人,被数字元媒介逻辑席卷的媒介便没有了形式与内容之分,相应地,被媒介摆置的人与世界也发生了变化,人置身于媒介之中,与媒介的关系没了主客体之分,而媒介中介的、呈现的世界也没有了表征与现实之分。数字元媒介的逻辑颠覆、解构了"主体-客体"的本体论、认识论传统,使得我们

---

① 格罗伊斯.揣测与媒介:媒介现象学[M].张芸,译.南京:南京大学出版社,2014:11.
② 格罗伊斯.揣测与媒介:媒介现象学[M].张芸,译.南京:南京大学出版社,2014:32.

对媒介的追问如同剥洋葱——我们相信媒介的形式之后必定藏着内容,但这些隐匿的"内容"并未对我们敞开自身,我们剥开形式的外表之后所见的仍是"形式",这样一来,一种误解便诞生了——当代的媒介毫无内容可言,只剩下了"空洞的形式"。

从这一角度来看,麦克卢汉与格罗伊斯堪称殊途同归——麦克卢汉强调"媒介的内容是另一种媒介",是为了让人们把注意力从信息的"诱饵"上移开,关注媒介本身的建构性;而格罗伊斯点破了"形式"与"内容"的窗户纸,强调媒介并非没有"内容"(或"本真"),只是媒介的"本真"并不会主动向我们敞开,而是藏匿了自身,这种自我隐匿的存在就是海德格尔意义上的准-物体(quasi-physikalisch),它只能给观察者制造一种幻象,在"世界"的表面之下可能还隐藏着一个主体。对于本体差异的思考亦是对本体-神的揣测(onto-theo-logisch)[①],也就是说,本体揣测和由此引发的哲学怀疑都是存在自我隐匿的准-物体过程的效果,只要人还在"这个世界"上,他就被包含在这个存在之中[②],本体揣测自身被置于揣测之中,它只是揣测的"客体中"的一个准-物体过程的效果。正如海德格尔所言,"解蔽"并不是被人"做到"的,人只是将"物"表象出来,使之成形、推动它,但"无蔽状态"不是人能够支配的。只有当人本身受到促逼、去开采自然能量时,他才通过从事技术而参与了作为一种解蔽方式的订造。但无蔽状态并不是人的制品,集置之为集置作为一种解蔽方式,必须在人之中发生,却并非主要通过人而发生;相反,无蔽状态占用了人,当人开启心智、追寻某物之时,才被带入了无蔽之中。也就是说,无蔽者的无蔽状态是自行生发的,人是在这之后才被召唤入那些分配给人的解蔽方式之中。因此,海德格尔才会将集置视为存在(sein)的法则(Ge-"setz")被遗忘的状态,视为本有之面纱(schleier des Ereignisses)。现代技术之本质为人们指点了解蔽的道路,这种"给……指点道路"在德语中叫作"遣送",而这种聚集着的遣送被海德格尔称作"命运"(Geschick)——在海德格尔看来,人只有归属于命运领域、成为一个命运的倾听者,而又不是命运的奴隶时,他才是"自由的"——自由的意味正是那种一向给一种解蔽指点其道路的命运之领域。

紧接着,海德格尔为我们描绘了人在这样的"命运"之下的处境——人们一味地追求在订造中被解蔽的东西,从那里采取一切尺度,却因此误解了无蔽领域,将其视为一种因果关系,而不去考虑因果关系之本源。在"因果律"的支配下,人们就会将技术视为纯粹的工具,无法理解技术的本质。人置身于集置之促逼的后果之中,便无法把

---

① 格罗伊斯.揣测与媒介:媒介现象学[M].张芸,译.南京:南京大学出版社,2014:37.
② 格罗伊斯.揣测与媒介:媒介现象学[M].张芸,译.南京:南京大学出版社,2014:37.

集置当作一种要求来觉知，作为"被要求者"的自身也被忽视了，因此，人们不去理会自身何以从其本质而来，又是如何在一种呼声的领域中绽出其实存，这样一来，人们与自身照面的可能性也断绝了。事实上，当下生存于资本主义社会中的人类正陷于这样的困境之中——人们生存于媒介之"网"中，却对自己的命运与处境一无所知、漠不关心，而是沉迷于媒介的内容无法自拔。此时，数字元媒介的逻辑已经带来了真正意义上的"媒介融合"，所有媒介在数字元媒介的逻辑中恢复了中介之物的本真，摆脱了工具性的定位之后，媒介将自己隐匿在信息之后，让纷繁复杂的信息充当自己的保护色。人们在不停地刷微博、阅读微信公众号发布的内容时，在抖音、快手、Bilibili上观看视频时，玩网游、手游时，并不会意识到"媒介"的存在，仿佛我们消费、享受的只是纯粹的内容，媒介自身彻底地"隐身"了，我们只需要一个载体就可以接收以上所有的内容，这一载体便是手机。这种曾经的"便携式通信设备"已经转变为一种集成式的媒介，且这个趋势还会在未来不断深化。作为一种"随身式"的媒介，手机已经成为最贴近我们日常生活的媒介，也是我们在日常生活中最离不开的媒介——现代社会中，我们也许不再阅读报纸、杂志，也不再看电视、听广播，但几乎所有人都会使用手机。我们使用手机的主要目的也不仅仅是"通信"，而是扩展到了获取信息、社交和娱乐——包括一切"与他人发生关联"的领域中。更重要的是，手机在人们生活中承担的角色已经不仅仅是"媒介"了，它是一种具象化的生活方式，甚至是存在方式。我们生存在由一部部手机织就的网中——不是互联网本身，而是一种生活方式与人际互动之"网"，我们依托手机入"网"，又与手机"共在"。可我们追问手机的"背后"是什么时，常常惊讶地发现，手机之后似乎空无一物。

这一切的根源在于：亚媒介的、内在的、隐匿的真相只能在真诚性的、认可的、自我揭示的现象中表现出来，因此，即使我们使用"科学的"研究方法，也只能对出现在媒介表面的各种现象进行描述，但亚媒介的主体并不是这种认知的对象，而只能是揣测与恐惧的对象——人对技术的期待与恐惧皆是由此而来，人们期待着媒介向我们袒露自己，以便我们能够确认媒介本体的揣测，从而消除(entkräften)它。只有在真诚坦白(Geständnis)的一瞬间，媒介观察者所有的担心与猜测才得到证实，但当揣测者知道了媒介内部是何种面貌之后，被唤起的信任状态只能持续到揣测重新复活之时，而此时真诚地显现(Offenbarung)的符号看起来只是媒介表现的众多符号之一。当信任被唤起，揣测者就不得不去信任一个唤起他信任的符号，他无法摆脱这种真诚性，但也无法验证这种真诚性。揣测就是对真诚性的等待，但这种真诚性不同于实在性(Realität)，它是语境定义的产物,诞生于符号的载体在媒介表面所承载的特定符号语境,相比之下,那些新鲜的、非同寻常的、未被期许的符号反而更有可能敞开一个亚媒介内部之窗。但相应地,人的揣测同时也是显示与矫饰(inszenieren)的,人也戴上了面具,躲避着亚媒介的他者的目光,这种目光对于人类来说是一种危险的、可能带有恶意的存在,因此,人们选择以"面具"来矫饰自己——真诚性也有可能是人为制造出来、被策略性地加以运用的,它只是一种符号与语境的特殊关系。因此,揣测是一切媒介之媒介,它不断地对媒介提出要求,把记录的档案式符号拷贝到媒介上,使这些符号能够持续存在。对于我们而言,符号只有在被揣测之时才有意义,通过揣测,一种悬念(suspense)产生了,它让我们感觉符号背后有着危险的、带有威胁的、令人毛骨悚然的东西,符号由此得以作为一种揣测性要素(Verdachtsmomente)长久地存在着——值得揣测的符号才能够被持续研究、阐释和保存。

此时,格罗伊斯仍然强调,他的"媒介空间"不同于麦克卢汉所说的"媒介即讯息",因为麦克卢汉的理论中存在着将媒介"再度人类化"的倾向。换言之,格罗伊斯与斯蒂格勒等技术哲学家一样,将技术视作超越人类的先验之物;而与之相对地,另一派技术哲学家将技术与人(身体)视为同在、共生之物,例如敖德嘉(José Ortera y Gasset)认为技术是人类生存自我构造之本能[①],"人通过技术这一行动系统,力图实现人本身这一超自然的筹划"[②],换言之,技术是人类为了实现某种理解而进行的物质活动,这种理解包含了人类文化中的"自我观念",它需要一种恰当的技术手段来将其自身变为现实。这也就意味着,技术之根源在于人类的某种理想的自我创造与意愿,技术与人文主义的自我实现并不矛盾,相反,它是自我实现不得不倚靠的某种途径,只是伴随着技术的发展,现代技术正在使人的境况发生一种世界性的历史转变。[③] 这种转变已经超出了其使用者的特定意图——技术的有效性使其能够抹平一切制造活动的价值,使得个别的"制造"不再具有意义,抽象的一般技术夷平了特殊性之后,一般性的"制造"就从手段变成了目的,制造之外,别无目标。

敖德嘉生动地为我们描述了人与技术之间的主客体二元论是如何走向瓦解的,只不过他强调的是人被赋予了客体性,并未关注人与技术的"同在"——这一路径的研究更多地体现在现象学传统的"具身性"(embodiment)研究中,该路径克服了笛卡尔

---

① 吴国盛.技术哲学经典读本[M].上海:上海交通大学出版社,2008:274.
② 吴国盛.技术哲学经典读本[M].上海:上海交通大学出版社,2008:6.
③ 吴国盛.技术哲学经典读本[M].上海:上海交通大学出版社,2008:7.

以降的身心二元论困境,将统一了灵与肉的身体作为考察人与世界关系的根本出发点。① 譬如,胡塞尔在研究的后期将"身体"纳入了他的意向性分析之中,强调人对物的经验、物在人的意识中的呈现都需要经由身体的知觉行为②,换言之,具身感知会影响人的意向活动。只不过,胡塞尔并没有放弃"先验意识"的优先地位,而是将身体置于纯粹意识的构造之内③。而梅洛-庞蒂比他走得更远——他相信身体不仅是一切感知和行动的核心来源,也是所有语言和意义的基础。④ 他颠覆了笛卡尔的"我思"为意识主体奠定的先验性、为身体赋予的客体性,转而强调"身体不是'我思'的对象:它是走向其平衡的一组被亲历的含义"⑤,换言之,人作为知觉主体,必须以身体在世的方式存在。身体经验不但是知觉意识的构成部分,而且"身体是在世存有的载体,有一个身体对于一个有生命者来说,就是加入一个确定的环境,就是与某些筹划融为一体并且持续地参与其中"。⑥ 身体是知觉主体在世活动的根本性条件,也是物质和精神、主体与客体、自我经验与他人经验融会的"中间地带",非主体亦非对象,而是在人的经验过程中作为中介隐匿了自身。也就是说,身体本就是一种大写的"媒介",它是人对世界的意向活动中最基础的连接者⑦,只是这种连接者对于意识过程来说是"不可见"的,人们常常误以为知觉到的对象"就是"意识的对象,进而误以为意识世界与物质世界是二分的——人们无法观测自己的身体,因为它"是我们观察其他事物的永恒不变的视角"⑧。

遗憾的是,梅洛-庞蒂并未彻底摒弃主客体二元论,他只是"人为地混合观念性和物质性……在普遍主义的本体论幌子下,将社会历史性的人类学特征强加给事物的存在"⑨,因此,"世界"仍是被经验的对象,作为"中间状态"的身体也无法真正"调和"演绎推理的宏大叙事与身体知觉的具体经验之间的矛盾。不过,梅洛-庞蒂已经初步触及了技术作为身体知觉组成部分的问题,他提到,一些常年佩戴羽饰帽子的妇女无须

---

① 胡翼青,赵婷婷.作为媒介性的具身性:对具身关系的再认识[J].新闻记者,2022(7):11-21.
② 胡翼青,赵婷婷.作为媒介性的具身性:对具身关系的再认识[J].新闻记者,2022(7):11-21.
③ 胡翼青,赵婷婷.作为媒介性的具身性:对具身关系的再认识[J].新闻记者,2022(7):11-21.
④ SHUSTERMAN R. Body consciousness:a philosophy of mindfulness and somaesthetics[M]. Cambridge:Cambridge University Press,2008:49.
⑤ 梅洛-庞蒂.知觉现象学[M].杨大春,张尧均,关群德,译.北京:商务印书馆,2021:199.
⑥ 梅洛-庞蒂.知觉现象学[M].杨大春,张尧均,关群德,译.北京:商务印书馆,2021:124.
⑦ 胡翼青,赵婷婷.作为媒介性的具身性:对具身关系的再认识[J].新闻记者,2022(7):11-21.
⑧ SHUSTERMAN R. Body consciousness:a philosophy of mindfulness and somaesthetics[M]. Cambridge:Cambridge University Press,2008:70.
⑨ 郑震.论梅洛-庞蒂的身体思想[J].南京社会科学,2007(8):46-52.

专门计算,就能让羽饰与障碍物保持安全距离,对于她们而言,对羽饰的感知与对手的感知是一样的;同样的逻辑也适用于盲人的手杖,它并非外在于盲人的工具物,而是他认知的代具——"手杖是身体的一个附件、是身体综合的一种延伸"①。正是基于这一点,唐·伊德(Don Ihde)又往前迈了一步,在《技术中的身体》(Bodies in Technology)中,伊德划分了身体一、身体二、身体三,将技术的维度引入了身体之中。身体一是肉体的身体,以能动的(motile)、知觉的(perceptual)、情感的(emotive)方式在世存在(being-in-the world)②,它可以说是梅洛-庞蒂的身体观的延伸;身体二是社会/文化的身体,它是文化建构的产物,而非纯粹生物学意义上的身体,福柯谈论的"身体"正是这一意义上的;身体三就是技术的身体,它穿梭于身体一与身体二之间,不但联结起二者,而且透露了这样一个事实:人是通过技术物来经验、感知世界的。

不过,相比梅洛-庞蒂对身体的强调,伊德显然更看重技术——除非在伊甸园中,身体与世界直接相互作用的情形才会出现,只要是生活在尘世中,人就无法逃离与技术"共生"的命运。因此,伊德的身体理论是一种关系存在论(relational ontology)层面的阐释,也正是基于这一视角,他将身体与技术的关系划分为四种形式:具身关系(embodiment relations)、诠释关系(hermeneutic relations)、他异关系(alterity relations)和背景关系(background relations)。③ 具身关系指的是物质化的技术或人工物参与了人与环境的知觉关系,人与技术的融合体参与了对世界的知觉;诠释关系指的是人对融入世界中的技术进行知觉,而这种知觉方式就是以一种阅读或解释的方法对世界文本进行读取;他异关系强调技术是处于对象位置上的他者,独立于人和世界而主动存在,这一关系颇具拉图尔所谓"非人行动者"的色彩;背景关系则意味着技术已经润物细无声地融入了人类的生活环境,在世界之中不被察觉、不言而喻地发挥着作用,人们很少聚焦于它,却又依赖它的作用而生活。

在这四种关系之中,伊德认为具身关系是最基础的一种,"借助技术把实践具身化,这最终是一种与世界的生存关系"④,换言之,具身关系人类在世存在的基本模式。正如前文所说,近视患者借助眼镜来"知觉"世界,但因为技术的透明性(transparent),它融入了使用者的知觉-身体经验之中,便"抽身离去",使眼镜成为使用者日常经验的一部分,很少被使用者知觉到。使用者对于身体的感觉、默会的知识,都扩展到了技

---

① 梅洛-庞蒂.知觉现象学[M].杨大春,张尧均,关群德,译.北京:商务印书馆,2021:217.
② 胡翼青,赵婷婷.作为媒介性的具身性:对具身关系的再认识[J].新闻记者,2022(7):11-21.
③ 胡翼青,赵婷婷.作为媒介性的具身性:对具身关系的再认识[J].新闻记者,2022(7):11-21.
④ 伊德.技术与生活世界:从伊甸园到尘世[M].韩连庆,译.北京:北京大学出版社,2012:72.

术上,机器按照具身的方向来完善自身,根据人的知觉和行为来塑造其尺度。"抽身离去"化用自海德格尔的"上手"概念,认为技术拥有了足够的透明度后,便能在使用的过程中融入人们的知觉体验,以"抽身离去"的方式存在于人的中介化行动之中①,进而拓展人类的知觉范围——

> 具身关系是一种特殊的使用情境(use-context)……首先,技术必须"适合于"使用。实际上,在具身关系的范围内,我们可以在设计上做出一些特殊的改进,以便获得必不可少的技术的"抽身而去"……如果越接近这种技术所允许的不可见性和透明性,并且越能扩展身体感觉,那么这种技术就越好。②

有趣的是,伊德也强调了"纯粹透明"的技术只是一种乌托邦式的想象,即便是在具身关系中,技术也一定具有某种内在的偏向性,它会在转化人体知觉时产生放大、缩小(magnification/reduction)等效应,将自身的某种特性注入人的行为、活动之中——

> 现实的或物质性的技术总是具有部分透明性或准透明性(quasi-transparency)……技术在扩展身体能力的同时也转化了它们。从这种意义上来说,所有使用中的技术都不是中性的。③

这样一来,具身关系中经验到的东西也就相应地被增强或降低了,"人-技术-世界"的关系变更为"(人-技术)-世界"。

数字元媒介的"具身性"也是由此而来,对于生活在当代社会的人来说,"手机"这个部件俨然已经成为我们的第二双眼、第二双耳、第二双手,甚至第二个大脑,它彻底地延伸了我们的器官,让我们得以接收肉身无法接触到的信息,存储并处理我们的大脑难以容纳、分析的数据,用伊德的术语来说,手机的透明度甚至变得比眼镜还要高——我们沉浸在手机为我们建构的赛博世界中时,根本意识不到自己究竟花了多少时间在手机上,时间的流逝速度快到我们无法分辨自己究竟是身处"真实的"世界,还是漫游于网络世界之中,抑或两个世界已经没有区别了。如今,越来越多的手机 App、游戏都在不断提高"透明度"与拟真度,不但给用户提供"心理沉浸",还为之塑造了时间沉浸和空间沉浸,用户的视觉、听觉、触觉在中枢神经和电磁回路之间重新分配,人

---

① 胡翼青,赵婷婷.作为媒介性的具身性:对具身关系的再认识[J].新闻记者,2022(7):11-21.
② 伊德.技术与生活世界:从伊甸园到尘世[M].韩连庆,译.北京:北京大学出版社,2012:79-80.
③ 伊德.技术与生活世界:从伊甸园到尘世[M].韩连庆,译.北京:北京大学出版社,2012:80.

们产生了一种超真实的临场感(tele-existence),更加感知不到虚拟与现实的界线,仿佛自己就生活"在屏幕里"(in the screen)。许多玩家在手机游戏《原神》中切换视角"跑图"、战斗时常常产生严重的晕眩感(即"晕3D"),这种体验与人在现实中晕车、观看3D电影时的晕眩感十分相似。有趣的是,玩家玩的时间越长、对游戏操作越熟练,在游戏中体验到的晕眩感就越弱——如果说"晕3D"是游戏高度拟真的体现,仍能提醒玩家身处一个"拟象"的世界中,那这种晕眩感的消失就彻底夷平了赛博空间与现实世界的界限,玩家不再关心何为"虚"、何为"实",游戏体验与现实一样真实,甚至比现实还要真实。

但正如伊德所言,这种"透明性"并非如同"不存在"一般的透明,恰恰相反,数字元媒介本身也像眼镜那样,折射、扭曲着我们所见的世界,潜移默化地改变着我们的生活方式——相比于发生在身边的事,我们对微博上的"热搜"话题更感兴趣;相比于和周遭的同事、同学、亲人沟通,我们更喜欢与素不相识的网友聊天;相比于"真实的"生活,我们更愿意花费时间经营自己在网络上的"人设"……"透明性"的真实意味是它深深地嵌入了我们的生活,以至于我们无法察觉到变化的发生,也无法意识到数字元媒介已经成为我们整个"人"的延伸,甚至无法察觉整个社会经济结构发生的变化。根据伊德的观点,当人们完全沉浸到以技术为中介的世界中时,技术的诠释学的(hermeneutic)关系便显露出来了,此时,技术的"不透明性"开始发挥作用,在人与技术之间建立了一种类似于阅读的关系,通过对技术(如温度计)的阅读,我们获得了本该由其他感官(触觉上的"冷/热")获取的通感,由此来把握技术所"指示"的世界。通过这种可读技术,技术保持着与其对象的表象同构,同时又保持着一种近似巫术的神秘性——解释学关系再次变更了"人-技术-世界"的关系,使其变为"人-(技术-世界)"。

正是因为诠释关系,我们才能够通过媒介来构建自己对世界的认知,也才能够对数字元媒介进行学术上的研究与反思。若我们从现象学的角度来理解,海德格尔意义上的"解蔽"与格罗伊斯意义上的"揣测"都是在这一前提下展开的——技术向我们遮蔽了它自身,也掩盖了技术之后的世界,"亚媒介空间"也好,无蔽的本真也好,它们本身不会主动地向我们敞开,而是必须由我们不断地追问。不过,在伊德看来,此时的技术仍然是"工具",直至技术强行闯进了具身世界中,技术的对象性(objectness)从负面的意义上显现出来,将人与技术的关系扭转为一种"他异关系"(alterity relations)。他异性(alterity)概念来自列维纳斯,它描述的是"一个人与另一个人之间的根本区别",

或是描述"他人作为他者而存在"的状态。伊德借用了这个概念来描述技术在何种情况下、何种程度上成为他者,成为"他者"的技术摆脱了工具性,以其生机勃勃的特征使人对其产生迷恋,仿佛身为他者的技术本身具有意向性。此时,技术拥有了类似拉图尔的"非人行动者"的性质,它成为转化的媒介,在人与技术的连续统中处于独特的地位,将"人-技术-世界"的关系扭转为"人→技术-(-世界)",即人通过技术指向世界。在伊德看来,具身关系、解释关系、他异关系之间不存在泾渭分明的界限,而是构成了一个连续统,一端是简单的具身关系,人将技术融入自身的经验中,技术就能凭借其透明性让世界呈现,并进入"我"之生存关系中;另一端是他异关系,技术在其中成为准他者,或者说是"作为"他者与"我"发生关系;而解释性的关系则介于二者之间,既可以作为中介,也可以满足技术的知觉和身体的关系。不过,这三种关系都是"聚焦的",标识着一种相应的自我意识。在现象学分析的最后一步,技术呈现为"背景关系",这种技术环境就像我们生活中嗡嗡的噪音一样,是技术结构的一部分,它不指示任何透明性或不透明性,技术的功能彻底"抽身而退",或曰"不在场"(absent)了,但它并非真的"不存在"了,而是"退"到了人们的经验领域之中,或是融为了当下环境的组成部分。它是一种庇护技术,像防空洞、太空站那样将人与环境隔离开来。这一时期,一些城市学者期待着将城市所有建筑整合为一个自动的、完全封闭的生命维持系统,伊德将这套系统称作"技术蚕茧"(technological cocoon)——技术处在背景的位置上,作为一种不在场的显现构造了人类社会生活的"场域",它虽不在焦点上,却调节着当代居民的生活情境。

伊德的这一观念十分接近伊尼斯、麦克卢汉对媒介"偏向"的论述,只是伊德更清晰地揭示了人与技术之间存在的张力——人作为使用者既想最大程度地透明化技术以摆脱技术的限制,但又不得不受限于人和技术连接关系中的可供性前提。[1] 个体并非被动地、不加选择了全盘接受了技术施加在他们身上的影响,但这种实用主义的方法论与形而上的现象学的存在论之间天然地存在着不可通约性,换言之,伊德也未能跳出主客体二元论的窠臼,他试图从现象学中汲取变更理论(variational theory)、具身性和生活世界(life world)等概念,将传统现象学与实用主义哲学进行融合,以此谋求技术哲学在当代的"经验转向"[2]他最终想要建构的是一种回归日常生活世界、关注具体技术使用情境、重思人与技术新型关系的"后现象学"[3]。但现象学一旦脱离了对

---

[1] 胡翼青,赵婷婷.作为媒介性的具身性:对具身关系的再认识[J].新闻记者,2022(7):11-21.
[2] 胡翼青,赵婷婷.作为媒介性的具身性:对具身关系的再认识[J].新闻记者,2022(7):11-21.
[3] 胡翼青,赵婷婷.作为媒介性的具身性:对具身关系的再认识[J].新闻记者,2022(7):11-21.

一般哲学进行整体性反思的语境,便无法从本体论上解答"技术具身何以可能"以及"为何可能"的问题。伊德关注的始终是"存在者",而非"存在",他与理查德·伯恩斯坦(Richard Bernstein)、休伯特·德雷福斯(Hubert Dreyfus)等美国实用主义哲学家一样,并未对技术的本真进行追问,只是在实践层面研究"人如何同世界中的事物打交道",这种实用主义的分析框架反而关闭了媒介本体论的大门,将分析停留在了实践层面展开对具体技术的具体分析和应用。

在笔者看来,这种"退缩"反倒让伊德的技术哲学思想失去了洞察技术"本真"的机会,现阶段越来越多学者使用伊德的理论来阐释媒介的"可供性"问题,正是看中了伊德理论中的实践性、操作性维度,它与美国传播学研究中的实用主义传统有着良好的"相性","透明度""可见性"等概念也适合对(小写的)媒介进行分析。正如胡翼青总结的那样,媒介一方面是极为高调的,它在自己的表面堆砌了大量可见物(文本与影像),将人完全置于拟像的世界之中,时时刻刻都能感知到景观的压迫性和爆炸性;另一方面它又将自己隐匿于景观之中,让人们对自己的主体力量深信不疑①——这样的现实似乎十分契合伊德对技术"透明度"与"可见性"的分析,如此一来,学者们就更加倚重伊德的理论,看似掌握了媒介技术的"类型"与发展"规律",实则仍旧停留在媒介技术的表面,并未通达其本真。

从这一角度出发,我们可以重新检视一番伊德的"技术蚕茧"概念——在当代,数字元媒介似乎就是一个"技术蚕茧",它全然地包裹着我们,为我们构建出一整套自洽的、完整的生活方式,我们只要拥有一台手机、能够接入互联网,就几乎可以做到现代生活中需要做的一切事情——衣食住行都可以通过手机来实现,我们可以购物、点外卖、打车、购买电影票;可以和所有亲朋好友联系、和陌生人交流、获取信息、享受娱乐服务;甚至连公共服务也可以集成在手机中——购买火车票、飞机票,预约看病、体检,就连政府服务也在向着"云端"迁移。此时,那些不会使用智能手机、无法上网的老年人、残疾人被视为"被时代抛弃的人",他们无法打车、无法预约医疗服务,甚至连火车票都无法购买。不过,数字元媒介为我们构造的远不止是一个"茧",技术蚕茧尽管十分隐蔽,除了那些"被抛弃者"和一部分以媒介研究为业的学者之外,鲜有人觉察到"茧"的存在,但它依然有着边界与壁垒,伊德似乎默认茧内与茧外是两个世界,茧内是由技术背景关系构造的"拟态环境",茧外则是与技术无涉的、更广阔的天地。而在技术元媒介的逻辑下,这种拥有明确边界的"茧"并不存在,整个世界乃至整个宇宙都

---

① 胡翼青,赵婷婷.作为媒介性的具身性:对具身关系的再认识[J].新闻记者,2022(7):11-21.

被纳入了媒介之流,人们不但被包裹着,同时也在随波逐流地生活着,认为这才是自己应该追求的生活方式,享受数字元媒介带来的便利与快乐是天经地义的,人们无须考虑太多,只要等着技术为他们解决一切问题就好了。不少人甚至逐渐被数字元媒介的逻辑同化,自身也化作媒介——这种媒介化的人不同于德布雷谈论的"解释者",而是以媒介的逻辑为自身的逻辑、以媒介的存在方式为自身的存在方式,当我们热烈地谈论社交媒体上的各种事件、"八卦",以这些符号内容为"社交货币"展开交往和互动时,我们很难说社交媒体是自己头脑、中枢神经的延伸,恰恰相反,我们是社交媒体的延伸,是手机的延伸。而那些被技术发展"抛弃"的人也无法被数字元媒介之流冲刷上岸,因为"岸"已经不复存在,尚未被数字元媒介的逻辑沾染的"净土"越来越少,终将消失不见,因此,这些人只能在数字元媒介的浪潮中苦苦挣扎,被迫学习新技术、追赶新媒介的潮流,期盼着数字技术不断发展、普及,让他们能够追上技术发展的步伐。而对于媒介研究者来说,真正的困难也不在于反思技术,而在于即使意识到了数字元媒介对人类的支配,我们也很难从中抽身——"放弃"手机对于现代人来说几乎已经成了"不可能的任务",笔者从事研究时也必须通过手机来接触研究对象,进行"线上民族志"的研究,或是对媒介内容、文本进行分析解读。我们越是想要"割舍"媒介,越是与它保持距离,它的"他异性"就越是显著,对我们日常生活的嵌入就越是深刻。

我们可以回溯斯蒂格勒的"义肢性"(prothétique),来理解数字元媒介的不可割舍性——他以"爱米比修斯的过失"来称呼自己的技术观:普罗米修斯(Prometheus)的弟弟爱米比修斯(Epimetheus)①在为世间生物分配"属性"时,不慎遗漏了人类,使得人类赤裸地降生在大地上,存在着在生物种系遗传中的"原始性缺陷",与其他动物相比,人成了一个没有任何可遗传的种系发生的生存技能的存在物。② 正是因为这一"遗忘"(oubli)与"滞后",人类不得不发明了技术这一后种系生成(épiphylogénéyique)的外部义肢(prothèse)实存,斯蒂格勒这样说道:

> 与动物获得的各种性能相对应,人的那一份就是技术,技术是义肢性的(prothétique),也就是说人的技术性能完全是人为的(artifice)。动物的属性属于一种天性,至少是神的善意赐赠:即宿命(prédestination)。而人类的那一份礼物并无善意,它是一个替代(suppléance)。我没有性能,所以也就没有

---

① Prometheus 与 Epimetheus 这两个名字分别含有"先见之明"与"后见之明"的意思。
② 张一兵.斯蒂格勒:西方技术哲学的评论——《技术与时间》解读[J].理论探讨,2017(4):57-63.

宿命。人必须不断地发明、实现和创造自己的性能。①

因此,人的历史是从生物的本能之外的义肢性技术开始的——人因为无能而创造了自己的历史②,人类是人工性和技术性的,人并不能在自身中找到意义,只能依赖他们制造的"义肢"而漂泊。尽管斯蒂格勒并未专门讨论媒介,但若认真回溯他的"第三持存"概念,我们就会发现,对于斯蒂格勒而言,技术不仅构成了人的代具性存在,还在本质上是记忆持存的器具,组织起了人类的意识对时间的真实体验,这才是技术构成人的存在的根本方式。③ 在这一意义上,技术本身就是媒介性的。"第三持存"的概念来自胡塞尔现象学意义上的"第一持存"与"第二持存","第一持存"指的是属于当下感受的时间,即我们在当下所体验到的记忆;"第二持存"指的是能通过回忆而激活的时间,即"再记忆的第二记忆"。在此基础上,斯蒂格勒定义的"第三持存"是"不同于遗传和个体的记忆承载过程,是通过技术代具及其体系才得以构成的人类意识的第三种记忆"。④ 人类并没有无限记忆的能力,任何一种回忆都是对过去的遗忘,只能借助第一持存与第二持存的相互作用生成"意识"。此外,人类还需要第三持存,即在生命之外记录人类感知与回忆的记忆装置,以此来传递历史与集体记忆。在这一意义上,无论是伊尼斯所论述的"具有时间/空间偏向的传播系统",还是格罗伊斯的"档案",实质上都是"第三持存",只是伊尼斯的论述尚未触及技术的本性,他所强调的作为制度的传播系统仍然是媒介的外部性特征;格罗伊斯则认为"档案"包含的是符号,是对媒介提出的封闭性要求,在这样的要求之中,媒介向我们遮蔽、隐藏了其本真。斯蒂格勒也强调,现代技术体系本质上是"编码和输出人类的集体无意识的特殊装置,具有记忆保存和生成的功能"⑤,此外,持存装置还能够对输出的内容进行嫁接、编辑、转移、综合,将其拼贴成"我们"人类从诞生之初就面对着的整个世界。因此,我们所接受的"历史"是一个第三持存"编码"的产物,"一种结构性的人造假性历史"⑥。

正因如此,斯蒂格勒才强调技术不能只被理解为"手段的范畴"(catégorie du

---

① 斯蒂格勒.技术与时间:第1卷[M].裴程,译.南京:译林出版社,2000:227.
② 张一兵.斯蒂格勒:西方技术哲学的评论——《技术与时间》解读[J].理论探讨,2017(4):57-63.
③ 刘冰菁.技术的记忆装置和神经系统的政治经济学批判:斯蒂格勒的技术哲学话语研究[J].探索与争鸣,2018(2):135-140,144.
④ 刘冰菁.技术的记忆装置和神经系统的政治经济学批判:斯蒂格勒的技术哲学话语研究[J].探索与争鸣,2018(2):135-140,144.
⑤ 刘冰菁.技术的记忆装置和神经系统的政治经济学批判:斯蒂格勒的技术哲学话语研究[J].探索与争鸣,2018(2):135-140,144.
⑥ STIEGLER B. Mécréance et discrédit 1:la décadence des démocraties industrielles[M]. Paris:Éditions Gaulée,2004:16.

moyen），因为世界上的一切存在都经过了现代技术装置的"检查"。现代技术支配了自然，成为自然的主人（maîtresse），"人"也未能逃脱这种支配，"工业化时代的人本身也依赖技术，人与其说是利用技术，不如说是为技术所利用。因而人本身就成了技术体系的伙计、附属、辅助，甚至是它的手段（moyen）"①。斯蒂格勒是在海德格尔的"解蔽"观点的基础上来讨论这种支配关系的——"第三持存"本就是一种外在于人的存在论构造。斯蒂格勒的理论同样是高度包容的，其中包含着贝特朗·吉尔（Bertrand Gille）的"技术系统"（système technique）论、勒鲁瓦-古兰的技术进化观、吉尔伯特·西蒙栋（Gilbert Simondon）的"技术客体"（objet technique）观点的影响。② 斯蒂格勒十分赞成在西蒙栋的观点：资本主义的工业技术客体已经开始独立于人的发明意向，他将这一看法与法兰克福学派对于技术的意识形态的批判相结合——"人类的命运被技术的'命运'异化了"③，因此，"技术既是人类自身的力量也是人类自我毁灭的力量"。④ 而斯蒂格勒比西蒙栋走得更远，他并不认为技术是在"发达资本主义工业社会"中才支配了人类，而是自人类诞生之初就是外在于人的支配性体系。资本主义的历史只是创造了一个被称为"人类纪"的时期，而由全球数字网络所带来的完全的、普遍化的自动化（automatization）进程使得"熵"（entropy）不断累积，最终使得人们脱离了"人类纪"，而渐渐步入负人类纪。

对于斯蒂格勒来说，"数字资本主义"这个新阶段确实蕴含着重构人的生存处境、重估一切价值的可能性，但这种变化并不是由生产力、生产关系的变化带来的，它与阶级斗争无关，人类纪是因为自身的极端化而走向了解离——正如前文提到的那样，工业化强制带来的跨个体化（transindividuation）最终被自己摧毁，消解了社会、个体、精神的独特性与多样性，建立在数字化基础上的第三持存带来了全面的自动化，但这一过程本身就是负人类学化（neganthropization）的。也就是说，所谓"数字经济"与"超级控制"（hyper-control）服务于一种超级熵（hyper-entropic）的运作，加速了当代资本主义、消费主义社会的解体，带来了资本主义社会的"结构性破产"。因此，在斯蒂格勒那里，"数字资本主义"并不是一种"基于数字技术"的资本主义，而是关于人类历史、命运、存在方式的彻底的重构。

---

① 斯蒂格勒.技术与时间：第1卷[M].裴程,译.南京：译林出版社,2000：29.
② 张一兵.斯蒂格勒：西方技术哲学的评论——《技术与时间》解读[J].理论探讨,2017(4)：57-63.
③ 斯蒂格勒.技术与时间：第1卷[M].裴程,译.南京：译林出版社,2000：98.
④ 斯蒂格勒.技术与时间：第1卷[M].裴程,译.南京：译林出版社,2000：100.

三、媒介何向？——媒介的物质性与异质性

德国学者弗里德里希·基特勒以留声机、电影、打字机这三种媒体来隐喻媒介发展的历史，为我们"面向媒介"的研究带来了宝贵的启示：这三种"原型机器"实际上是三种"知识型"。留声机的发明使得声音成为永恒，同时也打破了人类自我观察、自我倾听的循环，使得人们可以从一个陌生的、非人的声源听到人类的声音；电影则预示着视觉的记录与控制成为可能，它赋予人们一个虚构的自我，使我们能够对想象中的身体进行分析并加以迷恋；打字机则是介于工具与机器之间的过渡品，它切断了"手"与"对象"之间的关系，也切断了"我"的人格与文本之间的关系，解构了书写的神圣性。也就是说，在基特勒眼中，媒介是解构性的，它解构的对象是"我"，即媒介关系中作为主体的人。

在机械化的背景下，人类已经成了媒体的背景，而尼采意义上的"酒神精神"才是媒体的主题，媒体也由此成了"我"的幽灵。基特勒以"幽灵"来比拟媒介，而这种超越生死界限的隐喻直指人类的生存方式，"幽灵"也是一种"原型"，是众多媒介技术的"灵魂"所在，这一灵魂是冷酷无情的、最终将走向支配人的命运的一种存在。事实上，留声机、电影、打字机这三种知识型就意味着三种截然不同的媒介逻辑——无线电的逻辑、视觉媒体的逻辑、计算机与互联网的逻辑。一些学者认为，基特勒使用的"话语网络"（Aufschreibesytem，直译为铭刻系统或标记系统，英译为 discourse networks）概念更接近福柯在《知识考古学》中提出的"档案"（archieve），即知识考古学所描述和追寻的"一些把陈述当作事件（因为它们具有出现的条件和范围）和看作事物（因为它们包含使用的可能性和范围）的系统"[1]，在基特勒看来，话语网络就是"技术与机构的网络，使得一个特定的文化得以选择、存储和处理相关数据"[2]，相对于福柯的"档案"，基特勒更强调媒介的物质性——在他看来，印刷市场的繁荣并非来自技术革命或是社会结构变革，而是来自话语实践本身的转变。20世纪的话语网络则以自动化媒介为基础，在大量数据的储存、传输成为可能之后，语言不再对应自然秩序，书写也不再是自我个性的表达，"主体"已经被逐渐崭露头角的心理分析解构了——至少稳定的主体已经不复存在，所谓"现代主义"也是在这一时期形成的。

---

[1] 福柯.知识考古[M].谢强,马月,译.上海：上海三联书店,1998:167.
[2] 张昱辰.媒介与文明的辩证法："话语网络"与基特勒的媒介物质主义理论[J].国际新闻界,2016(1):76-87.

但基特勒也强调,福柯的"档案"理论是基于"书写"这种技术提出的,他忽视了技术所带来的"新的事物秩序",即"中介物"(medial)的改变——自动化媒介技术的到来打破了书本与印刷术对知识储存、处理能力的垄断,其他的话语网络借此冲破阻碍,崭露头角。因此,基特勒以"技术中介物先验论"代替了福柯的"历史先验论",以具体的"话语网络"取代了抽象的"知识型"①,他提出的"信息物质主义"(information materialism)的概念②,暗含着"将精神从精神学科中剔除"(Austreibung des Geistes aus den Geisteswissenschaften)的意图。在基特勒看来,媒介科学的真正任务就是抛却人自身的兴趣和意图,分析媒体、技术和制度的整合如何塑造了文化的形式。③ 此外,拉康的观点也对基特勒产生了深远的影响,基特勒提到的打字机、留声机、电影三种使话语网络媒介渠道分离的媒介"原型"对应了拉康提到的象征的(the symbolic)、真实的(the real)、想象的(the imaginary)三种精神辖域(register)④:打字机对应的是象征秩序,不同的能指组合能够制造出不同的意义;留声机对应的是真实秩序,它优先捕捉表征之外的声音,而非有序符号;电影对应的是想象秩序,它能够将单个的框架处理成连续性、整体性的影像。在基特勒看来,真实的、想象的辖域在20世纪之后才首次与书写相分离,留声机记录了"真实"的言说功能,而言说与书写中"想象"的东西由电影产生。不过,这里需要强调的是,基特勒的理论并非对拉康的三种精神辖域的照搬套用,相反,他想要论证的是这三种"媒介技术"的产生导致数据流彼此分离,这一事实导致了象征的、真实的、想象的精神辖域相区隔,也就是说,基特勒强调拉康的三种精神辖域不仅是一种形而上的哲学思辨,也是媒介技术分流导致的"历史效应"——

> 现代精神分析的方法论区隔,十分清晰地符合了媒介技术的区隔。每一种理论都有其历史先验性,结构主义理论仅仅是说出了世纪之交以来,在信息通道中发生的变化。⑤

在基特勒提出"话语网络"的概念后,他的"信息物质主义"思想影响了一大批德国媒介学者,引领了两股媒介研究、技术哲学思潮,其一是由基特勒自己命名的"文化技术"(Kulturtechniken)研究,其二是由西格弗里德·齐林斯基(Siegfried Zielinski)引

---

① 张昱辰.媒介与文明的辩证法:"话语网络"与基特勒的媒介物质主义理论[J].国际新闻界,2016(1):76-87.
② 此概念的命名方式受到了雷蒙·威廉斯"文化物质主义"的影响。
③ 张昱辰.媒介与文明的辩证法:"话语网络"与基特勒的媒介物质主义理论[J].国际新闻界,2016(1):76-87.
④ 张昱辰.媒介与文明的辩证法:"话语网络"与基特勒的媒介物质主义理论[J].国际新闻界,2016(1):76-87.
⑤ 车致新."想象界"的物质基础:基特勒论电影媒介的幻觉性[J].电影艺术,2018(4):94-100.

领的"媒介考古学"(Media Archaeology)。"文化技术"的概念来源于基特勒自己提出的假设:不同文化形式与内容的范畴与逻辑之所以能够确立,都在于存在着一个技术上的先验(a priori)。① 只是,基特勒的"文化技术"概念含义非常宽泛,几乎可以指代与文化相关的一切技术,自然也包括了"技艺"、工艺。因此,在基特勒之后,"文化技术"的研究路径出现了分化——柏林洪堡学派强调以严格规范的符号系统确立文化技术的概念,这批学者包括西比尔·克莱默尔(Sybille Krämer)、克里斯丁·卡松(Christian Kassung)、托马斯·马乔(Thomas Macho),在他们看来,文化技术体系包括阅读、书写、算术、音乐、意象;而来自魏玛、锡根、吕内堡的学者则提倡一种宽泛的界定方式——文化技术可以包含一切可正规化的文化实践,例如,隐性知识、维多利亚时期深受阶级压迫的奴隶的仪轨以及法律,等等。

伯恩哈德·西格特(Bernhard Siegert)作为基特勒的后继者,将这一现象解释为:文化技术的概念凸显了操作过程和操作过程的顺序,从历史和逻辑角度来说,它们先存在于它们所生发的媒介概念。② 在他看来,媒介技术应该关注"选择、存储和发送的原则规范",它们构成了一个给定的中介系统,建构并对这一过程产生约束的结构也被包含在其中。西格特的研究始于对邮政系统的关注,邮政作为文本储存与运送的物质条件,始终被"文本"的光辉掩盖着,至少被视为与文本各自独立、毫不相干的东西,这源自一种语言观:将语言视作人类借以交流、理解彼此思想的"管道",而哲学家就像这些管道的清洁工一样,致力于去除修辞的污泥,建立一个"符号学的清教徒帝国",以此实现"天使般的交流"。③ 但西格特认为,这种"理想交流模式"本就是邮政系统发展的产物,他将邮政的历史划分为三个阶段,对应的时间分别是18、19、20世纪——在17世纪,皇家邮驿系统开始走向平民化;18世纪,书信逐渐变成个体之间的最常见的通信方式,它不仅"为私人而设",也创造着私人性的体验;19世纪,火车、电报等技术逐渐普及,英国出现了便士邮票,德国则在1871年颁布了《邮政法》,书信自此拥有了专门的流通渠道,个人与邮件之间的对等关系被破坏了,此时,高速流转的信息带来了帝国与疆域的概念,书写逐渐标准化,加之电报的发展与普及,文字的"经济效用"成为一种支配性的观念;进入20世纪后,打字机技术的成熟让书信不再是加深

---

① 盖根.基特勒尔之后:德国最新媒介理论的文化技术研究[J].刘宝,译.南阳师范学院学报(社会科学版),2016(2):5-12,22.
② 盖根.基特勒尔之后:德国最新媒介理论的文化技术研究[J].刘宝,译.南阳师范学院学报(社会科学版),2016(2):5-12,22.
③ 陈鑫盛.追问意义的肉身:伯恩哈德·西格特的文化技艺理论初探[J].新闻知识,2022(1):31-37.

交流与理解的途径,反而成为"混乱、欺骗与麻痹的根源"①,信息论与控制论的提出更是让以互相理解为目的的"交流"走到了尽头,"邮递形成了自己的帝国",而人类被它承载的信息流远远地抛在了后面。②

西格特以海德格尔的话作为题记——"在邮政的投递之中,我们得以说话"。他认为邮政的性质是"中继"而非"管道",凡是存在着的,必定是被邮递的。既有的研究忽略了媒介存在的权力维度,忽略了文本的"运输条件"本就对文本意义起着建构作用。西格特与他的恩师基特勒一样,试图从媒介的"原型"入手、从技术先验的角度重新书写文学史,重新将媒介从符号的背后"召唤"出来。他将基特勒的媒介研究与后结构主义相连接,把后结构主义核心概念话语"从它哲学和考古学的头,转向它历史和技术的脚"③,基特勒是用"技术先验"(technical apriori)与福柯的"历史先验"(historical apriori)对话,以福柯的"知识型"来构造"媒介原型""话语网络"等理论谱系;西格特则是与德里达对话,使用德里达的"延异"(différance)概念来阐释邮政这个技术媒介的运作原则与技术前提。此后,西格特将基特勒的"反诠释学"媒介研究发展为"后诠释学"的技术与文化分析,正是在他这里,"文化技术"得到重新阐释,从"农业技艺的改进"转向"电视技术被接纳后形成的一系列观念、行为模式乃至制度"④,从"媒介能力"的形成转向了与人类生存方式相关的"运作性链条"。

在西格特看来,文化技术是"能指的外部性/物质性",这一链条存在于人与人与物的关联方式之中,意义与现实借助它才能得以存续。这是一种实践性的定义,将艺术本体论转化为一种"实体上的运作",进而解构、或者说超越了西方哲学中一直存在的意识-物质二元对立。文化技术确立了一组核心"分区",而"意义"就始于被给定的分区之中,但分区能够随着实践不断地转化和塑造它见到的事实,不断地延伸自我,从而"编织"出人们所处的世界,它不断地重塑着现实,而新现实的出现往往意味着旧分区的消解。同时,作为"媒介"的文化技术也是技术的一种面向,与某种自我指涉有关,指向着一个意义世界的存在。⑤ 西格特以烹饪为例阐释道:如果只是以充饥为目的,烹饪并非文化技术所关心的东西;但若是涉及"象征性意义",如烹饪的观念、传统和仪式,那么,即便烹饪与符码意义无关,它也是文化技术范畴内的事物。因此,西格

---

① 陈鑫盛.追问意义的肉身:伯恩哈德·西格特的文化技艺理论初探[J].新闻知识,2022(1):31-37.
② 陈鑫盛.追问意义的肉身:伯恩哈德·西格特的文化技艺理论初探[J].新闻知识,2022(1):31-37.
③ 陈鑫盛.追问意义的肉身:伯恩哈德·西格特的文化技艺理论初探[J].新闻知识,2022(1):31-37.
④ 陈鑫盛.追问意义的肉身:伯恩哈德·西格特的文化技艺理论初探[J].新闻知识,2022(1):31-37.
⑤ 陈鑫盛.追问意义的肉身:伯恩哈德·西格特的文化技艺理论初探[J].新闻知识,2022(1):31-37.

特所关心的"媒介物质性"并非"媒介=物",而是强调"媒介是一种看待物的方式",文化技术与日常技艺(特别是非符码性的技术)构成的文化空间并没有泾渭分明的界线,它也不是一种静态性的事物,若只关注技术的功能层面,就会忽视媒介(物质条件)与意义之间的构成性关系。到此时,西格特关注的就不仅仅是媒介物,而是与特定的话语概念直接相连的物质条件——地图、档案、日历等,它们是"再现的条件",通过地图的再现,人们对领土有了更清晰的感知,地图也因此成为一种重要的政治现实。

此外,在伯纳德·盖根(Bernard Dionysius Geoghegan)看来,文化技术中也包含着身体技术。埃哈德·舒特佩兹(Erhard Schuttpelz)援引马塞尔·莫斯(Marcel Mauss)的观点,这样说道:"在不同的文化之中,散步、游泳或慢跑之类日常的身体活动都有各自系统的方法来组织。"舒特佩兹将"身体技术"这一概念挪用到文化技术的研究领域中,强调电影中的"运动摄影"将"运动"本身变成了具有明显分散而又连续特点的一整套符号系统,它既可以被多次循环使用,也可以逆向地进行修饰。① 不过,有别于现象学中的具身性研究传统,舒特佩兹强调"身体技术"理论必须置于民族志、人类学的研究语境下来看待,因为,早期民族学致力于一种"总目式"的研究方式,它深受种族主义偏见和阶级偏见的影响,热衷于对不同阶级、不同社会运动方式的研究。而在电影中,运动摄影所构筑的符号系统中包含着一种连续性,它可以解释文化内部(社会的上层与下层)和文化之间(如欧洲与非洲)的差异所在,即莫斯所谈论的电影将美国女郎的"步态"传播到了法国,并成为一种流行趋势。也就是说,电影这种技术形式便是一种身体技术,它塑造了某种新的文化形态,而这种新文化形态本身也是身体技术。同时,舒特佩兹也清楚地意识到,莫斯的理论建构受到了泰勒主义、工业化以及殖民主义的影响。在舒特佩兹那里,概念、身体、电影胶片和政治,本身都属于技能,但是当它们作为一个综合的符号系统中的组成部分,它们又变成了文化技术。② 这就意味着,舒特佩兹研究的正是不同的"文化技能"如何组合成最终的、大写的"文化技术"。在舒特佩兹看来,要用技术发挥身体的生命力和潜能,要赋予它更稳定、更理性的形态,让它在同一个文化内部和不同的文化之间能清晰地保持自己的独特和差异性。③ 如果说具身性研究强调的是"身体-技术"彼此渗透、彼此建构的同一性,舒特佩兹强

---

① 盖根.基特勒尔之后:德国最新媒介理论的文化技术研究[J].刘宝,译.南阳师范学院学报(社会科学版),2016(2):5-12,22.
② 盖根.基特勒尔之后:德国最新媒介理论的文化技术研究[J].刘宝,译.南阳师范学院学报(社会科学版),2016(2):5-12,22.
③ 盖根.基特勒尔之后:德国最新媒介理论的文化技术研究[J].刘宝,译.南阳师范学院学报(社会科学版),2016(2):5-12,22.

调的就是"技术-文化"之间的互嵌与互构如何建构出一种嵌入文化的身体,塑造了"身体-文化"的一体性——在文化技术学者眼中,技术不是先验性的,而是与某种特定的文化形态(符号系统)相适应、融合的,是一种高度语境化的产物,换言之,技术是文化作用于身体的中介,本质上正是大写的媒介。

西比尔·克莱默尔同样关注媒介的中介问题,只不过,她坚决反对基特勒和麦克卢汉那种过分夸大媒介的决定性和建构性作用的观点,也不赞成只关注信息本身的功能主义媒介观。在克莱默尔那里,媒介是一种信使(messenger),将被中介之物呈现在人们眼前,她从传输(transmission)和中介(mediation)的角度理解媒介,认为作为第三方的媒介将可见的、可感知的符号信息提供给用户,自己却以中介者的形象回撤(self-retraction)到自身的物质性之后,也退出了内容生产的过程。为此,媒介必须是高度透明的,"媒介运行得越是顺畅,它就越是低于我们的感知阈值"。① 这一观点十分接近伊德关于媒介"透明度"的阐释,不过,与伊德这样的技术哲学家不同的是,克莱默尔强调的并非媒介的技术性,而是其中介性,媒介的功能在于对差异化的传播者创造关联,以及对内容进行"无立场"的运输和交换。② 遗憾的是,这种"高度透明"的理想类型在现实中并不存在,媒介必定会"通过自己的'逻辑'、条件和物质性,勾勒和塑造着自身所传达的内容"③。克莱默尔对这一现实同样心知肚明,但她只是点出了媒介物质性的存在与它在具身传播中的连接性力量,而未能更进一步,在存在论的维度洞察这一"中介之物",这就导致不少读者混淆了克莱默尔的"信使"观念与詹姆斯·凯瑞所批评的"传播的传递观",将她的理论视为结构功能主义窠臼中的某种陈腐观点。

"信息物质主义"与文化技术的观点最终导向了"媒介的物质性"这一议题。现阶段,"物质性"早已成为国内媒介研究的热点议题,但这一概念本身的定义十分模糊、范畴相当松散,它涉及"物质文化分析"(material culture analysis)、"媒介考古学"、"行动者网络理论"、"基础设施研究"(infrastructure studies)、"媒介学"等学术资源④,研究议题更是遍及"物质性的肉身如何接入网络""媒介的物质性实践如何重塑社会生活""作为基础设施的媒介""智能生命与非人行动者"等诸多领域,媒介的概念变得无所不包,物质性的边界也变得难以捉摸,"媒介的物质性研究,更像是一个'标签式'的

---

① KRÄMER S. Medium, messenger, transmission: an approach to media philosophy[M]. Amsterdam: Amsterdam University Press, 2015:31.
② 胡翼青,赵婷婷. 作为媒介性的具身性:对具身关系的再认识[J]. 新闻记者,2022(7):11-21.
③ 曾国华,毛万熙. 克莱默尔论媒介:从病毒、感知到人工智能[J]. 国际新闻界,2021(5):125-141.
④ 戴宇辰. 传播研究的"物质性"取径:对若干核心议题的澄清[J]. 福建师范大学学报(哲学社会科学版),2021(5):142-152.

学术兴趣,它聚合了各种思潮,却'不做保证'"①。因此,戴宇辰提倡将现有的物质性研究划分为三条不同路径:技术理论取向(technology theory-orientation)、政治经济学取向(political economy-orientation)与社会理论取向(social theory-orientation)。②

不可否认的是,"物质性"的概念进入学界视野,与基特勒、齐林斯基等德国学者关于媒介之"物"的研究密不可分,此后,越来越多的学者将这些理论与伊尼斯、麦克卢汉、梅洛维茨等学者的媒介理论建立起联系,探寻其中的"共鸣",而选择性地忽视了理论逻辑之间的异质性。此外,戴宇辰认为以列夫·曼诺维奇(Lev Manovich)、马修·富勒(Matthew Fuller)等学者为代表的数字技术研究者和以凯瑟琳·海尔斯(N. Katharine Hayles)、戴维·博尔特(David J. Bolter)等人为代表的"媒介形式"研究者都对技术理论取向的媒介物质性研究有所贡献,前者试图破解"新媒体的语言"(the language of new media),探寻计算机创造文化的实践过程及该过程中蕴含的文化逻辑(cultural logic)③;后者关注技术-文本之间的互构关系,以"媒介特性分析"(media-specific analysis)的方法来考察某类特定媒介形式如何影响文学文本的意义生成机制。而社会取向的媒介物质性研究专注于探讨"人与媒介物的互动",既考察媒介对人的社会互动的形塑,也关注人对媒介的阐释性实践。④ 以雷蒙·威廉斯、罗杰·西尔弗斯通(Roger Silverstone)、尼克·库尔德利等学者为代表的"文化社会学"(cultural sociology)路径、以威贝·比克(Wiebe E. Bijker)、特雷弗·平奇(Trevor Pinch)、布鲁诺·拉图尔为代表的科学社会学-社会行动者网络路径,以保罗·莱昂纳迪(Paul Leonardi)、弗朗西斯·科亨(Francois Cooren)、旺达·欧里克瓦斯基(Wanda Orlikowski)为代表的"组织传播"(organization communication)路径都是社会取向的媒介物质性研究的代表。他们或是关心媒介的"社会影响"与其激发的"社会实践";或是研究技术物在特定"社会情境"(social context)中的生产与使用,以及特定行动者如何阐释技术物;或是专注于微观社会空间中技术如何介入社会行动者的互动——总而言之,他们关注物的"能动性"(agency)如何与人的"意图性"(intentionality)产生交汇与互动。

而在政治经济学取向的媒介物质性研究中,媒介被理解为一种嵌入政治经济结构

---

① 章戈浩,张磊.物是人非与睹物思人:媒体与文化分析的物质性转向[J].全球传媒学刊,2019(6):103-115.
② 戴宇辰.传播研究的"物质性"取径:对若干核心议题的澄清[J].福建师范大学学报(哲学社会科学版),2021(5):142-152.
③ 戴宇辰.传播研究的"物质性"取径:对若干核心议题的澄清[J].福建师范大学学报(哲学社会科学版),2021(5):142-152.
④ 戴宇辰.传播研究的"物质性"取径:对若干核心议题的澄清[J].福建师范大学学报(哲学社会科学版),2021(5):142-152.

中的"基础设施"(an "infrastructure" in political-economic structure)①,在许多学者看来,传播政治经济学将媒介视为"生产性部门"的观点本质就是在强调媒介的物质性。近年来,丽莎·帕克斯(Lisa Parks)、妮可·斯塔罗塞尔斯基(Nicole Starosieski)、约翰·斯特恩(John Stern)等学者开始尝试从微观层面展开基础设施研究(infrastructure studies),观察具体的某种基础设施如何于微观处运转。此外,戴宇辰认为维护基础设施的"数字劳动"研究亦属于媒介物质性研究,因为信息技术的发展、脑力劳动的繁荣带来了关于"体力劳动/脑力劳动""物质劳动/非物质劳动"的争议,而福克斯等政治经济学者认为"非物质劳动"仍旧是物质性的,它有着物质性的基础,且深嵌于物质性的社会经济循环之中。更重要的是,格雷厄姆·默多克已经针对"物质性"这一议题展开了批判性研究,将批判的矛头指向了"一切坚固之物都已烟消云散"这一"设想"。② 他使用"物质"(material)这一概念来指代当代通信系统的物质基础——该系统使用的原材料和资源、支持日常交流活动的设备,以及构建和维护这些基础设施和机器所需的劳动链。③ 只是在当下,成品商品与资源开采和制造组成的全球环路与物质生产、维护和处置的常规劳动被信息流动性和"轻无一物"的幻象掩盖了,市场化的狂潮与数字媒体的蓬勃发展进一步强化了这种幻象,用户则被"原生"(native)广告与消费主义的意识形态引导着,使消费者成为无偿的或最低收入的研发人员和"品牌大使"④,被鼓励去贡献时间、精力和专业知识来开发新产品、修改现有产品、在线上和线下对品牌进行推广。再加之"无阻"(frictionless)的支付系统被整合进了智能手机中,引导用户减少重新考虑的时间、鼓励他们即刻冲动购物,这就让用户困在了"超消费"的陷阱中,劳动者的身份被消费者取代,更加密切地被卷入了资本主义经济循环之中。此外,默多克也谈到了资本主义扩张对更宏大的物质背景(环境)造成的负面影响,这一观念与理查德·迈克斯韦尔对"媒介物质性的环境效应"不谋而合,构成了当代传播政治经济学研究的一个新议题。

如今,越来越多的学者开始关注作为基础设施的媒介,尤其是数据中心、云计算、5G、人工智能等互联网基础设施(internet infrastructure),它们已经构成了构建与组织社会的物质系统(material systems),是人类所构建并被广泛共享的物质资源。布莱

---

① 戴宇辰.传播研究的"物质性"取径:对若干核心议题的澄清[J].福建师范大学学报(哲学社会科学版),2021(5):142-152.
② 默多克.媒介物质性:机器的道德经济[J].刘宣伯,芮钰雅,曹书乐,译.全球传媒学刊,2019(6):93-102.
③ 默多克.媒介物质性:机器的道德经济[J].刘宣伯,芮钰雅,曹书乐,译.全球传媒学刊,2019(6):93-102.
④ 默多克.媒介物质性:机器的道德经济[J].刘宣伯,芮钰雅,曹书乐,译.全球传媒学刊,2019(6):93-102.

恩·拉金（Brian Larkin）认为这些资源"是建成的网络，是能够使其他物质（货物、人或思想）得以流动的物质"①，束开荣也强调互联网基础设施作为一种社会存在，不仅构成并形塑着人们的栖居环境，也是实现公共利益和制度安排的重要方式。② 这样的基础设施在彼得斯那里被称为后勤型媒介（logistical media），他将媒介理解为一种容器（vessels）或是环境（environment），它容纳了一种可能性，而这种可能性又锚定了人们的生存状态（existence），使人们能"为其所能为"。③ 彼得斯创造性地提出了"元素型媒介"（elemental media）的概念，此处的元素既是实指（如水、火、空气这样的具体元素），也是隐喻（强调媒介的基础性与构成性作用）——彼得斯的"媒介"指的是"任何处于中间因素的因素"（In Medias Res），不仅是表征性货物（symbolic freight）的承运者（carriers），也是人类存在的塑造者（crafters）；它们不仅是关于这个世界之物，它们就是这个世界本身。④ "媒介"的概念一体两面，时而是有机物（organism），时而是人造物（artifact）。人体、坟墓、海洋、船舶、日历、高塔、时钟、方位、直角都属于元素型媒介，基础设施（后勤型媒介）自然也是元素型媒介的一种，它往往都是庞大的技术体系，有着巨大的机器外形和各种分支机构，但它们总是退居于人们看不见的幕后，具有"能让人忘记其存在"的特征，"基础设施在大多数情况下都静默无言，低调回避。这似乎也是媒介的一贯表现和一般品质——为了彰显别的人或事而将自己遮蔽隐藏起来"。⑤ 而在丽莎·帕克斯与妮可·斯塔罗塞尔斯基主张从"物质形式"（material forms）与"话语建构"（discursive constructions）两个理论维度来理解互联网基础设施与社会语境之间的互动。⑥ 在她们编纂的论文集《信号交通：媒介基础设施的批判研究》（*Signal Traffic: Critical Studies of Media Infrastructures*）的前言中，她们将"物质形式"定义为强调互联网基础设施是公共或私有的社会实体（entity）设计、制造的物质产品，它们本身就意味着能源消耗、资本流动以及地理环境等物质资源的聚集⑦——这一概念

---

① 拉金.基础设施的政治与诗学[J].陈荣钢,译.人类学年鉴（Annual Review of Anthropology）,2013(42):327-343.
② 束开荣.互联网基础设施：技术实践与话语建构的双重向度——以媒介物质性为视角的个案研究[J].新闻记者,2021(2):39-50.
③ 彼得斯.奇云：媒介即存有[M].邓建国,译.上海：复旦大学出版社,2020:2.
④ 彼得斯.奇云：媒介即存有[M].邓建国,译.上海：复旦大学出版社,2020:5.
⑤ 彼得斯.奇云：媒介即存有[M].邓建国,译.上海：复旦大学出版社,2020:39.
⑥ 束开荣.互联网基础设施：技术实践与话语建构的双重向度——以媒介物质性为视角的个案研究[J].新闻记者,2021(2):39-50.
⑦ PARKS L,STAROSIELSKI N. Signal traffic: critical studies of media infrastructures[C]. Urbana-Champaign: University of Illinois Press,2015:5-13.

后被束开荣拓展为层叠化(layered)的"技术实践"(technical practices)①;"话语建构"则凸显着互联网基础设施需要置于社会的话语生产、政策规制以及集体想象的建构过程中②,它勾连起了媒介基础设施的物质形式与人类社会的社会关系。

胡翼青认为,媒介对社会的建构可呈现为两种形式:以物质性为核心的基础设施媒介和以可见性为核心的媒介界面(interface),③他提出了媒介界面-内容-物质的"三位一体"④。基础设施意味着媒介已经成为建构社会的基本元素,尤其是互联网、5G通信技术等元素"已经像水、电、天然气、汽车、公共交通工具一样成为我们这个社会的基础设施"⑤。此时,媒介成了"元媒介",即万物之座驾,就不可避免地要对社会进行深层次建构,社会也必然会按媒介逻辑运转,这根本不以人的意志为转移。⑥ 而媒介界面蕴含的是一种呈现的媒介观,从基特勒对"居间"(betweens)的关注到克莱默尔对透明性(transparency)的强调,都是该媒介观的体现——

> 界面既可以是技术性的软件系统(例如计算机操作界面、手机界面),也可以是印刷文字和电影这一类由页面或屏幕构成的"带有各自语法和自身独特隐喻体系的实体交互界面",还可以是主体观看、阅读、触摸等动作发生的行动场所,一种认知和体验的场所,一个动态的空间。⑦

这些界面的共性在于其与内容相伴相生,它既是内容呈现自身的平面,又基于各自不同的物质或技术逻辑衍生出丰富的形态。在界面面前,用户或是被界面中呈现的"内容"与符号吸引,或是被卷入了界面构造的空间之中,与界面建立起一种伊德意义上的诠释关系,此时,可供读取的媒介反而"消失不见"了。当人们试图开始思考界面"本身"的问题时,他们对界面内部空间的"沉迷"就中止了,但人们并不会因此注意到媒介界面,只会干脆抽身而去,远离界面,正因如此,媒介本身被视而不见了。

尽管戴宇辰已经尽力厘清了不同范式、不同路径之间的逻辑异质性,但我们仍能从中窥见理论与概念的混沌性,这种混沌性很大程度上源自"object/matter/materiality/

---

① 束开荣.互联网基础设施:技术实践与话语建构的双重向度——以媒介物质性为视角的个案研究[J].新闻记者,2021(2):39-50.
② PARKS L,STAROSIELSKI N. Signal traffic:critical studies of media infrastructures[C]. Urbana-Champaign:University of Illinois Press,2015:5-13.
③ 胡翼青,赵婷婷.作为媒介性的具身性:对具身关系的再认识[J].新闻记者,2022(7):11-21.
④ 胡翼青,姚文苑.重新理解媒介:论界面、内容、物质的三位一体[J].新闻与写作,2022(8):5-16.
⑤ 胡翼青.数字时代的媒介研究:基于基础设施隐喻的视角[R].中国社会科学报,2022-08-31(7).
⑥ 胡翼青,张一可.媒介的呈现性与物质性:当下媒介化研究的二元取向[J].青年记者,2022(10上):26-29.
⑦ 胡翼青,姚文苑.重新理解媒介:论界面、内容、物质的三位一体[J].新闻与写作,2022(8):5-16.

thing"等概念都可译为"物",都能与"物质性产生关联",若是聚焦于"object",研究对应的是"主体-客体"(subject-object),遵循的是"主体-中心式"(subject-centric)的理解路径,将"物"置于人的对立面;若将物质性理解为"matter",研究强调物之为物本身的"属性",遵循的是"属性-中心式"(feature-centric)的模式,研究的操作性更强,却忽略了"技术"(technology)与"使用中的技术"(technology-in-use)之间的差别,它关注的是"技术是什么",而非"技术使人们做了什么"[①];若按"materiality"来理解物质性,它就意味着某物可以在"特定情境"(specific context)中产生"影响",(consequence)遵循的是"影响-中心式"(consequence-centric)分析路径,此时,物质性位于人类行动的对立面,它可以对人类行动产生影响,因此,这一路径的物质性研究更具实践性色彩,也更容易与各种社会现实研究相结合。而"thing"的含义更加杂糅,物质性产生的影响可以包括社会行动所面对的"对象"、社会行动所发生的"场所",以及社会行动所依赖的"身体"[②],三者共同建构了社会行动的后果。

在这一系列混杂的概念、研究路径中,戴宇辰提倡删繁就简,将物质性聚焦于"物"的限制(constraint)与示能(affordance)[③],前者从功能(functional)的视角出发,描述"技术框架"(technological framework)所携带的"互动的语法"(grammar of interactions),它的物质形式如何构造了其独特的社会功能(social function);后者则从关系性(relational)的视角出发,研究物质技术如何"激发"社会行动,为行动者提供若干种可能性,行动者可以选择是否回应、以何种方式回应这些可能性。[④] 这种界定方式让媒介物质性研究变得更加清晰、更具操作性,但也让研究偏离了存在论转向的可能性——事实上,海德格尔关于"物"的思想遗产才是"物质性转向"的基础,若我们不去观照物之"物性",只是停留于"功能"与"关系"的表面,物质性研究就会陷入结构功能主义的死胡同中原地打转。王继周则将"物质"追溯到了恩斯特·布洛赫(Ernst Bloch)与亨利·柏格森(Henri Bergson),布洛赫在马克思的思想资源基础上为"物质"一词赋予了新的活力——他的核心观念乃是"尚未"。在布洛赫看来,物质不是一个"大木块",而是凭借自己的活力、运动而表现出鲜明的生产性、过程性意涵,它是"蕴

---

① 戴宇辰.传播研究的"物质性"取径:对若干核心议题的澄清[J].福建师范大学学报(哲学社会科学版),2021(5):142-152.
② 戴宇辰.传播研究的"物质性"取径:对若干核心议题的澄清[J].福建师范大学学报(哲学社会科学版),2021(5):142-152.
③ 戴宇辰.传播研究的"物质性"取径:对若干核心议题的澄清[J].福建师范大学学报(哲学社会科学版),2021(5):142-152.
④ 孙凝翔,韩松."可供性":译名之辨与范式/概念之变[J].国际新闻界,2020(8):122-141.

含有新的世界的一切萌芽,装载着未来乌托邦的最高事物"。"在不可穷尽的世界本身的全体之中,物质乃是关于一切形态的现实的可能性,换言之,一切形态都潜伏在'现实的可能性'这一母腹中,并通过过程从母腹中分娩出来。"① 因此,"物质本身是一种尚未完成的现实活动,即一种无遮蔽的开放状态,物质是向前的、开放的世界的实体"。② 换言之,布洛赫强调的是物质的过程性与生成性。柏格森则认为物质是影像或图像(images)的集合③,通过这一定义,他将空间问题化解为时间问题。④ 在柏格森的理论谱系中,时间就意味着"绵延",本就是过程性的,这样一来,布洛赫与柏格森的理论就取得了产生共鸣的可能性,以过程性为支撑,物质也得以向着"物质性"转型。换言之,王继周尝试着从生命周期的角度来探讨媒介的物质性,将媒介物视为一种"有机体",他强调,过往的媒介研究往往只关注"生"的视角,而未从"死"的角度审视媒介,即媒介的衰落、淘汰、废弃,这些媒介的"死尸"往往会突兀地横亘在我们的生活中,提醒着人们"非物质性"的想象何其荒谬。这一观念显然受惠于"媒介考古学"的精神,将旧媒介视作异质性的景观或"装置",来洞察媒介的性质。

  在基特勒之后,"文化技术"理论逐渐被引入媒介分析的领域中,德国媒介研究逐渐转向了"媒介考古学",这一概念受到"电影考古学"(archaeology of cinema)与"知识考古学"(archaeology of knowledge)等概念的影响,常常被用来指涉一种以媒介物质为中心的、"回溯-前瞻式"(analeptic-proleptic)的研究取向。⑤ 而在实践中,"媒介考古学"路径的学者们有意避开了"典范性"(canonical)媒介,选择那些被历史淹没的"媒介之物"作为自己的研究对象,以此来"拼接碎片,追溯前史,重估价值,试图梳理出那些被遗忘、被忽视、被遮蔽的历史线索"。⑥ 2002 年,齐林斯基出版其代表作《媒体考古学——探索视听技术的深层时间》(*Archäologie Der Medien*),这是第一部以"媒介考古学"命名的作品;第一部关于媒介考古学的论文集则是由埃尔基·胡塔莫(Erkki Huhtamo)与尤西·帕里卡(Jussi Parikka)于 2011 年编撰的《媒介考古学》(*Media Archaeology*),次年,帕里卡又出版了另外一本介绍媒介考古学的作品《什么是媒介考古学》(*What is Media Archaeology?*),以开放的视野将各路学者集结于"媒介考古学"

---

① 布洛赫.希望的原理(第 1 卷)[M].梦海,译.上海:上海译文出版社,2012:283.
② 金寿铁.希望的视域与意义:恩斯特·布洛赫哲学导论[M].北京:商务印书馆,2016:159.
③ 柏格森.物质与记忆[M].姚晶晶,译.合肥:安徽人民出版社,2013:7.
④ 尚杰.柏格森哲学如何摆脱了康德与胡塞尔:读柏格森的《物质与记忆》[J].哲学动态,2017(7):58-65.
⑤ 施畅.视旧如新:媒介考古学的兴起及其问题意识[J].新闻与传播研究,2019(7):33-53,126-127.
⑥ 施畅.视旧如新:媒介考古学的兴起及其问题意识[J].新闻与传播研究,2019(7):33-53,126-127.

的旗帜之下。① 正因如此,媒介考古学领域的学者还包括埃里克·克塔滕贝格(Eric Kluitenberg)、托马斯·埃尔塞瑟(Thomas Elsaesser)、全喜卿(Wendy Chun)、沃尔夫冈·恩斯特(Wolfgang Ernst)、杰弗里·斯科斯(Jeffrey Sconce)等。②

不同于基特勒为恢复媒介的"物质性"而大声疾呼、从话语实践转向媒介物质性,齐林斯基更注重的是媒介的"异质性"。相较于基特勒,齐林斯基受福柯"谱系学"(genealogy)的影响更深,他追随福柯的研究方式,"将异质性的东西聚拢,将纷繁的事件集结,将统一的东西打碎,将禁忌的东西触动,将稳定的东西搅毁,将历史插曲和散落的东西重新收拾起来"。③ 因此,他更关注媒介之中存在的"断层"与不连续性,强调对"偶然性"进行评估,即使它们已经被人遗忘。齐林斯基不仅仅追溯"旧"媒介,更关注新旧媒介之间的纠葛,对它们展开变体学(variantology)的研究,观照"深层时间"(deep time)之中媒介如何互相交错、彼此积压,并实现一种动态循环,齐林斯基将这一过程比作"地质现象",如同地质运动造成的岩层,不是单纯的堆叠累积,还包括"侵蚀、淤积、固结、隆起和再侵蚀"。④ 正因如此,相较于历时性的媒介史,他对共时性的"似曾相识"(déjà vu)现象更感兴趣,在他看来,所谓"媒介进步"只是一种错觉,"从初级到高级、从简单到复杂"的趋势和"规律"也只是假象,媒介的演变并不是进化论意义上的"进步",媒介不一定会变得更加"复杂",现有的技术水平也未必是媒介的最佳状态,某种湮灭于历史中的媒介"幽灵"或许会在某天再度复苏、"复现"……基于齐林斯基的理论,胡塔莫提出了"套式"(topos)的概念,"强调周期(cyclical)而非时序(chronological),强调重现(recurrence)而非创新"⑤,将媒介的周期描述为"出现——消失——复现",这样一来,媒介就具有超越特定的历史语境的能力,并最终形成了一种跨时空的"文化逻辑",而这正是媒介考古学的研究对象。

施畅将媒介考古学的研究取向称为"视旧如新"——不是单纯地展示旧媒介,而是要重返"旧技术仍新之时"⑥,媒介考古学者也提倡恢复媒介的物质性,但这种"恢复"并不是将媒介视为单一的、抽象的、既成的技术,而是要返回媒介运行得以可能的物质基础,包括基础设施、设备、平台等。在基特勒的"媒介物质主义"影响下,媒介考

---

① 李璟,谌知翼.何以可能与何以可为:论媒介考古学和媒介生态学的理论相遇[J].新闻界,2022(7):54-64,96.
② 施畅.视旧如新:媒介考古学的兴起及其问题意识[J].新闻与传播研究,2019(7):33-53,126-127.
③ 汪民安.福柯的界线[M].北京:中国社会科学出版社,2002:164.
④ 齐林斯基.媒体考古学[M].荣震华,译.北京:商务印书馆,2006:5.
⑤ 施畅.视旧如新:媒介考古学的兴起及其问题意识[J].新闻与传播研究,2019(7):33-53,126-127.
⑥ 施畅.视旧如新:媒介考古学的兴起及其问题意识[J].新闻与传播研究,2019(7):33-53,126-127.

古学者针对作为物质基础的媒介及其存储机制展开了研究,在他们看来,与其回到历史上的技术,倒不如"进入"硬件设备,探寻信号处理、操作、执行和同步的技术时间性(technological temporality)。① 在福柯那里,"考古学的描述恰恰是对观念史的抛弃,是对观念史的公设和程序的系统拒绝试图创造一种有关人类说出来的东西的、截然不同的历史"②。话语构成的实践受制于"一组匿名的历史规则",而"知识型"正是西方文化特定时空中的规则系统,"能够在既定时代把那些产生知识论形态、科学,可能还产生形式化系统的话语实践连接起来的关系集合"③。而在基特勒看来,"话语的存在条件"不仅涉及特定时期的"知识型",还须考虑话语产生、传播和接受的技术条件,即"话语网络"④。基特勒认为福柯忽略了"媒介"(尤其是第二次工业革命之后,信息化的数据处理方法已经摧毁了书写对存储与传输的垄断),也未曾深入探讨"话语断裂"的原因,他便将这一"理论缺口"作为切入点,探讨知识生产过程中的科学和技术背景,将"考古"的对象和内容从"话语"转向了"媒介-技术"。⑤

另一个相关的概念是"幻想媒介"(imaginary media),即那些左右了媒介发明、实践的媒介想象,例如"灵媒"试图使用无线电与死者沟通,摄像术也曾被认为可以"摄取灵魂"。在媒介考古学者看来,这些想象哪怕是荒诞不经的,也反映了人们如何将幻想加诸媒体之上,正是这些"幻想媒介"中介(mediated)了人们求而不得的欲望。斯科特使用了另一个概念——"幽灵媒介"(haunted media),即去身体化、远距离传输、拟人化(例如亡者、不在场者、外星人等)的媒介。⑥ 彼得斯(John Durham Peters)曾提到过无线电发明与"传心术"(telepathy)⑦之间的关系,除了彼得斯,日本社会学家吉见俊哉曾探讨过早期电气技术与"魔法"之间的隐喻联系,英国艺术史学者琳达·尼德(Lynda Nead)也曾关注早期视觉实验与"通灵"之间的关系。

在这样的研究路径之中,过去的媒介并非历史陈迹,而是"随时可能复活的幽灵",旧的媒介一直在尝试着融入新的媒介,将自己置入其逻辑之中,成为它们的"内容"。加尼特·赫兹(Garnet Hertz)等学者提出了"僵尸媒介"(zombie media)的概念,

---

① 施畅.视旧如新:媒介考古学的兴起及其问题意识[J].新闻与传播研究,2019(7):33-53,126-127.
② 福柯.知识考古学[M].北京:生活·读书·新知三联书店,2021:161.
③ 福柯.知识考古学[M].北京:生活·读书·新知三联书店,2021:226.
④ 李璟,谌知翼.何以可能与何以可为:论媒介考古学和媒介生态学的理论相遇[J].新闻界,2022(7):54-64,96.
⑤ 李璟,谌知翼.何以可能与何以可为:论媒介考古学和媒介生态学的理论相遇[J].新闻界,2022(7):54-64,96.
⑥ 施畅.视旧如新:媒介考古学的兴起及其问题意识[J].新闻与传播研究,2019(7):33-53,126-127.
⑦ 也被称作"心灵感应"。

称"旧媒介"永不死亡,只是衰败、腐烂、变形、再混合、被历史化,并被重新解释。① 媒介考古学者提倡回到媒介史的缝隙与断裂之处,回到那些晦暗不明的时刻,将媒介史视为"博物馆",视为收藏、保存与暂留"失败媒介"的希望空间。在冈宁看来,人们对新媒介从新奇到习以为常的态度变化,正意味着媒介的"失败"——它调试并嵌入了既有的权力-剥削体系之中,从而失去了"新奇性"。而媒介考古学要做的正是再度将"新奇"赋予旧技术,恢复人们"过去对媒介的感觉"——除了新奇、惊叹,还有前文提到的"似曾相识"。事实上,"媒介幻想"仍在不断地复现着,一些精神分析学者发现,部分精神分裂症患者坚信自己的身体、灵魂正被某种"只有他自己知道的新设备"监视着,这种"机器-系统操控心灵"的观念是那么"似曾相识",跨越了时空的限制,再度复现于人类的社会中、显露于人类普遍的无意识之中。

因此,媒介考古学的路径中始终包含着一种"抵抗的实践"(practice of resistance),不论是"物质性"还是"异质性"的口号,都是对"典范"媒介史叙事中的连续性、主体性、总体性的反抗。"视旧如新"意味着于技术史话语的断裂之处寻找异质之"真",在这种意义上,施畅才认为"媒介考古学的兴起寄托了左翼学者久违的光荣与梦想,它绝非无可奈何的逃避主义,而是熠熠生辉的未来主义"②。不过,作为一种"去学科化"(undisciplined)的后现代学术场域,媒介考古学的解构性强于建构性,且没有统一的研究纲领与方法,自然也就不可能形成明确的学科边界与严格的学术共同体。黄旦曾评价媒介考古学"将'考古'解释为一种多元的历史书写,在'媒介'的处理上,则是听任自然,不做必要的诠释。正是因此,全书③缺少统一的概念框架,给人的总体印象不是在'媒介考古',而是在'考古媒介',发掘出各种不同的'媒介'——好比'与小人儿捉迷藏'"④。也有学者认为媒介考古学的研究路径只是一种"精致的平庸"⑤,施畅则认为,以研究问题为导向的研究领域并不需要严密的学科建制,边界的模糊性反而让媒介考古学成为技术哲学中最容易与现实接洽的一种路径,从而避免了"既醉心于技艺(techné),又无法使自己与现代工艺相妥协,只有遁入希腊文化,采取'随

---

① 施畅.视旧如新:媒介考古学的兴起及其问题意识[J].新闻与传播研究,2019(7):33-53,126-127.
② 施畅.视旧如新:媒介考古学的兴起及其问题意识[J].新闻与传播研究,2019(7):33-53,126-127.
③ 指胡塔莫与帕里卡合著的《媒介考古学:方法、路径与意涵》。
④ 黄旦.媒介考古:与小人儿捉迷藏?——读《媒介考古学:方法、路径与意涵》[J].国际新闻界,2021,43(8):90-104.
⑤ 陈剑青.本雅明式的收藏家,或新电影/媒体史学[J].重庆交通大学学报(社会科学版),2016(6):54-59.

其所然'(Gelassenheit)的态度,以求得哲学的慰藉与宁静"①的海德格尔式"形而上学陷阱"。

也有学者认为,媒介考古学与媒介生态学之前可以实现对话②,在中文学术圈中,"媒介生态学"与"媒介环境学"两个术语始终存在着不少争议,它们可以指涉同一个对象,也可根据中国的社会语境使用"媒介生态学"展开关于媒介与整体政治生态、社会环境的研究。相比于波兹曼、莱文森等学者,欧陆学者马修·福勒(Matthew Fulle)的研究取向更贴近中文语境中的"媒介生态",他对"生态"这一概念的运用源自德国生物学家恩斯特·海克尔(Ernst Haeckel),以万物相连为基本原则,关注生物群落内部及其与环境的纠缠共生、相互作用,从而打破了"人-环境"二元对立的关系。③ 福勒基于一种"去自然化"的逻辑选择了"生态"这一术语,来描述数字技术实现了大规模的连接、协调和自动化,让当代媒介变得极具复杂性、连接性和灵活性④,他也借鉴了菲利克斯·加塔利(Félix Guattari)的"生态哲学"(Ecosophy)思想,强调生态地思考(thinking ecologicallly),即复调地、异质性地理解主体性,将媒介生态划分为不同的尺度(scale),每个尺度都能产生并创造自己的关系维——物质、政治、美学等,强调不同事物在不同尺度之间栖息、移动的能力,以及尺度之间的互动延伸过程。⑤ 加塔利试图构建一种"本体论方法"(the approach to ontology),整体地、综合地处理媒介生态系统中的各种尺度与元素,分析那些内嵌有技术、有机体、社会、精神的异质元素如何展露其"媒介性",又如何组合以迸发出"组合性驱力",构建出媒介系统,该系统又是如何与外部环境、其他系统耦合,以保证生态内的物质流动和能量交换。在这样的生态系统内,媒介指向了系统内外各组件之间非线性、混沌的相互作用,体现了德勒兹与加塔利所描述的"和的逻辑"(logic of the AND)——一种涵盖多个时空、关系的横向思维方式。⑥

不过,福勒的理论不可避免地混淆了"媒介"与"系统",他对"海盗电台"的分析铺陈了大量异质性元素——"黑胶唱片、天线、场地等构成的物质生态,监管机构、寡

---

① 盖根.基特勒之后:德国最新媒介理论的文化技术研究[J].刘宝,译.南阳师范学院学报(社会科学版),2016(2):5-12,22.
② 李璟,谌知翼.何以可能与何以可为:论媒介考古学和媒介生态学的理论相遇[J].新闻界,2022(7):54-64,96.
③ 李璟,谌知翼.何以可能与何以可为:论媒介考古学和媒介生态学的理论相遇[J].新闻界,2022(7):54-64,96.
④ PARRIKKA J. Digital contagions: a media archaeology of computer viruses[M]. New York: Peter Lang, Press, 2007:231.
⑤ 李璟,谌知翼.何以可能与何以可为:论媒介考古学和媒介生态学的理论相遇[J].新闻界,2022(7):54-64,96.
⑥ 李璟,谌知翼.何以可能与何以可为:论媒介考古学和媒介生态学的理论相遇[J].新闻界,2022(7):54-64,96.

头企业等构成的社会生态,以及数字化的人声与移动通信带来听众知觉休克的精神生态"①。此时,福勒已经背离了自己的研究宗旨,我们拆解了这一系列的复杂元素后,在其中唯独找不到"媒介"本身(作为居中调节者)的踪影。有趣的是,福勒对"海盗电台"的分析中包含着大量对异质性媒介的考古工作,帕里卡和戈达德等人也在借鉴媒介生态学观点对媒介考古进行"生态式"的改造,他们不满于媒介考古学中的"政治天使主义"立场,强调"媒介实践总是政治性的,是人类和技术因素的集合表达"②,媒介考古学的研究要与更广阔的政治议题——生态危机、消费文化结合在一起。李璟等学者强调,在基特勒的影响下,媒介考古学中始终存在着忽视政治与伦理问题的倾向,这就不可避免地导致研究视野越来越狭窄,让媒介考古学变成了一个纯粹的"好奇心展览柜"③。事实上,"媒介装配(media assemblage)未必能在只有初始的技术层面可用时成立,而只有在社会-技术集合体(socio-technical assemblage)能够恰如其分利用它们时才能够成立"④。针对媒介考古学迷恋单个特定的技术物(medium-specific),而解释不清"媒介"与"技术整体"之间的关系这一问题,帕里卡和戈达德倡导建立一种"生态式"的媒介考古模式,将研究的视野延伸到外部的社会与政治之中,媒介考古学与媒介生态学的对话有助于整合二者的认识论,走向重新审视媒介本体论(存在论)的道路——以媒介为起点,强调媒介的联结性和生成性,它建构了一切事物。⑤

第三节 作为经济基础的数字资本主义2.0如何实现?

上一节中,我们梳理了现阶段常见的媒介技术研究范式,从传播研究领域中经典的"媒介研究学派"到德布雷建构"媒介学"的尝试,到现象学领域对人的媒介具身性、媒介化生存的探讨,再到如今炙手可热的"媒介物质性"研究中,始终存在着一个暧昧不清却格外关键的问题——"人"的位置在哪里?

若是从斯蒂格勒、基特勒等人"技术先验"的逻辑出发,"人"天然地处于技术的支

---

① 李璟,谌知翼.何以可能与何以可为:论媒介考古学和媒介生态学的理论相遇[J].新闻界,2022(7):54-64,96.
② GODDARD M. Guerrilla networks: an anarchaeology of 1970s radical media ecologies[M]. Amsterdam: Amsterdam University Press,2018:28.
③ 李璟,谌知翼.何以可能与何以可为:论媒介考古学和媒介生态学的理论相遇[J].新闻界,2022(7):54-64,96.
④ GODDARD M. Guerrilla networks: an anarchaeology of 1970s radical media ecologies[M]. Amsterdam: Amsterdam University Press,2018:28.
⑤ 李璟,谌知翼.何以可能与何以可为:论媒介考古学和媒介生态学的理论相遇[J].新闻界,2022(7):54-64,96.

配之下,自然也处在了研究的边缘位置;"媒介学"试图走一条折中主义的路径,将人与技术物都置于"媒介"这一极具包容性的概念范畴之下,彻底绕过了"人-技术"之间的关系;媒介物质性的相关研究则涵盖了诸多不同路径、不同范式的研究,技术时而先在地支配着人类,时而构成了人类赖以生存的"生态",时而是服务于人的目的与需求的基础设施,此时,人与技术的关系尤为混沌、暧昧。

简单来说,如果要将马克思主义的政治经济学批判与现象学的技术反思接合在一起,那就必须解决一个问题:无论是哪一个流派的马克思主义者,最基本的批判逻辑都是人本的,即便是像阿尔都塞这样强调"结构对个体的宰制"的结构主义者,也将"人"的主体性放在了理论中至关重要的位置——主体性如何被意识形态"询唤"出来,又是如何于结构之下自处。结构主义者关心"人如何应对结构"、人的主体性如何确保。而对于现象学来说,主体性的问题已不再重要,事物并不是"现成在手之物",而是"上手之物",人类并不能凭借自身的理性来洞察世界,而必须经由某种中介之物的辅助才能对世界施加影响。在海德格尔那里,"语言"就是最基础的中介,也是最基础的"媒介"。而在斯蒂格勒那里,技术彻底地支配了人类,"人类纪"只是一个短暂的由人类夺取了主动权的时代,人类对技术的控制源于对火的技术性征服,这一过程将人类起源学(anthropogenesis)——也就是说,不但是有机的(organic),而且是器官学的(organological)器官起源学(organogenesis)——置于怀特海所说的共生(concrescence)的核心之中,并将之作为宇宙的局部技术化(local technicization)。① 这种技术化为人类提供了一种对宇宙的总体性构想,但伴随着自动化的发展、负熵的强化,人类纪最终将走向终结,回归人类受技术支配的"负人类纪"。因此,马克思主义与现象学在"人的位置"这一个问题上存在着根本的对立,不能简单地"接合"在一起。

事实上,许多学者都已尝试过在马克思主义与现象学之间架起桥梁,马尔库塞提出的"辩证现象学"就是以马克思主义为框架,重新书写现象学的基本理论与概念,试图将海德格尔的现象学转译为一种关于生存实践的哲学;斯蒂格勒则恰恰相反,他对"数字资本主义"的论述完全建立在技术哲学的基础上,主张技术的先验性与它作为生产行为的一种"解蔽的形式"。生产就是变不在为存在(elle fait être ce qui n'est pas)②,在张一兵看来,这正是马克思"改变世界"一语在存在论层面上的解释——"不在"并非"没有"③,而是意味着在存在论的意义上,物性仍处于遮蔽之中,并未向我们

---

① 斯蒂格勒.论数字资本主义与人类纪[J].张义修,译.江苏社会科学,2016(4):8-11.
② 斯蒂格勒.技术与时间:第1卷[M].裴程,译.南京:译林出版社,2000:11.
③ 张一兵.斯蒂格勒:西方技术哲学的评论——《技术与时间》解读[J].理论探讨,2017(4):57-63.

敞开、涌现,而技术形式的生产在黑暗中"照亮"了它们。因此,技术是一种解蔽行为,是一种真理的形式(mode de la vérité)①,它将事物从隐蔽状态下"带到了"非隐蔽状态之中。但现代技术的体系也是"挑战性"(provocation)、支配性的,在技术已经支配[commanderait——支配(kubernaô)是控制(cybernétique)的词源]了自然②的工业时代,与其说是人利用了技术,倒不如说是人被技术所利用、使唤(commise)。现代技术就是形而上学的完成形态,它在整体对象化场景中"挑战"(Herausfordern)着这个周围世界的全部存在物,因此,作为生产形式的技术才被认为是一种去蔽的形式,更何况,现代技术在新型的工业体系中"预置"(bestellen,即前文提到的"订造"的小写形式)了一切,使全部存在物成为可操控的"持存物"(Bestand)。③ 在海德格尔看来,现代技术是支配了人类命运制高点的"座架",而斯蒂格勒则更进了一步,认为现代技术是对自然施加的暴力,同时也是人类的"第二起源",毕竟,正是爱比米修斯的过失促使人类以技术这一义肢来确保自己的生存与延续。但在现代技术中始终存在着一对矛盾——普遍化的技术发展在带来巨大活力的同时,也因"技术主导一切"的逻辑瓦解了人们平静的生活,资本主义的经济流通已经成了一个数字化的计算过程,从而飞快地实现着对生产和劳动的全球控制。斯蒂格勒像下文这样描述道:

> 人们通常所谓"金融泡沫"("bulle financière")变得调试自动化(autonomise)以至它常常和生产的现实隔离,根据一种信仰(或信誉)逻辑起作用,这个逻辑在很大程度上受管理金融信息的电讯和电脑体系支配(très largement déterminée par les performances des télécommunications et des systèmes informatiques):一句话,资本的转换(échanges de capitaux)成了一个"瞬间完成"("à la nanoseconde")的信息处理问题。④

换言之,要将马克思主义与现象学相结合,要么以前者为框架阐释后者,要么以后者为"座架"重新书写前者——二者之间存在的核心矛盾致使它们不能"无痛地"、严丝合缝地被"组装"在一起,因此,我们对"数字资本主义"的重新书写也势必需要在其中为"人"找到一个落脚点。在笔者看来,数字资本主义2.0的时代,数字元媒介已经下沉为人类社会的经济基础,尽管笔者仍然使用了"经济基础-上层建筑"的概念框

---

① 斯蒂格勒.技术与时间:第1卷[M].裴程,译.南京:译林出版社,2000:11-12.
② 斯蒂格勒.技术与时间:第1卷[M].裴程,译.南京:译林出版社,2000:29.
③ 张一兵.斯蒂格勒:西方技术哲学的评论——《技术与时间》解读[J].理论探讨,2017(4):57-63.
④ 斯蒂格勒.技术与时间:第1卷[M].裴程,译.南京:译林出版社,2000:44-45.

架,但笔者真正要强调的是"数字元媒介"在存在论意义上的奠基性——它不仅仅是工具性的,甚至不仅仅是结构性的,而是一种座架,是一种生存意义上的奠基。也就是说,笔者选择了以技术哲学的框架来重新书写一种传播政治经济学的理论,"下沉"是对我们所目睹的社会现实的描述,而其真实的逻辑正是"数字元媒介"的奠基性,也正是因为这种"媒介逻辑"的变化,我们才需要一种新的"数字资本主义 2.0"理论。

一、媒介权力的来源

化身为"经济基础"的数字元媒介有着重新建构社会、为世界建基的权力,正如基特勒所描述的那样,一种新的媒介形式能够带来新的"知识型"。当代社会的转变也在呼唤着一种新的"知识型"——在"数字资本主义"理论范式下,研究者将注意力放在信息技术对资本主义发挥的各种"效应"上,实质上混淆了"媒介"本身与其承载的"信息"与"符号"。丹·席勒从事数字资本主义批判最初的目的是抨击"信息社会"理论中隐含的意识形态倾向与技术乌托邦色彩,但这种"否定性理论"的核心逻辑并未超出信息社会理论的范畴——从理论谱系来看,贝尔、卡斯特尔等学者谈论的"信息社会"实际是"金融资本主义"的产物,信息作为一种生产资料和交易资源,有助于资本家提高金融投资配置的及时性与准确度,让资金能够更加高效、快捷地流通,同时降低投资风险与人力、物力成本。因此,"信息社会"中信息的重要度提升了不少,但资本主义的性质并没有发生实质性的变化。在早期的工业资本主义时代,资本主义发展依赖制造业的提升,通过使用机器、雇用廉价劳动力来增加产量、降低成本;而在金融资本主义的时代,金融业的发展使得资本积累渐渐脱离了实体产业,"科学管理"的引入也让资产阶级能够以一种更加温和、高效的方式来榨取剩余价值,中产阶级、白领阶层成为社会生产的"中坚力量",遮蔽了"蓝领工人"、体力劳工的劳动实践。此时,理论家们的注意力全放在信息上,以作为内容的、芜杂的"信息"取代了媒介,于是,他们轻而易举地得出了这样的结论:信息并不是自主的,其背后必然有着操纵性的力量。而在资本主义的时代,资本的逻辑就是那只操纵一切的手,此时,生产信息的媒介与其他的工厂、商店没有什么本质的区别,媒介从业者就是"信息劳工"。这样的视角与观点并不是"错的",但它只注意到了媒介的表象——作为经济组织的媒体"行业"正在不断壮大,成为当代资本主义社会的重要行业,甚至逐渐成为支柱性产业。这正是这一章开头描述的情景——信息传播产业的发展壮大已经足以影响一国经济,但这仍然只是表象,更深层的逻辑是几乎所有行业都在向着媒介迁移。例如,美国针对华为颁布的一系列限制性政策,其根本逻辑就在于美方相信华为掌握的 5G 技术已经成为"战略性军事力量"。类似的技术还有大数据、云计算,它们无一例外地成了当代社会的技术座架与基础设施,并源源不断地将一切技术吸纳到自身的逻辑中来。因此,事实很可能与丹·席勒的预言恰恰相反——不是媒介被"驱赶"到了网络之中,而是媒介主动选择了网络,将网络整合到了自身的逻辑之中。因此,媒介成了权力的来源,成了一种建构性的力量。

事实上,早在 20 世纪 80 年代,詹姆斯·卡伦就已经从政治经济学的角度探讨了"媒体的权力"。卡伦回溯了西方资本主义社会各种媒介组织的发展历史,发现无论是技术手段还是媒介实体,都很容易被整合进权力的体系中。从罗马教廷对手抄本和印刷术的控制,到资产阶级政党对出版和办报的限制,再到当代金融和商业巨鳄对传媒行业的并购、重组,都是这种"整合"的尝试。但这种"整合"并非单向的,而是一个互相调节、互相适应、互相博弈的过程——在资产阶级报业对抗印花税和广告税的斗争大获成功,1853 年广告税被取消、1855 年印花税被取消之后,社会秩序的重新稳定反而导致了工人阶级激进主义抗争的式微,进而导致了大众化激进报刊的式微。在卡伦看来,取消印花税的斗争与其说是新闻业的胜利,倒不如说是资产阶级的胜利、资本的胜利。一方面,这些税费被废除之后,媒体财阀与寡头的运营成本降低了,便能够肆无忌惮地对媒体进行"乞丐式"管理;另一方面,市场对报刊需求量的猛增导致了报业领域的"工业革命"①,印刷机、排字机技术都发生了革命性的变化,从罗伯特·霍发明的美国第一台汽缸式印刷机,到更复杂、更大规模的转轮印刷机;从海特斯雷发明的排字机取代手工排字,到整行铸排机的出现——这样的变化就发生在短短的二三十年间,纸张的需求也在不断地扩大。这样的变革意味着报刊出版变成了一个很"烧钱"的行业,办一份报刊"购买机器、建造报社大楼和油墨厂"之类的启动成本超过了 50 万英镑,这还不包括每天所需的劳务成本支出。②

与报业税取消后大众报刊发行量激增相对的是"市场饱和",报刊读者的数量并没有增加多少。对于报刊发行者来说,这就意味着运营成本激增,媒体必须依靠广告收入来维系自身的生存,对广告商的依赖程度随之激增。在市场成为报刊发展的首要因素之后,工人阶级的激进报刊被淘汰,或是转变为地方性、专业性报刊便成了不可避

---

① 卡伦.媒体与权力[M].史安斌,董关鹏,译.北京:清华大学出版社,2006:119.
② 卡伦.媒体与权力[M].史安斌,董关鹏,译.北京:清华大学出版社,2006:119.

免的现实——庞大的启动资金、运营成本对于工人阶级来说无异于天文数字,报刊的激进立场又使得他们无法获得充足的广告收入,此时,激进报刊面临着巨大的生存压力,如果不想停刊,就只能调高市场,面向消费力更高的读者群体,以此谋求更多的广告赞助;或是将发行范围限定在工人阶级的小圈子内,使亏损限制在可承受的范围内;或是谋求替代性的收入来源,如工人阶级的捐款,或者其他庇护性资源——政党或某位"善良的"资本家的资助。①

报业的变化还带来了一个后果——新闻从业者的无产阶级化,他们不再是社会的"第四阶级",不再是实行社会监督的独立力量,而是受雇于传媒业资本家的劳工。从结构性的层面来看,传媒行业的企业化与垄断化也让产业经济发生了变化与重组,国家管制被新的自由主义经济形式取代,媒介的所有权不断集中,垄断逐步实现,并成了传媒行业的"常态"。正是考虑到上述种种现实,卡伦才强调媒介毫无疑问是权力的代言人,甚至坚信媒介本身就是拥有权力的,那么,这是怎样的一种权力呢?

在卡伦看来,"权力"并非来自所谓"主动的受众"——这种观点被卡伦斥为"新修正主义";也不是源于自由主义者所主张的"观点的自由市场",而是一种"下定义的权力"②,即通过新闻的报道框架、对新闻要素的选择性取舍、变换焦点、设置议程、制造道德恐慌、攻击左翼政党和工人运动的方式来"中介"这个世界,影响公众对世界的理解,从而间接地、偶然地影响公众的态度和行为。这是一种"形成性"的影响,它可以在特定情况下施加给公众一种认知框架,从而压倒公众原有的种种"先见"。在卡伦看来,这种权力并不是"自主的",毕竟媒介也不是可以无限擦写的羊皮纸,而是极易被各种政党、政治经济权力留下种种印记,这些印记会在现实社会的权力博弈中长久地留存在媒体上,并且持久地发挥作用。

卡伦就是以这种若即若离的方式谈论"权力"的。在他看来,权力是一个生成性的存在,随着历史与社会演变的进程不断地相互拉扯、相互博弈,同时不断地调节自身,与新的社会环境相适应。这种权力并不是一个给定的外部条件,无论是资本主义,还是国家管制与政党斗争,抑或具体的传媒政策、广告市场,都是变动性极强的社会因素,各种权力之间可能是此消彼长的关系。卡伦提议以动态的、全局性的眼光来审视整个社会,将媒体的权力置于整个社会的权力体系中,传媒业的自我更新意味着资本主义的政治经济体系也在自我更新,它们必须互相适应、保持步调一致。也就是说,在

---

① 卡伦.媒体与权力[M].史安斌,董关鹏,译.北京:清华大学出版社,2006:126.
② 卡伦.媒体与权力[M].史安斌,董关鹏,译.北京:清华大学出版社,2006:210.

卡伦那里，"资本逻辑"和权力是一回事，他的观念十分接近布尔迪厄的场域观，若从场域的视角切入，我们就很容易理解权力的动态性、生成性、交互性，以及不同权力如何互相博弈、此消彼长。不过，卡伦谈论的媒介仍旧是"第二性的"，属于上层建筑的范畴，比起实体经济，它似乎更容易与抽象的"权力"发生关联。因此，卡伦才会以中世纪的教会类比媒体，它们都可以把不同的群体联结起来，提供一种共享的经验，强调集体主义的价值观，从而促进社会的团结。在这一意义上，卡伦与德布雷不谋而合，都将媒介视作"解释者"和在社会中制造信任、凝聚共识的纽带，只不过德布雷诉诸泛媒介的界定方式，将宗教组织定义为人类社会最初的媒介（解释者）；卡伦则借助隐喻，他认为现代媒体就是世俗社会中的僧侣，其职能是维系着使社会体系合法化的代议制政体。只不过在当下，基督教的信众被消费主义的信众取代了，媒介也像教会一样，将社会的"边缘人"、异见者描绘为非法的异端人士，只是它不再借助宗教裁判与火刑，而转向了世俗权威、法律、各种权力机构。教会将社会中出现的各种冲突与矛盾归结于人性中的邪恶与"原罪"，从而掩盖了不平等的根源，要解决这种不平等就只能依赖统治者的"良心"与"善举"；现代媒体则在宣扬一种个人主义的世界观，所有的社会问题都被归结为"个人化的"而非结构化的，其解决方案亦是如此——社会结构与资产阶级的统治是绝对公正合理的，个人通过奋斗就可以改变命运。与此同时，媒体又像中世纪的教会那样强调不确定性、命运无常，仿佛《旧约》中那个暴怒、反复无常的上帝仍旧统治着世界，而现代媒体所提供的娱乐就如同教会许诺的"千禧年"一样虚无缥缈。在这种情形下，媒体与制度、社会结构之间的张力就被限定在一个支持既有权力结构的框架之内，只是过去的"祭司"换成了如今的媒体从业者，继续为在不平等的社会秩序下制造共识而努力着。① 也就是说，权力结构从未放弃过借助媒体实行社会控制的意图，因此，当报业走向工业化之后，它已经受制于一个新的经济规制体系。

在这种张力之下，我们无法把媒介想象为顺从的羔羊，也无法想象新媒体会成为一种纯粹的、反抗性的力量，卡伦已经意识到了，新的权力中心的出现是与新的传播渠道的发展联系在一起的②，只不过他将这种变化解读为新的传播渠道加剧了权力结构内部的紧张关系，例如，中世纪僧侣集团对传播与出版的控制反而加剧了社会的矛盾与分裂，以及"记者"这一职业群体的出现、"专业主义精神"的职业态度冲击了英国的政党政治。若我们从"媒介生态"的角度来考察，便能理解卡伦所谈论的"媒介权

---

① 卡伦.媒体与权力[M].史安斌,董关鹏,译.北京:清华大学出版社,2006:99.
② 卡伦.媒体与权力[M].史安斌,董关鹏,译.北京:清华大学出版社,2006:84.

力"——它已经嵌入资本主义社会的政治权力体系与社会结构之中,成为定义人类社会生活的"生态系统"。此时,媒介逐渐深入地介入了自然、社会乃至人类精神世界,并能够直接或间接地作用于资本主义运作机制以及权力关系,表现出独特的思想和政治生产性。"权力不再仅仅通过空间场所和机构——如福柯分析的诊所或监狱——或语言实践来流通和再生产,而是发生在技术媒介系统所构成的开关、继电器,软件和硬件,协议和电路中。"① 只是在卡伦的时代,媒介生态被其他物质生态遮蔽着,在政治势力与商业资本的"强权"面前,报业显得格外弱势,必须依附政党或商业寡头才能发挥"居中调节"的作用。但也恰恰是在卡伦所处的时代,各种"新媒体"接连涌现,它们似乎能够巧妙地躲开现有权力结构的控制,提供"新思想"与"新信息"——晶体管发明后,便携式的收音机(包括车载广播)逐渐普及,广播这种媒介形式也就随之渗透进了美国消费者的日常生活中,消费者对晶体管收音机的狂热让美国的便携式收音机销售量在1953—1956年期间几乎每年都翻一番,最终达到310万台的惊人数量,1965年卖出的晶体管收音机更是超过了1200万台。② 与此同时,电视也开始走入千家万户,这种新的媒介形式于1939年崭露头角。二战结束后,电视节目的生产、消费大量增加,短短几十年间,晶体管取代了真空管,集成电路出现了,彩色电视机渐渐取代了黑白电视机,有线传输技术发展成熟,随着航天事业的发展,卫星网络也推动了电视行业的飞速发展。最终,数字高清电视也进入了普通家庭,电视这种媒体培育了其独特的受众,也孕育了"电视文化"。

随后,计算机的发明和互联网的普及使得媒介发展如虎添翼,用麦克卢汉的方式来陈述,那便是媒介为自己的繁衍找到了一种恰当的"媒介"。1946年,第一台现代意义上的计算机"埃尼阿克"(Electronic Numerical Integrator And Computer, ENIAC)诞生;1965年,"摩尔定律"(Moore's Law)③被提出;1969年11月,"阿帕网"(ARPAnet)被美国国防部高级研究计划管理局(Advanced Research Projects Agency, ARPA)建立。此时,计算机与网络仍是一种军用设备与技术,但从20世纪70年代起,英国、法国等其他工业国家也在加快步伐建设其自有的网络,在私有化浪潮的推动下,不同国家的网络开始超越技术的障碍、互相联结,并采用了统一的、全球通行的传输协议。到了

---

① PARIKKA J. What is media archaeology? [M]. Cambridge:Polity Press,2012:70.
② 克劳利. 传播的历史:技术、文化和社会[M]. 海尔,编. 董璐,何道宽,王树国,译. 北京:北京大学出版社,2011:303.
③ 摩尔定律,来自英特尔(Intel)公司创始人之一戈登·摩尔(Gordon Moore)于1965年提出的经验之谈,其核心内容为:集成电路上可以容纳的晶体管的数量大约每经过18到24个月便会增加一倍。换言之,处理器的性能大约每两年翻一倍,同时价格下降为之前的一半。

80年代,个人电脑已经在美国社会中基本实现了普及。10年后,万维网(World Wide Web,WWW)的发明使得这些电脑用户能够迅速地"入网",蒂姆·伯纳斯-李(Tim Berners-Lee)与罗伯特·卡里奥(Robert Cailliau)提出了通过简化制作和分享多媒体数据,帮助科学家之间展开协作的设想,并将该设想落实到"超文本"的概念上,这个超文本的共享格式被称为"超文本标记语言"(Hyper Text Mark-up Language, HTML)。① 通过制定"格式协商"规则、兼容各种计算机技术的系统,互联网的分层结构让伯纳斯·李能够在由传输控制协议/网间协议(TCP/IP)提供的通信服务的顶层设计新的应用,包括指导信息在万维网浏览器与服务器之间传输的超文本传输协议(Hyper Text Transfer Protocol, HTTP)、定义进入信息的统一路径的统一资源定位器(Uniform Resource Locator, URL)、等等。个人电脑与万维网这两项技术相辅相成,不仅使个人能够获得独立的互联网入口,万维网软件的运行也获得了必要的环境,这意味着个人也能够快速地"入网"。进入21世纪后,互联网渐渐成了人类社会生活必不可少的"技术背景",也最大限度地改变了当代社会传媒行业的格局。

这一时期涌现的新技术还包括卫星传输技术、遥感技术、同轴电缆、光纤、电子摄影、数字便携摄像机技术、蜂窝式电话技术,以及在此基础上发展起来的种种个人数字设备。每一项新技术被发明出来,媒介便争先恐后地向它殖民,许多军用发明走向民用化的过程中迈出的第一步就是"媒介化",即"成为媒介"。因此,笔者不完全赞成丹·席勒的观点,尽管"信息的自由流动"是一种政治选择,但信息本身确实具有流动性,难以被人为地设置边界,在这种情况下,互联网"连接一切"的特征正好暗合了现代媒介无远弗届、"消灭空间"的扩张性,为信息插上了翅膀:卫星传输技术让信息能够更快捷地飞跃至大洋彼岸,电子摄影、摄像技术让我们能够更加便利地传输鲜活的信息,而"手机"这种个人便携式通信设备使得信息不仅可以跨越空间,甚至能够打破时间的限制——在"掌媒"时代,我们可以在任何时间、任何地点获取信息,而与之配套的移动通信、无线网络技术的发展又进一步刺激、推动了"掌媒"的发展。到了如今的5G时代,手机究竟是一种通信设备,还是一种"媒介"呢?我们使用手机,究竟是为了打电话、发短信,还是为了使用社交媒体、移动新闻客户端、微视频平台、电子商务平台呢?

我们可以简单回溯一下"手机"的历史。1973年,就职于摩托罗拉的马丁·库柏

---

① 克劳利.传播的历史:技术、文化和社会[M].海尔,编.董璐,何道宽,王树国,译.北京:北京大学出版社, 2011:423.

(Martin Cooper)完成了人类历史上第一次使用移动电话的通话,只不过当时的移动电话重达1.13公斤,总共只能通话10分钟——这便是20世纪90年代风靡中国大陆的"大哥大"的前身。此时的移动电话还远远称不上"手机",它十分笨重、价格高昂、通信效果不稳定、容易被窃听①,但我们通常会从"后视镜"的角度出发,认为它是"第一代手机",与之匹配的也就是"1G"(1st Generation)通信技术;第二代手机则与2G技术相适应,包括GSM技术②、CDMA技术③、PHS技术④,它的保密性和抗干扰性显著增强,音质清晰、通话稳定,同时也兼备容量大、频率资源利用率高、接口开放等特点。也是在这一时期,移动通信设备正式被称呼为"手机",天线内置、软键盘操作、分屏显示、触屏技术也逐步发展、普及、惠及越来越多的普通用户。在1G与2G的时代,手机就是纯粹的通信工具,它的发明初衷与主要用途就是通信,而第三代手机则更接近我们口头表达中的"智能手机",其依托的第三代通信技术(3G)标准极大地提高了手机的传输效率⑤,也让移动通信快速进入了"智能手机"的时代,触屏技术的成熟让手机可以彻底抛弃键盘这一部件,为更大的显示屏留出足够的空间。最终,手机变成了一块巨大的"屏"、一个在虚拟与现实世界中穿梭的"界面"。而与之相配套的是手机操作系统的飞速发展,包括苹果公司的iOS操作系统、谷歌推出的Android操作系统、塞班公司发布的Symbian操作系统,微软公司推出的Windows Phone系统⑥,等等。手机迈入"操作系统时代"后,就超越了"通信工具"的定位,开始转变为一种全方位集成性的"传播工具",这就是手机被视为"媒介"的开端。当传统媒介为新的技术载体的出现而欢欣鼓舞,开始纷纷"上网"、实现"掌媒化"时,它们的从业者或许不会想到,在不远的未来,这种新的载体会超越"工具"的定位,成为"媒介化"时代最能代表媒介逻辑的存在。

---

① 因为第一代通信技术的原理似无线电双工电台,通话信息被锁定在一定频率上,确定频道后就可以干扰、窃听。
② 即全球移动通信系统(Global System for Mobile Communications, GSM),它是由欧洲电信标准组织ETSI(European Telecommunications Standards Institute)制订的一个数字移动通信标准。它的空中接口采用时分多址技术,自20世纪90年代中期投入商用以来,被全球超过100个国家采用,成为第二代(2G)移动电话系统的代表。
③ 即码分多址(Code Division Multiple Access)技术,它允许所有使用者同时使用全部频带(1.2288Mhz),把其他使用者发出的讯号视为杂讯,彻底排除了讯号碰撞(collision)问题。因此,CDMA提供的语音编码技术通话品质优于GSM技术,且具备在对话时降低周围环境噪音、使通话更清晰的功能,同时具有良好的防盗听能力。
④ 即个人手机系统(Personal Handyphone System),是由日本电话电报公司(Nippon Telegraph & Telephone, NTT)开发的入网系统,它利用较低的功率发射无线电波信号,故涵盖范围较小,较适合城市型区域,费用也相对较低。
⑤ 第三代通信标准被国际电联规定为"IMT-2000"(国际移动电话2000)标准,欧洲的电信业则通常称其为"UMTS"通用移动通信系统,该标准规定,移动终端以车速移动时,其数据传输、转换速率为144kbps,室外静止或步行时速率为384kbps,而在室内为2Mbps。
⑥ 塞班系统与WP系统几乎已经被市场淘汰,此时的手机操作系统市场为iOS系统和安卓系统"双头"并立。

但在回溯了"新媒介"发展的历史后,我们会发现这些新的技术形式并未真正"逃脱"现有的权力关系,恰恰相反,技术与权力之间始终存在着复杂的张力——政治制度、媒体所有制、传媒政策、经济模式、产业结构、媒体内部的劳资关系与劳动控制,种种力量全部交缠在一起,彼此依存又时有对抗,共同构造了一种奠基性的权力生态。在这一过程中,媒介自身的权力逐渐浮现,我们回溯手机转化为"媒介"的历程,就能清晰地看见手机的"轮廓"是如何从商业化通信网络的迷雾中浮现的,它改写了技术与资本的逻辑——不只是被"整合进"权力的逻辑之中,而是以自身的逻辑整合了其余一切权力,将政治、经济、社会、文化、宗教、教育的影响力都编织进了其自身的生态之中。

至此,媒介的权力已经具现——卡伦提出的"下定义的权力"并没有错,但"数字元媒介"并不是为认知关系中的主体(人)或客体(对象)下定义,而是在为整个世界下定义。媒介与人的关系并不是单纯的认知关系,也非传统意义上的"在手的"工具性的关系,而是一种奠基性的"共在"关系。因此,笔者仍然提倡从存在论的角度来看待媒介构造的生态世界,媒介毫无疑问也成了一种"去蔽",它意味着对事实的不断追问,对"真"的求索与探察,也意味着纯粹的"中介"可以是任何东西——任何东西都可以是"媒介",当某样事物将人的能力卷入关联之中时,这种"上手性"就使得该物成为一种媒介。因此,笔者才会以"数字元媒介"来命名当代数字资本主义2.0时代的媒介逻辑,这一逻辑就是"媒介的媒介",它将一切东西转化为媒介。只有在数字元媒介的逻辑之下,广播、电视、报刊等大众传媒以及一切网络媒体、自媒体才不仅仅是现成在手之物,而是具有了上手性("物"性),并借此展露其本真。它们与人"共在"于世,并不是单纯的工具,也不仅仅是"非人行动者",媒介仍然是实践性的,是人们每日"操心"的上手之物,但它不仅仅关乎具体的"事件"或"行动",而是关乎"生存",与我们的"在世之在"密切相关。

二、征用的链条——数字元媒介逻辑的核心

当我们从"上手性"的角度来理解媒介时,我们就能理解媒介之"物"性,海德格尔在谈论"物性"时,是从否思古希腊以来将日常用品视为纯粹之物的传统中展开的,若是剥夺物的意义和内涵、只将物看作人的意识所表象的自在之对象,就很容易自然而然地滑向技术中性论、技术工具论的技术观——技术本身没有任何偏向,技术的表现

取决于人如何使用它。在海德格尔看来,这是一种人类中心主义的技术观,它会彻底遮蔽技术的本质,"如果我们把技术当作某种中性的东西,我们就最恶劣地听任技术摆布了;因为这种观念虽然是现在人们特别愿意采纳的,但它尤其使得我们对技术之本质茫然无知"①。我们若要洞察"物性"并使之澄明,就要彻底摒弃那种将物看作"物自体"的观点,"物"存在于各种事物构成的整体性之中,人在与物打交道时就会卷入这种关系,海德格尔将之称作"上手性"——只有在媒介的存在论性质是"上手性"时,它才拥有了"物性"。物并不是"对象"(Gegenstand),它并不凭借人的制作行为出现,它是独立的、自持的(selbstständig),它以物的形式行事,且仅在它以物的形式行事时,在场之物的在场才会自行发生,才会以适当的方式呈现自己、决定自己。②但这种上手性并不会直接向人敞开,只有工具回到在手状态时才会变得"可见",而这种在手状态往往来自工具的"失灵"或缺位,"上手事物的日常存在曾是那样不言而喻,乃至我们丝毫未加注意。唯当缺失之际,寻视一头撞进空无,这才看到所缺的东西曾为何上手,何以上手"③。换言之,当我们寻求某样工具而不可得时,或某样工具暂时故障而不可用时,我们围绕着工具与世界建构起来的参照关系就能被突然揭示——在我们忘带手机时,手机电量耗尽或手机损坏时,它便从"幕后"走向了"台前","不能用的手机"成为在手的对象,成为我们瞩目之物,而这种"上手/在手"的状态亦可来回切换——"单纯的在手状态于用具身上呈报出来,但却是为了重新退回到被操劳的东西的上手状态中去,也就是说,退回到有待重加修整的东西的上手状态中去"④。正因为上手之"物"不是对象,若我们以"理性"的因果链条去认知"媒介",我们就将其异化为了对象,它的"物性"便被遮蔽了起来,我们所见的只是非本真的表象,我们追求的只是观念论层面上的"对应性",即麦克卢汉所谓"内容"、格罗伊斯所谓"符号"、德布雷所谓"信息"。也正因为媒介在"上手状态"时隐匿了自身,只在"在手状态"时短暂地显露其轮廓,因此,伊德那种将肉身与技术牢牢绑定的逻辑就失去了解释力⑤,我们对于"媒介"本真性的追问不应是建立在理性主义基础上的"认知",而应是现象学意义上的"直观""操心",或者用格罗伊斯的话来说——是"揣测"。

戴维·贡克尔(David J. Gunkel)与保罗·泰勒(Paul A. Taylor)相信,世上一切事

---

① 海德格尔.演讲与论文集[M].孙周兴,译.北京:生活·读书·新知三联书店,2005:3.
② 贡克尔,泰勒.海德格尔论媒介[M].吴江,译.北京:中国传媒大学出版社,2019:137.
③ 海德格尔.存在与时间[M].陈嘉映,王庆节,译.北京:商务印书馆,2018:98.
④ 海德格尔.存在与时间[M].陈嘉映,王庆节,译.北京:商务印书馆,2018:96.
⑤ 胡翼青,赵婷婷.作为媒介性的具身性:对具身关系的再认识[J].新闻记者,2022(7):11-21.

物都是媒介,因为它们都是此在与世界操劳打交道的过程中用以达到其目的的"手段",媒介的具身性一旦消失,就会显现出显著性(conspicuousness)、突兀性(obtrusiveness)和无可回避性(obstinacy)[①],显著性指的是媒介在不可用时反而会变得显眼,譬如前文所说"没电的手机";突兀性是指丢失、隐身的媒介——例如"被忘在家里的手机"——因其不在场而以突兀的方式提醒着我们它的存在;无可回避性则是媒介以某种方式妨碍了我们,打断了我们"绵延"的行动过程,甚至"扰乱了我们对时间和空间、现实和虚拟、在场和缺席等关系的认知"[②]。此时,媒介把事物对象化了,因为被中介的表象向来倾向于将事物当作"对象"来看待。传播是一种"去远",在取消距离的同时又错失了事物,让事物处在了不可触及的状态下。中介化是一种原初的、普遍的现象,它从一开始就把事物变成了表象的对象,而媒介的"去远"效应只是中介化的一种预兆,它将表象的对象拉到了一个切近的距离,仿佛距离是被报刊、广播、电视一类的东西"消除"了。但事实上,任何事物都在诸媒介之间存在,我们不仅仅要和已经被对象中介的东西打交道,那个客观存在的、处在中间的位置本来就是理解这个世界并与之打交道的基础和起点。也就是说,中介是第一位的,我们所有人都生存在中介之中。媒介本身不是对象化的东西,而是使对象化得以可能的那个东西。由此我们可以说,现代人的生存方式就是"媒介化生存"。

这种"界面"的观点比"基础设施论"更能启迪我们去思考"数字元媒介"的逻辑——它中介了中介之物,比"界面"还要更进一步。作为媒介的媒介,它极大地延伸了"中介"的链条,将我们周遭一切之物卷入了自身的逻辑之中,甚至将我们"人"也卷入了其中。不过,我们并不能像从界面中抽身离去那样远离数字元媒介,我们并不是"使用"着媒介,而是"依赖"媒介而生存、生存在媒介之中,甚至将自己也变成了媒介——我们对现实生活中的交际失去了兴趣,反而更关注网络上的一个个"虚体",我们苦心经营着自己的"人设",让它成为我们真正的"人格",以适应媒介化的生存,而真正的、作为肉体的"我"反而变得不再重要,它藏在虚体之后,成为虚体的一个影子——媒介中的才是真实的,这就是媒介"下定义"的权力,它为整个世界下了定义,使我们不断地被卷进"数字元媒介"的逻辑之中。贡克尔和泰勒以海德格尔提出的"征用之链"概念来描述这一过程,作为"被命令之物",媒介将作为其结果的东西"拿"了过来,加入了一个连续体之中,就便是"征用之链",它除了自身之外,不指向其

---

① 贡克尔,泰勒.海德格尔论媒介[M].吴江,译.北京:中国传媒大学出版社,2019:127-129.
② 胡翼青,赵婷婷.作为媒介性的具身性:对具身关系的再认识[J].新闻记者,2022(7):11-21.

他任何东西,相反,它只会进入自己的回路之中①,这种观念很接近鲍德里亚提出的"媒介是一个环形构造",是充满诱惑的永恒回路。媒介"集置"了与之相关的一切事物,作为征用之链,它持续地发挥着作用(persists),但它并不在场(presences),在这样的"回路"之中,以文化为根基的丰富象征易于传送,却被空洞无物的符号代替了。②这种观点与格罗伊斯关于"媒介"与"符号"的论述不谋而合,不过,贡克尔和泰勒巧妙地将"征用之链"转向了法兰克福学派,将它与文化工业理论中压抑性的媒介观相提并论,认为这种"压抑性"实际是一种存在论层面上的异化,媒介向我们敞开自身的同时,也让我们面临着某种潜在的、根本性的损失,例如马尔库塞所描述的那种否定性思维的丧失、最终沦为"单向度的人"。

就是在这一"征用之链"中,我们正式地遭遇了"空洞的形式"的问题——在使用数字媒介时,我们偶尔会猛地发现,我们在数字媒介App中所消费的一切符号信息内容都必须依托某种确定的技术载体而存在,它的背后是计算机硬件、软件开发行业和通信设备制造业,而在这些行业的背后,又"藏"着芯片制造、集成电路、计算机技术、软件工程、机器学习、人工智能等科学研究与工业制造业,如果我们更进一步地挖掘的话,这些行业背后是原油加工业、矿产冶炼业、基础设施建造行业,等等。而当我们回归最"基础"的采矿业时,我们会发现这些行业已经开始通过最先进的通信、传播技术来调配资源、调节生产、寻找市场,于是,这些"基础产业"又绕回了媒介上,围绕着媒介形成了一个真正意义上的"环"。不过,笔者并不认为这是一个"闭环",它的边界有着相当程度的开放性,媒介界面能将与之相关的人与事物吸纳到其中,也允许我们在一定程度上"离开"它,放下手机、切断网络,享受独处的生活。但我们最终仍然要回归这种媒介化的生存,只要我们仍是"社会人",就无法离群索居,无法超越数字元媒介奠基的世界。更有甚者,人类自己也被征召进数字元媒介的逻辑之中——"赛博格""后人类"等概念伴随着互联网的繁荣走入了人们的生活。

赛博格的概念来自20世纪60年代,美国航天医学空军学校的两位学者曼弗雷德·克林斯(Manfred Clynes)和内森·克兰(Nathan Kline)在《赛博与空间》(*Cyborgs and Space*)一文中将"控制论"(Cybernetics)与"有机体"(organism)两个概念相结合,首次提出赛博格(Cyborg)的概念。此时,他们讨论的是通过向人类身体移植辅助的神经控制装置,以增强人类适应外部空间的生存能力,来解决未来人类在星际旅行中将

---

① 贡克尔,泰勒.海德格尔论媒介[M].吴江,译.北京:中国传媒大学出版社,2019:137.
② 贡克尔,泰勒.海德格尔论媒介[M].吴江,译.北京:中国传媒大学出版社,2019:176.

面临的呼吸、新陈代谢、失重以及辐射效应等问题。1985年,个人电脑刚于美国上市,美国国防部就拨出了8400万美元用于开发 C^3I(Command-Control-Communication-Intelligence,即命令-控制-交流-智能)系统,致力于开发基于控制论逻辑的"人工智能"技术。在这样的背景下,唐娜·哈拉维(Donna Haraway)发表论文《赛博格宣言:20世纪晚期的科学技术和社会主义的女性主义》(*A Manifesto for Cyborgs: Science, Technology, and Socialist Feminism in the 1980s*),将赛博格定义为"一个控制论的有机体,一个机器与有机体的混合物,既是社会现实的造物,也是虚构的造物"[1]。在她看来,赛博格跨越了人与动物的界限、有机体和机器的界限、实体与非实体的界限,自然也就意味着打破了自我/他者、心智/身体、文化/自然、男性/女性、创造者/被创造者等传统思维中的二元对立模式。[2] 哈拉维对赛博格的兴趣源自科学和技术理念、国家战略规划、航天工业和医药工业广告、媒介文本和科幻小说,又结合了马克思主义和女性主义批判,在控制信息学(Informatics of Domination)与家务经济(Homework Economy)的双重背景下强调赛博格具有的身份政治潜能。[3] 不过,赛博格本身是一个非常宽泛的概念,隐喻着范畴的模糊化,隐喻着各种过去在辩证法中鲜明对立的两极的模糊[4],其中汇集了生物科技、信息技术、认知科学等诸多领域的理论与观点,科幻作品中的人机耦合、"电子人"自然是赛博格,而在张磊看来,佩戴心脏起搏器的患者与因长期使用鼠标而患上腱鞘炎的人都是"赛博格"[5],因为他们与机器/媒介之间并不存在泾渭分明、牢不可破的界线。而"后人类"的概念比之更加复杂、混沌,不仅包含控制论之下的赛博格,也包括德勒兹与加塔利所谓"没有器官的身体"(body without organs)与欲望机器[6],包括麦克卢汉提到的技术"假肢",还包括爱德华·弗雷德金(Edward Fredkin)与史蒂芬·沃尔弗拉姆(Stephen Wolfram)所设想的"细胞自动模式"(cellular automata)——他们设想现实就是在"宇宙计算机"上运行的程序,在物质、能量、时空之下还存在着一种宇宙的编码,而细胞自动模型正是其基本单位与实例,一种可以占

---

[1] HARAWAY D. A manifesto for cyborgs: science, technology, and socialist feminism in the 1980s[J]. Socialist review,1985(80):65-108.
[2] 哈拉维.类人猿、赛博格和女人:自然的重塑[M].陈静,译.开封:河南大学出版社,2016:376-377.
[3] 张磊.拟人、非人与后人类:论人工智能媒介物与人类的相遇[C].中国新闻传播研究,2020(6):3-17.
[4] 李建会,苏湛.哈拉维及其"赛博格"神话[J].自然辩证法研究,2005(3):18-22,36.
[5] 张磊.拟人、非人与后人类:论人工智能媒介物与人类的相遇[C].中国新闻传播研究,2020(6):3-17.
[6] 海勒.我们何以成为后人类:文学、信息科学和控制论中的虚拟身体[M].刘宇清,译.北京:北京大学出版社,2017:6.

据"在或不在"(on or off)两种状态的基本单位①;也包括《神经漫游者》等文艺作品中设想的那种"数据做成的身体"。在凯瑟琳·海勒看来,"后人类"是一种信息-物质实体,"在后人类看来,身体性存在与计算机仿真之间、人机关系结构与生物组织之间、机器人科技与人类目标之间,并没有本质的不同或者绝对的界限"②。因此,"后人类"既可以指计算机数据、程序的"自我组织"与自我进化,也指向生命形式的数字化与其在网络空间中的"在场"。伴随着数字技术的发展,智能手机、各种可穿戴智能设备不断"介入"了人类肉身,它们采集的数据成为人的状态、行为、需求等的一种外化或映射。③ 此时,人的物质实体被转化为"虚拟实体",人们似乎已经可以抛弃沉重的肉身,自由地穿梭于不同的赛博空间与界面之中,虚拟世界中出现了人类的数字孪生(digital twin),它便是一种数字化映射的虚拟实体;相应地,人类身上也出现了越来越多的"数字元件",按照彭兰的观点,数字元件指的并不是前文提到的可穿戴智能设备,而是指人的面容、声音、指纹等生理特征可以像"配件"一样任意拆卸、组装,被转移、结合到其他的实体中。例如2019年新华社、《人民日报》等推出的虚拟主播,"他们"从真人原型身上截取了面貌、声音等元件,但这些主播并非其原型的"数字孪生",而是已经完全脱离了与原型的关系,成了另一个新的虚拟"生命体"。④ 此外,"数字元件"也可以用于深度伪造(deepfake),2017年12月,红迪(Reddit)平台的一名匿名用户运用深度学习算法将名人面孔叠加到色情演员身上,尽管这一伪造内容很快被网站封禁,但类似的伪造视频却接连涌现、屡禁不止。此时,面部交换、镜像身体运动、通过深层视频肖像转移面部表情、基于真实人的音频样本生成人工语音等技术日渐成熟,也将"数字元件"、算法深度学习的伦理问题抛到了人们眼前。这种人类生物信息(长相、表情、声音、身材、语言风格)的数字化与重组亦是一种"赛博格"。而如今,人类大脑、中枢神经也出现了"脱离"人体的可能性——2019年4月,美国加州大学华裔科学家张复伦(Edward Chang)与其团队在《自然》(Nature)杂志发表论文称,他们已实现将脑电波直接转换成合成语音内容;2019年7月17日,埃隆·马斯克(Elon Musk)创立

---

① 海勒.我们何以成为后人类:文学、信息科学和控制论中的虚拟身体[M].刘宇清,译.北京:北京大学出版社,2017:15.
② 海勒.我们何以成为后人类:文学、信息科学和控制论中的虚拟身体[M].刘宇清,译.北京:北京大学出版社,2017:4.
③ 彭兰.智能时代人的数字化生存:可分离的"虚拟实体"、"数字化元件"与不会消失的"具身性"[J].新闻记者,2019(12):4-12.
④ 彭兰.智能时代人的数字化生存:可分离的"虚拟实体"、"数字化元件"与不会消失的"具身性"[J].新闻记者,2019(12):4-12.

的"神经连接"(Neuralink)公司发布了一款脑机接口系统,它使用形如缝纫机的机器人向大脑中植入超细柔性电极来监测神经元活动,以此实现临床研究、人机深度交互等目的。这或许意味着真正意义上的"数字化个体"将成为现实,人类的肉身不断走向数字化,甚至在肉身消失后,智能技术有可能对他的数字化痕迹、数字化特征进行模拟、复原,使人实现"数字永恒"。这种激进的设想引来了更多批判与反思:海勒不赞同自由人本主义对身体的绝对控制和自由处置权力,福山则强调"人之为人"的根基就在于所有形成"人之尊严"的重要特质都不能脱离彼此而单独存在。① 此时,人的主体性再次遭遇巨大的危机,就像麦克卢汉所说的那样,延伸即是截除,越来越多的智能设备延伸着我们的肉体,也不断截除了我们对这些器官的感知,当我们的大脑与中枢神经也被脑机接口系统"延伸"开来后,人的肉身似乎也成了一个空无一物的容器。

也正因如此,我们才会遭遇这样的困惑——当我们开始追问"媒介"的本真时,我们就会发现形式与形式嵌套在了一起,掩盖在形式之下的仍是形式,仿佛媒介本身只是空洞的形式,媒介化的人也只是一具空壳,我们的追问如同"剥洋葱"一样,永远不能抵达其本真。而事实上,空洞的是符号本身,只是当我们将媒介当作"内容"来消费时,媒介本身便对象化了,其内在的"亚媒介空间"便被符号掩盖了,这样一来,我们眼中只有"内容",形式和内容的二分法就变成了主导我们思维的基本框架,其中包含的仍旧是"目的-手段"的理性主义传统,仍旧是工具性的媒介观。同样地,"主体性"的忧虑也是出于理性主义的固有框架,赛博世界中"具身"和"离身"的悖论始终困扰着人们——"数字孪生""虚拟实体"究竟意味着我们能够以"化身"的方式在网络世界中"在场",还是我们的思维、意识彻底"离身",实现了"数字化存在"?当我们跳出理性主义的框架后,我们就可以用麦克卢汉的方式来表述"数字元媒介"的逻辑:数字元媒介将与之相关的一切都变成了内容,而它自己则成了纯粹的形式。而更深层的逻辑是:数字元媒介将所有的媒介,乃至所有的事物与人吸纳到自己的逻辑之中,将它们定义为"内容",自己则凭借着这种包容性成了容纳一切的"壳",即与内容相对的"形式"。在包容一切的数字元媒介面前,人也成了"内容",成为符号信息的载体;而在其他个体与非人行动者面前,人本身也是媒介,是中介着社会关系的解释者和可供阅读、阐释的界面。

---

① 彭兰.智能时代人的数字化生存:可分离的"虚拟实体"、"数字化元件"与不会消失的"具身性"[J].新闻记者,2019(12):4-12.

正是基于"征用之链"的逻辑,媒介下沉为当代社会的经济基础——数字元媒介不断地"征用"着当代的各项新技术,不断地延伸着它自身的链条,深深地"嵌入"了经济基础之中。5G 技术是一个很好的例子,普通人在听到"5G"时,往往会想到通信、传播技术,想到智能手机,想到各种 App,但很难将它与"核心军事力量""国防力量"联系在一起。但事实是,这些"信息传播技术"已经深深地嵌入了政治经济结构之中,成为一种奠基性的力量("媒介的权力"),甚至能够形塑政治秩序、行政规则、社会制度、经济结构、产业格局……如今,政治、经济、媒介之间正在逐渐形成一种"三位一体"的结构,在特朗普当选美国总统的时候,我们或许仍然很难想象,他的一条推文会引起美国举国上下震动、遭到军方高层的抗议,甚至对美国的外交产生影响,但这一切都在今天变成了现实。时至今日,哪怕特朗普早已卸任,人们仍对他呈现在社交媒体上的一举一动津津乐道,"推特治国"留下的影响似乎比人们想象得更加强烈,它在无形中为当代美国政治形塑了一种戏剧化、戏谑化的风格,而特朗普作为"政治强人"的极端崇美主义、排外主义、白人至上主义思想也逐渐撕裂了美国社会,许多种族矛盾、移民矛盾、国际矛盾直到今天仍在影响着美国的宏观政治走向,且不断为社会中的民粹主义活动推波助澜。政治-经济-传播的"三位一体"也许会让读者联想到赫伯特·席勒提出的"军事-工业-传播复合体",不过,在赫伯特·席勒的观念中,传播仍是工具性的,是美国资本主义经济体系与国防部门可资利用的辅助性力量;而在政治-经济-传播的三位一体中,传播才是那个主导性的力量,它延伸了自己,嵌入了政治与经济之中,不断征用着政治符号、经济措施、社会制度与人们的生活方式,最终在"征用之链"中复制了自身,使政治与经济反过来服从于媒介的逻辑,而这便是"数字资本主义 2.0 时代"。

三、"数字资本主义 2.0"——它会是更好的时代吗?

如今,国内也有越来越多的学者展开了关于媒介技术哲学的研究,例如,沈继睿尝试着梳理了国外媒介研究中常见的技术哲学思想,除了媒介环境学派之外,他还提到了柯丝蒂·贝斯特(Kirsty Best)、阿尔伯特·伯格曼(Albert Borgmann)、詹姆斯·贝尼格(James Beniger)等人的观点[①];吴志远等人从海德格尔技术哲学的角度来理解新媒

---

① 沈继睿.论国外媒介研究中的技术哲学思想[J].湖北社会科学,2014(9):104-106.

介技术与人的关系,认为其中蕴含着超越物我关系、"去功能化"的潜能①;唐海江从技术自主性的角度来重新考察互联网革命,认为它将在知识领域引发诸如知识海量与无知递增、经验研究与规范研究、知识总体化与碎片化等多重的张力,不过,唐海江的研究侧重于重估和平衡人与媒介技术的关系,以及强化人类对于技术的控制及其批判②;孙玮认为传播研究有必要实现范式转换,在主流的传播学研究范式中,技术的多元性一直被遮蔽着,而与实证主义截然有别的现象学有助于揭示新媒体研究的另一个面向,即作为日常生活实践的、伴随身体参与的、落实于具体的空间场景的新媒体使用③;吴飞从人的主体性与技术自主性的方面讨论"技术会对人类社会产生什么样的影响",他援引牛津大学神经学家苏珊·格林菲尔德(Susan Greenfield)的观点——"对智能手机和社交网络越来越多的使用会将人们带入一种永远无法令人满足的数字现实中,同时,这也会使人们的记忆发生减退,使人们的社交能力萎缩,甚至最终使大脑开始退化"④,以此探讨技术的自主性和"人与技术共同成长"的观点,这一观念已经非常接近"数字元媒介"的逻辑;王莹则认为媒介的变迁是技术不断解蔽的过程,也是媒介世界不断被遮蔽的过程,因此,"媒介融合"是技术发展的必然结果,她也反对将技术非黑即白地视为乌托邦或敌托邦,而提倡"回到事物本身",重新审视媒介如何借助传播技术重构了人、世界以及"人-世界"⑤。

2020年之后,越来越多的学者开始关注媒介学、媒介考古学、媒介物质性等与媒介技术密切相关的领域;陈卫星、朱振明等曾在法国留学的学者向国内引介了德布雷的媒介学理论后,越来越多的学者将媒介学当作一种研究框架与方法论,展开针对具体的媒介形式或媒体组织的经验研究;吴璟薇等⑥将以"媒介考古学"为代表的德国媒介研究引入了国内学者的视野中,此后,"媒介物质性"研究成为"显学",易前良⑦、曾

---

① 吴志远,杜骏飞.海德格尔技术哲学对新媒介研究的现实意义[J].当代传播,2016(6):78-80.
② 唐海江.互联网革命与新闻传播学科重构之反思:一种技术自主性的观点[J].社会科学战线,2016(7):143-149.
③ 孙玮.从新媒介通达新传播:基于技术哲学的传播研究思考[J].暨南学报(哲学社会科学版),2016(1):66-75,131.
④ 吴飞.新闻传播研究的未来面向:人的主体性与技术的自主性[J].社会科学战线,2017(1):148-157.
⑤ 王莹.现象学技术哲学视野下媒介的变迁、融合与重构[J].理论月刊,2018(1):54-57.
⑥ 吴璟薇,等.人类、技术与媒介主体性:麦克卢汉、基特勒与克莱默尔媒介理论评析[J].全球传媒学刊,2019(3):3-17.
⑦ 易前良.物质性:媒介技术理论化及其与数字媒介研究的勾连——基于媒介理论与STS之比较[J].南京社会科学,2022(3):96-107.

国华①、章戈浩②、张磊③、刘海龙、胡翼青④、戴宇辰⑤等学者陆续围绕这一领域展开研究，探讨这一概念的理论渊源、逻辑基础，辨析其研究路径、分支领域，力图正本清源地把梳"物质性"这一"概念丛"的"逻辑性格"，但相关领域的研究还是不可避免地走向了"万物皆媒"的混沌局面——时至今日，笔者已经目睹了诸如"以猫为媒""以犬为媒""作为媒介的骆驼""作为媒介的魂魄"等相关研究议题，万物皆媒的观念向我们抛出了一个悖论：如果任何东西都可以是媒介，那么"媒介"到底是什么呢？

与此同时，传播政治经济学的相关研究范式也有待转型，它的研究同样面临着内卷化的问题。"政治经济学"的名称并没有让这一理论流派被主流的政治经济学研究接受，尽管罗伯特·麦克切斯尼也曾煞费苦心地想要将传播政治经济学推向"主流"，但主流的资本主义批判理论家更倾向于将麦克切斯尼的理论视作政治经济学理论在传媒领域的"应用"，将数字资本主义视为"信息资本主义"的同义词，并未给予其麦克切斯尼孜孜以求的"一席之地"。此时，传播政治经济学者坚持的理性主义传播观与工具性媒介观一方面混淆了媒介（技术载体）与信息（符号内容），一方面割裂了作为"基础设施"的媒介与作为中介/调节机构的"媒体"，研究者在"经济基础-文化机构"之间左右摇摆，陷入了"盲点辩论"的固有框架，逐渐陷入理论的自我循环、自我复制，这样一来，丹·席勒与他的同侪对"信息资本主义"的批判就不是那么有底气了——二者在核心概念的界定与使用上似乎并没有本质的区别，只是理论立场不同而已。这样一来，传播政治经济学就陷入了"两头不讨好"的尴尬境地，不少传播学者始终质疑着"传播政治经济学中无传播"，正如本书开头提出的那个问题——我们为什么需要一门"传播的"政治经济学？如果政治经济学的理论移植到传播领域之中，被用于解释传播领域的经验现象，就可以被称作"传播政治经济学"，那么，为什么没有"房地产政治经济学""餐饮业政治经济学"或是"家政服务政治经济学"呢？传播政治经济学的核心议题是什么？它不同于一般政治经济学批判的独特之处是什么？

当然，在回顾传播政治经济学的历史之后，这个问题很容易从学科建制的层面找到答案——"传播政治经济学"产生于特殊的历史时期，它是历经麦卡锡主义洗礼之

---

① 曾国华.媒介与传播物质性研究：理论渊源、研究路径与分支领域[J].国际新闻界,2020(11):6-24.
② 章戈浩,张磊.物是人非与睹物思人：媒体与文化分析的物质性转向[J].全球传媒学刊,2019(6):103-115.
③ 张磊.拟人、非人与后人类：论人工智能媒介物与人类的相遇[C].中国新闻传播研究,2020(12):3-17.
④ 胡翼青,张一可.媒介的呈现性与物质性：当下媒介化研究的两元取向[J].青年记者,2022(10上):26-29.
⑤ 戴宇辰.传播研究的"物质性"取径：对若干核心议题的澄清[J].福建师范大学学报（哲学社会科学版）,2021(5):142-152,171.

后,左翼学者"抱团取暖"、对抗传媒业中的自由主义意识形态和商品化、集中化、垄断化趋势的批判武器。但若是我们只关注学科建制的层面,"悬置了"媒介的性质、它如何从存在论的层面为人类社会奠基、又是如何重构了当代人文社会科学的认识论等问题,就会继续陷在"形式-内容""经济基础-上层建筑"的二元框架中,而忽略对"传播"本身的关切。然而,"数字资本主义"理论本就是一种实践性很强的批判性理论,它并不是来自安乐椅上的"沉思",而是产生于实践,产生于丹·席勒对他所处的那个时代的媒介与社会现实的反思与批判。而当下,整个社会日渐走向了"媒介化",媒介技术的每一次进步都带来了载体、渠道、传播介质和社会基础架构等物质上的革新[①],默多克强调媒介的物质性使其成为"传播行为得以产生"的基础设施[②],戴宇辰也声称作为基础设施的媒介观念与传播政治经济学之间存在着密切的亲缘关系,但不同于传播政治经济学者对整个传媒领域"生产-流通-接受"环节的关注,基础设施研究者会将媒介基础设施视为"情境化的技术系统"(situated technical system),更关注该设施在微观层面的运作方式。不过,媒介基础设施研究将物质资源、资本力量、控制技术、人类劳动都纳入媒介"物质性"的范畴,依然为传播政治经济学领域的理论建树提供启发——媒介的"物性"使之能够搅动力量的漩涡,激发出"力场",对特定要素产生吸引,促成人、事、物按照媒介设定的互动模式相遇聚合。[③] 此时,"媒介即认识论",不同的信息载体具有各不相同的感知比率与时空尺度,能够在空间性的传播与时间性的传承两种维度上形塑文化,进而"定义真理"。[④] 在整个经济-社会结构中,无论是产业的物质基础,还是经济资本、社会资本的力量,抑或是具有社会控制效应的种种技术手段,以及活跃在整个结构中各个环节的人类劳动,都不可避免地被媒介定义着,被整合进媒介的逻辑之中。

因此,"数字资本主义2.0"理论是一种关乎"媒介性"(媒介的逻辑)的理论,是基于媒介的奠基性正本清源的、"解蔽"的理论,是实践性的、现实性的理论。此时,媒介的物性绝不止于基础设施,"数字资本主义2.0"关涉的是作为物质基底(material substrate)的媒介,尽管基础设施常常面临着"物质性的具体化"(in-material of embodied)过程,即与特定地域的社会语境遭遇并相互影响,在特定的社会安排、文化传统以

---

① 孙萍.媒介作为一种研究方法:传播、物质性与数字劳动[J].国际新闻界,2020,42(11):39-53.
② 默多克.媒介物质性:机器的道德经济[J].刘宣伯,芮钰雅,曹书乐,译.全球传媒学刊,2019,6(2):93-102.
③ 胡翼青,张婧妍."媒介世":物质性语境下传播理论研究的演进[J].编辑之友,2022(4):128-140.
④ 胡翼青,张婧妍."媒介世":物质性语境下传播理论研究的演进[J].编辑之友,2022(4):128-140.

及意识形态之间进行协商和调解①,但媒介的物性是先验的,先于一切人类行动与社会关系的;而基础设施只是其在实践维度的具象化,内嵌于复杂的社会关系之中,在被人类的行动之网编织的同时也以其逻辑建构了人们的网络活动——基础设施也被媒介的物性建构着,以实体(entity)的方式介入政治、经济、社会和文化之中。因此"数字资本主义2.0"既不能囿于"经济基础-上层建筑"的思维定式中,也不能将研究的视野局限于实体的媒介技术、媒体组织之上,而是必须拓宽视野,以媒介作为研究方法,或者说把媒介当作展开研究的"入射角"②,将媒介的逻辑与传播机制在物质、时空、关系等层面进行有效关联,以此洞察数字信息技术发展背后的基础设施建设(infrastructure)和物理表征体(physical embodiments)③,并自下而上、由表及里地剖析媒介的逻辑,它在存在论层面的奠基与认识论层面的重构。不同于媒介"实体"的是,媒介"征用链条"的逻辑能够不断延伸、扩展至更加多元和广泛的场域中,自然也能够关联起不同的概念范畴、理论视野,让传播学研究能够跳出结构功能主义的桎梏,跳出工具性媒介观的牢笼,洞察媒介的奠基性本质,推进传播研究领域知识型或研究范式的革命,并通过持续不断的沉淀与反思探寻传播研究不可替代的视角,寻求反抗数字资本主义新阶段的替代性路径。

---

① 束开荣.互联网基础设施:技术实践与话语建构的双重向度——以媒介物质性为视角的个案研究[J].新闻记者,2021(2):39-50.
② 胡翼青,张婧妍."媒介世":物质性语境下传播理论研究的演进[J].编辑之友,2022(4):128-140.
③ 孙萍.媒介作为一种研究方法:传播、物质性与数字劳动[J].国际新闻界,2020,42(11):39-53.

第五章

"媒介世"的人——"数字资本主义2.0"的生存之道

"数字资本主义2.0"到底从何而来？

让我们回到最初的那个问题——资本主义是否进入了一个新的阶段？现在，笔者可以给出一个明确的结论：是的，资本主义在当前已经进入了一个新的阶段，即"数字资本主义2.0"的时代，这是一个与"媒介化"的过程同时发生、同时演进、互相促进、互相成就的时代。胡翼青将当下我们生存的时代称作"媒介世"[1]，与地质学研究领域中的"人类世"遥遥呼应。在"人类世"中，人的活动在地理、水文、植被等领域都产生了巨大的影响，人类留下的痕迹在地壳中层层累积，成为一个以人为焦点、相对独立的地质断层。[2] 而在"媒介世"中，"数字元媒介"成为核心的逻辑，它与资本的逻辑互相裹挟、互相建构，甚至反客为主，将资本的逻辑吸纳到自己的逻辑之中，媒介曾经是技术之中最不起眼的一个环节，而现在成了技术中奠基性的存在，我们认识世界、认识周遭的一切人与物，甚至认识技术本身，都要经过媒介的中介——麦克卢汉曾说过技术是社会的皮肤，那么，我们现在可以说"媒介是技术的皮肤"；与此同时，媒介为之奠基的不仅仅是技术，还包括整个世界，以及人类的生存方式，我们生活在媒介之中，与媒介"共在"，这并不意味着媒介成了拉图尔意义上的"非人行动者"，成了新的"主体"，而说明主体与客体的区分已经不再重要，我们不能再以工具性的视角看待媒介，而必须面向媒介本身，对其进行本质直观。这样一来，无论是哲学还是自然科学，要与当下的现实生活对话，就绕不开媒介。媒介凭借着其"征用之链"将与之发生关联的一切纳

---
[1] 胡翼青,张婧妍."媒介世":物质性语境下传播理论研究的演进[J].编辑之友,2022(4):128-140.
[2] 胡翼青,张婧妍."媒介世":物质性语境下传播理论研究的演进[J].编辑之友,2022(4):128-140.

入了自身的逻辑之中，因此，不仅媒介成为存在论意义上的"行动者"（agency），人（以及其他非人行动者）也成了媒介——这正是"数字元媒介"的逻辑，元媒介即"媒介的媒介"，在征用之链上，数字元媒介无限拓展着它的链条，将其延伸至人的肉身层面，以及社会的经济基础层面，使人们化身为"赛博格"，依托"虚体"而存在，其社会关系被彻底地面向媒介重构了；也使得整个实体的经济结构围绕着媒介来"重构"，它"显像"为基础设施或"界面"，不但使信息和思想得以流动，也让货物、商品、生产资料、资金、人力资源围绕着媒介得以调度、重组。在这一意义上，"数字元媒介"的逻辑带来了真正的"媒介融合"，而非仅仅将不同的媒介与互联网"拼合"在一起。只不过，人们早已习惯了注视着媒介的"内容"，关注表象之上的各种纷繁复杂的"符号"，进而忽视了媒介的本真，而当我们开始追问媒介真正的"内容"是什么时，我们便会陷入"剥洋葱"般的无限循环，最终惊觉媒介"之中"空无一物，于是，我们得出一个结论：媒介只是一个纯粹的、空洞的形式。最终，我们只得怀抱着担忧与恐惧"揣测"它，期待着其内部的本真性向我们短暂地敞开。

正是在这一过程中，媒介从一种从属性的文化机构（工业资本主义阶段），发展为一种调节性的文化机构（金融资本主义阶段），再演变为一种生产性的传播机构（丹·席勒所批判的"数字资本主义"阶段），最终成了一种文化性、传播性的生产机构（当下的新"数字资本主义阶段"）。笔者正是在这一意义上讨论媒介的"下沉"，并将其当作"媒介化"过程的真正含义——夏瓦等人对"媒介化"的界定仍然不够彻底，借助"制度"的框架使得"媒介化"的性质与夏瓦所批判的"社会效应的放大器"别无二致，其理论又重新陷入了结构功能主义的窠臼中，而库尔德利依靠场域理论展开的媒介化分析又容易将理论转化为一种纯粹的意识形态批判。因此，笔者从政治经济学的角度来解读媒介化："数字元媒介"凭借其在存在论层面上的"奠基"作用下沉为经济基础，最终形成了政治-经济-媒介三位一体的基础性结构，进而为知识界带来了新的"知识型"与理论范式，数字资本主义理论得到了重新建构，即"数字资本主义2.0"。

所谓"数字资本主义2.0"，指的正是资本主义的发展围绕着数字元媒介这种枢纽性的力量进行了重构，在经济（生产）部门，一切的自然资源、生产资料、设备、人力、产品、物流与仓储系统、销售渠道与门店均围绕着媒介进行了配置与重组；在政治、军事等权力部门，媒介成为一种备受争夺的关键力量，因为它"下定义"的权力被当代社会无处不在的信息技术网络无限放大，超越了原有的权力边界，转而以自身的权力来规定万物；在社会生活领域，数字元媒介不但重构着人们的认知与思维，也重构了人们的生理感官与知觉，彻底重塑了一种媒介化的生活方式与文化形态。

基于本书知识社会学的立场与话语分析的研究路径，笔者强调数字资本主义2.0的理论并非凭空出现的，也不是经院哲学式的纯粹理论建构，而是对社会现实的批判性、实践性研究。"数字资本主义2.0"是数字资本主义2.0时代的产物——数字资本主义理论在被丹·席勒提出后，在过去的几十年前，汲取了许多领域已有的理论成就，在马克思主义、传播学、批判社会研究、媒介研究、文化研究的"交叉领域"中，发展出诸多理论分支，它们分属于不同的话语形态、理论立场——以丹尼尔·贝尔为代表的"信息社会"理论家们属于"发展的话语"，他们相信数字技术的运用可以造就一种新的经济形态，从改推动社会的变革，但它也因其非马克思主义，甚至是反马克思主义的立场而遭到许多左翼理论家的批判。不过，发展话语的影响也渗透在许多批判理论之中，数字资本主义理论也不可避免地受到它的影响。以丹·席勒、文森特·莫斯可等人为代表的学者属于"批判的话语"，它源自传播政治经济学的传统，是整个理论领域中最为"主流"的理论范式，其中，丹·席勒等人认为"数字资本主义"是一种资本主义新型剥削手段，它改进了资本主义的积累方式，强化了对工人的监控与剥削，通过引入一种消费模式来实现资本主义的自我维持。而福克斯在意大利自治学派的影响下，将"生产性劳动"的概念引入传播学领域，他将传播过程中所有产生了剩余价值的行动都称作劳动，进而重构了整个资本主义的生产模式，因为"生产"的定义已经被改写了。以莫斯可为代表的一批学者强调数字资本主义只是一种"神话"，代表着资本主义社会的意识形态，这种神话被莫斯可称为"数字化崇拜"。

这两种话语形态都包含着一个严重的缺陷——未能正视媒介技术、传播手段给资本主义带来的影响，西方马克思主义者，尤其是传播政治经济学者已经陷入了泰拉诺瓦所说的"技术恐惧"之中，对于这批沿袭理性主义传统的学者来说，数字技术要么是资本主义发展的助推器，要么是美国政治、文化、社会发展出来的"次生品"，而不是一种核心性的、枢纽性的力量。不过，数字资本主义的"技术话语"中也包含着一个致命的缺陷——在斯蒂格勒看来，技术本身就是一种外在于人的决定性力量，技术不能被人的能力所动摇，他期待的是由人推动技术进步，反过来促使技术从内部发生逻辑性的断裂，以此来实现"根本性变革"。而更多的学者则希望借助空间理论，将技术的批判指向了大公司的数据垄断和数据"圈地运动"。前者失去了它与现实世界的联系，只能作为一种纯粹形而上的思辨，对技术进行抽象的批判；而后者则返回了马克思主义"时间征服空间"的框架中，数字技术的维度仍然必须服从社会的支配，并未实现理论的超越。

事实上,三种话语形态并不是彼此孤立的,我们可以从中观察到一种层层递进的脉络——最早的时候,数字技术作为一种"新力量"受到社会各阶层(尤其是精英阶层)的欢迎,人们萌生了一种普遍的信念——凭借这种"神奇的"力量,资本主义能够克服现有的一切弊端,变得更加民主、公正,人们也能过上更好的生活。随后,一批左翼学者在技术的狂飙突进与社会的激荡中意识到,数字技术与资本主义之间存在着极强的亲和性——数字技术只是资本主义自我维持、自我延续的一种手段,或是资本主义社会合法性来源的意识形态;但不久后,人们渐渐发现事情似乎没有那么简单,资本主义社会的生产方式、甚至整个经济形态都围绕着数字技术展开了重构,学者们的视线终于缓缓落在了"技术"上——人们终于意识到技术可以是一种基础性的、抽象的存在,它可以包含着一切人工物、一切人类"超出自然范畴"的行动,自然也包括改造自然物的劳动。但在此时,这样的技术反思并不涉及"媒介",媒介似乎并无值得一提的独特性,完全可以被涵盖在广义的技术之中。但数字技术的蓬勃发展很快就将隐匿在符号、信息背后的媒介技术推到了台前——ChatGPT[①]写作、AI画图、苹果公司最新发售的 Vision Pro 虚拟现实增强眼镜、被"困在算法里"的外卖员与网约车司机……种种现实让人们不得不正视媒介的"不断下沉"——它从一种协调性的文化机构,转变为生产性的文化机构,最终渐渐演变为一种文化性的生产机构。

进入 21 世纪之后,"数字资本主义"理论在劳动/劳工、技术、主体性、空间四个层面产生了大量研究成果,在这些汗牛充栋的理论成果中,我们可以观察到媒介逻辑与资本逻辑的互相建构,这一过程发生在制度、生产关系、社会生活与文化价值、哲学与形而上学等诸多领域中,甚至影响了人们对现代性的判断——如果说现代性是当代资本主义的产物,那么,眼下知识界关于后现代的争议正折射出当代资本主义发展的曲折性,我们无法判断自己是否已经告别"现代",进入了一个新的时期,正如我们无法准确地为我们所处的时代命名,所以才有了"信息社会""网络社会""后现代""后福特主义"等诸多名称。人们面对社会的态度本身就是一种普遍性的"情感结构",它折射着当代的社会思潮,也折射着整个社会结构、社会关系暗流涌动的变化,而技术的介入又将"情感结构"中的不确定性放大了,人们身处动荡的技术洪流之中,对技术的担忧、戒备甚至是恐惧正是源于此——人被技术的不确定性包围了,误将光怪陆离的表

---

① ChatGPT,全名 Chat Generative Pre-trained Transformer,是 OpenAI 于 2022 年 11 月 30 日发布的聊天机器人程序。它是由人工智能技术驱动的自然语言处理工具,能够理解、学习人类的语言,在此基础上与人对话,还能根据聊天的上下文与人互动,甚至完成撰写邮件、视频脚本、文案、代码等任务,并完成不同语言的翻译工作。

象当作了无可回避的"命运"。

如今，我们所生存的社会环境与世界已经发生了巨大的变化，资本主义的生产关系与社会关系仍然屹立不倒，但在制度、文化、生活方式、观念等诸多层面，变化的力量正在潜滋暗长，潜移默化地撼动了资本主义的结构性基础，此时，媒介不再是单纯的调节性力量，而是成为资本主义发展的"枢纽"与核心——媒介成了生产力，在此基础上，整个社会的生产关系乃至整个经济结构都围绕着媒介重构，在各行各业中，媒介都成为一种支配性的力量，这样的"媒介权力"甚至延伸到了政治与军事的领域中，成为各国争夺的"核心力量"。与媒介的下沉相对应的是人类主体性的"迷失"，在这个充满混沌与不确定性、使人眼花缭乱的时代，我们正在渐渐"失控"，沉迷于媒介"表面"纷繁复杂的符号、内容，而迷失了对媒介本质的洞察和判断。智能媒介的接连涌现、"非人行动者"在日常生活中的活跃终于让人类主体性不得不面对来自"技术物"的挑战——AI 是比人类更好的创作者吗？它会彻底颠覆整个创意产业吗？实体产业是否也会受到 AI 的冲击？"蓝领"工人是否也会被 AI 取代？

正是出于这样的担忧，"数字资本主义"理论中始终弥散着一个"技术恐惧"的幽灵——换言之，媒介的问题本质上是人类的生存问题。在技术无法抵挡的洪流中，人应当被置于什么位置？在丹·席勒所处的时代，各种媒介不断商业化、商品化，各行业利用网络技术开展广告营销与销售，各国积极拥抱数字技术、制定各种适宜信息传播技术发展的政策，"知识经济"模式不断普及、推广——资本主义将新兴的互联网技术裹挟进自身的发展历程中，不断地重组着资本逻辑与媒介逻辑之间的关系。此时，以丹·席勒为代表的一批"有识之士"为人类的主体性问题忧心忡忡，他们批判技术发展背后暗藏的权力逻辑并非无的放矢，而是已经敏锐地觉察到了技术重整权力结构的潜能，觉察到了技术与人之间微妙的张力，人类并非毫无戒备地敞开怀抱、乐观积极地拥抱数字技术，而是始终抱有戒心，小心翼翼地试探、周旋于不同的数字技术之中。而在当下，媒介的逻辑与资本的逻辑之间的关系发生了颠倒，奠基性的数字元媒介构成了当代资本主义社会的"座架"，人类面对"奠基性"的数字元媒介，反倒陷入了一种"清醒地沉沦"的窘境。人全然地被技术摆置着，似乎已经失去了逃离、对抗、超越技术的契机，只能以他们习以为常的理性主义态度面对技术结构与生存论基础的变迁。又因为他们的认知与判断均囿于固有的框架之中，只能将自己无法掌控的现实归因于种种"后"理论，回避了数字元媒介"奠基性"现实，一面将人与先验性技术的矛盾束之高阁、抛诸脑后，一面改变自己的思维、调整自己的生活方式，去追赶媒介技术的节奏——空间的折叠、时间的加速、人们面对媒体的倦怠感、充满变数与不信任的"后真相"危机都是这种"追赶"的后果。

这种情感结构的变化鲜明地体现在关于资本主义变迁的思想史中。在资本主义史与媒介史彼此交缠的螺旋结构里,"话语的断裂"时有发生——几乎每一种"新媒介"的诞生都会对社会心态、情感结构造成剧烈冲击,无论是二战时纳粹德国的宣传动员在世界范围内造成的冲击,还是战后电影在美国社会引起的道德恐慌,都是这种"话语断裂"的表征。知识结构、话语形态亦是一种权力关系,隐含的是媒介权力对政治权力、资本权力、社会与文化力量的重新建构、重新安排。而在当下,这种"话语断裂"进一步扩大了,经典的传播学理论不仅难以阐释当下的种种"新媒体"现象,也无法与媒介技术不断下沉的过程产生共鸣,而种种"新媒体理论"宛如昙花一现,很快就会被新的"话语断裂"抛弃,沦为一片理论的残骸与废墟。我们将这段纠缠的历史与技术哲学史相参照,媒介技术不断下沉的历程就能从话语的裂隙间浮现其轮廓,其中的存在论根源也能露出真容——时至今日,数字元媒介的逻辑已经征用了一切,正式成为人们生存的基础性构造。数字元媒介催生了数字资本主义2.0的时代,而在这样的时代中,数字资本主义2.0理论应运而生。

第一节 数字资本主义2.0的四重维度

让我们回溯第二章中提出的四重维度,来重新审视数字资本主义2.0理论的边界。数字资本主义并非一种中端理论,它所描述的不是一时一地、具体某种行业、某家企业(或媒体)内部的经济运行模式、管理模式,而是一种在特定历史阶段内具有普遍性的理论,资本的逻辑与媒介的逻辑之间存在着现实的同构性,数字媒介与资本有着相同的逻辑,它们都必须克服空间的限制,为信息与资本的流动、扩张插上自由的翅膀,甚至将空间也当作自己扩张的手段。对数字媒介承载的信息而言,"自由流动"似乎是它的本质,而对数字资本主义来说,向全世界范围内扩张是它自我维持、自我延续的一种手段。因此,数字资本主义2.0在全球范围内绝大多数地区都具有阐释力,这种阐释力甚至可以夷平发达国家与发展中国家、第三世界国家的发展水平差距,在不同的社会制度、社会情境中展现不同的面貌,其本质的逻辑却殊途同归——这种"不均衡性"本身就是数字资本主义2.0的重要特征,因为数字资本主义的扩张并不是顺畅无阻的，也不是均衡、公正的，它会围绕着某些"枢纽"国家与地区建立起如同星系般范围不规则、厚薄不均匀的结构，这种结构在传播政治经济学经典理论，尤其是"文化帝国主义"理论与世界体系理论中皆有论及，由马特拉提出的"中心-边缘"格局理论更是针对这种不均衡性进行了尖锐的批判。发达资本主义国家通过离岸生产、金融投资等手段，建立起中心地带向半边缘、边缘地区汲取利益，不断扩大发展鸿沟的格局；而失去了先发优势的国家和地区则在这一体系中处处受制，不断地被甩在发达国家、地区之后，只能在资本主义经济体系中提供原料、廉价劳动力与倾销市场，此时，这些国家、地区内部的经济结构与发展也是不均衡的。但相应地，这些国家和地区似乎并没有兴趣和能力拒绝数字技术，它们对数字资本主义敞开市场，并制定了一系列有利于数字化实现的政策，将数字化视为自己实现现代化、追赶"发达"国家的重要手段。

"中心-边缘"格局与不均衡的全球发展只是"数字资本主义 2.0"的一个侧面，在数字元媒介的奠基之下，人被摆置着，受到媒介"征用一切"的逻辑支配，只能转向一些局部的、微观的领域寻求主体性的"解放"与张扬。例如，在一些亚文化场域中，个体与平台、制度、不平等的经济关系存在着复杂的、灵活的博弈关系，一些亚文化成员甚至可以形成社会资源优势，从而累积、攫取部分微观权力，在亚文化"圈层"中获得话语权、主导地位。但从社会结构的整体来看，这种"转向微观"的主体性实际上是一种"退缩"，人们已经无法与被摆置的命运抗衡，却也不想承认"人类中心主义"的全面失败，只得不断"退守"狭窄的实践领域，以纷繁复杂的符号"表象"掩盖人类"弱权"乃至"失权"的本质，而不愿直面当下迫在眉睫的存在论转折。

此外，数字资本主义 2.0 毫无疑问是一种批判性的理论。数字资本主义的概念由丹·席勒提出后，尽管被来自不同理论立场的学者挪用，被赋予了不同的含义，但它始终都是传播政治经济学的重要构成部分，代表着传播政治经济学一贯的批判立场与传统。从数字资本主义理论的整体谱系与脉络中，最主流、最具代表性的理论范式与话语始终都是批判的话语，尽管"未来学家"们也挪用了"数字资本主义"这一理论，但在发展的话语这一脉络中，数字资本主义与"数字时代""信息社会""网络社会"等概念并无本质的区别。笔者虽不认同部分批判学者忽视、甚至蔑视传播技术与数字媒介在当下资本主义自我维持、增殖的过程中的作用，但笔者的理论立场仍然是批判的，数字资本主义 2.0 中提出的"媒介下沉为技术座架"的趋势并不是一种规范性的预测，它也不是一条"别无选择"的道路，不是技术、社会发展的必然，而是一种批判性的警示——根据媒介逻辑与资本逻辑互相建构的趋势,媒介的下沉几乎是不可阻止的,它终将成为人类社会的"座架",构成人类社会的经济基础只是时间问题。这样的趋势也体现在社会现实之中,它是切实可以被观测到的,而不仅仅是一种理论的建构与揣测。但这种略显悲观主义的判断并不意味着资本主义不可战胜,也不意味着我们只能无助地等待资本的逻辑与媒介合谋占领整个世界,尽管媒介的"下沉"无可阻挡,但并不意味着人类无法反抗被资本宰制的命运,但解放的关键并不在于从微观实践的场域中寻找人类主体性的"用武之地",而在于人如何直面自己的"命运",在于如何切断媒介逻辑与资本逻辑互相建构、互相纠缠的链条,但在此之前,我们必须正视媒介化的过程,明确媒介成为经济基础的后果。正如海德格尔所说,自由来自解蔽,来自敞开着的澄明领域,命运并不是某种无可奈何之物,解蔽的命运贯通并支配着人类,所有存在者的无蔽状态总是要走上解蔽的道路。

尽管发生了一系列的变革,数字资本主义2.0仍然是一种连续性的理论,其原因在于媒介技术的下沉本身就是一个连续的过程——在西方马克思主义的理论家那里,媒介是一种调节机构,协调着资本主义社会中的生产关系,此时最具代表性的就是法兰克福学派关于媒介的著名观点——"文化工业"。而在葛兰西、阿尔都塞那里,媒介也作为一种意识形态机构,发挥着调节社会关系的作用。在文化研究学派的观点中,尽管雷蒙·威廉斯更强调意识形态的生产性、受众的能动性,但这种"生产性"在文化研究转向流行文化之后渐渐淡去了。事实上,威廉斯是最接近"媒介化"与"数字资本主义2.0"的理论家,尽管在他的时代,互联网还未进入人们的日常生活,人类社会中最主要的媒介仍然是报刊等纸质媒介,广播与电视仍是吸引了无数注意力的"新媒介",但威廉斯不仅重新定义了一种生产性的文化,还发现了伴随着社会变迁而变化的"情感结构",它代表了人类社会中一种结构性、普遍性的认知模式、思维模式、观念系统与情感系统,而正是媒介参与塑造了这一"情感结构",并使之"下沉"为社会的基础性结构。他甚至专门对电视这种"新媒介"展开了研究,从长程(long-range)、中程(medium-range)和近程(close-range)三个维度探讨电视台的节目安排、播出序列、声音图像之间的内在关联。① "长程"分析探讨的是电视台的节目表,威廉斯在对比分析中发现了"商业"电视台与"公共"电视台在节目编排上的差异性;"中程"与"近程"分析则揭示了节目序列中隐藏的"流程",这是一种内容生产手段,电视通过"流程"将毫不相关甚至彼此矛盾的信息、符号、内容整合为一个"有机整体",呈现在观众眼前,以

---

① 威廉斯.电视:科技与文化形式[M].冯建三,译.台北:远流出版事业股份有限公司,1992:116.

此抓住观众的注意力并对观众进行"驯化",让观众对这套流程习以为常,将其嵌入自己的日常生活之中,甚至围绕着电视流程组织自己的生活方式、被"流程"形塑了认知与观念。换言之,威廉斯清楚地作出了判断——媒介绝不仅仅是依附性的,相反,它自身就是一种生产性的力量,电视流程的建构性已经展露了"媒介化"的潜能,只是在威廉斯所处的时代,媒介的力量尚未浮现,无论是霍尔、莫利等文化研究学者,还是"主流学派"的贝雷尔森、卡茨等人,都忙于在"媒介效果"的汪洋大海中打捞"人"、重新发现"人"的主体性与能动性,相较之下,媒介仿佛是一种"次要之物",是妨碍我们洞察人类互动、社会关系的"障眼法"。"重新发现人"的社会思潮与冷战格局下的"反控制论"思潮密切相关,也与新左派运动、对"苏联模式"的否思密不可分,这种特殊的历史语境造就了传播研究特殊的"知识型"——反思控制取向的研究范式,发掘受众的能动性,将"人"置于传播的核心位置,技术能够向人"示能",但这些可能性受到了历史情境、社会要素的限制,人可以选择如何响应它们,而不是被技术牵着鼻子走。

到了福克斯那里,媒介成为生产性的文化机构,得益于他的"生产性劳动"这一概念,传播过程中那些五花八门、却同样能够产生剩余价值的行为都被统称为"劳动",传播政治经济学也由此找到了一个一以贯之的、具有稳定性的,同时也兼具灵活性的理论框架。他站在前辈丹·席勒的足迹上,吸纳了意大利自治主义者留下的"无酬劳动""非物质劳动""数字劳动"等概念,直接从劳动的源头来思考传播的问题:只要创造了剩余价值的行为,都可以称之为劳动。这样一来,困扰斯迈兹、丹·席勒等一批传播政治经济学者的问题找到了答案——传播活动自然是一种劳动,因为媒介已经渗入经济结构之中,成为经济基础重要的组成部分。这样的劳动概念具有松散性和混沌性,但也在一定程度上折射着当下马克思主义劳动研究与资本主义批判面临的现实困境——数字元媒介的奠基性让它无孔不入地渗入整个社会的经济结构之中,此时,一切媒介实践都可以是劳动,劳动本身已经不再具有泾渭分明的边界,而变成了一个松散的、极具包容性的"概念丛",只要符合其"逻辑性格"的事物、实践都可以被称作劳动。

而在当下,媒介已经成为文化性的生产机构,媒介的存在论奠基折射在现实中,体现为思想、文化、艺术、美学、社会组织、制度乃至经济实体的不断数字化、媒介化。正因为媒介逻辑与资本逻辑具有同构性,随着资本的逻辑由经济领域逐渐向政治、社会、文化领域扩张,媒介也在向着人类社会生活的方方面面拓展,人们已经形成了依赖媒介的生活方式,媒介就是他们认知周遭世界与社会的"窗口"、界面与途径,这种影响也拓展到了文化、政治、宗教等领域,许多国家与地区的政府已经出台了适应媒介逻辑、便于媒介扩张的政策与制度。最终,媒介化的影响"下沉"到了社会中最基础的经济领域,不仅与媒介相关的产业蓬勃发展,资本的投资与运转也开始围绕着媒介展开——数字媒介造成了当代的产业重构与经济结构变迁,且突破了空间的限制,向着世界各地扩展。数字技术的扩张与不均衡的"世界体系"相结合,共同构造了一个剥削与被剥削、异化与抵抗的复杂系统,在这个系统中,"中心地带""半边缘地带"和"边缘地带"的发展情况、处境和地位并不平等,但它们彼此之间并不是断裂的,而是构成了一个具有连续的整体。除了空间维度外,"数字资本主义2.0"在时间维度上也是连续的,我们无法将其与此前资本主义发展的阶段相割裂,恰恰相反,只有建基于整个资本主义发展的历史之中,数字资本主义2.0才不会失去其解释力与批判性。此时,人们面临的困境是如何面对话语的断裂,如何理解技术发展与社会生活之间越来越大的鸿沟,如何思考理论建构与媒介实践之间的裂痕——话语的断裂常常给人们营造一种假象:当前的社会现实已经发生了"根本性变革",数字资本主义2.0理论与此前的"数字资本主义"理论已经毫无关系,这种"变革"的幻象会蒙蔽人们的双眼,让人们产生盲目乐观或悲观的乌托邦/敌托邦情结,而不去反思媒介、媒介性的本质,对自身生存论的转变熟视无睹。

　　因此,我们必须承认,数字资本主义2.0仍然是一种语境性的理论,它只适用于资本主义在当下发展的语境。事实上,"数字资本主义"这一理论就是伴随着媒介化的过程而萌生的批判理论,在丹·席勒那里,"数字资本主义"的适用范围比我们想象的要窄,它是一种"否定性"的理论——丹·席勒更倾向于告诉我们"数字资本主义不是什么",而非直接阐释"数字资本主义是什么"。它直接产生于对卡斯特尔等人的"信息资本主义"理论的批判,有着明确的指向性与批判性,其边界虽不够明确,但适用范围非常清晰。数字资本主义并非一种可以超越时间、空间的"公理",也不是放之四海而皆准的法则,它只在特定的历史时期有效,且有着其"历史寿命",必然随着社会的变迁、技术的变革而更新换代。事实上,数字资本主义是一种站在社会、历史转折点上的"过渡性理论",而数字资本主义2.0理论是在媒介的逻辑得到澄清之后,数字资本主义迎来的一次新转折,它同样是一种过渡性的理论,同样只适用于当下的社会背景与历史语境,同样有着"寿命期限",当媒介化"彻底"实现之日,当媒介在全球范围内下沉为一种经济基础时,甚至凭借其下定义的权力彻底重构了人类社会生活时,资本主义会朝着怎样的方向发展,我们仍未可知。当"媒介"被一种新的技术/社会力量取代时,资本主义是会走向终结,还是会迎来新的蜕变,眼下人们同样无法准确预测。

事实上,绝大多数人文社科理论都是语境性的理论,它们总是产生于特定的社会背景、历史环境,其解释力也限定于特殊的历史时段内,哪怕是一些预测性的理论,也不可能普遍地、无条件地运用于任何时期。人文、社会科学理论的"语境性"与"普适性"之间存在着长期、持续的悖论性张力——语境性的理论注定不可能成为普适性的,它只在某种历史与社会"语境"中生效,但这也意味着它在该语境中的解释力非常强效且精确;而许多理论家所追求的"普适性理论"有着超越时间、空间的能力,因为它们通常是去语境性的,可以在不同时期、不同社会情境中解释"跨时空的"经验现象,因而可以在历史的长河中被不断传承,这对于理论的建构者来说无疑是一种巨大的诱惑。但与此同时,去语境性的理论同样面临着风险——当一种理论追求普适性,追求无所不包的解释力时,就会丧失理论的准确度,陷入教条化的窠臼之中。

因此,笔者并不期待提出一种普适的理论,数字资本主义2.0的解释力、预测价值在于当下,它的"寿命"不会超过未来的20年。在二战之后,科学、技术得到了良好的发展环境,从而实现了飞跃式的发展,进入21世纪之后,这一节奏被进一步加快,技术的"积累式增长"为它自身增添了一种推助力,带来了所谓"加速主义"的时代。在这种情况下,社科理论越来越难以"捕捉"社会现实,理论的混沌性正是由此而来,它是复杂的社会现实的折射。事实上,马克思主义是一种具有生命力的理论传统,历经一百余年来,它始终与时俱进,随着经济发展、社会变革、文化发展而不断地自我更新。这百余年间,它经历过波折,例如两次世界大战的洗礼、经济危机甚至是大萧条的冲击、麦卡锡主义和全球保守主义回潮的挑战,以及各种理论、思潮的影响。但马克思主义始终保持着批判性,无论是它的哪一种分支,对资本主义不公正的制度、剥削与异化的批判始终没有变过。

第二节　数字资本主义2.0的存在论、认识论与方法论

在存在论的角度上,数字资本主义2.0意味着一种存在论的奠基,这一结论来源于技术哲学层面上的反思,因为现代社会中,数字媒介技术已经构成了人们"在世之在"不可脱离的外部环境,而且,这种"环境"并不是媒介环境学意义上的环境,而是人

类存在的"座架",是人类生存于世所必需的"土壤"与"空气"。这样的条件绝对不能以工具论的观点来衡量,而应被视为一种普遍建基的存在法则。当代的媒介技术不仅意味着集置与促逼,它也是一种无蔽状态的呈现,因此,我们不能仅以纯粹工具性的观点来考虑媒介,自然也不能只考虑"媒介对人做了什么"或"人用媒介做了什么"等功能主义问题,媒介技术"在人之中"发生,但并非"通过人而发生",它为人们指明解蔽道路的同时,绝不会主动地向人们敞开,它与其他的解蔽方式一样,意味着一种命运的遣送,而命运的根本在于解蔽,当解蔽发生后,被解蔽者进入澄明的开放领域,个体才是"自由"的。在此基础上,格罗伊斯提出了一种较为悲观的看法——媒介无法被洞察,无法被"认识",而只能被揣测。在笔者看来,媒介对人有一种"展露性",而它所展露的"内容"是非本真的,这并不是说媒介内容不能与现实相对应,而是因为媒介的内容是"空洞"的,纯粹的"媒介"本身并没有文本内容和意义,它只是信息与意义的载体。因此,格罗伊斯才会认为,我们无法直接地、澄明地从媒介中获取本真的意义,而只能不断地以揣测的方式去逼近本真,但事与愿违,这种看似"纯粹"的媒介在被揣测的一刹那向人们敞开了部分本真,但它们很快就会再度遮蔽起自己的意义,变成非本真的,因此,揣测是永无止境的。

这种"揣测"不仅仅是一种"认知图式",在笔者看来,"认知方式"的变革只发生在表层,正是因为更深层的经济基础、社会结构、制度、生活方式都在媒介技术的影响下发生了改变,更加"上层"的认知方式才会随之变化。而且,随着媒介技术的不断"下沉",它在经济结构、社会生活等方方面面的基础性影响已经可以被观测到了,而数字资本主义2.0描述的正是这样一种扎根于数字媒介技术的社会存在,它是存在主义、现象学与马克思主义的结合,在保持面向社会现实的批判性的同时,也面向存在本身,超越媒介的"揣测",不仅直观媒介本身,也要理解媒介与人、社会之间的奠基性关系——媒介内容的"非本真性"并不是数字资本主义2.0理论的阻碍,相反,这种非本真性恰恰就是人-媒介-技术-社会的关系的本质。

在认识论的层面上,数字资本主义2.0超越了理性主义的框架,尝试着从存在主义的角度来认识媒介,理解人的"媒介化生存"。事实上,存在主义就是对理性主义的一种挑战,正因为"存在先于理性",理性不再是一种先验的、不容置疑的认知图式和"先天结构",而是人类社会、历史中的一种"发明",一种辅助性的认知工具。在人类历史上,理性主义作为一种认知框架,不仅曾经极大地提升了人类的认知水平,促进了哲学、社会科学等理论的建构与发展,也在"启蒙"时期与资本主义的发展相结合,推动了人类社会的进步。但理性主义的传统在黑格尔那里达到顶峰之后,便开始了自我重复、自我设限;更重要的是,人类的认知与行为也被理性主义所局限,对理性的盲目自信不仅将情感、体验、直觉等因素排除在人类的智慧之外,更是以人类的理性为圭臬,开始傲慢地规划、改变世界。这种"理性的僭越"使得人类变得盲目,客观上加剧了海德格尔所说的现代技术对自然的"促逼",也使得人类沉迷于在订造中被解蔽之物,而误解了无蔽领域;同时,理论主义主导下的因果逻辑也使得人们倾向于从功能主义、工具主义的视角来看待技术,将技术置于僵化的因果链条之中,而这正是人类的"技术恐惧"的来源——人类无法容忍自己的命运被一种工具性的、非人的东西支配。但事实上,如果仅从工具主义的角度来理解现代的数字技术、媒介技术,传播理论就会遭遇严重的阐释困境:首先,某些媒介自身已经成为它被制造出来的目的,而非手段,人们追求的是媒介、技术本身,而非用这些技术手段实现某种目的;其次,工具主义的观点无法解释人们对某些媒介的依赖和"无法自拔"的状态,这种精神状态不仅仅是一种"拜物教",更包含着一种超越工具主义的期待——人们可以在媒介技术中"直观"到某些意义和真理,并洞察人类在世之在的本真方式。

因此,"数字资本主义2.0"并不执着于"概念"本身,重要的是从这一概念入手,我们有机会一瞥当代社会中媒介与人、社会之间的关系,去了解数字媒介如何在人与社会、世界之间建立起联系,如何组织当代的生产关系,如何实现整个经济层面的产业格局重构,从而为一种全新的经济模式奠定基础。对这种关系的动态把握比建立一种泾渭分明的理论模式更加重要,相比起建构一种普适性的、在任何时期、任何社会中都具有解释力的理论,笔者更提倡面向媒介本身,对其进行一种"本质直观",由此来理解人-媒介-技术-社会之间互相建构的动态关系,即便只是短暂地把握了"当下"人与媒介的关系,也好过机械地将其置于因果链条之中来讨论"谁决定了谁"。

在方法论的层面上,数字资本主义2.0并不是一种实证的理论,尽管它来自经验世界,而非理论高高在上的自说自话;它也并非一种脱离现实的、形而上的理论建构与"演绎",而是从现实出发、基于资本主义当代发展现状的"归纳"。数字资本主义2.0是一种有着强烈的现实关切的实践性理论,它始终关注人在社会、世界中的生存境况,关注资本积累、循环过程中发生的剥削、异化、不平等的生存处境,等等。因此,数字资本主义2.0始终没有失去马克思主义的批判传统,它不仅关注当下的数字媒介实践,也担忧未来媒介逻辑与资本逻辑更进一步的嵌合与扩张;它不仅关注西方社会中的剥削与被剥削、压迫与反抗、异化与解放等问题,也关注数字资本主义2.0在全球范围内的扩张,尤其是对第三世界国家的渗透,以及不公正的世界体系之下,发展中国家、欠发达国家面临着文化渗透、殖民危机与主权风险。

换言之,数字资本主义2.0的核心问题就是人的"媒介化生存",是人如何面对、适应(或对抗)一种新的生存方式,如何跳出理性主义的视野评估人与媒介的关系,如何"认识"媒介、与媒介共处。但必须强调的是,数字资本主义2.0与原有的"数字资本主义"理论之间并不存在截然的对立,尽管二者之间确实存在着不小的差异——数字资本主义2.0更强调数字媒介的奠基意义,呼唤回归"媒介"本身,它不再将媒介视为一种工具,而是从奠基性的角度来对媒介进行审视,并以此出发,来研究当下的时代及其变迁。不过,我们仍然必须时刻注意二者之间的关联:一方面,二者之间的连续性大于断裂性,数字资本主义2.0依旧是资本主义,并不意味着资本主义的死亡或终结;另一方面,当代资本主义世界的发展本身就是不平衡的,它处在马特拉所描述的"中心-边缘"格局之中,因此,数字资本主义2.0并没有纯粹地、简单地替代"数字资本主义",二者的更替是一个漫长的、复杂的过程,绝大多数的国家、地区,哪怕是高度发达的"老牌"资本主义国家,也面临着数字资本主义与数字资本主义2.0并行的情况,而且这样的状态还将持续很长的一段时间。

第三节 当代中国面对"数字资本主义2.0"的挑战与机遇

尽管国情、社会体制、经济制度都与西方发达资本主义国家有着本质的区别,但对于当代中国来说,"数字资本主义2.0"已经成为一个无法回避的命题。在改革开放之后,市场经济为中国的经济发展注入了活力,而在各个报业集团、媒体集团"试水"市场化的经营之后,中国的传媒体系逐渐被"盘活",呈现百花齐放的风采。但近几年来,我们在传媒领域能观察越来越多的失范现象,尤其是在互联网发展、普及之后,电视、网络节目的商业化、同质化现象日益严重,节目制作对广告等商业资本的依赖程度越来越高,媒体从业者生存压力越来越大,尊严感越来越低,逐渐面临着"无产阶级化"的危机,甚至面临着生命危险。2019年,台湾演员高以翔在录制浙江卫视一档闯关冒险类节目时不幸猝死的新闻为所有媒体从业者敲响了警钟,数字媒介带来的空间整合与时间加速正在飞快地推动着中国的媒介朝着失控、脱轨的方向发展。

传统媒体尚且如此,互联网、数字媒体就更加无法幸免了,在"流量逻辑"的支配之下，以新浪微博为代表的各大网络平台尝试着将用户信息、用户生产内容转化为打包出售的商品，甚至在 2020 年 7 月曝光了盗取、倒卖用户账号的丑闻，这便是斯迈兹"受众商品论"在互联网语境下的延伸。此类现象不免使人萌生了一丝担忧——在中国的某些媒介、文化领域中是否也存在着资本过度介入之后的商品化危机？进入 21 世纪后，任何一个国家都无法拒绝"数字化"，也不可能将信息传播新技术拒之门外，或者干脆退回没有网络的时代，恰恰相反，互联网行业在中国的发展如火如荼，许多行业仍然对"互联网+""数字化"趋之若鹜，尤其是随着 AI 技术的发展，由算法主导的"深度伪造"与 AI 画图带来的著作权争议更是为我们敲响了警钟——数字元媒介整合了资本的逻辑，使之更加无孔不入地向着人们的日常生活"殖民"。在这种情形下，中国的媒体行业、社会经济又将走向何方？经济发展与社会制度之间的裂痕又将如何弥合？

与此同时，中国还面临着另一重挑战——后殖民语境下西方发达资本主义国家利用"文化优势"对第三世界国家进行的文化渗透与剥夺。在经典的"数字资本主义"理论中，第三世界国家本身就是数字资本主义在全球范围内扩张的受害者，国内的学者早已注意到了发达资本主义国家文化产业体系对中国文化的挪用、拼贴与扭曲，如电影《功夫熊猫》《花木兰》中对中国文化、象征元素的东方主义式挪用，这样的挪用并不会带来双向平等的文化交流，而是进一步扩大了不同文化之间的认知与情感裂痕。在新冠疫情的影响下，这种撕裂正愈演愈烈，以美国为代表的西方发达资本主义国家对中国的敌对情绪愈发激烈，彻底撕破了"冷战"结束后几十年间温情脉脉的"友好"面纱，柔性的文化输出转向了直接、粗暴的文化封锁，尽管新冠疫情的暴发是偶然事件，但近十年来，世界范围内的保守主义势力早已暗流涌动，只是缺乏一个全面暴露的契机。而伴随着中国经济、文化的发展，"中国威胁论"在欧美国家越来越有市场，有学者将如今的世界格局（尤其是中美关系）称作"新冷战"，在未来相当长的一段时间内，中美关系、第三世界国家与发达资本主义国家之间的关系都将处在动荡的状态之下。在这样的世界格局里，"数字资本主义 2.0"将走向何方？中国的数字媒介行业处在这样的"包围"之中，又将何去何从？中国面临的"孤立"局面，是否会成为中国找到自己的传播学发展路径的契机？中国自己的批判传播理论，能否由此诞生？这些问题如今还处在一团混沌之中，但时间最终会给我们答案。

最后，笔者决定以查尔斯·狄更斯（Charles Dickens）的《双城记》（*A Tale of Two Cities*）中的名句"这是最好的时代，这是最坏的时代"来结束全文，数字资本主义 2.0

时代是一个复杂的、不确定的、充满变数与转机的时代,正如阿瑞基所描述的那样,"混沌"就是这个时代最大的特征。密涅瓦的猫头鹰尚未起飞,身处其中的我们,现在仍然无法为这个时代下一个定义,数字资本主义2.0将为我们带来什么？是变革还是沉沦,是自由还是失控,是解放还是奴役,是"无蔽"还是沉沦？我们现在仍然不得而知。在以往的研究中,许多学者都提倡通过立法或是政策的规制来遏制媒介的商品化,以及资本在传媒行业的扩张,希望以此来遏制人与媒介的异化,限制数字资本主义的发展,但事实是,"数字资本主义2.0"早已不仅仅是传播领域的问题,而是以奠基的方式向整个社会扩展,今天的我们也不可能放弃互联网与一切数字技术,"退"回没有网络的时代,数字资本主义2.0变成了我们必须直面、不可逃避的问题。我们能做的是将政治经济学扩展到基础性的经济结构中,同时从存在论的层面对人类的"媒介化生存"进行反思。只有如此,我们才能直面"媒介化"的命运,不将技术视为支配性的骇人恶兽或只能揣测的隐秘之渊,而是将其当作"本质直观"的对象。如今我们正踩在媒介化时代的门槛上,这既是对我们的挑战,也是我们建立独创性的资本主义批判理论的时机,反思与批判必须从现在开始。资本主义的进程中总是伴随着资本与劳动的悖论,而在劳动的过程中,奴役与解放、压迫与抵抗始终是一体两面的,因此,我们也要对劳动进行更加辩证、更加动态的批判,而不是陷于"不是剥削就是解放"的跷跷板中,使理论原地打转,陷于"内卷化"过程中。

此外,数字资本主义2.0只是一种尝试性的理论建构,它并非预测资本主义发展趋势的"定论"。更为遗憾的是,因为语言不通、精力所限,笔者所使用的文献多为中英文著作、论文,本研究缺少对法语、德语、俄语,尤其是拉丁语系文献的梳理,这不可避免地使"数字资本主义2.0"再次面临着成为一种"欧美传播政治经济学"的风险。尽管如此,我们仍然可以看到,"数字资本主义2.0"的全球性扩张势不可挡,越来越多国家被卷进了数字元媒介的逻辑之中,对资本主义与媒介化社会的反思仍要继续下去,因为这已经成了关乎人类生存的重要议题,且在未来很长一段时间内都无法回避。我们想要建立一种具有中国本土特色的马克思主义批判性传播理论,还需要很长时间的探索与实践。

参考文献

中文文献：

1. 阿米蒂奇,罗伯茨.与赛博空间共存:21世纪技术与社会研究[M].曹顺娣,译.南京:江苏教育出版社,2016.
2. 埃尔德里奇.获取信息:新闻、真相和权力[M].张威,译.北京:新华出版社,2004.
3. 鲍德里亚.消费社会[M].刘成富,全志钢,译.南京:南京大学出版社,2014.
4. 贝尔.后工业社会的来临:对社会预测的一项探索[M].高铦,王宏周,魏章玲,译.高铦,校.北京:商务印书馆,1984.
5. 贝尔.资本主义文化矛盾[M].赵一凡,蒲隆,任晓晋,译.上海:三联书店,1989.
6. 彼得斯.奇云:媒介即存有[M].邓建国,译.上海:复旦大学出版社,2020.
7. 波斯特.信息方式[M].范静哗,译.北京:商务印书馆,2014.
8. 柏格森.物质与记忆[M].姚晶晶,译.合肥:安徽人民出版社,2013.
9. 卡伦.媒体与权力[M].史安斌,董关鹏,译.北京:清华大学出版社,2006.
10. 卡斯特.网络社会的崛起[M].夏铸九,王志弘,等译.北京:社会科学文献出版社,2001.
11. 德布雷.媒介学宣言[M].黄春柳,译.南京:南京大学出版社,2016.
12. 冯建三.传媒公共性与市场[M].上海:华东师范大学出版社,2015.
13. 福柯.知识考古学[M].谢强,马月,译.上海:三联书店,1998.
14. 格罗伊斯.揣测与媒介:媒介现象学[M].张芸,译.南京:南京大学出版社,2014.
15. 哈特,奈格里.帝国[M].杨建国,范一亭,译.南京:江苏人民出版社,2005.
16. 哈维.后现代的状况:对文化变迁之缘起的探究[M].阎嘉,译.北京:商务印书馆,2003.
17. 海德格尔.林中路[M].孙周兴,译.上海:上海译文出版社,2004.
18. 基特勒.留声机 电影 打字机[M].邢春丽,译.上海:复旦大学出版社,2017.
19. 库尔德利.媒介、社会与世界:社会理论与数字媒介实践[M].何道宽,译.上海:复旦大学出版社,2016.
20. 卢卡奇.历史与阶级意识[M].杜章智,译.北京:商务印书馆.1992.
21. 罗岗.帝国、都市与现代性[M].南京:江苏人民出版社,2006.
22. 马尔库塞.单向度的人[M].刘继,译.上海:译文出版社,1989.
23. 马克思.资本论[M].北京:人民出版社,1967.
24. 马克思,恩格斯.马克思恩格斯全集(第1卷)[M].北京:人民出版社,1956.

25. 马克思,恩格斯. 马克思恩格斯全集(第2卷)[M]. 北京:人民出版社,1957.
26. 马克思,恩格斯. 马克思恩格斯全集(第6卷)[M]. 北京:人民出版社,1961.
27. 马克思,恩格斯. 马克思恩格斯全集(第7卷)[M]. 北京:人民出版社,1959.
28. 马克思,恩格斯. 马克思恩格斯全集(第12卷)[M]. 北京:人民出版社,1962.
29. 马克思,恩格斯. 马克思恩格斯全集(第20卷)[M]. 北京:人民出版社,1971.
30. 马克思,恩格斯. 马克思恩格斯全集(第30卷)[M]. 2版. 北京:人民出版社,1995.
31. 马克思,恩格斯. 马克思恩格斯全集(第31卷)[M]. 北京:人民出版社,1998.
32. 马克思,恩格斯. 马克思恩格斯全集(第40卷)[M]. 北京:人民出版社,1982.
33. 马克思,恩格斯. 马克思恩格斯全集(第49卷)[M]. 北京:人民出版社,1982.
34. 马克思,恩格斯. 马克思恩格斯选集(第1卷)[M]. 北京:人民出版社,1995.
35. 马克思,恩格斯. 马克思恩格斯选集(第2卷)[M]. 北京:人民出版社,1995.
36. 迈克斯韦尔. 信息资本主义时代的批判宣言:赫伯特·席勒思想评传[M]. 张志华,译. 上海:华东师范大学出版社,2015.
37. 梅洛-庞蒂. 知觉现象学[M]. 姜志辉,译. 北京:商务印书馆,2001.
38. 莫斯可. 传播政治经济学[M]. 胡春阳,黄红宇,姚建华,译. 上海:上海译文出版社,2013.
39. 莫斯可. 数字化崇拜:迷思、权力与赛博空间[M]. 黄典林,译. 北京:北京大学出版社,2010.
40. 莫斯可. 云端:动荡世界中的大数据[M]. 杨睿,陈如歌,译. 杨馨,周昱含,胡翼青,校. 北京:中国人民大学出版社,2017.
41. 齐林斯基. 媒体考古学[M]. 荣震华,译. 北京:商务印书馆,2006.
42. 斯蒂格勒. 技术与时间:第1卷[M]. 裴程,译. 南京:译林出版社,2000.
43. 斯迈思. 依附之路:传播、资本主义、意识和加拿大[M]. 吴畅畅,张颖,译. 北京:北京大学出版社,2022.
44. 韦伯斯特. 信息社会理论[M]. 曹晋等,译. 北京:北京大学出版社,2011.
45. 威廉斯. 希望的源泉:文化、民主、社会主义[M]. 祁阿红,吴晓妹,译. 南京:译林出版社,2014.
46. 席勒. 数字资本主义[M]. 杨立平,译. 南昌:江西人民出版社,2001.
47. 席勒. 信息资本主义的兴起与扩张:网络与尼克松时代[M]. 翟秀凤,译. 王维佳,校译. 北京:北京大学出版社,2018.
48. 席勒. 传播理论史:回归劳动[M]. 冯建三,罗世宏,译. 北京:北京大学出版社,2012.
49. 夏瓦. 文化与社会的媒介化[M]. 刘君等,译. 上海:复旦大学出版社,2018.
50. 姚建华. 数字劳工:产消合一者和玩工[M]. 北京:商务印书馆,2019.
51. 伊德. 技术与生活世界:从伊甸园到尘世[M]. 韩连庆,译. 北京:北京大学出版社,2012.

英文文献:

1. DYER-WITHEFORD N. Cyber-Marx: Cycles and Circuits of Struggle in High-Technology Capitalism [M]. Urbana: University of Illinois Press, 1999.
2. FISHER E. Media and New Capitalism in the Digital Age[M]. New York: Palgrave Macmillan, 2010.
3. GARNHAM N. Information Society Theory as Ideology[M]// Frank Webster, ed. The Information Socie-

ty Reader. New York: Routledge, 1998.

4. GODDARD M. Guerrilla Networks: An Archaeology of 1970s Radical Media Ecologies[M]. Amsterdam: Amsterdam University Press, 2018.

5. HONG Y. Labor, Class Formation, and China's Informationized Policy of Economic development[M]. Lanham, MD: Lexington Books, 2011.

6. MCCHESNEY R. Digital Disconnect: How Capitalism is Turning the Internet Against Democracy[M]. New York: New Press, 2014.

7. KRÄMER S. Medium, messenger, transmission: An approach to media philosophy[M]. Amsterdam: Amsterdam University Press, 2015.

8. VIRNO P. When the Word Becomes Flesh: Language and Human Nature[M]. South Pasadena: Semiotext, 2015.

9. WEJCMAN J. Pressed for Time: The Acceleration of Life in Digital capitalism[M]. Chicago and London: The University of Chicago Press, 2015.

图书在版编目(CIP)数据

媒介化时代数字资本主义理论批判研究／杨馨著. -- 北京：中国传媒大学出版社，2024.3
ISBN 978-7-5657-3544-8

Ⅰ.①媒…　Ⅱ.①杨…　Ⅲ.①资本主义—传播学—研究—现代　Ⅳ.①D091.5　②G206

中国国家版本馆 CIP 数据核字(2024)第 020687 号

媒介化时代数字资本主义理论批判研究
MEIJIEHUA SHIDAI SHUZI ZIBEN ZHUYI LILUN PIPAN YANJIU

著　　者	杨　馨
策划编辑	沈　悦
责任编辑	沈　悦
封面设计	拓美设计
责任印制	李志鹏

出版发行	中国传媒大學出版社		
社　　址	北京市朝阳区定福庄东街 1 号	邮　　编	100024
电　　话	86-10-65450528　65450532	传　　真	65779405
网　　址	http://cucp.cuc.edu.cn		
经　　销	全国新华书店		
印　　刷	唐山玺诚印务有限公司		
开　　本	787mm×1092mm　1/16		
印　　张	18.5		
字　　数	340 千字		
版　　次	2024 年 3 月第 1 版		
印　　次	2024 年 3 月第 1 次印刷		
书　　号	ISBN 978-7-5657-3544-8/D·3544	定　　价	92.00 元

本社法律顾问：北京嘉润律师事务所　郭建平